Espéranto et espérantismes
en France

Thomas Creusot

Espéranto et espérantismes en France

L'utopie en pratique

Ouvrage publié avec le concours
du Centre national du livre

PERRIN

92, avenue de France
75013 Paris
Tél. : 01 44 16 08 00

ISBN : 978-2-262-10598-3
Dépôt légal : octobre 2025

Mise en pages : Peter Vogelpoel

CET OUVRAGE EST LAURÉAT DE LA BOURSE VICTOR-BAUBET

Instituée par les éditions Perrin en association avec l'École des chartes, cette bourse est destinée à aider à la publication de la thèse d'un(e) élève de l'École soutenue au cours des deux dernières années.

Elle porte le nom de Victor Baubet. Ce fils d'un boulanger du Puy, né dans le village ardéchois du Béage le 15 octobre 1886, fut nommé élève à l'École des chartes le 11 novembre 1910 et il y présenta le 24 janvier 1914 une thèse intitulée *Études historiques et archéologiques sur l'abbaye de la Chaise-Dieu, 1043-1516*. Le 28 septembre 1914, le lieutenant Baubet décédait dans un hôpital militaire parisien des blessures reçues quelques semaines plus tôt lors d'une attaque à Carlepont (Oise). Sa thèse, estimée par son jury de l'époque et par les historiens des générations suivantes, n'a jamais été publiée.

Introduction

« Les langues imparfaites en cela que plusieurs, manque la suprême. »

Stéphane Mallarmé, *Crise de vers*.

Le badaud qui aurait déambulé, le samedi 5 août 1905, dans les rues de la ville basse de Boulogne-sur-Mer, serait sans doute resté quelque peu interdit devant les drapeaux déployés au-dessus du Grand Café, flottant aux fenêtres ou suspendus au-dessus des rues. De quelle république d'opérette pouvaient-ils bien être l'emblème, ces étendards d'un vert vif, uni, à l'exception d'un carré blanc dans l'angle supérieur gauche, qu'ornait une étoile verte flanquée d'un E majuscule? Et cet hymne inédit, entonné le soir même dans la grande salle du théâtre Monsigny, de quelle nation insoupçonnée sonnait-il le ralliement? Et que dire de l'effervescence à laquelle la petite cité n'était guère habituée? À scruter cette foule dense et euphorique, il n'aurait pu manquer l'étoile verte portée à la boutonnière, ni les photographies qui, achetées aux papeteries boulonnaises, circulaient de main en main, figurant un petit homme impavide, au crâne dégarni et aux lunettes cerclées. Aux portes des boutiques, il aurait vu, à côté de la traditionnelle inscription « *English spoken* », l'énigmatique « *Oni parolas esperanton* ». Mais ce qui aurait achevé de décontenancer notre flâneur, c'eût été la langue dont il aurait saisi quelques bribes à une terrasse, à un carrefour : une langue indécidable, qu'à coup sûr il n'avait jamais entendue mais qui s'apparentait vaguement à de l'espagnol – ou bien peut-être, plutôt, à un italien mâtiné d'accents slaves ?

Si, piqué par la curiosité, il avait demandé quelques précisions à son voisin, il aurait appris l'existence d'un congrès d'espéranto, qui venait de s'ouvrir l'après-midi même. Le mot ne lui aurait pas été inconnu, car son collègue de bureau suivait assidûment des cours du soir. Mais quel rapport entre cette langue pour touristes et commerçants, dont les journaux parlaient, de temps à autre, sur un ton désinvolte, sinon sarcastique, et cette foule enthousiaste qui arborait tous les signes distinctifs d'une nation en marche ? Car, à bien des égards, n'était-ce pas une petite nation sans territoire qui, l'espace d'une semaine, allait fixer sa capitale à Boulogne-sur-Mer ? Pavoisée de vert, la ville n'attend pas moins de six cent soixante-huit espérantistes, venus de vingt pays différents – et, surtout, le premier d'entre eux : Ludwik-Lejzer Zamenhof, médecin polonais et créateur de l'espéranto, qui se rend pour la première fois en Europe occidentale. Depuis Varsovie, il a fait halte à Paris, où il a rencontré le très actif groupe espérantiste de la capitale, avant d'être reçu par le ministre de l'Instruction publique, Jean-Baptiste Bienvenu-Martin, qui lui a remis la Légion d'honneur.

Langues philosophiques et langues auxiliaires

Ce congrès de Boulogne n'est rien d'autre que le premier rassemblement international des locuteurs de cette langue artificielle. À ce titre, il vaut presque rite de passage pour l'espéranto, qui vient d'entrer dans l'âge adulte. Zamenhof ayant publié son projet de langue universelle en 1887, par une brochure imprimée en russe – aussitôt suivie de traductions en polonais, allemand, français et anglais –, celui-ci fête précisément ses 18 ans. Quoique éditée à compte d'auteur, tirée sur un méchant papier, diffusée de manière confidentielle, cette mince brochure jette les premiers ferments d'une communauté. Celle-ci, dès lors, va s'attacher à diffuser et donner forme concrète à la solution ainsi proposée, par celui qu'elle prend l'habitude de dénommer le *Majstro* – le « Maître », en espéranto –, au délicat problème de la communication universelle. De cette question épineuse, qui, depuis le récit biblique de Babel, semble hanter la conscience européenne, Umberto Eco, dans un ouvrage désormais classique[1], a établi la passionnante et rigoureuse généalogie. L'espéranto n'y apparaît que comme un avatar tardif – quoique particulièrement remarquable – de la longue quête d'un antidote à la confusion des langues, laquelle, au fil de la fragmentation linguistique de l'Europe et de l'essor des langues vulgaires, est progressivement perçue comme une destinée douloureuse à laquelle il convient de remédier. Deux voies s'offrent alors à ceux qui entreprennent cette quête : tenter de redécouvrir la langue adamique, ou élaborer, avec les outils de la raison, une langue qui se rapprocherait de sa perfection perdue.

C'est bien cette seconde voie qui fournira les résultats les plus tangibles – et les plus nombreux : l'ouvrage, pionnier en matière d'« interlinguistique », de Marcel Monnerot-Dumaine recensait ainsi, en 1960, plus de trois cents projets de langues internationales, dont la quasi-totalité ont été publiés entre le dernier tiers du XIXe siècle et les années 1950. C'est dans ce dernier chapitre de l'histoire de la langue universelle que s'inscrit l'épisode espérantiste : celui des langues auxiliaires internationales. Il convient en effet de distinguer, parmi les projets de langues universelles, les *langues auxiliaires internationales* de la *langue philosophique*. C'est avant tout au XVIIe siècle que cette dernière hypothèse est vivement discutée : Descartes, et surtout Leibniz, s'y intéressent de près, tandis que la *Royal Society* de Londres en fait l'objet d'un débat dont Dalgarno et Wilkins sont les plus célèbres protagonistes. Outre les nécessités de réduction du temps d'apprentissage et de correction des irrégularités et des imprécisions des langues naturelles, les projets de langue philosophique « touche[nt] à la question de l'universalité de notre représentation "logique" du monde[2] ». Reposant sur une conception de la pensée comme opération de calcul, l'hypothèse de la langue philosophique postule l'analogie de toutes les idées avec des nombres : il est alors nécessaire de rechercher les idées simples, que l'on peut composer à l'envi pour former des idées complexes, selon un processus qui s'apparente à une opération computationnelle. Le concepteur de langue philosophique doit dès lors définir chaque mot de telle sorte qu'il « envelopp[e] et symbolis[e] la définition de l'idée[3] » simple, afin d'établir un vocabulaire qui exprime la structure de la réalité et permette de former des énoncés de langue exactement liés à la constitution même du réel. En d'autres termes, ces projets présupposent la construction d'une caractéristique universelle, d'une « algèbre logique applicable à toutes les idées et à tous les objets de la pensée[4] ». Or un tel système unique, qui exprime la connaissance correcte de l'état des choses et permet, par le calcul, de penser le réel, puis d'en déduire des connaissances et des lois nouvelles, nécessite l'existence d'une encyclopédie complète, systématique et définitive du savoir. Comme le résument, en 1903, Léopold Leau et Louis Couturat, les premiers historiens de la langue universelle : « la langue ainsi créée "dépend de la vraie philosophie" et [...], inversement, elle l'incarne, de sorte que l'apprendre, c'est apprendre à penser[5] ». Écueil fatal à la possibilité pratique de création d'une langue philosophique, puisque la possession de ce catalogue universel du monde rendrait inutile l'élaboration même d'une langue nouvelle à la logique impeccable[6] – conclusion à laquelle parviennent d'ailleurs également, de leur côté, les « congressistes » de Borges[7].

Dénuées de telles prétentions scientifiques et systématiques, les langues auxiliaires – expression qui n'apparaîtra qu'en 1885[8], soit deux ans seulement avant la publication de la première brochure de Zamenhof – renoncent au rêve d'un tel redoublement tautologique du monde. S'ils reprennent à leur compte les mêmes exigences de rapidité d'apprentissage, de rigueur, de régularité et de transparence, les projets de langues auxiliaires construites substituent, à la recherche de l'expression adéquate de la pensée et de la réalité, la facilitation de la communication interpersonnelle. Pour reprendre les mots de la linguiste Marina Yaguello, il s'agit non plus de « réconcilier le langage et la pensée », mais de « réconcilier les hommes »[9]. Un tel projet qui, comme le note Sylvain Auroux, « n'est pas absurde en soi[10] », apparaît, au tournant du siècle, non seulement comme un horizon désirable, mais comme une hypothèse tout à fait réaliste, voire inéluctable dans un avenir plus ou moins proche[11]. C'est par l'expression de cette certitude partagée que s'ouvre la volumineuse *Histoire de la langue universelle* de Couturat et Leau, ouvrage incontournable sur la question, paru en 1903 : « La nécessité d'une langue internationale auxiliaire n'est plus contestée par personne : elle s'impose avec une évidence et une urgence croissantes[12]. »

La nécessité même d'une langue auxiliaire internationale est d'autant plus aiguë qu'elle est contemporaine du développement considérable des modes de transport et de communication à longue distance. D'entrée de jeu, Couturat et Leau font de l'adoption d'une langue internationale le corollaire nécessaire des « progrès inouïs des moyens de communication[13] » qui entraînent une multiplication des échanges entre les diverses parties du monde. Dès le début du XIXe siècle, Ignace Chappe établissait un parallèle entre le télégraphe optique inventé par son frère Claude, et que l'on peut à bon droit considérer comme le premier jalon de l'histoire des télécommunications modernes, et la langue universelle. Il constate ainsi, en 1840, que « le télégraphe n'écrit [...] que des langues déjà formées, mais [que] sa langue devient presque universelle [...]. Son but n'est point de trouver une langue *aisée à apprendre sans dictionnaire* (expression de Leibniz dans sa lettre à M. Renard) mais de trouver le moyen d'exprimer beaucoup de choses avec peu de signes[14] ». La remarque présente un double intérêt : elle permet, d'une part, de mesurer l'écart entre les « langues philosophiques », conçues à des fins d'élucidation du réel, et les « langues auxiliaires », conçues à des fins de communication ; elle souligne, d'autre part, le lien étroit entre progrès technique et langue universelle. De fait, la facilitation et l'accélération de la mise en relation de régions géographiquement éloignées posent à nouveaux frais la question de l'intercompréhension : « À quoi bon pouvoir se transporter en quelques heures dans un pays étranger, si l'on ne peut ni comprendre les habitants ni se faire comprendre d'eux ? À quoi bon pouvoir télégraphier d'un continent à l'autre, et téléphoner d'un pays à l'autre, si les deux correspondants n'ont pas de langue commune dans laquelle ils puissent écrire ou converser[15] ? »

Internationalisme(s) et utopie

Un nouvel espace de circulation émerge ainsi au cours du XIXe siècle. Pensable et représentable à l'échelle de la planète, il mobilise la croyance rédemptrice dans les bienfaits de la communication et de la mise en réseau[16]. Ce contexte est favorable à l'émergence de ce qu'Anne Rasmussen a identifié comme une « référence internationale », omniprésente dans le climat intellectuel de la Belle Époque[17]. Celle-ci est mobilisée tantôt sur le ton de l'injonction optimiste, tantôt sur celui de la déploration réactive. « Notion multiforme, contradictoire souvent[18] », « concept imprécis et souvent contesté[19] », l'internationalisme n'en fait pas moins office de ligne de démarcation. Pascale Casanova relève ainsi, dans la rivalité entre les écrivains « nationaux » et les écrivains « internationaux », l'une des tensions qui traverse le champ littéraire mondial aux XIXe et XXe siècles[20]. Christophe Charle peut à son tour conclure, en une brève formule, qu'au cours du long XIXe siècle, « les diverses conceptions des intellectuels qui s'affrontent en Europe peuvent se ramener à l'opposition entre passeurs de frontières et gardiens de celles-ci[21] ». En 1892, Maurice Barrès, dans un article publié dans *Le Figaro*, ne voyait-il pas sévir « la querelle des nationalistes et des cosmopolites »?

On le voit, loin de céder la place à un « moment national » qui culminerait dans les années 1910, l'internationalisme coexiste en fait, sur le temps long, avec le paradigme national. C'est que, comme le soutient Anne Rasmussen, il relève d'« un autre ordre intellectuel », caractérisé par quelques traits saillants :

> la définition d'un espace de circulation, de la marchandise autant que des savoirs – espace international, mais non pas mondial : limité à l'Europe augmentée, à partir de la première décennie [du XXe siècle] surtout, des États-Unis; des formes d'échange intellectuel; une communauté internationale élargie certes par rapport au cadre national, mais restreinte à des élites limitées [...]; un idéal [...] d'unification des savoirs en butte à la spécialisation, pour lesquels l'espace international peut offrir l'espoir du champ unifié de leur recomposition unitaire[22].

Il convient de garder à l'esprit ces quelques caractéristiques du sentiment international, que l'étude du mouvement espérantiste fera fréquemment ressurgir. Ce dernier illustre en effet ce qu'Anne Rasmussen identifie comme un « tournant internationaliste ». Ainsi, durant ce que nous nommerons ici, par commodité, la « Belle Époque », cette idée internationale se concrétiserait en un faisceau de postures discursives, de pratiques culturelles et de réalisations effectives. De la Convention du mètre qui, à Paris, en 1875, assure l'unification métrologique et instaure le Bureau international des poids et mesures, à la fondation de la Société des Nations en 1919, en passant, par exemple, par la Deuxième Internationale de 1889, les Conférences internationales de la paix de 1899 et 1907 ou encore les rendez-vous réguliers que constituent les Expositions universelles et les Jeux olympiques, nul domaine, du politique et du juridique, du culturel et du scientifique, n'échappe à ce nouveau paradigme. La Belle Époque apparaît ainsi comme le temps de l'institutionnalisation de cet élan internationaliste, qui se manifeste désormais à l'occasion de ligues, de congrès, de conférences.

C'est bien ce paradigme qui se dévoile, peu à peu, au fil de la préface de l'*Histoire de la langue universelle*. Poursuivons notre lecture : après l'avoir mise en parallèle avec les vertigineux progrès des télécommunications, Leau et Couturat font de la langue internationale le « complément nécessaire » aux « diverses conventions internationales » et « divers offices internationaux »[23]. La référence n'est plus la langue philosophique rêvée par Leibniz, mais bien plutôt les codes et nomenclatures adoptés par des commissions internationales : code international des signaux maritimes (1871), classification bibliographique décimale (1873, adoptée par l'Institut de bibliographie internationale en 1895), système d'unités de mesure des grandeurs physiques CGS (1881), nomenclature de la chimie organique (1892), etc. Leau et Couturat eux-mêmes incarnent la convergence entre la question de la langue auxiliaire et ce processus d'internationalisation : ils initient et participent ainsi aux travaux de la Délégation pour l'adoption d'une langue auxiliaire internationale, fondée en 1901. Ce comité restreint d'experts, constitué sur le modèle des institutions d'arbitrage pour le règlement pacifique des conflits, est composé de délégués des congrès internationaux et des sociétés savantes. Il se donne pour mission de choisir, parmi la multitude de projets de langues universelles, celui qui sera le plus à même de faire office de langue internationale de la science. Représentant plus de trois cents organisations, soutenue par mille deux cents académiciens et universitaires, la Délégation auditionne au total cent quatre-vingts systèmes linguistiques, avant de rendre son verdict en 1907[24]. Cette expérience – aux conséquences particulièrement douloureuses pour le mouvement espérantiste, comme nous le verrons – est l'exemple le plus abouti de l'application à la question de la langue auxiliaire des pratiques et des méthodes de l'internationalisme du tournant du siècle, qui passe par les formes du congrès international, du débat d'experts, du rapport scientifique.

Or, parallèlement, ce discours sur l'internationalisme s'inscrit bien souvent dans l'ordre de l'utopie. Entretenant « par essence un rapport problématique au temps », il joue sur deux niveaux :

il relève d'une part du constat sur un fait nouveau, propre à la période contemporaine, positivement vécu et ressenti, et d'autre part de la prospective, parfois invocatoire : il apparaît comme l'horizon inéluctable des sociétés modernes[25]. De manière tout à fait comparable, le constat de la nécessité d'un outil de communication international s'accompagne, presque toujours, de la déploration du caractère utopique que revêt, aux yeux du public – ce « monde froid et indifférent » de Zamenhof[26] –, tout projet de langue auxiliaire. L'un des traits saillants de l'internationalisme de la Belle Époque est précisément la fusion d'un discours héroïque sur les techniques de communication et de transport, et des grands récits du progrès et de la démocratie[27]. La langue auxiliaire, à lire Leau et Couturat, se situerait précisément à leur intersection : leur préface s'achève sur un ton quasi prophétique, invitant à voir, dans l'adoption d'une langue auxiliaire, l'ouverture d'une « ère nouvelle dans l'histoire de l'humanité et de la civilisation[28] ».

Du reste, l'exigence de scientificité qui est celle de ces deux mathématiciens et logiciens – Couturat est un éminent spécialiste de Leibniz – ne les empêche pas de reprendre le topos romantique du visionnaire incompris, entièrement dévoué « au succès de la grande idée dont [il est] épris et posséd[é] ». « Trop souvent récompensés [...] par le dédain et la moquerie, ou, qui pis est, par l'indifférence et le silence », ces créateurs de langue artificielle devront leur salut à la postérité, qui, l'heure venue, « proclamera qu'ils ont bien mérité de l'humanité »[29]. Or nul, semble-t-il, n'a fait autant l'objet de ce discours héroïque que Zamenhof – de Leau et Couturat, qui louent ses « projets si modestes et si désintéressés », pour lesquels il « risqu[e] [...] son avenir de médecin et celui de sa famille »[30], jusqu'aux auteurs de la seule biographie existant, à ce jour, en langue française[31], qui soulignent, avec un rien de complaisance, les sacrifices consentis par un Zamenhof dont le désintéressement va jusqu'à mettre en péril la situation financière de son foyer et la réputation de son cabinet d'ophtalmologie.

Réalité de l'utopie : de l'espéranto aux espérantismes

Cent vingt ans après Boulogne-sur-Mer, les congrès universels d'espéranto existent toujours. Alors que le cent-huitième congrès, organisé à Turin, venait de s'achever, les lecteurs du *Monde* découvraient, dans le numéro du 24 août 2023, une pleine page de promotion pour l'espéranto. Garantissant une « paix durable avec l'espéranto », la réclame était financée par un homme d'affaires japonais, Etsuo Miyoshi. Elle convoquait deux arguments d'autorité, soutiens historiques de la langue universelle que l'on retrouvera dans les pages qui suivent : Léon Tolstoï et Romain Rolland. Quelques mois plus tard, à l'occasion du scrutin européen, les électeurs français pouvaient glisser dans l'urne un bulletin pour la liste « Europe Démocratie Espéranto ». Concourant aux élections européennes depuis 2004, cette dernière promeut l'utilisation de la langue universelle au sein des instances de l'Union. En reconfigurant l'espace public mondial, le tournant du Web 2.0 a ouvert à l'espéranto de nouveaux horizons : au moment où nous écrivons ces lignes, le portail Wikipedia en espéranto (*Vikipedio*) compte, avec plus de 350 000 pages, davantage d'articles que les versions danoise, grecque ou slovaque. Les sites et applications d'apprentissage de la langue internationale rencontrent un succès certain, tandis que le *Pasporta Servo*, service d'hébergement gratuit à destination des espérantophones, donne, désormais en ligne, une nouvelle jeunesse aux annuaires espérantistes du début du siècle.

Même si, à l'évidence, le rêve de communication universelle porté par l'espéranto n'est jamais parvenu à s'accomplir, que l'engouement qu'il a suscité au début du XXe siècle est demeuré sans véritable postérité, et que le mot est trop souvent devenu synonyme de chimère, de rêve inoffensif mais condamné par avance à demeurer dans les limbes, la langue de Zamenhof est donc loin d'avoir disparu de l'espace public. L'Association universelle d'espéranto, fondée en 1903, existe toujours, tout comme la vénérable Société française de propagation de l'espéranto, née en 1898 et rebaptisée, au début du troisième millénaire, Espéranto-France. Du reste, la question du succès ou de l'échec de l'espéranto, en tendant un piège téléologique à l'historien, n'a pas de quoi retenir notre intérêt. Ce qui ne laisse pas d'étonner – surtout au regard de l'intense production, au tournant du siècle, de langues artificielles, presque toutes mort-nées – est bien plutôt que l'espéranto ait pu « prendre ». Rien, naturellement, ne prédestinait l'idiome mis au point, dans le secret de son étude, par un médecin polonais né aux marges de l'Europe et qui y consacra près de dix ans, à retenir l'intérêt de quelques individus, puis d'un nombre grandissant de curieux et d'enthousiastes de tous les continents. Rien ne le prédestinait à donner naissance à un mouvement dilaté à l'échelle du globe, l'*espérantisme*, suscitant au passage l'admiration de personnalités aussi diverses que Romain Rolland, Henri Barbusse, Albert Einstein et Umberto Eco.

Il convient certes, on l'a vu, de replacer cet engouement dans le contexte singulier de ce demi-siècle, à la lumière duquel l'hypothèse de la langue universelle apparaît comme un horizon possible, sinon un avenir inéluctable. Dans *L'Homme sans qualités*, Robert Musil a esquissé, par l'intermédiaire d'Ulrich, les linéaments d'une « philosophie du possible » qui n'est pas sans intérêt pour appréhender la notion d'utopie :

> Un événement et une vérité possibles ne sont pas égaux à un événement et à une vérité réels moins la valeur « réalité », mais contiennent, selon leurs partisans du moins, quelque chose de très divin, un feu, une envolée, une volonté de bâtir, une utopie consciente qui, loin de redouter la réalité, la traite simplement comme une tâche et une invention perpétuelle[32].

En tant qu'*événement possible*, l'adoption d'une langue universelle à la fin du XIXe siècle ne saurait donc se réduire à *un événement et à une vérité réels moins la valeur « réalité »* – autrement dit, à un rêve éthéré, rétif à l'épreuve du réel. Renonçons à voir dans l'utopie une songerie suspendue, pure construction de l'esprit projetée d'un bloc dans un avenir hypothétique. Ce que souligne la citation de Musil, c'est que si « quelque chose de très divin », un « feu », une « envolée » – ce que nous proposons de nommer plus simplement un « désir » – joue un rôle nécessaire, ce désir ne saurait être cultivé platoniquement, par les « partisans du possible », dans l'attente passive de son avènement : il est aussi un travail permanent de chaque instant, ancré dans l'existence ordinaire et se déployant dans l'environnement immédiat, la sphère d'action de celui qui s'engage en faveur de l'utopie. Dès lors, il ne fait nul doute que cette « tâche », cette « invention perpétuelle », laissent, comme toute activité, des *traces*. C'est sur ces traces que nous avons voulu nous pencher ici.

Traces qui révèlent que l'espéranto fut, tout autant qu'un horizon plus ou moins ardemment désiré, et parfois, effectivement, non sans une flamme quasi mystique, la réalité quotidienne d'une multitude d'individus, et réellement un *travail* : travail de journaliste et d'éditeur, de traducteur et d'interprète, de chansonnier et de feuilletoniste ; travail de pédagogue et de lexicographe, de bureaucrate et de missionnaire. Il fut l'objet, enfin, de la tâche, plus modeste et moins aisément repérable pour celui qui entreprend d'en pister les traces, de tous ceux qui l'apprirent, le lurent, le pratiquèrent : ceux pour qui la langue universelle ne fut pas une aimable rêverie, mais la réalité d'heures passées sur des manuels, en conversations mondaines ou en débats houleux, en salle de cours ou sur des planches où l'on jouait, en espéranto, Molière, Labiche ou Schiller.

La citation de Musil nous semble enfin d'autant plus pertinente qu'à nulle autre utopie que la langue universelle, peut-être, ne convient mieux l'expression d'« invention perpétuelle ». Tout artificielle soit-elle, une langue planifiée devient une chose naturelle dès qu'elle quitte le cabinet de son inventeur. Elle devient propriété partagée, soumise au caprice de ses locuteurs, à ce que décident d'y investir ceux qui en usent. Elle devient une réalité malléable, qui s'invente perpétuellement par les usages qui en sont faits, qui sans cesse s'informe et s'infléchit. C'est par ce travail sans fin que l'*espéranto* devient *espérantisme* : parler d'*espérantisme*, c'est déplacer la focale du côté de la réception de l'invention de Zamenhof. C'est explorer la manière dont la langue devient mouvement collectif. Car, pour l'historien, rien n'est peut-être plus fascinant, dans le cas de l'espéranto, que la façon dont la songerie solipsiste se règle de plain-pied avec les désirs collectifs, la création secrète avec la communion des foules, la rumination dans le cabinet silencieux avec la rumeur du dehors.

Naturellement, cela ne se fit pas sans heurts. Bien qu'il ait très tôt tenu à faire de l'espéranto un bien commun plutôt qu'une propriété personnelle, Zamenhof lui-même devra faire l'expérience, parfois amère, de la dépossession. La définition même de l'espérantisme fera l'objet d'âpres querelles, de rivalités et de dissensus qui seront l'un des fils rouges de notre étude. La variété des usages et la diversité des lectures et des réceptions, parfois contradictoires, de l'espéranto, le dissensus relatif à la teneur de l'idéal que devrait – ou non – porter la langue universelle, suffisent à justifier l'emploi du pluriel : nous parlerons donc d'*espérantismes*.

Ainsi, nous entendons envisager ici l'espéranto avant tout comme un objet culturel – c'est-à-dire comme le fruit d'une « représentation collective[33] ». En effet, quel objet s'apparente mieux à un *outil de représentation collective du monde* qu'une langue ? Lorsque cette dernière est artificielle et parvient, en quelques années, à former communauté, elle devient à l'évidence un passionnant objet d'histoire culturelle. Si celle-ci « sera toujours, en dernière analyse, une histoire de la circulation, de la mise en relation[34] », l'objet culturel gagnera à être appréhendé par l'intermédiaire des médiations qui en sont faites – médiation que l'on définira, toujours avec Pascal Ory, comme « l'instance qui métamorphose les représentations en institutions[35] ». Autrement dit, dès qu'il sort du cabinet fermé de son inventeur pour devenir un objet partagé par une communauté de locuteurs, l'espéranto se *médiatise* nécessairement, par des discours et des productions symboliques. Bref, il devient un fait social.

Le pari de cette étude est de considérer que cet objet culturel, devenu fait social par le biais de médiations que nous étudierons en détail, est, durant ce demi-siècle où leur mise en tension paraît maximale, un révélateur exemplaire des rapports qu'entretiennent l'idée internationaliste et le sentiment national, l'aspiration à l'universel et l'attachement au particulier. Car, d'une chimère de papier, les espérantistes ont su faire, durant ce demi-siècle, un objet vivant et malléable, qui porte l'empreinte des débats et des paradoxes de son temps.

PREMIÈRE PARTIE

La langue des touristes, des savants et des commerçants

Bien qu'il en sache maintenant un peu plus au sujet de l'espéranto, notre badaud, de passage à Boulogne-sur-Mer au début du mois d'août 1905, n'est pas tout à fait revenu de son étonnement. C'est précisément le choix de Boulogne qui l'intrigue : qu'est-ce qui peut bien valoir, à la sous-préfecture du Pas-de-Calais, l'honneur d'accueillir le premier congrès de la langue universelle ? En réalité, il ne s'agit pas là de la première rencontre internationale entre espérantistes. L'été précédent, des espérantistes anglais et français, ainsi que quelques Belges et Allemands, s'étaient ainsi réunis à Calais, sous l'impulsion du club espérantiste de cette ville et de celui de Douvres. Devant le succès de cette initiative transnationale, les quelque 180 participants décidèrent de réunir, l'année suivante, un véritable congrès mondial. Le très actif président du groupe de Boulogne-sur-Mer, l'avocat Alfred Michaux, choisit alors d'en assumer l'organisation et, après avoir obtenu l'accord enthousiaste de Zamenhof, invita les sociétés espérantistes du monde entier dans la petite cité portuaire.

Voilà donc pour les raisons du choix de Boulogne. Mais, au-delà de ces circonstances, ce choix révèle la prééminence des espérantistes français au tournant du siècle. En effet, non seulement le projet de Zamenhof a été particulièrement bien reçu en France, mais c'est dans l'Hexagone qu'il se mue en un mouvement structuré, qui cherche à promouvoir la langue par une vigoureuse activité de propagande, s'appuyant sur des relais actifs dans la société française : le Touring-Club, la maison Hachette, les chambres de commerce ou encore les sociétés savantes. Ce rôle pionnier est d'autant plus surprenant que ce n'est pas en France que l'espéranto s'est d'abord diffusé. Il faut, pour préciser son contexte d'apparition et les modalités de sa réception, se pencher sur un espace beaucoup plus excentré, en cette fin de XIXe siècle : une zone de confins, frange de l'Europe assombrie par une double ombre portée, celle de Saint-Pétersbourg et celle de Berlin : la Lituanie polonaise.

1

Les chemins de la diffusion de l'espéranto : de la Lituanie polonaise au boulevard Saint-Germain

À l'ombre du volapük : diffuser la langue internationale

Lieu de naissance : Białystok

L'espéranto étant une langue artificielle, il est aisé de déterminer sa date de naissance. On peut même pousser la précision à l'extrême en la fixant au 26 juillet 1887 selon le calendrier grégorien, jour où, sous le pseudonyme de *Doktoro Esperanto* (« le docteur qui espère »), Ludwik-Lejzer Zamenhof publie, à Varsovie, une brochure en russe intitulée *Langue internationale. Préface et manuel complet*. Connue ultérieurement sous le nom d'*Unua Libro* (le « premier livre »), celle-ci est immédiatement suivie de traductions en polonais, en allemand, en anglais et en français, toutes conçues par le docteur lui-même. Toutefois, l'année 1887 ne correspond qu'à la révélation au public d'un projet en réalité longuement mûri par Zamenhof dès ses années de lycée. On a souvent souligné le lien entre cet intérêt précoce pour la question de la langue universelle et la situation ethnolinguistique de la ville de Białystok, où Zamenhof passe les vingt premières années de sa vie. Lui-même, d'ailleurs, a tenu à pointer l'influence de ce contexte local, creuset de langues et de religions au cœur d'une Lituanie polonaise alors dominée par la Russie des tsars :

> Ce lieu de ma naissance et de mes jeunes années imprima leur première direction à toutes mes idées futures. À Białystok, la population se compose de quatre éléments différents : Russes, Polonais, Allemands et Juifs ; chacun d'eux parle une langue à part et entretient des rapports hostiles avec les autres. Dans une ville de ce genre plus qu'ailleurs, une nature sensible souffre sous le poids du malheur causé par la diversité des langues et se persuade à chaque pas que cette diversité est, sinon la seule, du moins la principale source de dissensions au sein de la famille humaine ainsi divisée en clans ennemis[1].

Né dans une famille hébraïque, Zamenhof reconnaît en outre la part jouée par sa judéité dans son rêve obstiné de langue universelle :

> Personne ne peut ressentir autant qu'un juif du ghetto le malheur de la division humaine. Personne ne peut ressentir la nécessité d'une langue humainement neutre et anationale aussi fort qu'un juif, qui est obligé de prier Dieu dans une langue morte depuis longtemps, qui reçoit son éducation et son instruction dans la langue d'un peuple qui le rejette, et qui a des compagnons de souffrance sur toute la terre, avec lesquels il ne peut se comprendre[2].

Ce n'est certes pas notre objet de nous attarder sur la psychologie individuelle de Zamenhof, ni sur le rôle de son histoire personnelle dans la maturation du projet de langue universelle auquel son nom reste associé. Si nous nous y arrêtons un moment, c'est pour souligner la vision tragique du multilinguisme qui est celle de Zamenhof, et qu'il partage avec bon nombre de protagonistes de cette « recherche de la langue parfaite » qu'a retracée Umberto Eco dans l'ouvrage déjà mentionné.

L'invention de Zamenhof naît donc dans le terreau particulier d'une zone de confins, marquée par une grande diversité ethnique, religieuse et linguistique. Elle y trouve également son premier foyer de réception, avant que la censure imposée par le régime tsariste – lequel prononce notamment, en 1895, la fermeture du groupe espérantiste de Varsovie – ne mette un terme à ce premier élan[3]. Dans cette diffusion précoce, il convient de souligner le rôle décisif de la brochure de 1887, grâce à l'astucieux système de « suffrage universel » mis en place par Zamenhof, qui, à chaque exemplaire de sa brochure, joint un blanc-seing, dont le texte est le suivant : « Je, soussigné, promets d'apprendre la langue internationale inventée par le Dr Esperanto, aussitôt que dix millions de personnes auront donné publiquement la même promesse. » Il invite alors chaque lecteur conquis par son projet à signer, cacheter et lui faire parvenir son engagement. De son côté, Zamenhof s'engage, dès que dix millions de promesses lui seront parvenues, à publier dans un « livre spécial » les noms et adresses des signataires, alors suffisamment nombreux pour initier l'effet d'entraînement indispensable à une telle entreprise qui, précise-t-il dans l'*Unua Libro*, « ne présente d'utilité pour chaque adepte qu'à partir du moment [où] elle aura acquis préalablement un nombre suffisant d'adhérents ». Toutefois, Zamenhof n'attend pas, pour concrétiser son projet, d'atteindre ce seuil considérable : dès 1889, il publie le premier *adresaro*, c'est-à-dire le premier « annuaire » des espérantistes, qui réunit les noms des mille premiers répondants à son appel. De ce noyau initial de locuteurs de l'espéranto, les citoyens de l'Empire russe constituent la majorité écrasante (93 %), suivis de modestes contingents d'Allemands (26 noms), d'Austro-Hongrois (19) et de Britanniques (9).

En quoi consiste donc cet *Unua Libro*, première brochure et acte de naissance de l'espéranto ? Après avoir exposé les conséquences fâcheuses de l'absence de langue universelle, tant sur le plan économique et politique que moral et intellectuel, Zamenhof tente de démontrer de quelle manière son propre projet de langue internationale, qui paraît après de nombreux essais « si compliqués et si peu pratiques », permet de remédier efficacement aux défis considérables posés par la multiplicité des langues. Il présente les principaux avantages comparatifs de sa langue internationale : la « simplicité inouïe » de la grammaire ; une logique agglutinante régie par des principes stricts de formation des mots, ce qui réduit considérablement la quantité de racines à mémoriser et permet, à l'aide uniquement d'un petit dictionnaire, de procéder à l'analyse précise d'un mot, d'une phrase ou d'un texte entier. S'ensuivent quelques textes spécimens – le *Notre Père*, un modèle de lettre, une traduction de Heine… –, l'exposé succinct des seize règles de grammaire fondamentales, ainsi qu'un premier lexique composé de neuf cents racines.

Il nous semble nécessaire, au moins pour la bonne compréhension de certains aspects que nous serons conduits à évoquer, de nous arrêter un instant sur les qualités proprement linguistiques de l'espéranto. Pour un tableau à la fois concis et détaillé de sa grammaire, de sa syntaxe et de son vocabulaire, nous renvoyons, ici encore, à l'analyse qu'en ont faite Leau et Couturat[4]. Nous n'en reprendrons que les éléments les plus saillants.

L'espéranto s'écrit à l'aide d'un alphabet de vingt-huit lettres, dont six caractères diacritiques qui lui sont propres. L'accent tonique porte toujours sur l'avant-dernière syllabe de chaque mot. L'espéranto ignore le genre grammatical, et ne connaît qu'un seul article défini, *la*; l'article indéfini n'existe pas. Un certain nombre de désinences, organisées de manière systématique et régulière, permettent d'exprimer les différentes classes grammaticales (*o* est la marque du substantif, *e* de l'adverbe, *a* de l'adjectif), le nombre (*j* marque le pluriel) et le cas (*n* marque l'accusatif) des substantifs, ainsi que les temps et modes des verbes (*i* marque l'infinitif, *as* le présent, *is* le passé, *os* le futur, *us* le conditionnel et *u* le volitif). L'espéranto présente en outre un système participial complet : trois participes actifs (présent [-ant-], passé [-int-] et futur [-ont-]) et trois passifs (présent [-at-], passé [-it-] et futur [-ot-]).

L'espéranto est une langue agglutinante, conçue comme une « combinaison d'unités de base irréductibles[5] ». Si Zamenhof n'opère pas de distinction entre elles, ces unités sémantiques sont souvent présentées, pour la commodité de l'apprentissage, comme relevant de deux catégories distinctes : les *radicaux* et les *affixes*. Tous sont invariables. On peut combiner les radicaux entre eux, de manière théoriquement infinie; l'élément principal se plaçant à la fin – ainsi : *terpomo* pour « pomme de terre », *skribtablo* pour bureau (littéralement « table à écrire »). La souplesse de la logique agglutinante permet de composer des mots nouveaux immédiatement compréhensibles. L'arbitrage entre le principe de dérivation lexicale – qui consiste à forger de nouveaux concepts en combinant entre eux un petit nombre de radicaux – et la logique « néologisante » – qui préconise, dans le même cas, la formation de nouveaux radicaux par emprunt aux langues naturelles – constituera un point de tension entre les espérantistes du début du siècle – nous y reviendrons. Par ailleurs, contrairement au volapük, les emprunts opérés par l'espéranto sont facilement identifiables. Les mots issus des langues naturelles ne sont que peu altérés, et le principe du « maximum d'internationalité acquise[6] », qui préside à la constitution du lexique, rend les formes retenues souvent déjà connues par le locuteur.

La grammaire de l'espéranto compte par ailleurs une cinquantaine d'affixes. Ceux-ci permettent de modifier le sens des radicaux (par exemple : *mal-* indique le contraire du sens porté par le radical : *mal-fermi* signifie ainsi « ouvrir »; *-in* permet de former le féminin : *patro* [le père] donne *patrino* [la mère], etc.), d'exprimer des aspects verbaux (*-ad* exprime l'aspect duratif – si *paroli* signifie « parler », *paroladi* signifie « discourir », etc.), ou, plus généralement, de former des mots nouveaux sur la base d'un rapport logique entretenu avec le radical; ainsi, *-ej* signifie « lieu affecté à » : *lerni* (apprendre) donne *lernejo* (école); *-ec* exprime la qualité abstraite : *amiko* (ami) donne *amikeco* (amitié), etc.

L'internationalité des éléments lexicaux, jointe à la logique et à la flexibilité du système de dérivation lexicale, concourent à la « facilité » de l'espéranto. Comme le constatent Leau et Couturat, il « réunit ainsi et fond ensemble les propriétés et les avantages des langues agglutinantes et des langues à flexions[7] ».

La « langue internationale » et le volapük : continuité ou contre-pied ?

En France, cette première brochure trouve quelques lecteurs. Bien peu en réalité : dans l'*adresaro* de 1889 ne figurent que six Français. Parmi eux, deux noms méritent d'être signalés. Le premier, celui d'Auguste Demonget, ancien partisan du volapük, rappelle à propos que l'espéranto ne s'implante pas sur un terrain vierge : pour un Français de 1889, l'idée d'une langue de communication internationale n'est pas une idée neuve. En effet, l'opinion publique garde le souvenir encore frais du volapük, qui bénéficie depuis quelques années d'une couverture médiatique inattendue.

Des projets de langue universelle forgée à partir de langues naturelles déjà existantes (ce que, dans leur *Histoire de la langue universelle*, Leau et Couturat classent comme des langues *a posteriori*) apparaissent dès la deuxième moitié du XIXe siècle – les premiers semblent être le *Cosmoglossa* de Lucien de Rudelle (1858) puis l'*Universalglot* de Jean Pirro (1868) –, mais sans parvenir à sortir de la pénombre du cabinet de leur inventeur. En réalité, la première langue auxiliaire à connaître un rayonnement international n'est pas exactement un système *a posteriori*, mais, dans la classification de Leau et Couturat, un projet de nature intermédiaire, « mixte » : il s'agit du volapük, créé par un prêtre badois, Johann Martin Schleyer, en 1880. Celui-ci connaît un succès fulgurant : en 1890, à son apogée, il est pratiqué dans 283 sociétés à travers le monde, peut être appris dans des manuels édités dans vingt-cinq langues différentes et lu dans vingt-cinq journaux[8]. Se répandant d'abord dans le monde germanique, la langue de Schleyer trouve un relais en France en la personne d'Auguste Kerckhoffs, professeur de langues à l'École des hautes études commerciales de Paris, qui fonde une association nationale et une revue de propagande, *Le Volapük*.

Pourtant, le mouvement volapükiste est un feu de paille, dont la chute est aussi rapide et spectaculaire que l'enthousiasme qu'il était parvenu à susciter. On invoque le plus souvent l'intransigeance de Schleyer, hostile à tout projet de réforme, pour expliquer cette soudaine désaffection. Privés de la possibilité de débattre en commun de l'avenir de la langue, ses locuteurs les plus réformateurs en présentent des versions dérivées et, finalement, concurrentes[9]. Par ailleurs, Umberto Eco pointe les faiblesses inhérentes au volapük, liées à l'ambiguïté de son système « mixte » : prétendant analyser les notions selon une méthode philosophique, il n'offre pas les avantages logiques d'une langue purement analytique ; empruntant ses racines aux langues naturelles, il les soumet à de telles distorsions[10], fixées *a priori*, qu'il ne présente pas les bénéfices des systèmes *a posteriori*[11].

Quelles que soient les raisons de son échec – qui ne nous intéressent pas ici directement –, l'élément le plus remarquable de l'histoire du volapük est la manière dont il est parvenu à susciter un intérêt dépassant le monde étroit des linguistes pour mobiliser la presse, des cercles de commerçants, de scientifiques et d'enseignants, et devenir un sujet de discussions et de polémiques, d'enthousiasmes et de railleries. Cette « assise sociale[12] » de la langue, qui passe bien souvent par les formes de la sociabilité bourgeoise et de la vie associative mondaine[13], fit, pour la première fois, de la question de la langue universelle un fait de société international. C'est sur ce terreau intellectuel et médiatique que l'espéranto pourra s'épanouir à son tour, en recrutant largement dans les rangs volapükistes.

De cette continuité, Auguste Demonget fournit, donc, l'exemple le plus probant. Après avoir appris le volapük, il s'intéresse à la langue de Zamenhof par l'intermédiaire d'un ouvrage d'un autre volapükiste, le journaliste allemand Leopold Einstein, « converti » à l'espéranto. Passionné par la question de la langue universelle, ce dernier anime, à Nuremberg, un « Club de la langue universelle » (*Weltspracheverein*) qui se constitue en 1885 comme un groupe volapükiste, avant d'adopter l'espéranto dès 1888. Le club de Nuremberg devient alors le premier club espérantiste, et Einstein un actif défenseur de la langue de Zamenhof[14]. Il résume sa position dans un ouvrage que Demonget traduit en français dès 1889, sous le titre *Examen critique du volapük*, et sous-titré *Un nouveau système de langue internationale : l'Internacia du Dr Esperanto*. Il s'agit de la première médiation de l'espéranto auprès d'un public francophone.

Reprenant à son compte, dès les premières lignes, les positions de Spencer et de Darwin (« Le progrès est inhérent à la nature et n'est en quelque sorte autre chose que le résultat de l'évolution indiquée depuis Darwin »), la brochure d'Einstein fait de la langue universelle le dernier jalon d'une histoire des progrès de la communication : « [...] *écrire, imprimer, sténographier, aller en chemin de fer, téléphoner* et "*internationaliser*". [...] À mon avis, ces sept inventions devraient être considérées comme les sept merveilles du monde ». Cette inspiration, ouvertement positiviste et scientiste, qui consiste à placer l'espéranto à la pointe d'une ample histoire des progrès de la civilisation humaine, devient un lieu commun des discours de propagande espérantiste. Un tel discours sera notamment porté, en France, par les écrits et conférences d'Ernest Archdeacon, qui occupera des fonctions de premier plan au sein du mouvement espérantiste français. Ce passionné d'aviation, qui fonde en 1898 l'Aéro-Club de France, découvre l'espéranto dix ans plus tard. Sa brochure de propagande, *Pourquoi je suis devenu espérantiste*, met en parallèle l'audace des pionniers de la bicyclette, de l'automobile et de l'aéronautique avec la situation des défenseurs de l'espéranto : accueillis, à leurs débuts, par une même hostilité moqueuse, la force de l'évidence a fini par les faire triompher. Nul doute, donc, que l'espéranto finira par l'emporter sur tous les « illustres rétrogrades » et autres « misonéistes néfastes qui cherchent à lui barrer la route »[15]. Ainsi, en apparaissant comme une « conséquence forcée de l'interpénétration sans cesse grandissante des peuples entre eux[16] », l'adoption de l'espéranto revêt un caractère inéluctable et nécessaire – « La langue internationale se fera donc, c'est certain », affirme Louis Couturat au Congrès international de philosophie de 1904 –, tout en inversant le rapport au temps habituellement induit par l'idée d'utopie. Le discours en faveur de l'adoption d'une langue universelle perd ses accents prophétiques au profit d'un principe de réalité qui valorise la situation présente, l'interdépendance des sociétés humaines, déjà à l'œuvre, et se propose comme un remède à ses défaillances – que vaut un rapprochement physique, permis par le progrès technologique, en l'absence de solution effective d'intercompréhension ?

Cela posé, l'ouvrage d'Einstein s'attache pour l'essentiel à comparer les mérites du volapük et de la nouvelle langue internationale, que l'on n'appelle pas encore *espéranto* mais plutôt, conformément au titre de la brochure de Zamenhof, *Lingvo internacia*, ou *Internacia*. Einstein conclut à l'incontestable supériorité de cette dernière. Au contraire d'un volapük souvent jugé obscur, elle sait faire preuve de simplicité ; là où le volapük modifie à l'excès les radicaux naturels, elle se distingue par sa facilité d'apprentissage et son intelligibilité immédiate ; elle privilégie l'internationalité des radicaux, avec de surcroît un léger primat du fonds latin qui, contre la tendance de Schleyer à privilégier des racines germaniques, lui ouvre les portes du monde roman ; et, enfin, révèle d'indéniables qualités esthétiques : l'harmonie et la « beauté » des terminaisons en voyelles contrastent avec les dures consonnes finales du volapük. En posant, de la sorte, les grandes lignes de défense à venir de l'espéranto, la brochure d'Einstein inaugure une rhétorique qui sera souvent reprise par les espérantistes français. Tentant de se préserver du risque que l'échec du volapük n'invalide l'idée même de langue universelle, ils multiplient les critiques à l'égard du projet de Schleyer, tout en lui reconnaissant le mérite d'avoir ouvert la voie à Zamenhof.

En bref, l'espéranto tiendrait les promesses qu'avait avancées, sans parvenir à les accomplir tout à fait, le volapük de Schleyer : « l'*internacia* du Dr Esperanto est un très grand progrès sur le Volapük », conclut Demonget. Son avant-propos vibre ainsi du zèle des nouveaux convertis, en s'achevant sur ces mots vigoureux : « Vive la Lingvo d'Esperanto ! À bas le Volapük de Schleyer ! » Dès lors, lorsque *La Petite Presse* consacre deux colonnes de sa une, le 24 octobre 1889, au livre d'Einstein traduit par Demonget, elle évoque une « nouvelle langue universelle » : « L'Internacia, fille du docteur Experanta [*sic*] de Varsovie, [qui] menace de détrôner la vogue éphémère du Volapück [*sic*]. » Quelques jours plus tard, *Le* XIXe *siècle*, autre quotidien parisien, souligne à son tour, non sans ironie, la filiation entre les deux projets :

> Le volapük aurait-il déjà vécu ? À peine est-il dans la fleur de ses ans, qu'on lui oppose une autre langue universelle, la *Lingvo internacia*, imaginée par un jeune docteur russe, M. Esperanto, tout aussi ardent, tout aussi entreprenant et tout aussi persuadé d'être en possession de la vérité que son prédécesseur[17].

Le ton de ces premiers articles oscille généralement entre le scepticisme de bon aloi et le sourire ironique. Leurs auteurs, se délectant de ces querelles picrocholines, se plaisent à y voir un nouveau rebondissement du pittoresque « dossier volapük ». En 1893 encore, *Le Sud-Ouest* résume par cette formule les premières médiations de l'espéranto auprès du public français : « Le volapük est mort, mais il cherche à revivre dans une autre incarnation[18]. » L'essentiel est de noter que la langue de Zamenhof est toujours présentée à l'aune de son prédécesseur et rival, dont elle constituerait, tant aux yeux de ses promoteurs que des sceptiques, une sorte de mise à jour, plus commode, efficace et harmonieuse.

Louis de Beaufront et la diffusion par voie de presse

Un second nom, l'un des six noms français figurant dans l'*adresaro* de 1889, mérite ici de retenir notre intérêt. Il s'agit de Louis de Beaufront, né en 1855 à Paris sous le nom de Louis Chevreux. Peu documentée, sa vie reste mal connue. L'attitude de Louis de Beaufront lui-même, secret et volontiers mystificateur – le titre de « marquis de Beaufront » qu'il s'est arrogé est totalement fantaisiste –, n'aide pas à y voir plus clair. Après avoir élaboré, à l'en croire, un premier projet de langue internationale, mais sans avoir jamais intégré les rangs volapükistes, c'est en 1888, alors qu'il exerce l'activité de précepteur privé dans la petite bourgade de Saint-Sulpice, dans le Tarn, qu'il découvre la brochure *Lingvo internacia* (l'*Unua Libro*) et le *Dua Libro* de Zamenhof, manuel enrichi paru un an plus tard. Il décide aussitôt de répondre à l'appel de ce dernier et, plus encore, de se consacrer avec énergie à la diffusion de la langue internationale en France.

Actif d'abord dans le Sud-Ouest, il fait ainsi paraître dans *Le Messager de Toulouse* un long article où il revient d'abord sur les raisons de la nécessaire adoption d'une langue universelle, présentée comme le corollaire obligé des progrès accomplis, au cours du siècle écoulé, dans le domaine des télécommunications. L'argument est désormais classique :

> N'aurons-nous donc sillonné le globe de chemins de fer, percé les montagnes, supprimé les isthmes, relié les continents par l'électricité que pour nous heurter plus facilement et plus fréquemment à cet obstacle bien autrement colossal de la variété du langage ? [...] Aujourd'hui, pour tout homme non prévenu, c'est le complément nécessaire, fatal, des chemins de fer, du télégraphe, des grandes expositions internationales, de toutes les découvertes scientifiques, de toutes les créations industrielles de notre époque.

Il y défend ensuite les mérites particuliers de l'espéranto, reprenant les grandes lignes de l'argumentaire en faveur de la nouvelle langue internationale : simplicité de la grammaire ; composition judicieuse du vocabulaire, facilement assimilable car réellement international ; musicalité et harmonie.

Lorsqu'il s'installe en Champagne, dans la région d'Épernay, en 1891, Beaufront poursuit son entreprise : il parvient à mobiliser ses relations, à intéresser la presse locale, à constituer une première chaîne de contacts qui forme peu à peu un solide réseau. Ainsi, si le premier club espérantiste de France est fondé en 1893, à Reims, c'est à la suite de l'initiative de collégiens que le précepteur Beaufront a initiés à l'espéranto[19]. Cette modeste diffusion trouve une chambre d'écho dans divers titres de presse, régionaux ou nationaux, spécialisés ou généralistes, dans lesquels paraissent, entre 1892 et 1898, de nombreux articles qui présentent la nouvelle « langue internationale » : quotidiens régionaux (*Le Champenois*, *Le Petit Rennais*, *Le Courrier de l'Ain*, *Le Journal de Marseille*, *L'Yonne*, *Le Petit Méridional*...), presse philatéliste ou sportive (*Le Vélo*, *Le Cycle*), publications professionnelles (*La Plume sténographique*), revues littéraires (*La Vie montpelliéraine*).

Au printemps 1893, une annonce glissée dans les colonnes de la revue parisienne *Le Monde illustré* assure la promotion de la brochure de Zamenhof, envoyée depuis Varsovie contre la modique somme de 25 centimes. En janvier 1894, c'est au prestigieux *Journal des Débats* de rendre compte de la nouvelle langue universelle, en des termes beaucoup plus mesurés que les premières recensions ironiques de l'ouvrage d'Einstein traduit par Demonget.

Aussi Beaufront voit-il les revues, non sans raison, comme des moyens privilégiés pour la diffusion de l'espéranto, grâce à leur « caractère plus sérieux que celui des quotidiens » et leurs « lecteurs [...] plus attentifs aux questions qu'on y traite »[20]. C'est dans les colonnes d'une revue dont le sérieux ne saurait être mis en doute que la langue de Zamenhof trouve, en 1895, un accueil favorable : il s'agit de *L'Étranger*, organe de la « Société d'études internationales ». Cette revue cosmopolite et pacifiste se propose, sous la houlette de son directeur, le professeur de philosophie Émile Lombard, de traiter l'actualité politique et littéraire d'un point de vue international. Éditée en français, en anglais et en allemand, elle s'essaie ainsi à un étonnant multilinguisme tout en ouvrant ses colonnes à des projets de réforme linguistique, tels que le néolatin, le français simplifié et, surtout, l'espéranto. Ici encore, celui-ci est présenté, dès le numéro d'avril 1895, comme le successeur du volapük. Le mois suivant, un article enthousiaste, dans lequel Émile Lombard reprend les seize règles fondamentales de la grammaire espérantiste, engage véritablement la revue en faveur de l'espéranto. Dès le numéro suivant, ce travail de propagande est poursuivi par Louis de Beaufront lui-même : désormais, la langue internationale est présente presque chaque mois dans *L'Étranger*, grâce à des articles bilingues, à des traductions, à des lettres que des espérantistes d'Europe centrale et orientale – premier foyer de l'espéranto – adressent à la rédaction du journal. En effet, la « Société d'études internationales » est une association mondiale, dont les membres peuvent échanger grâce au « Bureau de correspondance internationale » fondé par Lombard. Les lettres sont reproduites dans la rubrique dédiée, à la fin de chaque numéro de *L'Étranger*.

La revue de Lombard, lue notamment par des professeurs de langues, permet de sensibiliser à l'espéranto de nouveaux locuteurs qui, par ricochet, convainquent à leur tour des personnalités importantes, qui réapparaîtront fréquemment dans les pages suivantes : c'est le cas de Gaston Moch, ancien officier, figure du pacifisme, à la croisée des réseaux dreyfusards, scientifiques et francs-maçons, ainsi que d'influentes personnalités universitaires comme Albert Offret à Lyon ou, à Dijon, le mathématicien Charles Méray qui, en intervenant auprès de l'Académie des sciences, constitue rapidement un réseau de mathématiciens espérantistes – dont l'un des plus éminents est Carlo Bourlet, professeur au Conservatoire des arts et métiers, que l'on aura plus d'une fois l'occasion de croiser. Ces personnalités sont en effet des hommes de plume qui, à leur tour, mettent à profit les tribunes dont ils disposent pour promouvoir la langue internationale : pour l'année 1897, citons par exemple les articles de Moch dans la *Revue des revues* et la *Revue de sociologie* ou ceux de René Lemaire dans *La Paix par le droit*.

Les débuts de l'édition espérantiste

Il importe de souligner ici le rôle, tout bonnement vital, que joue l'imprimé pour l'invention de Zamenhof. Langue créée *ex nihilo*, l'espéranto n'existe d'abord que sous la forme de sa manifestation écrite, sans laquelle elle demeure à l'état de chimère. La page imprimée apparaît comme l'espace dans lequel s'élabore, s'invente et se donne à voir une langue qui n'existe, sinon exclusivement à ses débuts, où elle ne se propage que par l'intermédiaire de la correspondance, à tout le moins principalement, que *transcrite*, sans autre preuve de son existence, sans autre surface d'expression, sans autre espace de mise en pratique que la production écrite, qu'elle soit manuscrite ou imprimée. Plus encore : l'espéranto, pensé dès ses débuts comme « commune propriété de l'univers entier[21] », transcende le cadre de l'échange physique, oral, pour mettre en rapport, à l'aide du même outil de communication, des individus qui, disséminés sur l'ensemble du globe, n'ont aucune autre proximité qu'intellectuelle. Ne s'accomplissant pas, à ses débuts – sauf à quelques moments circonscrits et organisés à cette fin –, par communication directe, l'espéranto, par sa prétention universelle, nécessite le recours au médium écrit. Avant que la langue ne devienne le ciment d'un « mouvement espérantiste », dont l'activité ne passe pas exclusivement par l'imprimé, mais aussi par la création de groupes de locuteurs, l'organisation de réunions et de congrès, cette nécessité est même impérative. Dans l'*Unua Libro*, Zamenhof note ainsi que l'espéranto « donnera, à chacun de ceux qui l'apprendront, la possibilité de se faire comprendre par chaque étranger, de quelque nation qu'il soit, *pourvu seulement qu'il sache lire et écrire*[22] ». Que la maîtrise de l'écrit constitue la seule restriction à l'ambition universaliste de son projet, en dit assez sur ce lien indissoluble, existentiel, entre langue artificielle et forme écrite. Enfin, comme l'a montré le système de « suffrage universel » joint à la brochure initiale, l'imprimé est nécessairement amené à jouer un rôle décisif dans la diffusion de la langue. L'espéranto ne peut se répandre et se faire connaître, à la fois en tant que langage auxiliaire et en tant que projet universaliste, qui permettrait à « tous les peuples [de] se retrouve[r] réunis en une famille », que sur le mode de la diffusion imprimée.

Il n'est guère étonnant, dans ce contexte, que, dès 1889, une activité éditoriale en espéranto commence à prendre forme. Nuremberg, pour les raisons évoquées plus haut, en constitue le foyer initial : y est lancé le premier titre de presse rédigé dans la langue internationale : *La Esperantisto*, qui assure, entre 1889 et 1895, le rôle de tribune de l'espéranto, sous la direction de Zamenhof. La relève est ensuite assurée par un espérantiste suédois, Paul Nylén, qui, grâce au soutien financier d'un Russe d'Odessa, Vladimir Gernet, lance depuis Uppsala la revue *Lingvo internacia* (« Langue internationale »)[23]. Cessant de paraître au moment du déclenchement de la Première Guerre mondiale, celle-ci couvre ainsi toute la première période de l'histoire du mouvement espérantiste; à travers ses déménagements successifs, de la Suède à la Hongrie (1902), puis à la France (1904), se lit la géographie mouvante des débuts de l'espéranto. Nous y consacrerons une partie importante de notre chapitre 2. Entre-temps, la langue s'est diffusée grâce à des traductions de l'*Unua Libro* de 1887, dont, en juin 1891, il existe déjà quatorze versions : aux cinq langues initiales se sont ajoutés le letton, le danois, le norvégien, l'italien, le tchèque, le suédois, l'hébreu, l'espagnol, le lituanien[24].

Aussi assiste-t-on, très vite et en dépit des difficultés financières et d'un lectorat restreint et dispersé, à une véritable effervescence éditoriale : des revues voient le jour dans de nombreuses villes, rédigées tantôt exclusivement en espéranto, tantôt dans une formule bilingue, voire uniquement dans la langue nationale. Parallèlement, se constitue un premier fonds littéraire espérantiste, principalement grâce à la plume d'auteurs slaves – notamment

Felix Zamenhof, le frère du *Majstro*, les Polonais Anton Grabowski et Kazimierz Bein ou encore les Russes Vassili Devjatnin, Nikolaï Borovko ou Abram Kofman. L'historiographie traditionnelle souligne, dans ce premier moment de la littérature espérantiste, la recherche d'une « large liberté de style » et une « grande souplesse ». Le genre dominant est alors la poésie lyrique, tandis que la traduction est abondamment pratiquée : Shakespeare, Homère, Byron, Beaumarchais, Pouchkine sont, parmi d'autres, traduits en espéranto avant 1898. Ces premiers ouvrages sont édités depuis Nuremberg, devenu épicentre de l'édition espérantiste mondiale grâce à l'imprimeur Tümmel. Ce dernier crée une *Biblioteko de la Lingvo internacia Esperanto* (« Bibliothèque de la langue internationale Espéranto »), dans laquelle, entre 1894 et 1898, paraissent une centaine de courtes brochures numérotées, qui constituent ainsi la première collection de littérature espérantiste.

De son côté, Zamenhof réédite, en russe, la seule partie grammaticale – les seize règles fondamentales – de l'*Unua Libro* de 1887, à trois reprises : en 1890, 1892 et 1895. La première de ces rééditions, celle de 1890, est traduite en français, deux ans plus tard, par Louis de Beaufront, qui se montre moins fidèle que les autres traducteurs. Celui-ci modifie non seulement le style de Zamenhof, mais n'hésite pas à intervenir sur le contenu même de l'ouvrage. Son édition française de la grammaire de l'*Unua Libro* est ainsi quelque peu différente des autres traductions[25]. Zamenhof, qui a approuvé les amendements intercalés par Beaufront, les reprend d'ailleurs dans les éditions successives. Le texte original de Zamenhof apparaît ainsi comme un objet encore malléable, à l'image de son projet de langue universelle qui, dans ses premières années, fait l'objet de débats. Des possibilités de réformes, portant sur des points aussi cruciaux que la constitution de l'alphabet, la présence de l'accusatif ou la flexion des adjectifs sont ainsi discutées dans les colonnes de *La Esperantisto*. Zamenhof en vient même à soumettre au vote son lectorat, en lui demandant de choisir entre un espéranto réformé et un espéranto inchangé, qui l'emporte[26].

Qu'en est-il en France, excentrée par rapport à ce premier foyer mitteleuropéen ? Là encore, il faut souligner la continuité avec la diffusion du volapük, qui avait pu compter sur les services d'un éditeur parisien bien implanté : la maison Le Soudier. Installée boulevard Saint-Germain, et spécialisée dans l'apprentissage des langues, assurant notamment la diffusion des fameuses méthodes Berlitz, Le Soudier est, entre 1886 et 1889, l'éditeur français du volapük. Y paraissent ainsi, outre un *Dictionnaire volapük-français et français-volapük*, une demi-douzaine d'ouvrages signés de la main d'August Kerckhoffs, qui fut, en France, le principal relais de la langue de Schleyer. La continuité entre volapük et espéranto explique sans doute que Beaufront se soit tourné vers Le Soudier, en 1897, pour faire paraître la troisième édition française de l'*Unua Libro*, après celle de Zamenhof en 1887 et celle qu'il avait déjà donnée en 1892.

Premier manuel d'espéranto édité en France, l'ouvrage marque un pas décisif dans l'importation de la langue internationale dans l'Hexagone. Il inaugure ainsi la période française de l'édition espérantiste. Mais en quoi consiste-t-il ? Contrairement à ce qu'annoncent son titre complet, ainsi que la mention « 3e édition » qui l'accompagne, celui-ci est bien différent de l'*Unua Libro*. Le texte de Zamenhof n'occupe plus que quatorze pages sur cent soixante-dix ; le reste est intégralement l'œuvre du Français. Outre le notable enrichissement grammatical et lexicographique, dont un important lexique français-espéranto de quatre-vingt-trois pages, l'échafaudage d'appendices, d'avant-propos et de commentaires divers par lequel il encadre le texte de la brochure de 1887 fait de Beaufront, plutôt qu'un traducteur, un véritable médiateur de l'invention de Zamenhof. Il en redéfinit la nature même, les ambitions et le public cible. L'expression de « langue universelle », affirme-t-il ainsi, est trompeuse et « n'implique nullement qu'il faille l'étendre aux sauvages, aux barbares, à nos bons paysans, ni à tous ceux qui n'en ont que faire ». Il ne s'adresse pas davantage « aux zélés et aux inoccupés », qui restent libres de perdre leur temps à apprendre « autant [de langues] qu'il leur plairait ». Sa cible est très explicitement la « classe moyenne » qui ne peut, faute de temps, d'énergie et de moyens, apprendre trois ou quatre langues, mais en éprouve un besoin chaque jour plus pressant : « C'est elle que nous visons surtout comme étant la plus directement intéressée par la question. »

Ainsi, l'espéranto pénètre d'emblée en France comme une invention « bourgeoise », avant tout à destination de « ceux que le commerce, l'industrie, la finance, l'amour des collections ou le goût des voyages, les sciences aussi bien que les arts mettent en rapports constants avec des étrangers ». Ce discours devient topique : une brochure de propagande de 1904 affirme que l'apprentissage de l'espéranto ne présente d'intérêt que pour « les savants, les commerçants et les touristes[27] ». La tripartition est toujours en place en 1911 : « Actuellement, il est vrai, il n'y a, comme on l'a fait remarquer, que trois catégories de gens qui paraissent avoir vraiment besoin d'une langue auxiliaire, les savants, les commerçants et les voyageurs », même si elle tend à englober un public plus vaste, puisque « tout le monde fait plus ou moins partie, selon les circonstances, de ces trois catégories, qui ne sont d'ailleurs nullement séparées dans la pratique »[28]. En 1913 encore, même si cette timide ouverture se poursuit, « l'Esperanto sera particulièrement utile aux savants, aux médecins civils et militaires, aux soldats, aux diplomates, aux ministres des différents cultes, aux commerçants, aux industriels, aux artistes, aux professionnels et amateurs du sport, aux touristes, aux domestiques, aux collectionneurs[29] ».

La rapide constitution d'un mouvement espérantiste français

Une société nationale de propagande : la SFPE

Ainsi, en quelques années, les espérantistes français ont réussi à susciter un courant d'opinion en faveur de la langue internationale suffisamment porteur pour qu'un éditeur parisien bien implanté décide d'assumer l'édition d'un manuel. Stratégie qui s'avère plutôt gagnante : le *Manuel* est épuisé à l'hiver 1899 ; en avril de la même année, une nouvelle édition est sous presse ; elle sort au mois de mai. Deux ans plus tard, celle-ci est à son tour épuisée : 1 500 exemplaires en ont été vendus dans les premiers mois de 1901. Le succès du *Manuel* s'explique par la coïncidence entre sa publication et la structuration du mouvement espérantiste français, précisément à partir de 1898, sous la forme d'une société nationale, puis par la fondation de clubs et l'ouverture de cours à travers tout l'Hexagone. La première pierre est posée, ici encore, par Louis de Beaufront, qui fonde ainsi la Société pour la propagation de l'Esperanto (SppE), renommée Société française pour la propagation de l'esperanto (SFPE) en 1904. Ainsi, pour la première fois dans l'histoire de la langue internationale, est fondée une société à visée explicitement propagandiste ; elle servira de modèle aux autres sociétés espérantistes nationales qui se créeront au tournant du siècle.

L'activité éditoriale figure au premier rang des missions de la jeune société. Conformément à cette exigence, celle-ci finance l'édition d'un nouvel ouvrage de Beaufront : le *Commentaire sur la grammaire de la langue internationale « Esperanto »*. Relu par Zamenhof en personne, ce livre gros de 230 pages est un ouvrage d'approfondissement dans lequel Beaufront concède n'avoir « pas craint d'entrer dans des détails et de multiplier les exemples ». Le résultat, extrêmement fouillé, est d'une précision remarquable. En cent quarante-deux pages, Beaufront propose une analyse précise et détaillée des règles grammaticales de l'espéranto, enrichie de nombreux exemples et de commentaires. Les quatre-vingts pages suivantes réunissent plusieurs études portant sur l'internationalité de l'espéranto, les différences de prononciation, la formation du vocabulaire, etc., dont la visée prosélytique est clairement affirmée : il s'agit de « fournir des arguments à nos amis et de bien faire comprendre à tous la nature intime de l'Esperanto. Ils verront mieux ainsi comment et pourquoi cet idiome est réellement *la seule vraie solution de la langue internationale* ». Beaufront fait ainsi le pari que la force de conviction de l'espéranto repose avant tout dans sa valeur grammaticale, laquelle, en répondant parfaitement à l'idéal de transparence et d'immédiateté qui préside à toute ambition de langue auxiliaire, garantit sa suprématie sur les autres projets concurrents. C'est davantage sur la démonstration des qualités immanentes à sa grammaire que peut se fonder l'action en faveur de l'espéranto, plutôt que sur la promotion de l'idéal universaliste et généreux dont, selon Zamenhof, il doit précipiter l'avènement.

Par ailleurs, il revient à cette jeune société nationale de structurer le mouvement espérantiste tout juste émergent. Pour ce faire, elle met ainsi en place, dès 1899, un « certificat de capacité », établi avec l'aval de Zamenhof dans le but de distinguer les locuteurs qui maîtrisent les fondements de la langue. L'année suivante, elle propose une feuille de route afin d'encourager, tout en l'encadrant étroitement, la constitution de « clubs espérantistes », dont le besoin commence à se faire sentir par les locuteurs de la langue internationale. Leur isolement représente en effet, on l'imagine aisément, un frein considérable pour le développement et la vitalité de la langue. Ces derniers sont ainsi fermement invités à s'affilier à la SFPE, ce qui garantit une solidarité entre les groupes, et le respect de valeurs et de principes communs.

Une revue bilingue de propagande : L'Espérantiste

Par ces différentes initiatives, Beaufront entend centraliser et contrôler le développement du mouvement, à la fois en le fédérant sous l'égide de la Société qu'il a fondée, et en contribuant, par un ambitieux travail de grammairien, à fixer la langue. Son action est relayée par un journal mensuel et bilingue, *L'Espérantiste,* distribué à chaque membre de la Société. À la fois fédérateur et prosélyte, *L'Espérantiste* est conçu, comme l'indique René Lemaire, « de manière à atteindre et intéresser et ceux qui connaissent déjà l'Espéranto et ceux qui ne le connaissent pas encore[30] ».

En tant qu'organe officiel de la SppE, *L'Espérantiste* tient le compte des progrès de l'espéranto, d'une manière suffisamment scrupuleuse pour en faire la principale source sur les débuts de ce mouvement : fondation de nouveaux groupes, organisation de nouveaux cours, échos favorables dans la presse – notamment dans la presse régionale, qui relaie avec beaucoup d'intérêt le développement de l'espéranto en province. Enfin, *L'Espérantiste* réserve une part, quoique plus congrue, à la pédagogie de la langue universelle, par l'élaboration de lexiques, d'une rubrique « phraséologique », de saynètes de la vie quotidienne qui sont autant de prétextes à faire vivre l'espéranto, à démontrer sa viabilité aux indécis, à permettre aux convaincus d'enrichir leur vocabulaire – et parfois à créer de nouveaux mots : ainsi Beaufront forge-t-il, en décembre 1898, le mot *duceto* pour désigner… la salade doucette !

Cette inventivité ne l'empêche pas de faire de *L'Espérantiste* le garant de l'orthodoxie linguistique. En décembre 1903, il dénonce ainsi les discussions oiseuses au sujet des améliorations à apporter à l'espéranto :

> Aujourd'hui où l'Esperanto a pour lui seize ans d'un emploi uniforme *que nous mettons soigneusement en avant contre tous ses ennemis,* aujourd'hui où il a fait ses preuves, où par ailleurs livres

d'étude et modèles de toutes sortes sont en nos mains, pour nous permettre une parfaite acquisition de la langue, allons-nous donc, par des théories ou des propositions nouvelles, reprendre tout *ab ovo*[31] ?

Dans l'un de ses tout premiers articles, il décourage d'ailleurs toute initiative qui viserait à améliorer l'espéranto, qu'il estime avoir atteint la perfection – non une « perfection absolument idéale », mais une « perfection amplement suffisante à son rôle ». C'est sur cette idée selon laquelle le degré de perfection de l'outil est proportionné à ses fins et qui, loin de renvoyer à un au-delà du langage, se mesure par son niveau d'efficacité et de commodité, qu'est fondé le pragmatisme de Beaufront, qui, ainsi qu'en témoigne l'avant-propos du dictionnaire qu'Émile Boirac fait paraître en 1909, fera école parmi les espérantistes français : « La langue internationale n'a absolument pas pour objectif la perfection théorique, mais il suffit qu'elle soit, en pratique, plus opportune pour toutes les catégories d'hommes qui l'utilisent[32]. » Le rôle de *L'Espérantiste* consiste dès lors à conserver cette « perfection relative ». En témoigne l'évolution de son sous-titre qui, d'« Organe propagateur de la langue internationale Esperanto », devient, en janvier 1904, « Organe propagateur et conservateur de la langue internationale Esperanto ».

« Propagateur », *L'Espérantiste* l'est en effet, grâce à l'inlassable travail de propagandiste qu'accomplit Beaufront, avec l'aide de ses collaborateurs de la première heure : le Montpelliérain Henri Bel, le Rochelais Samuel Meyer et le Sparnacien René Lemaire, secrétaire de la SppE et de *L'Espérantiste*. Il entreprend, par des articles de fond, des exposés des conditions nécessaires à la viabilité d'une langue internationale et des études comparatives avec les autres langues (allemand, anglais, latin…), de démontrer de quelle manière l'espéranto satisfait aux conditions requises pour devenir langue internationale. Loin de reculer devant la polémique, il s'attache à réfuter de manière étayée les opinions de ses détracteurs – ainsi, dès avril 1898, l'important critique littéraire Francisque Sarcey. Auguste Capé-Montrosier, l'un des principaux espérantistes français du début du siècle, souligne ainsi l'aide « que [lui] a apportée, en France, la création de *L'Espérantiste*, comme instrument d'étude et de propagande, mine précieuse de documents pour articles et conférences[33] ».

Causeries et cours collectifs

Ces derniers apparaissent en effet comme l'un des principaux modes de diffusion de la langue internationale, prenant le relais des articles que Beaufront, Lemaire, Henri Bel, Gaston Moch et bien d'autres publient, dans des titres de presse très divers, au cours des dernières années du XIXe siècle. Abondamment relayés par la presse locale, ils sont des moyens très efficaces de médiatiser et faire connaître l'invention de Zamenhof dans tout l'Hexagone. Dès 1898, Émile Roux, professeur à Grenoble, y donne des conférences qui, grâce à l'appui de l'Association du commerce et de l'industrie de la ville, permettent l'ouverture rapide du premier cours public d'espéranto en France. Le *Réveil du Dauphiné* s'en fait l'écho, parlant d'un « glorieux succès » : l'effet d'entraînement est enclenché. Un autre exemple nous est fourni par le cas de Roubaix, qui, bien documenté à la fois par la presse locale, la presse espérantiste et les archives d'Alfred Michaux, nous servira de fil rouge et de ville témoin tout au long de cette étude. Nous le reprendrons notamment plus loin, au moment d'explorer les voies sinueuses de l'espérantisme ouvrier de l'entre-deux-guerres, pour lequel il se révélera un intéressant cas d'école. Pour l'heure, arrêtons-nous sur les modalités de la diffusion de l'espéranto dans la cité drapière, qui se révèlent tout à fait exemplaires.

Roubaix est, à l'extrême pointe du XIXe siècle, l'une des premières villes françaises à entendre parler de l'espéranto, grâce à l'existence d'un organisme fondé en 1897 : le Cercle polyglotte. Cette association, qui « a pour but de donner aux gens la pratique des langues par la conversation et la correspondance », organise des cours et séances de conversation en allemand, anglais, italien et espagnol. Le 10 mars 1899, elle reçoit la visite de Lucien Blanjean, professeur de langue dans un autre « Cercle polyglotte », celui de Bruxelles. Blanjean, qui y enseigne déjà l'espéranto, prononce devant le public roubaisien une conférence démontrant les mérites de la nouvelle langue internationale. La conférence est annoncée par la presse locale comme une curiosité : une « conférence très curieuse » consacrée à « l'Esperanto, nouvelle langue appelée, paraît-il, à devenir la langue universelle », que le rédacteur du *Journal de Roubaix* compare, sans surprise, au volapük. Suivie de la distribution de brochures de propagande et de numéros de *L'Espérantiste*, la causerie suscite un certain engouement, qui aboutit, peu de temps plus tard, à l'organisation, par le Cercle polyglotte, d'une soirée hebdomadaire consacrée à l'espéranto, animée par un certain Eugène Leroy. Celui-ci fait en outre publier un long article dans le *Journal de Roubaix*, qui attire de nouveaux élèves. L'un d'eux, Xavier Dorion, professeur de langues et traducteur juré près du tribunal de commerce, passe avec succès le certificat de capacité de la SppE au printemps 1901. Moins de deux ans plus tard, il fonde, toujours au siège du Cercle polyglotte, le groupe espérantiste de la ville, qui s'affilie aussitôt à la SppE. Patronné par les notabilités locales, le groupe compte rapidement une centaine d'adhérents.

Toujours dans le nord de la France, un autre cas exemplaire est celui de l'avocat boulonnais Alfred Michaux, bien documenté grâce à ses archives personnelles conservées à la bibliothèque de Saint-Omer. « Zélé et infatigable propagateur de l'Espéranto à Boulogne et dans la région[34] », il mène, durant les années 1903-1906, une intense activité de conférencier dans les départements du Nord et du Pas-de-Calais. Il organise des causeries à Boulogne-sur-Mer, Calais, Marquise, Desvres, Armentières, Lens, Douai… Accompagnées de lectures et de récitals, ces conférences sont de véritables mises en scène de la praticabilité de l'espéranto, et valent à Michaux la réputation d'un conférencier plein d'éclat[35]. Une seule conférence donnée à Calais à l'automne 1903 fait ainsi gagner deux cents adhérents au groupe de la ville. Dans les cités dépourvues de clubs espérantistes, une simple causerie de Michaux fait éclore une demande nouvelle, comme en témoigne la lettre d'un habitant de Tourcoing, que l'une de ces conférences a conduit à s'intéresser à l'espéranto et à l'apprendre grâce à la grammaire rédigée par Michaux lui-même[36].

Cette demande d'ouvrages peut entraîner la constitution d'un groupe local et l'organisation de cours. Prenons ainsi l'exemple du club lyonnais, l'un des plus anciens de France, dont la constitution est révélatrice du mode de diffusion de la langue. C'est tout d'abord par l'intermédiaire d'amitiés personnelles que l'espéranto pénètre à Lyon : Jeanne Zabilon d'Her y vient par l'une de ses amies, la première espérantiste française, Alice Roux, qui a découvert la langue internationale à la lecture de *L'Étranger*, la revue d'Émile Lombard à laquelle elle est abonnée. Jeanne Zabilon d'Her recrute ensuite dans son cercle de connaissances. Parallèlement, la presse locale fait naître un mouvement d'opinion en faveur de la langue internationale : le *Lyon républicain*, dont le directeur est acquis à la cause espérantiste, y joue un rôle de premier plan. Un article de Charles Méray y paraît en mai 1901 ; son succès est tel qu'un mois plus tard, il n'y a plus de livres disponibles pour l'étude de l'espéranto dans la capitale des Gaules, et qu'il faut attendre leur réédition[37]. Ainsi, alors qu'ils ne se sont pas encore constitués en groupe, les espérantistes lyonnais s'arrachent déjà les rares ouvrages à leur disposition – il s'agit, probablement, du manuel de Beaufront et de l'*Ekzercaro* et de l'*Universala Vortaro* de Zamenhof : ce dernier envoie en effet, à la même époque, trente exemplaires de chacun de ces deux livres aux deux points de vente qui proposent des ouvrages espérantistes, à savoir la librairie universitaire Georg et les bureaux du *Lyon républicain*. Ce n'est que le 9 mars 1902 qu'une importante conférence, prononcée par Émile Boirac, recteur de l'académie de Grenoble, se tient dans le grand amphithéâtre de la faculté de médecine. Le premier cours, qui attire un grand nombre d'auditeurs, se tient dès le lendemain ; le groupe lyonnais se constitue officiellement le 9 juin.

Le plus souvent, donc, ces conférences entraînent l'ouverture de cours : ce sont, par exemple, des conférences de Beaufront qui, début 1907, suscitent la création de groupes à Lisieux, à Pont-Audemer, et jusqu'à l'école militaire de Saint-Cyr. La même année, les membres du groupe de Beaune organisent des conférences dans les environs, aboutissant à la création de groupes à Chalon-sur-Saône, au Creusot, à Mâcon, à Nolay, etc. Citons encore le cas d'un membre du groupe d'Agen qui, accomplissant son service militaire à Salon-de-Provence, « en profite pour espérantiser et ses camarades et les habitants de la ville[38] » en prononçant deux conférences, auprès de la jeunesse catholique de la ville et de ses camarades de caserne. « Espérantiser » : ce mode de propagation relève, au moins dans les discours, de l'ordre de l'action missionnaire.

Ces cours collectifs représentent alors un débouché conséquent pour les grammaires et les méthodes. Ainsi, une fois qu'un cours est fondé, son animateur doit faire face au choix d'une méthode à employer : il lui faut les comparer, demander conseil ; c'est ce que fait Charles Dorion, qui, en 1904, succède à son père à la tête du club de Roubaix, et, deux ans plus tard, demande à Alfred Michaux la référence de la méthode employée aux cours de Boulogne[39]. Michaux envoie lui-même ses « brochures » – probablement son *Esperanto par Demandes et par Réponses*, dont le sous-titre *Catéchisme de la langue internationale* ne saurait mieux convenir à l'action prosélytique de « l'apôtre de l'espéranto », ainsi que le surnomme la presse locale[40] – au groupe de Lens[41], quatre-vingts méthodes au groupe d'Armentières[42], tandis que le groupe de Douai encourage les nouveaux inscrits à se procurer la méthode de Michaux[43]. Ernest Deligny envoie à son tour cinquante de ses grammaires au groupe qui vient de se constituer à Lens – envoi qui se révèle insuffisant face à l'afflux d'élèves[44].

Sociogéographie du mouvement espérantiste

De la sorte, loin d'être une affaire parisienne, la langue universelle s'ancre en province, profondément et rapidement. L'un des traits les plus saillants de l'espérantisme français, à la Belle Époque, est sans doute la vigueur de son implantation locale. La consultation des annuaires dont le mouvement espérantiste se dote dès ses débuts est assez saisissante à cet égard : le réseau espérantiste constitue un maillage serré sur tout le territoire. Le 20 juin 1907, il existe 156 groupes espérantistes en France[45] – ce qui constitue le premier réseau mondial –, le 5 juin 1908, ce chiffre est passé à 193[46], puis à 207 deux mois plus tard[47], et à 230 le 5 avril 1909[48]. Cette diffusion locale est le signe le plus évident de la bonne santé du mouvement, dont témoignent, en décembre 1907, ces quelques mots parus dans la revue *Lingvo internacia* :

> Nous ne pouvons que dire et redire : tout va bien, les cours se multiplient, les conférences ont un grand succès, de nouveaux groupes se créent ici et là[49].

La composition des bureaux de ces groupes espérantistes est un bon indicateur du milieu grâce auquel l'espéranto pénètre en province. On peut distinguer, principalement, deux viviers : entrepreneurs et employés de commerce ou d'industrie, d'une part; fonctionnaires moyens (professeurs, instituteurs, employés de bureau, de chemin de fer ou des postes), d'autre part. Ainsi du groupe de Troyes : son président est un important industriel du secteur de la bonneterie, Fernand Doré, également conseiller du commerce extérieur de la France ; les vice-présidents sont professeur au lycée de jeunes filles et chef de section aux Chemins de fer de l'Est ; on compte enfin un professeur à l'école normale, deux instituteurs et un rédacteur à la préfecture[50]. Le milieu enseignant joue un rôle pivot dans la transmission de la langue internationale, jusque dans des villes moyennes : à Péronne, c'est un répétiteur au collège qui diffuse l'espéranto auprès de certains de ses élèves, lesquels, à leur tour, font part dans *L'Espérantiste* de leur volonté de correspondre avec la France ou l'étranger ; à Avesnes-sur-Helpe, c'est un professeur de collège, Jean Couteaux, qui anime le groupe local ; à Saint-Pourçain-sur-Sioule, c'est une conférence d'un certain M. Laurent, instituteur, qui entraîne la création d'un cours, etc. Le bureau du groupe de Sedan est ainsi exclusivement composé de directeurs d'école et du collège, de professeurs et d'instituteurs. En 1907, trois membres du bureau du groupe de Chartres sont professeurs au lycée Marceau, l'un est inspecteur de l'enseignement primaire, un autre est économe de l'école normale. Lorsqu'en 1906 notre groupe de Roubaix s'ouvre aux espérantistes de la ville voisine de Tourcoing, il enregistre de nombreuses adhésions, parmi lesquelles figurent notamment l'inspecteur primaire, le proviseur du lycée de Tourcoing, son sous-économe et plusieurs directeurs d'école[51].

Citons un dernier exemple, instructif à plus d'un titre : celui des cours d'espéranto proposés par la Fédération des groupes espérantistes de Bourgogne et du Jura dans les cinq départements de l'Yonne, de la Côte-d'Or, de la Saône-et-Loire, du Jura et de l'Ain, pour l'année 1911-1912[52]. On ne compte, cette année-là, pas moins de trente-huit cours, organisés dans dix-neuf villes différentes. Ce sont principalement les écoles communales qui les accueillent (c'est le cas de dix d'entre eux), tandis que deux se tiennent dans des écoles normales, d'autres encore dans un lycée, un collège, un local de la Jeunesse laïque. Dans les grandes villes, certains cours sont réservés à un public spécifique : pour les instituteurs à Auxerre, pour les soldats à Bourg-en-Bresse, pour les ouvriers à Dijon, pour les « dames et jeunes filles » à Beaune, etc. Sur ces trente-huit cours, cinq enfin se tiennent directement à l'hôtel de ville : à Autun, Chalon-sur-Saône, Le Creusot, Lons-le-Saunier et Pont-de-Vaux. Le cas n'est pas isolé : plusieurs municipalités soutiennent l'ouverture de cours d'espéranto, que ce soit par l'attribution de subventions ou par la mise à disposition de salles : pour la seule année 1907, la chronique scrupuleuse de Beaufront dans *L'Espérantiste* recense ainsi les cas de villes importantes telles qu'Armentières, Angoulême, Orléans, Limoges ou Besançon.

Un premier patronage pour l'espéranto : le Touring-Club de France

Carlo Bourlet et le TCF

On se souvient peut-être du nom de Carlo Bourlet, mathématicien venu à l'espéranto à la suite de la communication que Charles Méray, professeur de mathématiques à l'université de Dijon, avait donnée devant l'Académie des sciences – Méray ayant lui-même été séduit par la langue internationale en lisant *L'Espérantiste* et le *Manuel* de Beaufront. Or Carlo Bourlet, en sus de ses fonctions académiques, est également un membre éminent du Touring-Club de France. À son tour, il s'empare du témoin de l'espéranto, et s'empresse de passer le relais à l'association qu'il engage, dès 1901, à patronner la langue de Zamenhof. Le TCF apporte ainsi un important soutien financier à la cause de la langue internationale : son siège parisien accueille la SppE de Beaufront, fondée trois ans plus tôt, tandis que l'organe officiel de l'association, la *Revue mensuelle du Touring-Club de France*, sert fréquemment, à partir d'octobre 1900, de tribune pour la propagande espérantiste.

Qu'est-ce que le Touring-Club de France ? Née en 1890, cette jeune association se mobilise d'abord en faveur de la pratique vélocipédique de loisir, avant de promouvoir un « excursionnisme cultivé[53] » et de participer puissamment au développement des infrastructures routières et touristiques de l'Hexagone. Elle recrute majoritairement dans les classes sociales aisées et les « nouvelles élites urbaines[54] » : d'après les calculs d'Alex Poyer, les « notables », qui regroupent l'aristocratie, la bourgeoisie moyenne et supérieure, représentent, en 1895, les deux tiers des adhérents de l'association. Leur poids est même alors en forte augmentation, au détriment de la petite bourgeoisie et des employés, tandis que la part des agriculteurs et des ouvriers est quasiment insignifiante[55].

Toutefois, fort désormais de 75 000 adhérents, le TCF entreprend, précisément à partir de 1900, de sortir de son pré carré mondain et aristocratique, en cherchant désormais à porter la voix de « l'intérêt général ». Dans ce sens, il mène une « politique d'alliance systématique avec tous les groupes sociaux ou professionnels qui présentent avec son action des intérêts convergents[56] ».

Éveillées à l'espéranto par Carlo Bourlet, les instances dirigeantes du Touring-Club y ont donc vu un champ d'action neuf, où une telle politique volontariste trouverait à se déployer. Le premier article présentant l'espéranto aux lecteurs de la *Revue mensuelle* en retient avant tout un moyen commode à l'usage des « voyageurs et [d]es touristes qui veulent sortir des frontières et visiter les pays étrangers ». Les témoignages de Charles Méray – « Je suis convaincu qu'après un mois de travail sérieux, on peut écrire et parler l'Espéranto » – et de Léon Tolstoï – « Les sacrifices que fera tout homme de notre monde européen, en consacrant quelque temps à l'étude de l'Espéranto, sont si petits, et les résultats qui peuvent en découler si immenses, qu'on ne peut pas se refuser à faire cet essai » – soulignent la facilité d'apprentissage de la langue. C'est là d'ailleurs que paraît résider toute la valeur de l'espéranto, succédané pratique des langues étrangères auquel l'auteur de l'article semble dénier tout génie propre :

> Ce qui est nécessaire, c'est une langue qui s'apprenne très rapidement, qui se grave avec facilité dans la mémoire, et dont l'étude ne soit qu'un jeu. Est-ce possible ? – Oui. À condition que cette langue, au lieu de nous apporter du nouveau, nous serve ce que nous savons déjà, en se contentant de le coordonner et de le simplifier[57].

L'article mentionne naturellement Louis de Beaufront, qui « dirige la propagande » en France, faisant d'Épernay le « foyer français du nouvel idiome ». C'est à ses ouvrages que renvoie l'auteur de l'article, ainsi qu'à la revue de propagande *L'Espérantiste*. En mars 1901, Carlo Bourlet, dans la *Revue mensuelle*, se prononce à son tour en faveur de l'espéranto, qu'il vient d'apprendre avec une désarmante rapidité. Cette impulsion parisienne ne reste pas lettre morte ; au contraire : son effet est considérable sur l'action de propagande, comme en témoigne Beaufront lui-même :

> Rien depuis douze ans ne nous avait valu, outre plusieurs souscriptions nouvelles, une pareille avalanche de demande de livres et renseignements ; l'article [d'octobre 1900] ricoche jusqu'en Hollande, où un journal l'a traduit, et où nous prévoyons maintenant qu'une nouvelle traduction du *Manuel complet* du Dr Zamenhof sera bientôt nécessaire[58].

Tout en en faisant une pratique sociologiquement marquée, ce soutien du Touring-Club permet donc à la propagande espérantiste de franchir une étape déterminante. La comparaison entre les annuaires du TCF et ceux du mouvement espérantiste révèle combien, dès les premières années du siècle, le volontarisme des dirigeants de l'association trouve un écho sur tout le territoire français : ainsi l'éminent espérantiste lyonnais Albert Offret, professeur de minéralogie à l'université de Lyon, y est également l'un des délégués du TCF ; à Boulogne-sur-Mer, Alfred Michaux est à la fois président d'honneur du groupe espérantiste et délégué du Touring-Club de France ; à Saint-Omer, le « délégué principal » du TCF, M. Van Zeller d'Oosthove, est aussi le président du groupe espérantiste ; à Sceaux, il en est le vice-président[59], etc. L'espéranto s'impose comme la langue des « excursionnistes », de tous ceux à qui, « joint aux moyens de transport et de communication [qui existent] déjà »[60], il facilitera grandement la tâche. Reprenons le cas de Roubaix : l'une des notabilités qui patronnent la création du club de la ville est le président de l'association cyclotouristique locale, le « Nord-Touriste ».

Cours et manuels

Ici encore, le lien entre le livre et la langue nouvelle est très étroit. Symboliquement, c'est à la bibliothèque du TCF que l'espéranto fait son entrée dans l'association : c'est là que Louis de Beaufront, en janvier 1901, fait don de son *Manuel* et de son *Commentaire sur la grammaire Esperanto*, avant que, le 29 avril 1901, ne s'y tienne le premier cours. L'enthousiasme est tel qu'un deuxième cours est ouvert, le 11 mai, sous la férule de Carlo Bourlet. La conséquence la plus immédiate de ce succès est l'épuisement du stock de la quatrième édition du manuel de Beaufront : « Plus de *huit cents* grammaires ont été enlevées en quelques jours, ce petit livre est actuellement introuvable et l'on va procéder à une nouvelle édition[61]. » Dans le numéro de juin de *L'Espérantiste,* Beaufront note en effet que de ce quatrième tirage, effectué en 1899 par la librairie Le Soudier, mille cinq cents exemplaires « ont été vendus dans ces derniers mois », ce qui coïncide exactement avec le lancement des premiers cours d'espéranto par le TCF.

On observe un même phénomène d'entraînement pour le second ouvrage de Beaufront, le *Commentaire sur la grammaire Esperanto,* édité par la SppE. Entre sa parution, au printemps 1900, et le 31 décembre de la même année, il a rapporté à la Société un total de 109,10 francs[62]. Entre le 1er janvier et le 15 septembre 1901, il lui a rapporté 321,20 francs[63], soit un montant trois fois plus important sur un laps de temps similaire. Le lancement des cours par le TCF, intervenu entre-temps, explique sans doute en grande partie le décollage des ventes. Ces derniers constituent donc un débouché important, et quasiment inespéré, pour les deux ouvrages de Beaufront. Comme le souligne Carlo Bourlet, non sans fatuité, « il a suffi que le Touring-Club attache le grelot pour qu'un véritable mouvement d'opinion se produisît autour de la question[64] ». On ne peut en effet dénier un effet démultiplicateur de l'engagement du Touring-Club de France en faveur de l'espéranto : comme pris au dépourvu par ce succès rapide et massif, Beaufront est d'ailleurs contraint d'inviter ses lecteurs à « ajourner toute grande campagne de propagande, qui aurait pour résultat de nous attirer des commandes auxquelles nous ne pourrions donner satisfaction ».

Au siège du TCF, les cours sont rapidement assurés par un germaniste, Théophile Cart, amené à jouer un grand rôle dans le mouvement espérantiste mondial. Né en Dordogne en 1855, Théophile Cart mène des études de langues qui le conduisent à l'agrégation d'allemand. Lecteur à l'université d'Uppsala, il exerce ensuite à Paris, devenant professeur à l'École alsacienne, puis au lycée Henri-IV et à l'École libre des sciences politiques. Très peu de temps après avoir appris la langue de Zamenhof, à la suite d'un article de Carlo Bourlet paru dans la *Revue mensuelle du Touring-Club de France,* il assure donc les cours d'espéranto au siège de l'association. Édités dès 1901 sous l'enseigne du TCF, ceux-ci sont très vite réédités par Hachette, dans une formule amenée à connaître un grand succès de librairie sous le titre *L'Espéranto en dix leçons*. L'*Annuaire des pays étrangers* qu'édite le Touring-Club de France, pour y recenser les délégués et membres correspondants de l'association répartis dans le monde entier, fait place, à son tour, à la langue universelle. L'annexe de soixante-dix pages qui liste les phrases usuelles à l'hôtel, chez le mécanicien, à la douane, sur la route, en chemin de fer ou en ville, inclut l'espéranto aux côtés du français, de l'allemand, de l'anglais, de l'espagnol et de l'italien. Dans l'édition de 1905, s'y ajoute même une brève grammaire de l'espéranto, rédigée dans ces cinq langues.

Un terrain d'expression pour l'espéranto : les guides touristiques

Cette « *lingua franca* touristique » s'épanouit dans un type de publications qui constitue une part notable des produits de l'édition espérantiste de la première moitié du siècle : les guides touristiques. L'historien espérantiste Ivo Lapenna estime le nombre de prospectus et de guides touristiques parus en espéranto, dans le monde entier, à environ quatre cents avant 1935 ; ceux parus entre 1935 et 1945 à environ deux cents[65]. Pour notre part, en sollicitant les différents catalogues à notre disposition, nous avons relevé soixante-treize guides (rééditions comprises) portant sur l'espace français – de Douai à Hyères, de La Rochelle à Bourg-en-Bresse, d'Angers à Troyes – édités entre 1904 et 1937, tantôt par les groupes espérantistes locaux, tantôt par des acteurs extérieurs au champ espérantiste – syndicats d'initiative et firmes commerciales.

Le corpus est des plus hétérogènes. Comptant de cinq à cent huit pages, exclusivement espérantophones (le *Gvidlibreto tra Chalon-sur-Saône*, par exemple), parfaitement bilingues (le guide du Creusot de 1910) ou ne proposant, à côté du texte français, qu'un résumé en espéranto (le guide *Au pays des châteaux*, édité par le groupe espérantiste de Tours en 1909), ils sont presque toujours illustrés, souvent assez abondamment. L'*Esperantista Gvidlibro en Rouen* est sans doute l'exemple le plus accompli, bien qu'il soit le moins représentatif de notre corpus. Le plus épais, illustré de nombreuses gravures, il est de surcroît le seul à être commercialisé, au prix de vente de soixante centimes, relevant ainsi bien davantage du guide de voyage que de la plaquette touristique. Il propose une exploration très détaillée de la vieille ville

Iniciativa Sindikato de An
(Maine-et-Loire)

GVIDFOLIO
POR PROMENADOJ

Tra
La Lando
Anĵou

OFICEJO DE L'SINDIKATO : ANGERS, 24, RUE CHEVREUL
(Hotelo de la Komerca Cambro de Maine-et-Loire)
Proksime de la placo Ralliement
FRANCLANDO

Guide touristique de l'Anjou édité par le syndicat d'initiative du Maine-et-Loire en 1911.

de Rouen, monument après monument, rue après rue. Ces notices patrimoniales ont en fait déjà paru, sous forme de feuilleton, dans l'organe de la fédération espérantiste normande, *Normanda Stelo*, avant d'être compilées en 1911 « sur la demande d'un grand nombre d'étrangers » – indice de la relative vitalité de ces échanges touristiques internationaux réalisés grâce à l'espéranto dans les dernières années de la Belle Époque.

Parallèlement aux *gvidfolioj* et *gvidlibroj* édités par les groupes locaux, syndicats d'initiative et sociétés commerciales éditent eux aussi des ouvrages touristiques en espéranto. La firme automobile De Dion-Bouton, l'un des tout premiers constructeurs mondiaux au début du siècle, traduit ainsi l'une de ses plaquettes touristiques, dont les chromolithographies aux couleurs suaves illustrent les principales curiosités d'un vaste quart sud-ouest de la France, de la Touraine aux Pyrénées et de l'Auvergne à la Bretagne. Il s'agit en fait de la portion de l'Hexagone desservie par la Compagnie du chemin de fer de Paris à Orléans – l'une des cinq compagnies ferroviaires privées françaises. Ce type de découpage d'après l'organisation du réseau ferré français n'a rien d'inhabituel : sa structure en « itinéraires » est même parfaitement représentative de l'organisation des premiers guides, qui doit beaucoup au lien étroit entre essor du tourisme et développement des chemins de fer[66]. Notre plaquette suit la longue tradition des guides itinéraires, élaborés dès les années 1850 dans le cadre de la « Bibliothèque des chemins de fer » de Hachette. Son avant-propos est d'ailleurs signé par Marcel Monmarché, collaborateur, depuis 1890, de Paul Joanne à la rédaction des Guides Joanne, avant de prendre seul la tête de la collection et de fonder le Guide Bleu en 1919[67].

Quant aux quatorze guides édités par des syndicats d'initiative, ils recouvrent des réalités variables. Il peut s'agir tantôt de simples adaptations de plaquettes disponibles dans d'autres langues – tel *Tureno, ĝardeno de l'Franclando* (« Touraine, jardin de la France »), dont le paratexte des planches de photographies, rédigé en français, indique sans doute le caractère interchangeable de ces dernières – tantôt de collaborations étroites avec le groupe local – il en va ainsi pour le guide de Château-Thierry, « édité par la société d'initiative avec l'aide du groupe castelthéodoricien ». L'insertion de pages en espéranto dans des guides francophones est aussi une solution, certes plus modeste mais qui permet sans doute d'assurer une plus large diffusion à la langue universelle, comme l'illustrent les exemples du *Touriste à Pornic* ou du *Guide K. L. Fauché*, guide officiel du réseau métropolitain parisien : Henri Favrel, secrétaire général du radio-club espérantiste de France, intervient en 1933 auprès de son auteur pour y inclure une page en espéranto. C'est chose faite lors de la deuxième édition, qui est tirée l'année suivante à plusieurs milliers d'exemplaires[68]. En 1912, l'Union balnéaire de France, qui entend appliquer au tourisme balnéaire les pratiques de signalisation et de développement d'infrastructures mises en place par le TCF dans le domaine du tourisme automobile, ajoute l'espéranto à la liste de langues dans lesquelles elle fait paraître ses affiches, aux côtés du français, de l'anglais, de l'espagnol, de l'italien et de l'allemand[69].

Syndicats d'initiative et hôtels espérantistes

L'édition de guides est l'un des plus puissants leviers à disposition des syndicats d'initiative pour accroître la visibilité de leur région. À ce titre, la déclinaison espérantiste de leurs plaquettes courantes apparaît comme une opportunité pour atteindre un public encore plus large, en misant sur la pénétration de la langue de Zamenhof parmi les couches moyennes et supérieures qui fournissent alors les principaux bataillons de touristes. Le cas du guide du Vivarais – *La « Vivarais »*, paru en 1911 – en est un excellent exemple. Il s'inscrit dans la politique très active du Syndicat d'initiative du Vivarais, fondé à Vals-les-Bains en 1904, et qui, sous la férule du charismatique Paul Audigier, mène une action volontariste, notamment à destination des touristes étrangers, qui lui vaut alors l'attention de la presse spécialisée[70]. Son activité éditoriale est intense : édition de guides, d'albums illustrés, d'une revue périodique, d'affiches, etc. Il fait paraître son guide du Vivarais en sept langues, parmi lesquelles figurent, outre les attendus français, anglais, allemand, italien et espagnol, les deux langues artificielles que sont l'espéranto et l'ido[71].

Quel est l'écho de cette offre espérantophone ? Comment expliquer l'investissement d'une niche d'autant plus étroite que les mouvements espérantistes étrangers sont bien moins structurés que le mouvement français ? Les indices sont rares. Certes, à la conférence de Venise de 1923, portant sur l'adoption d'une langue universelle commerciale, le délégué du syndicat d'initiative de Grenoble – le plus ancien du genre en France[72] – fait état des « nombreuses demandes de renseignements, émanant des pays les plus divers, que lui a values son *Guide du Dauphiné* rédigé en espéranto[73] ». En 1907, dix-huit groupes espérantistes de Bourgogne s'allient en une fédération, dont l'un des premiers objectifs est précisément de collaborer avec les syndicats d'initiative afin de faire « savoir à tous ceux qui ne parlent pas le français, qu'ils peuvent parcourir la Bourgogne en se servant de la langue Esperanto ». Par ce partenariat, ils entendent amplifier une pratique déjà lancée par les espérantistes de Beaune, qui ont accueilli des *samideanoj* de toute l'Europe, de l'Angleterre à la Russie[74]. Tâche que l'on imagine d'autant plus aisée quand on sait, par ailleurs, que le secrétaire général du groupe espérantiste de Dijon, Gaston Heluin, ancien notaire, est également secrétaire de la section Côte-d'Or du Club alpin français, secrétaire du Touring-Club dijonnais et trésorier du syndicat d'initiative de la Bourgogne[75].

En effet, plus que le signe d'une demande soutenue, il faut voir dans cette production éditoriale l'indice d'une forte continuité entre l'action des groupes espérantistes locaux et celle des syndicats d'initiative, qui recrutent tous deux dans le même vivier sociologique. Dans les premiers syndicats d'initiative, nés au tournant du siècle, prédominent avocats, industriels, publicistes, membres des chambres de commerce[76] : milieu social qui est également celui dans lequel recrute le Touring-Club de France, et qui a été le premier converti à l'espéranto. Les rapports entre groupes espérantistes, associations de promotion touristique et organisations industrielles et commerciales sont ainsi des plus étroits. À Château-Thierry, Georges Delanoue est tout à la fois secrétaire du syndicat d'initiative et directeur de l'agence de la Société Générale, à laquelle il offre une page de publicité, rédigée en espéranto, dans son *Gvidlibro de Château-Thierry*, paru vers 1910. Quelques années plus tôt, le président du groupe espérantiste d'Angers, le pharmacien Élie Galard, est l'auteur de la traduction d'un guide français du Mont-Saint-Michel, en collaboration avec la Compagnie ferroviaire de l'Ouest[77]. Le guide *Tra la lando Anĵou* (1911) paraît en revanche sous l'égide du syndicat d'initiative d'Angers, dont le bureau est hébergé par la chambre de commerce du Maine-et-Loire ; or, en 1912, cette même chambre de commerce accorde une subvention de cinquante francs au groupe espérantiste d'Angers[78].

Ces initiatives diverses sont portées pour la première fois à l'échelle nationale en 1913, à l'occasion des états généraux du tourisme. Réunis à Paris, ceux-ci émettent le vœu que « toutes les Associations françaises de Tourisme, Syndicats d'initiative, etc., aident à la diffusion de l'Espéranto ». Lors de son assemblée générale de février 1932, l'Union des fédérations des syndicats d'initiative soulève la question de l'édition en espéranto, après que le président de la Fédération de Normandie, M. Monticone, a attiré son attention sur cette question. L'organisation se montre intéressée, encourageant ses membres à « envisager l'établissement en Espéranto d'une partie de leurs guides, dépliants, etc.[79] ». Par ailleurs, dans les années 1930, les syndicats d'initiative continuent à communiquer en espéranto : l'annuaire édité par l'Association universelle d'espéranto en 1939 accueille ainsi des encarts publicitaires des syndicats d'initiative de Vichy et de Cannes.

En outre, les syndicats d'initiative peuvent compter sur l'appui gracieux du groupe espérantiste de Paris. Par un entrefilet dans le *Bulletin officiel de l'Union des fédérations des syndicats d'initiative de France*, celui-ci fait savoir aux syndicats d'initiative de province qu'il est disposé à assurer la diffusion de plaquettes ou prospectus rédigés en espéranto au stand qu'il tiendra aux Foires de Paris de 1921 et 1922[80]. Le groupe espérantiste de Paris, qui, par l'intermédiaire de Carlo Bourlet, entretient historiquement des liens étroits avec le Touring-Club de France, fait donc fonction de courroie de transmission entre les groupes locaux et les grandes foires internationales, vitrines d'un tourisme mondialisé. Lors de la Foire internationale d'automne de Lyon de 1921, par exemple, le stand dévolu à l'espéranto se trouve juste en face des emplacements réservés à l'Office national du tourisme, au TCF, à l'Union des fédérations de syndicats d'initiative de France et des Colonies et aux compagnies ferroviaires françaises[81].

Où passent la nuit ces touristes espérantophones, venus de toute l'Europe ? Ils peuvent naturellement se faire héberger chez des *samideanoj*, mais s'ils préfèrent le confort d'une chambre d'hôtel, ils tireraient profit de la consultation de la liste des « hôtels espérantistes » publiée dans la revue de Beaufront en avril 1907. Beaufront y distingue trois degrés d'engagement en faveur de la langue universelle : la mise à disposition de revues en espéranto ; la capacité à correspondre en espéranto ; celle, enfin, à pratiquer oralement la langue. Le nombre d'hôtels recensés est certes modeste : cette première liste ne compte que 21 établissements, essentiellement répartis dans la moitié nord de l'Hexagone[82]. Pour les distinguer, la SFPE fait produire des plaques émaillées, à apposer sur la façade de l'hôtel. Elle fait appel aux groupes locaux pour informer les hôtels concernés de l'existence de cette signalétique spécifique : ainsi, à l'automne 1907, le gérant de l'Hôtel Suisse, à Versailles, s'étant attelé à l'étude de l'espéranto et inscrit au groupe de la ville, voit son établissement rejoindre la liste des « hôtels espérantistes ». Du reste, cette liste ne fait que s'accroître jusqu'à la Première Guerre mondiale : en 1914, l'annuaire de l'Association universelle d'espéranto[83] recense 91 « hôtels espérantistes » en France, laquelle se trouve être la nation la mieux pourvue.

2

L'espéranto, invention personnelle ou bien commun ?

Un monopole pour l'espéranto ? L'aventure Hachette

Privilège et exclusivité : les modalités de l'engagement de Hachette

L'espéranto peut compter, au début du siècle, sur un autre puissant médiateur : la société Hachette, dont l'intervention va poser à nouveaux frais la question épineuse de la propriété de la langue.

Qu'est-ce qui a pu pousser Hachette à soutenir la diffusion de l'espéranto en France ? La force de frappe du premier éditeur mondial, son implantation et sa puissance contrastent, à première vue, avec la lenteur des débuts de l'espéranto, le caractère associatif du mouvement et les tirages somme toute modestes des premiers ouvrages d'apprentissage de la langue – ainsi, 1 500 exemplaires seulement pour la réédition du *Manuel* de Beaufront, en 1899. Pourtant, en dépit de ce rapport de forces très inégal, l'intérêt de Hachette s'explique par les mêmes principes qui avaient permis son expansion au XIXe siècle : liens avec le monde scolaire et universitaire, recherche d'une distribution étendue, aussi bien en France qu'à l'étranger, volonté de toucher un large public[1]. Le projet de Zamenhof rencontre en effet un écho particulièrement favorable dans les milieux académiques : dans un contexte où la question de la langue universelle constitue un horizon d'attente pour une large part de la communauté scientifique, l'espéranto, loin de susciter indifférence ou mépris, est un objet de débat. Ainsi, « aux environs de 1900, l'espéranto n'était pas du tout ridicule, et les plus sérieux esprits d'Europe l'apprenaient, l'analysaient, l'adoptaient, ou le rejetaient – ils le considéraient comme une proposition viable pour surmonter le chaos des langues[2] ». En France, on l'a vu, l'activisme de la SppE atteint rapidement les sphères universitaires, notamment grâce à l'action de Charles Lambert, puis de Charles Méray et de Carlo Bourlet. Les linguistes et les professeurs de médecine s'y montrent également sensibles, tant et si bien que l'espéranto devient, aux alentours de 1900, un objet de mobilisation du milieu académique.

Un tel intérêt laisse en outre présager des débouchés dans l'édition scolaire, domaine auquel Hachette doit une large part de sa prospérité. Enfin, il y a fort à parier que l'internationalité de l'espéranto a joué un rôle important dans l'engagement de la maison parisienne. Miser sur une langue universelle donne potentiellement accès à un marché mondial, au moment où la diffusion internationale du livre français est en repli[3]. En effet, la question de la diffusion européenne des publications espérantistes Hachette s'est posée très tôt, comme nous le verrons, et des solutions ont été échafaudées dès l'automne 1903. Quant au public francophone, le succès rapide des cours du Touring-Club de France ouvre des perspectives rassurantes. De plus, Hachette peut compter, pour stimuler l'intérêt autour de l'espéranto, sur des publications populaires à fort tirage, dont l'*Almanach Hachette* demeure le meilleur exemple. Cette « petite encyclopédie populaire de la vie pratique », créée en 1893, est tirée à 350 000 exemplaires au moment où, dans l'édition de 1902, y sont introduites deux pages sur l'espéranto, « pleines de renseignements et de documents, avec abrégé de la grammaire, annonce des ouvrages, etc. ». La diffusion massive de l'*Almanach Hachette* permet à l'espéranto de se répandre largement : le rédacteur du périodique espérantiste rouennais *Normanda Stelo* lui attribue la présence « d'Espérantistes jusque dans les plus petites communes » de Normandie, et conclut ainsi : « Nous ne laisserons pas passer l'occasion sans adresser à la Maison Hachette nos bien sincères remerciements[4]. »

Plus spécifiquement, l'intérêt de Hachette pour l'espéranto trouve son origine dans les relations amicales qu'entretiennent, au tout début du siècle, Carlo Bourlet et l'un des associés de la maison Hachette, Guillaume Bréton. Normalien de la promotion 1877, docteur ès lettres, Guillaume Bréton entreprend de renouveler profondément l'édition de manuels scolaires, en attirant chez Hachette plusieurs de ses condisciples[5]. Carlo Bourlet correspond parfaitement au profil type de ces normaliens attachés à la rénovation des méthodes d'enseignement et réunis en « une équipe incomparable[6] » autour de Bréton. Reçu deuxième au concours d'entrée à l'ENS en 1885, premier à l'agrégation de mathématiques trois ans plus tard, Bourlet enseigne successivement aux lycées Lakanal, Henri-IV, Saint-Louis, avant d'occuper la chaire de géométrie descriptive du Conservatoire national des arts et métiers. Il devient, au côté d'un autre mathématicien espérantiste de la première heure, Émile Borel, l'un des promoteurs de la réforme de l'enseignement des mathématiques de 1902[7]. Bourlet met précisément en œuvre ces conceptions renouvelées de l'enseignement des mathématiques dans les nombreux manuels qu'il publie chez Hachette dès 1902. Sa bibliographie chez Hachette ne compte pas moins de 28 parutions[8]. Certaines d'entre elles rencontrent un succès durable : son *Cours d'arithmétique*[9] à l'usage des jeunes filles connaît ainsi seize éditions, jusqu'en 1921, huit ans après son décès précoce.

C'est donc Carlo Bourlet qui, au début de l'année 1901, suggère à son ami Guillaume Bréton d'éditer des livres en espéranto. Il le met ensuite en contact avec Louis de Beaufront et Zamenhof, afin d'établir les conditions concrètes du plan d'édition. Les deux contrats signés, durant l'été 1901, entre le créateur de l'espéranto et le premier éditeur mondial sont une étape importante dans la diffusion de la langue universelle. L'engagement de Hachette repose sur le pari de l'exclusivité et le système du privilège. Le premier contrat met ainsi en place le système de l'approbation, dont le principe est le suivant : pour qu'un livre espérantiste soit édité par Hachette, il faut qu'il ait reçu l'*approbation* de Zamenhof, c'est-à-dire une sorte de « recommandation exclusive[10] » attribuée par le docteur de Varsovie après examen de la qualité littéraire du texte. Quiconque voudrait faire éditer un ouvrage en espéranto est invité à en présenter d'abord le manuscrit au docteur Zamenhof qui, seul habilité à le faire – et s'engageant du reste à poursuivre toute approbation frauduleuse ou contrefaite –, se prononcera à son égard. Si le texte reçoit son approbation, son auteur devra ensuite s'adresser à l'éditeur retenu pour procéder à l'édition[11]. Un deuxième contrat introduit le principe d'exclusivité. Zamenhof s'engage ainsi à ne faire éditer aucun ouvrage relatif à l'espéranto par un autre éditeur que Hachette et à ne pas donner son approbation à un ouvrage que son auteur ne consentirait pas à faire éditer par Hachette. Ce contrat réserve donc à Hachette l'édition des œuvres de Zamenhof, quelle que soit la langue dans laquelle elles paraissent, et celle des œuvres qu'il aura approuvées.

Une collection de référence en pleine expansion

Formalisé par ces deux contrats, restés secrets, l'engagement de Hachette se concrétise, dès l'automne 1901, par le lancement d'une « collection approuvée » : la *Kolekto aprobita,* destinée à rassembler l'ensemble des ouvrages ayant obtenu l'approbation de Zamenhof. Aux yeux de Beaufront, l'investissement d'une maison aussi considérable que Hachette présente plusieurs avantages. Tout d'abord, il lève l'obstacle financier, non seulement au niveau de la mise de fonds initiale, mais encore pour la publicité et la distribution des ouvrages. En outre, alors que l'édition en espéranto n'a pu jusqu'alors s'accomplir qu'au gré du caprice des auteurs et de leurs capacités financières, n'aboutissant qu'à une « bibliothèque inégale et disparate[12] », le soutien d'un éditeur solide et prestigieux permettra de mettre sur pied une série d'ouvrages cohérente et structurée. Afin de défendre la nécessité de cette alliance commerciale avec Hachette, Beaufront en fait également un témoignage de reconnaissance à l'égard de Zamenhof, à qui elle assurerait à la fois une source de revenus constante et la sauvegarde de ses intérêts moraux. C'est là un point décisif : aux yeux des initiateurs du contrat, l'espéranto est avant tout la propriété de son créateur. Outil à communiquer, l'espéranto est le fruit du génie de son inventeur, qui peut légitimement l'exploiter et en tirer bénéfice. Le système Hachette condamne ainsi les ouvrages de langue qui, publiés sans aucun concours, ni droit de regard, ni rétrocession de droits à Zamenhof, permettraient à leurs auteurs de s'enrichir au détriment du père de l'espéranto, ainsi plagié et dépouillé. Enfin, en contrôlant étroitement la qualité linguistique des ouvrages qui paraissent dans la *Kolekto aprobita,* le système de l'approbation fait office de garantie, indispensable, selon Beaufront, « pour sauvegarder l'intégrité[13] » de la langue.

Assez logiquement, donc, les premiers titres de la collection approuvée sont des ouvrages d'apprentissage : une série de manuels de Louis de Beaufront, destinés à poser les bases de la langue, puis l'édition des cours donnés par Théophile Cart, depuis janvier 1902, aux membres du TCF. Cet *Espéranto en dix leçons* s'impose rapidement comme le manuel de référence : plus concis et maniable que le *Manuel* de 1897, il connaît dix éditions entre 1902, date à laquelle il « est depuis quelque temps déjà le seul employé dans presque tous les cours en France[14] », et 1909. En 1910, il s'est écoulé à plus de 90000 exemplaires[15] et constitue ainsi l'un des plus gros succès de la collection espérantiste de Hachette. On sait qu'en 1906, c'est ce manuel qu'utilisent nos espérantistes roubaisiens[16]. À la suite de dissensions internes – ainsi la découverte de certaines clauses négociées par Beaufront lors de la signature des contrats de 1901, ainsi que son goût du secret et un certain appât du gain, qui lui attirent des inimitiés grandissantes de la part de nombreux espérantistes français –, Carlo Bourlet reprend les rênes de la collection dès 1904, en choisissant, à rebours de la politique restrictive de Beaufront, d'ouvrir grand les vannes de l'approbation : 18 titres inédits sont lancés en 1904, lesquels, joints à 9 rééditions, portent à 27 le nombre de nouvelles éditions en espéranto. La dynamique se poursuit en 1905 (14 rééditions), et s'amplifie encore jusqu'en 1908 : 33 éditions espérantistes paraissent chez Hachette en 1906, 39 en 1907, dont 20 nouveaux titres, 33 en 1908, dont 23 nouveaux titres – un chiffre qui ne sera plus jamais atteint par la suite.

Hachette poursuit l'édition d'ouvrages d'apprentissage, dont le *Premier manuel de la langue espéranto*, vendu 10 centimes, anonyme mais conçu par Bourlet, qui atteint les 300000 exemplaires en 1909, accompagnant l'évolution continue du mouvement espérantiste en France. Cours, conférence et nouveaux groupes sont des débouchés naturels pour les ouvrages d'apprentissage pour débutants, les dictionnaires et les lexiques : 18000 exemplaires vendus en 1907 pour la cinquième édition du *Dictionnaire Espéranto-Français* de Louis de Beaufront; 26000, la même année, pour le cinquième tirage du *Vocabulaire Français-Espéranto* de Cart, Merckens et Berthelot. Pourtant, après la traduction de *Hamlet* par Zamenhof, parue en 1902 – une « admirable traduction », que « tout Espérantiste doit absolument [...] posséder »[17] –, l'effort le plus remarquable de Hachette s'accomplit en direction de la littérature espérantophone : la moitié des titres parus en 1904 sont des ouvrages littéraires. Sur les neuf ouvrages concernés, huit sont des traductions. Si les classiques français sont mis à l'honneur (Molière, Perrault, La Fontaine), le système de l'approbation, qui n'avait jusqu'alors bénéficié qu'à des auteurs français plus ou moins liés à l'activité du Touring-Club de France, est étendu à partir de 1904 à des auteurs étrangers. Paraissent ainsi plusieurs livres de deux auteurs polonais : le pionnier de la littérature espérantophone Anton Grabowski[18] et Kazimierz Bein qui, sous le pseudonyme de Kabe, deviendra le premier grand styliste de l'espéranto[19], permettant à la *Kolekto aprobita* de renouer avec le centre de gravité des débuts de l'espéranto.

Par ailleurs, en tissant des liens avec des maisons étrangères, Hachette constitue un réseau européen d'éditeurs espérantistes, sur lesquels elle conserve une position éminente. Cet ascendant lui est assuré par la possession du droit d'exclusivité avec Zamenhof, un atout maître qu'elle va exploiter en le concédant, moyennant finance, aux éditeurs partenaires. Ainsi, les premières traductions des manuels de la *Kolekto aprobita* sont envisagées très tôt : dès février 1902, Carlo Bourlet note que, « avant même que les livres de M. de Beaufront ne soient publiés, il est déjà venu d'Angleterre, d'Allemagne et d'autres pays des demandes d'autorisation de traduction[20] ». Par ailleurs, l'espéranto en France bénéficie de la mobilisation de divers réseaux influents, ce qui en décuple l'audience potentielle. Il n'en va pas forcément de même ailleurs ; ainsi, lorsque Hachette accorde gratuitement l'autorisation de traduire la brochure *Extraits de l'Histoire de la langue universelle*, de Couturat et Leau, à son partenaire allemand, Möller und Borel, celui-ci décline l'offre, jugeant qu'un tel ouvrage ne rencontrerait pas un succès suffisant : « Les espérantistes qui seuls l'achèteraient préfèrent se procurer des ouvrages pour l'étude de l'espéranto, car il ne faut pas oublier que l'*esperantistaro* [communauté espérantiste] allemande est encore jeune et peu nombreuse » et que l'espéranto y est une « idée encore très impopulaire »[21].

Hachette établit donc des contrats avec des éditeurs partenaires pour l'exploitation du droit exclusif de publier, en tous pays, les ouvrages en espéranto approuvés par Zamenhof. L'automne 1903 est une période décisive dans l'élaboration de ce réseau international.

Entre les mois de septembre et de décembre, Hachette signe quatre contrats, avec les éditeurs Stead[22], installé à Londres, Arct[23], à Varsovie, José Espasa[24], à Barcelone, et Möller und Borel[25], à Berlin. Plus tard, un contrat similaire est passé avec le Club espérantiste de Stockholm (en mars 1905)[26] et, vraisemblablement et bien que nous n'en ayons pas trouvé trace, avec les maisons copenhaguoise Høst & Søn et livournaise Rafaello Giusti, qui figurent en la même qualité d'éditeurs partenaires sur les catalogues Hachette.

L'objet principal de ces contrats est l'insertion dans la *Kolekto aprobita*. Les éditeurs contractants disposent dorénavant du droit exclusif d'apposer la mention « approuvé par le Dr Zamenhof » sur les livres en espéranto et les livres traduits ayant préalablement reçu l'approbation du *Majstro*. En contrepartie de la cession de l'exclusivité, l'éditeur partenaire devra verser à Hachette un droit de 4 % calculé sur le prix fort du catalogue, qui sera ensuite partagé entre Hachette et Zamenhof. D'autre part, conformément aux clauses des contrats, les éditeurs partenaires ont toute latitude pour négocier directement avec des auteurs. Mais ils sont en revanche contraints, dans un deuxième temps, de s'adresser à Hachette pour demander l'*aprobo*. Ainsi, par un courrier du 5 juin 1903, l'éditeur brugeois Witteryck-Delplace fait parvenir à Hachette deux exemplaires d'une brochure pour laquelle il demande l'approbation du docteur Zamenhof[27]. Mais c'est principalement pour l'édition de dictionnaires que les éditeurs associés recourent à ce système : ils envoient les manuscrits de leurs dictionnaires à Zamenhof, par l'intermédiaire de Hachette. Les principaux dictionnaires anglais –, allemand –, danois –, italien –, et suédois-espéranto intègrent ainsi la *Kolekto aprobita*.

Langue normalisée et conscience identitaire : de la Kolekto aprobita *à la traduction de la Bible par Zamenhof*

En constituant ainsi une collection espérantiste au rayonnement européen, Hachette œuvre puissamment à la formation d'un fonds espérantophone transnational, que contribuent à enrichir quelques entreprises éditoriales audacieuses. Songeons ici à l'édition, entre 1907 et 1914, de pas moins de quatorze traductions de Zamenhof, dont huit livres de l'Ancien Testament, ou encore la parution de deux ouvrages importants dans l'histoire culturelle de l'espérantisme : rien de moins que les deux premiers romans de la littérature espérantiste originale. Le premier d'entre eux, *Kastelo de Prelongo*, est l'œuvre du docteur Henri Vallienne, qui avait déjà signé d'importantes traductions (*Manon Lescaut, Les Aventures de Télémaque, Les Métamorphoses*...). L'effort consenti par la firme du boulevard Saint-Germain est notable : les dimensions de cet épais ouvrage d'environ 150000 mots et de plus de 500 pages, tiré à 1 000 exemplaires[28], sont sans commune mesure avec le reste du catalogue. L'accueil critique, par les revues espérantistes, souligne d'ailleurs ces proportions hors normes : l'ouvrage est comparé à un « nouveau-né gras et bien bâti », à un « enfant lourd qui honore la famille », tandis qu'y sont loués l'expression de la passion et des sentiments ardents, le « style simple » et la « langue claire »[29]. Le pas franchi est d'autant plus remarquable que Vallienne n'a alors que quatre ans de pratique de l'espéranto à son actif, et que le corpus littéraire espérantiste n'est guère étoffé. Si la postérité se montrera moins indulgente à l'égard de ce roman nourri de tous les codes du feuilleton – passion amoureuse, aventures rocambolesques, crimes mystérieux et identités cachées –, Vallienne est alors considéré comme le plus grand styliste de l'espéranto, après Kabe[30].

La forme éditoriale de la « collection » a sa propre histoire[31] : forme apparue dans la deuxième moitié du XVIIIe siècle, elle connaît son plein développement au cours du siècle suivant, pour culminer à la Belle Époque. Elle est bien sûr étroitement liée à la massification de l'imprimé et aux progrès de l'alphabétisation, mais aussi à la consolidation des langues vernaculaires et au processus de construction nationale. En explorant les racines culturelles de ce processus, l'approche fondatrice de Benedict Anderson[32] a en effet montré combien ces « communautés imaginées » se sont appuyées sur un ensemble de ressources symboliques. Plusieurs travaux ultérieurs, dont ceux d'Anne-Marie Thiesse, ont mis en pleine lumière le rôle, dans ce processus, de la production littéraire[33], au point qu'il est permis d'affirmer, comme le fait Álvaro Ceballos Viro en une formule frappante, que « la nation, au cours des deux cents premières années de son histoire, s'est surtout nourrie de ses communautés de lecteurs[34] ». Or, *a fortiori* avant que les congrès ne démontrent sa capacité à devenir une langue parlée, la communauté espérantiste tend, à ses débuts, à se confondre avec la communauté des *lecteurs d'espéranto*. Dès lors, une entreprise éditoriale comme celle que soutient Hachette s'avère d'une importance décisive pour l'existence même de cette « nation de papier ». Il faut ici risquer un paradoxe, en replaçant la *Kolekto aprobita* dans la perspective plus large de la constitution de la forme éditoriale de la collection tout au long du XIXe siècle : à savoir, selon les mots d'Isabelle Olivero, une oscillation entre la volonté de « construire le national » et le désir de « partager l'universel »[35].

En effet, en disposant d'une « collection approuvée », la communauté espérantiste ne possède-t-elle pas une forme de « collection nationale », au sens qu'en a donné récemment Álvaro Ceballos Viro, c'est-à-dire un « corpus textuel canonique et/ou canonisant qui participe à la définition culturelle d'une de ces entités politiques modernes que nous connaissons sous le nom de "nations" » et qui « noue des liens d'interdépendance avec une collectivité humaine, désireuse de fonder textuellement une différence culturelle sur une base territoriale et, fréquemment, linguistique »? Si, bien évidemment, la question de la base territoriale ne se pose pas dans le cas de l'espéranto, il n'est pas sans intérêt d'éclairer la spécificité de la *Kolekto aprobita* à la lumière de ce concept de « collection nationale ».

Cette fonction se manifeste tout d'abord de manière sensible par un ensemble « d'épitextes éditoriaux », c'est-à-dire un ensemble d'éléments, discursifs ou iconographiques, qui entourent le texte et fondent la cohérence éditoriale de la collection. Or, de la même manière que les couvertures de la collection Brasiliana reproduisent systématiquement une carte du Brésil, que les *Episodios nacionales* édités par la maison argentine Hernando arborent le drapeau national, les volumes de la *Kolekto aprobita* sont immédiatement reconnaissables à leur logo, qui s'étale largement sur la page de titre et, souvent, sur la page de garde. Logo qui comporte au moins trois éléments identitaires, immédiatement parlants : l'étoile verte à cinq branches, tout d'abord, qui semble être apparue comme emblème du mouvement espérantiste dès 1893 ; le globe terrestre qui, seulement réduit à une sphère parcourue de parallèles et de méridiens, symbolise la prétention à l'universalité et l'idéal d'abolition des frontières ; le nom du docteur Zamenhof, enfin, « prise de guerre » sur laquelle capitalise Hachette.

Second critère : la collection nationale doit se présenter comme un ensemble clos, un répertoire fermé. Or la *Kolekto aprobita* s'est précisément construite contre la liberté de publier; dans l'esprit de son créateur, elle « sera composée des seuls ouvrages qui, après examen du Dr Zamenhof, auront été jugés par celui-ci dignes d'y être admis. Donc, dès aujourd'hui, la *Collection approuvée par le Dr Zamenhof* devient la *bibliothèque officielle de l'Esperanto*[36] ». Cette patente d'officialité, cette intraitable sélection, font bien de la *Kolekto* un corpus étroitement délimité. Enfin, si la *Kolekto aprobita* peut d'autant mieux prétendre au qualificatif de « collection nationale », c'est que le contenu de celle-ci, par un apparent paradoxe, ne présente pas nécessairement un caractère national. Elle peut tout à fait se fonder sur « le dialogue entre des collections de littérature nationale et les classiques universels » : ce qui cimente la collection nationale, c'est bien, en définitive, l'effort qui tend à promouvoir la langue nationale à une dignité nouvelle. Une telle ambition est bien celle de la *Kolekto aprobita*, que Théophile Cart définit ainsi dans son avant-propos à la *Pola Antologio* de Kabe :

> Ainsi notre Esperanto, grâce à de telles traductions, fera naître, à partir des littératures nationales, dans un avenir plus ou moins proche, une littérature neuve, vraiment internationale, la – pour reprendre le mot du grand poète allemand Goethe – *Weltliteratur*, la littérature mondiale.

La référence à la notion goethéenne de *Weltliteratur*, qui, précisément, « surgit au moment de l'invention des littératures nationales, dont elle est un pendant logique[37] », est ainsi au cœur de la logique de la « collection nationale ». La volonté de Cart est bel et bien de susciter ce qu'Álvaro Ceballos Viro qualifie d'« osmose symbolique » :

> Les classiques universels légitiment les titres autochtones en leur prêtant un peu de leur aura séculaire, tandis que ceux-ci confèrent à ceux-là un peu de leur actualité et de leur indubitable pertinence; et ce subtil transfert de capital symbolique se produit comme par osmose, grâce au voisinage de catalogue et à la continuité typographique et paratextuelle.

L'examen du catalogue de la *Kolekto aprobita* fournit un exemple éclairant de cette « osmose symbolique » où Virgile, Shakespeare et Molière tiennent lieu de « classiques universels », et les écrits de

Zamenhof, Beaufront, Lengyel, Meyer, Kofman, puis de Vallienne ou de Devjatnin, de « titres autochtones ».

Ainsi, quoique apparemment paradoxal, le paradigme de la collection nationale permet d'envisager la constitution de la *Kolekto aprobita* comme une entreprise de légitimation de l'espéranto, qui concourt à lui donner une dignité culturelle nouvelle. Par ailleurs, la normalisation de la langue est l'une des raisons d'être de la *Kolekto aprobita*, qui permet de créer un fonds commun, étroitement contrôlé, à même d'instaurer un standard linguistique, un répertoire de bonnes pratiques qui fait office de modèle aux espérantistes. Le parallèle est encore plus frappant dès que l'on se penche sur l'une des plus notables entreprises de traduction qu'a soutenues Hachette : la traduction de l'Ancien Testament en espéranto, par Zamenhof. Paraissent ainsi, entre 1907 et 1914, les cinq livres du Pentateuque et trois des livres hagiographes (l'Ecclésiaste, le Livre des Psaumes et la Sagesse de Salomon). On ne saurait manquer d'établir un parallèle, ici, avec le travail de traduction des textes sacrés qui, à l'aube des temps modernes, fut entrepris par les réformateurs religieux. En exprimant la parole de Dieu, la langue vulgaire se voit conférer un poids symbolique considérable, qui, du même coup, dote la communauté de ses locuteurs d'une autonomie culturelle nouvelle, possible ferment d'une conscience identitaire[38]. Ainsi la traduction de la Bible par Luther fut-elle un événement capital d'où prirent naissance la nouvelle littérature allemande, et, par voie de conséquence, le sentiment national allemand. Ces questions n'étaient évidemment pas inconnues de Zamenhof – dont la ville natale, Białystok, accueillait environ 6000 Allemands – qui avait appris l'allemand très jeune, avait poursuivi ses études au lycée en section philologique et traduira Goethe et Schiller. Entreprendre de traduire la Bible doit ainsi se comprendre comme un geste fondateur, qui permet de hisser l'espéranto au rang des grandes langues de culture – ambition amorcée dès l'*Unua Libro* qui, rappelons-le, contenait déjà quelques versets de la Bible.

La propriété, c'est le vol : à qui appartient la langue?

Éditer la langue universelle, édicter la norme linguistique

Cette position éminente, instituée naturellement, dès les contrats de 1901, par le partenariat exclusif avec Zamenhof, est consolidée par la publication d'ouvrages qui, loin de se borner à fournir les groupes locaux, à servir de support aux cours français et de fonds culturel partagé, ne jettent rien de moins que les bases communes de la langue. Il s'agit de s'atteler au problème intrinsèque des langues artificielles, qui peut se résumer par la tension entre la nécessité de conserver le langage suffisamment fixé pour maintenir une communauté de locuteurs et le mouvement naturel qui tend chacun d'entre eux à s'approprier la langue et à la faire dériver de son modèle canonique. La question est d'autant plus épineuse lorsque ce modèle est mal, ou insuffisamment, défini, ce qui est le cas de l'espéranto à ses débuts, lequel, contrairement aux langues naturelles, ne possède pas encore le corpus littéraire qui garantirait sa stabilité[39].

C'est dans cette perspective qu'il convient de replacer la parution, au sein de la *Kolekto aprobita,* de deux titres de première importance : le *Fundamenta Krestomatio* en 1903 et le *Fundamento de Esperanto* en 1905. Le premier est un recueil de textes disparates – exercices, contes, nouvelles, poèmes, articles, brèves parues dans la presse espérantophone, etc. –, écrits ou relus et corrigés par Zamenhof, et qui font office de « modèle de style espérantiste[40] ». Cette compilation se présente explicitement comme la garantie d'un canon commun, unique et partagé, contre le péril de la dialectisation. Il s'agit donc, par l'exemple, de prescrire un « bon usage » de la langue, que Zamenhof, dans son avant-propos, oppose au « style erroné » des « nombreux livres espérantistes écrits par des individus qui ne possèdent pas encore bien l'esperanto ». Zamenhof en conseille la lecture à « tous ceux qui veulent utiliser, à l'écrit comme à l'oral, la langue Esperanto », tout en la recommandant plus particulièrement à « ceux qui désirent éditer des ouvrages en espéranto »,

> car celui qui édite un ouvrage en espéranto, sans avoir acquis, au préalable, une connaissance profonde de l'esprit et du modèle stylistique de cette langue, ne saurait être utile à notre cause, mais, au contraire, lui serait parfaitement nuisible[41].

En éditant cette épaisse compilation (461 pages !) de quinze ans de pratique écrite de la langue, sous l'autorité de Zamenhof, Hachette se positionne donc comme l'éditeur de référence de l'espéranto, pour qui *éditer* et *édicter* la norme linguistique participent d'un seul et même geste. Geste que prolonge et amplifie, deux ans plus tard, la parution du *Fundamento de Esperanto*, dont les premières lignes de l'avant-propos affirment nettement, là encore, l'ambition normalisatrice : on ne saurait envisager la réussite du projet de langue universelle sans « l'existence d'un fondement de la langue clairement défini, intouchable et inchangeable[42] ». À l'image du *Fundamenta Krestomatio*, le *Fundamento de Esperanto* se présente comme la compilation d'ouvrages déjà parus, et que « l'accord tacite de tous les espérantistes » permet de considérer comme fondamentaux. Il s'agit des seize règles de grammaire, déjà présentées dans l'*Unua Libro* de 1887, et traduites ici en français, anglais, allemand, russe et polonais, de l'*Ekcercaro*, recueil d'exercices paru en 1894 – et traduit par de Beaufront dès 1896 –, et de l'*Universala Vortaro*, « dictionnaire universel » en cinq langues, édité à quatre reprises à Varsovie entre 1894 et 1904.

Cet ensemble canonique apparaît donc comme une version enrichie, réactualisée et internationale de l'*Unua Libro*. Qualifié par Carlo Bourlet de « Bible de l'Esperanto », le *Fundamento* est sous presse au milieu du mois de mai 1905, six semaines après que Zamenhof en a envoyé le manuscrit à Hachette[43]. Quelques mois plus tard, le congrès de Boulogne-sur-Mer est l'occasion parfaite pour le hisser au rang de canon intouchable de la langue internationale ; c'est ce qu'accomplit le quatrième article de la *Déclaration de Boulogne* :

> Le seul livre que tous les Espérantistes doivent reconnaître une fois pour toutes est le « Fundamento de Esperanto » dans lequel personne n'a le droit de faire même le plus petit changement[44].

Ainsi, si, pour reprendre l'expression de Michael Gordin, « la *Déclaration* verrouille la langue[45] », c'est bien sur la base d'un ouvrage édité par une société privée, Hachette, qui voit du même coup sa position d'éditeur de référence solidement assurée aux yeux des espérantistes du monde entier.

Le « schisme idiste » et la lutte contre le « monopole Hachette »

Cette institutionnalisation de la langue sous l'égide de Hachette ne se fait pas sans heurts. Elle radicalise, en retour, ceux qui refusent le principe de l'intangibilité du *Fundamento*. L'exemple le plus remarquable est celui de Louis de Beaufront. La ligne de *L'Espérantiste* évolue ainsi radicalement à partir de 1907, lorsque Beaufront prend ses distances vis-à-vis des partisans les plus acharnés de l'orthodoxie. L'année suivante, *L'Espérantiste* adopte finalement une langue artificielle concurrente, forgée par un comité de scientifiques à partir de l'espéranto, dont elle se présente comme une version amendée et améliorée : l'ido[46]. *L'Espérantiste* milite dès lors ouvertement pour la langue réformée, en ouvrant ses colonnes au principal artisan de la réforme, le philosophe Louis Couturat. Ce dernier y critique la *Déclaration de Boulogne*, refusant la réduction de l'espérantisme à l'obéissance absolue au *Fundamento*[47]. Le terme désigne à ses yeux une sympathie à l'égard de la langue internationale, c'est-à-dire la recherche de « la langue internationale la meilleure et la plus utile », et donc une bienveillance à l'égard de toute proposition d'amélioration ou de réforme de l'espéranto. Le vocabulaire, d'ordre religieux, employé par Couturat est significatif et confère à l'expression « d'espéranto réformé », par lequel on désigne alors souvent l'ido, une profondeur historique qui n'est pas innocente : le *Fundamento* y est décrit comme « un livre saint », l'espérantisme la « fidélité à une langue et même à un livre, [...] une secte particulière dans la grande masse des amis de l'idée [de la langue internationale] ». L'espéranto ne devient plus qu'une solution parmi d'autres au problème de la communication internationale.

L'Espérantiste est déchiré entre l'opinion officielle de la SFPE, dont il est toujours l'organe, et les préférences personnelles de son fondateur et rédacteur en chef. Au début du mois de novembre 1908 s'engagent alors des négociations entre la SFPE et *L'Espérantiste*, dans le but de résilier le contrat qui les lie. Sans aller jusqu'à l'extrémité d'une conversion à l'ido, qui vaut rupture avec l'espéranto canonique, plusieurs espérantistes ont pu manifester des velléités réformatrices. Le principal point de désaccord porte sur l'enrichissement du lexique par la formation de nouveaux mots. Les plus conservateurs s'en tiennent à la lettre du *Fundamento*, en considérant, pour le dire vite, que la langue y est tout entière contenue : toute évolution de cette base commune, toute réforme, tout enrichissement même, s'il est décidé par le caprice d'un auteur, mettrait en effet en péril la possibilité d'un usage partagé de la langue, et, *in fine*, de l'intercompréhension. Les plus libéraux, au contraire, estiment nécessaire de pouvoir envisager la formation de néologismes et l'enrichissement de la courte liste de l'*Universala Vortaro* par la création de radicaux nouveaux.

Par ailleurs, la position dominante de Hachette et sa stratégie « monopolistique » posent l'épineuse question de la propriété de la langue. Question qui renvoie à l'ambiguïté fondamentale propre à la nature de l'espéranto, à la fois langue – et, à ce titre, bien commun de ses locuteurs – et invention – sur laquelle son créateur possède donc une propriété intellectuelle. Les contrats d'exclusivité signés avec Hachette plongent dans le doute de nombreux espérantistes, qui interrogent le fait même de reconnaître des droits à Zamenhof. Le commandant Lemaire, espérantiste belge de tendance réformatrice, confesse ainsi à Alfred Michaux n'avoir « plus aucune confiance en Zamenhof [qui] gagne maintenant assez d'argent par Hachette », avouant que « du jour où Zamenhof s'est lié à Hachette par contrat, il a perdu [...] l'auréole de saint qu'[il] lui avai[t] vue jusqu'à ce moment »[48].

Dès 1903, Zamenhof se voit ainsi accusé d'avoir trouvé, en contractant avec Hachette, une excellente combinaison pour son enrichissement personnel. La rumeur enfle au point que le *Majstro* doit procéder, dans les colonnes de *L'Espérantiste*, à une mise au point. Il commence par revendiquer ses droits financiers sur son invention, avant de dénier tout fondement à la rumeur d'enrichissement personnel : Zamenhof explique en effet, de manière détaillée et argumentée, que la rémunération concédée par Hachette (1,60 % sur le montant des ventes) lui semble plutôt faible eu égard à la charge que représentent la lecture, la correction, la correspondance avec les auteurs et la responsabilité qu'il assume en recommandant un ouvrage. De plus, précise-t-il avec justesse, « tout ouvrage publiquement approuvé par moi sera un concurrent pour mes *propres* ouvrages, qui grâce à lui seront moins vendus[49] »... De toute évidence, l'approbation n'a pu représenter une source de revenus conséquente, ni même un tant soit peu substantielle, pour Zamenhof.

Mais la question financière n'est pas la seule cause de cette grogne : il semble bien que l'ascendant français sur le mouvement commence à faire grincer des dents parmi le reste des espérantistes. Zamenhof lui-même voit poindre « la supposition naissante qu'[il a] offert l'espéranto à des intérêts français[50] ». Théophile Cart relaie ces critiques, en réfutant, au nom d'une conception démocratique de la communauté espérantiste, l'argument avancé par Beaufront en 1901, qui voyait dans le système de l'approbation un moyen de préserver la langue des « publications mauvaises » qui en menaceraient l'intégrité. La situation monopolistique serait ainsi fondamentalement contraire à l'essence même de l'espéranto, qui appartient à tous ses locuteurs :

> [M]a conviction absolue, toujours affirmée, est que rien ne saurait mieux servir la cause espérantiste – devant l'intérêt de laquelle toute autre s'efface – qu'une concurrence franche et loyale [...]. Ce n'est point, en effet, par un monopole, d'ailleurs irréalisable, que se maintiendra cette unité de la langue, qui est une condition essentielle de la victoire, mais bien, et uniquement, grâce à l'entente des grammairiens et des lexicographes et à la vigilance d'une presse unie pour recommander tout ce qui est bon – tel ce petit livre – et repousser sans hésitation toute œuvre préconisant des modifications systématiques, forcément funestes aujourd'hui[51].

C'est sans ambages que Cart, dans une lettre à Alfred Michaux, exprime son hostilité à la politique monopolistique de Hachette :

> L'Esperanto ne se répandra vraiment que le jour où on le considérera comme une langue uniquement, et n'essaiera point, d'une façon plus ou moins détournée, de l'accaparer au profit d'une coterie ou d'une maison de commerce[52].

La défiance vis-à-vis de Hachette est telle que Cart, qui y a publié ses *Premières leçons d'Esperanto* et son *Espéranto en dix leçons*, qui rencontrent tous deux un succès durable, écrit encore à Alfred Michaux : « Je donnerais beaucoup aujourd'hui pour n'avoir jamais rien édité là[53]. »

L'image péjorative du « monopoleur » n'est pas neuve[54] : on peut la faire remonter à la polémique qui entoure, dans la deuxième moitié du XIXe siècle, le lancement des bibliothèques des chemins de fer par Louis Hachette. Il suffit de rappeler la pétition signée en 1883 par une quarantaine d'hommes de lettres, dont Jules Barbey d'Aurevilly, Henry Becque, Joris-Karl Huysmans ou Octave Mirbeau, sous l'impulsion de Guy de Maupassant qui s'était vu interdire, par la librairie Hachette, la vente de son roman *Une vie* dans les bibliothèques de gare[55]. La démarche de Maupassant, relayée par le baron de Janzé dans une brochure parue en 1887 et au titre éloquent[56], se place alors sur le terrain moral : il s'agit de dénoncer le droit de regard exercé par Hachette, dont les choix, en l'absence de concurrence, font office de censure indirecte, comme le résume le baron de Janzé devant la Chambre des députés :

> De l'exercice du droit discrétionnaire laissé au libraire qui monopolise sur nos voies ferrées la vente des livres et des journaux, il résulte, ainsi que le disent les pétitionnaires, que, lorsque les voyageurs ont pris un billet de chemin de fer, c'est comme s'ils avaient pris un billet de confession, leur interdisant la lecture de tel livre, de tel journal. Ainsi de Bayonne à Dunkerque ou de Brest à Marseille, un étranger qui traverse la France ne peut plus lire que les journaux ou les livres qui ont reçu l'autorisation de vente de la maison Hachette[57].

Faisant ainsi écho au combat du baron de Janzé une vingtaine d'années plus tôt, Théophile Cart critique un « monopole qui met tout entre les mains d'une maison, où B[ourlet] est aujourd'hui le maître [...]. C'est partout qu'il faut que les libraires aient un intérêt dans l'Esperanto[58] ».

L'abandon de l'approbation : « le Maître de la langue est le monde entier »

Face à ces critiques, Zamenhof, qui n'a sans doute pas oublié la fatale intransigeance de Schleyer, le créateur du volapük, penche en faveur d'un contrôle démocratique sur l'évolution de la langue, et non d'une autorité personnelle univoque. Il avait d'ailleurs, très tôt, songé à la création d'une « Ligue des espérantistes » à qui il reviendrait de se prononcer sur tout projet de réforme. Le feu nourri de critiques suscité par son engagement auprès de Hachette le conduit, en 1905, quelques mois avant l'ouverture du congrès de Boulogne, à proposer à nouveau, par un article paru dans *Lingvo internacia*[59], son projet d'une *Ligue espérantiste mondiale* (*Tutmonda Ligo Esperantista*). Celle-ci dépasse le cadre étroit du contrôle linguistique : elle vise à concentrer entre les mains d'une seule organisation centrale les moyens d'information, de propagande, d'apprentissage de la langue, de contrôle de son évolution et d'édition – notamment par l'intermédiaire d'un comité qui accorderait ou non l'approbation sur les ouvrages qui lui seraient présentés.

Mais ce projet ne satisfait pas davantage les espérantistes français. Paul Fruictier n'hésite pas à y voir un « grave danger pour l'Esperanto[60] ». À ses yeux, le projet de Zamenhof, qui lui apparaît comme un « comité de censeurs », ne fait que renforcer une tendance néfaste à la monopolisation et à la centralisation, dont le but caché serait de faire de l'espéranto « un outil de profit et de domination aux mains de quelques personnes ». Gaston Moch craint, à son tour, que l'approbation, placée entre les mains d'un comité, ne se transforme en une censure pure et simple, une « intolérable oligarchie[61] ». Du reste, elle ne serait pas nécessaire à l'éclosion d'une littérature de qualité, comme en témoigne la première période de l'histoire de l'espéranto, « pleine non seulement d'ouvrages excellents, mais aussi de chefs-d'œuvre qui n'ont pas été surpassés », signés essentiellement par les auteurs slaves de la première école littéraire espérantiste (Kofman, Devjatnin, Grabowski) : « Pour cette superbe floraison, nul besoin d'estampille. » Moch reproche par ailleurs au principe même de l'approbation d'être inadapté à la croissance du lectorat espérantiste. En nécessitant l'approbation préalable de Zamenhof, la *Kolekto aprobita* impose une sorte d'étiage à la production éditoriale, alors que les espérantistes, dont le nombre ne cesse de croître, attendent « impatiemment une nourriture spirituelle » constamment renouvelée. Moch prend certes soin de ne pas accabler Zamenhof, qui « ne peut correspondre avec les cinq continents, contrôler les nouveaux mots proposés, lire attentivement les manuscrits pour lesquels on demande l'approbation… et accomplir sa profession de médecin ». Il n'en demeure pas moins qu'aux yeux de Moch, l'approbation n'est pas seulement inutile, elle est « très nuisible, et même mortifère » pour une activité éditoriale qu'elle bride et ralentit nécessairement.

La question, d'une actualité brûlante, est à l'ordre du jour de la première séance du congrès de Boulogne. Ce 7 août 1905,

Zamenhof propose d'inclure dans le texte définitif de la *Déclaration de Boulogne* le renoncement à tout droit personnel sur la langue. Le troisième article, débattu et voté par l'ensemble des congressistes, est ainsi formulé :

> L'auteur de l'espéranto ayant dès le début et une fois pour toutes renoncé à tout droit et privilège personnels relatifs à cette langue, l'Espéranto n'est « la propriété de personne », ni au point de vue matériel ni au point de vue moral. Le Maître de la langue est le monde entier et chacun peut éditer en cette langue ou sur elle tous les ouvrages qu'il désire et l'employer pour tous les buts possibles[62].

L'édition en espéranto est donc désormais libre. Toutefois, l'abandon de l'approbation ne solde pas le problème, consubstantiel à la possibilité de réalisation d'une langue universelle, de l'existence d'instances centrales de contrôle linguistique, nécessaires face au risque de dialectisation. C'est pourquoi le congrès de Boulogne, tout en mettant fin au système de l'approbation personnelle, met sur pied une instance chargée de veiller à l'intégrité de la langue : le Comité linguistique (*Lingva Komitato*). Celui-ci est placé sous la présidence du Dijonnais Émile Boirac, professeur de philosophie, auteur du manuel qui connaît le plus de succès à la fin du XIXe siècle[63] et traducteur en espéranto de la *Monadologie* de Leibniz. Boirac incarne ainsi la plus haute autorité linguistique après Zamenhof, en coiffant un comité composé d'un nombre de membres en théorie illimité (cent en 1906, cent cinquante en 1912), mais au mode de recrutement en réalité assez fermé, puisqu'il repose exclusivement sur l'élection par un premier collège de membres désignés à vie[64]. Son objet est de veiller à l'intégrité de la langue ; il réaffirmera ainsi régulièrement la position espérantiste « orthodoxe » face aux tenants de l'ido. Le comité peut en outre être saisi et délibérer sur des questions aussi diverses et précises que les suffixes verbaux ou la transcription des noms propres. Toutefois, sa composition pléthorique et la contestation de son autorité par les espérantistes les plus réformistes le contraignent à une certaine impuissance. En 1912, dans un communiqué où il exprime ses regrets devant le trop grand nombre d'ouvrages espérantistes comprenant des fautes de langue, le comité se trouve contraint, d'une part, d'inviter les auteurs à soumettre leur ouvrage, avant édition, soit à un membre du comité, soit à un critique compétent; d'autre part, d'appeler les revues espérantistes à faire preuve de la plus grande sévérité envers les ouvrages erronés. Autant de rappels à l'ordre dépourvus d'effets.

Un marché en manque de lecteurs?

Confronté à des querelles internes, à de mauvaises ventes et à une vigoureuse campagne de presse contre la *Kolekto aprobita,* Guillaume Bréton semble regretter de plus en plus amèrement son soutien à la cause espérantiste. Une lettre de Bourlet à Michaux nous apprend en effet que Hachette, « dégoûtée des Espérantistes » songe, pendant l'été 1905, à abandonner la langue universelle. Convaincu que « cet abandon brusque et public à la veille de notre Congrès était la mort de l'Esperanto car personne n'aurait essayé, en librairie, de relever une affaire abandonnée par Hachette », Bourlet travaille, « avec beaucoup de mal », à maintenir la confiance de Bréton. L'entreprise réussit au-delà de ses propres espérances : comme l'écrit Théophile Cart à Alfred Michaux, désormais, « la maison Hachette [...] ne fait rien sans l'aval de B[ourlet][65] ».

Si Hachette continue donc de soutenir l'espéranto – bien souvent à fonds perdu – jusqu'en 1914, elle est contrainte de réduire nettement la voilure : le volume global de nouveaux titres en espéranto diminue. Les rééditions et les réimpressions sont encore plus rares, contrairement aux premières années de la *Kolekto aprobita*. Même les ouvrages à succès ne sont plus guère réédités après 1906-1907 : des dix éditions de *L'Espéranto en dix leçons,* best-seller de Cart et Pagnier, une seule est postérieure à 1906. Les quatre tirages des *Premières leçons d'Espéranto,* parues en 1903 et adaptées dans de nombreuses langues, sont tous antérieurs à 1907. Ce net ralentissement, observable à partir de 1908-1909, révèle la saturation d'un marché finalement moins extensible que prévu. Du *Cours élémentaire d'espéranto sans professeur,* manuel pour débutants paru en 1912, Hachette ne prévoit qu'un premier tirage de 1 500 à 1 650 exemplaires[66].

Le public susceptible de s'intéresser à l'espéranto s'érode donc au fil des années, comme en témoigne également la perte d'audience de *Franca Esperantisto,* le successeur de *L'Espérantiste* (lequel cesse de paraître en 1908) qui confesse, en décembre 1912, compter moins de la moitié des abonnés de l'ancien journal de Beaufront. Plus généralement, au printemps 1914, le journal *Norda Gazeto* peut titrer sur « la crise du recrutement » et constater une « diminution très prononcée des adhésions ». L'auteur anonyme de l'article pointe du doigt la stratégie des groupes qui, esclaves d'une logique du nombre importée du modèle associatif, ont cherché à attirer le maximum d'adhérents, en privilégiant les divertissements, les jeux et les distractions au détriment de la pratique de la langue : « passer le temps en commun de la manière la plus agréable a été assurément la pensée directrice de beaucoup de milieux ». Il épingle également les querelles d'ego, qui font perdre de vue la « cause » de la langue universelle, et conclut sur le manque de « feu sacré » chez les nouveaux adhérents. Or, comme le note encore le journal *Le Monde espérantiste* en avril 1911, « malheureusement pour les éditeurs, les enthousiastes seuls achètent des livres. Et combien sont-ils ? On peut les compter ». L'article poursuit, nous renseignant directement sur la situation du marché éditorial espérantiste au début des années 1910, et éclairant du même coup la quasi-disparition de la politique de rééditions chez Hachette :

> Donc, les éditions nombreuses et successives se traduisent toujours par une perte pour les libraires-éditeurs, et cela ne les décourage pas... C'est extraordinaire ! [...] Je dis donc que les livres, anciens et nouveaux, ne se vendent pas, et ils ne se vendent pas parce qu'il n'y a pas de lecteurs.

La situation des auteurs en pâtit. Les quelques contrats subsistant dans les archives Hachette, joints à quelques pièces éparses de correspondance, nous donnent une idée de l'évolution des termes des contrats d'édition. Ainsi, le contrat du 25 juillet 1904 entre Hachette et Henri Vallienne dispose que les frais d'édition de la traduction de l'*Énéide* de Virgile seront intégralement à la charge de Hachette. Vallienne percevra un droit d'auteur de 5 %. Signe de l'optimisme de Hachette durant les premières années de son engagement espérantiste, une clause additionnelle, ajoutée le 18 juin 1906, envisage même la publication des chants de l'*Énéide* restés inédits[67]. Cinq ans plus tard, la situation est nettement moins favorable pour les auteurs espérantistes. Cherchant à faire éditer son *Cours élémentaire pour apprendre l'Esperanto sans professeur*, la Dijonnaise Marcelle Fauvart-Bastoul est contrainte de faire établir chaque édition à ses frais[68]. Hachette consent certes à avancer les coûts de fabrication de l'ouvrage, mais Fauvart-Bastoul s'engage à les rembourser lors de la mise en vente[69]. On se rapproche là d'une édition à compte d'auteur, Hachette faisant surtout office de lieu de dépôt, et assurant la distribution et la publicité du livre dans les publications qui lui appartiennent[70]. Ainsi, c'est ici à l'auteur qu'il revient de fixer le tirage ; afin de ne pas être perdante, Hachette conseille à M. Fauvart-Bastoul de le porter à au moins mille cinq cents exemplaires, ce qui, en réalisant des économies d'échelle, lui permettra de vendre son *Cours* au prix raisonnable de 1,25 ou 1,50 franc[71]. En 1913, Charles-Ange Laisant et Jacques Camescasse, respectivement auteur et traducteur d'un ouvrage d'initiation aux mathématiques, sont confrontés aux mêmes calculs. Une lettre du second au premier, datée du 16 mai 1913, en conclut ainsi que des tirages de « 500 et 1 000 seraient trop chers pour pouvoir le céder à Hachette à 50 % [...]. Nouvelle raison donc pour aller à 2000. [...] Il faudrait obtenir que Hachette prenne à ses frais le service de presse[72] ».

Rien d'étonnant, dans ce contexte maussade, à ce que Hachette, en abandonnant, après guerre, l'édition en espéranto, laisse un stock considérable d'invendus. C'est plus de 125 000 exemplaires, dont la valeur totale dépasse les 110 000 francs, que Hachette cède avec un rabais de 80 % aux quelques espérantistes qui, rassemblés en une société anonyme, tentent de relancer sur ces bases, en 1919, un comptoir de librairie espérantiste à Paris[73].

Un lieu pour l'utopie : la fondation de la Presa Esperantista Societo

Lingvo internacia, *revue transnationale itinérante*

On l'a vu, Théophile Cart est aux avant-postes du combat pour la liberté d'éditer en espéranto. Afin de donner une vitrine à cet engagement, et d'allumer un contre-feu face à l'ambition de Hachette, il participe à la fondation, en plein cœur du Quartier latin, d'une imprimerie-librairie espérantiste, la *Presa Esperantista Societo*. L'histoire de cette « Société d'imprimerie espérantiste » est inséparable du destin de la principale revue espérantiste du tournant du siècle. Lancée en 1895 pour faire face à l'arrêt de la parution du premier journal dans la langue universelle, *La Esperantisto*, celle-ci est baptisée *Lingvo internacia* (*Langue internationale*). Elle est rédigée par des espérantistes suédois, du club d'Uppsala, l'un des plus actifs des débuts de l'histoire de l'espéranto. Malgré les difficultés financières et les retards de parution, elle assume tant bien que mal son rôle d'organe principal de la communauté espérantiste. Toutefois, le manque d'argent se fait de plus en plus criant, et au début de l'année 1900, l'imprimeur hongrois Paul de Lengyel se propose de reprendre l'impression et la diffusion du journal, dont le siège est alors transféré dans la petite ville magyare de Szekszárd[74]. Les premiers temps de la période hongroise de *Lingvo internacia* sont assez difficiles, mais la situation change lorsque, en 1902, un jeune espérantiste parisien, Paul Fruictier, âgé de 22 ans, décide d'en assumer la direction éditoriale, en s'associant à Lengyel.

La revue parvient à s'imposer durablement. Ses collaborateurs et ses abonnés sont suffisamment nombreux pour assurer sa pérennité financière[75]. Outil d'information, espace de réflexion sur la question de la langue universelle, organe de liaison entre espérantistes du monde entier, le périodique souffre toutefois de la distance entre le siège de la rédaction – chez Paul Fruictier, boulevard Arago – et celui de l'administration, à Szekszárd. C'est alors qu'à l'été 1904 une nouvelle opportunité se présente : la reprise d'une imprimerie parisienne, installée rue Lacépède, au cœur du Quartier latin, depuis plus de vingt ans. Lengyel et Fruictier y voient l'occasion de transformer la société en une imprimerie espérantiste, qui deviendrait également le siège de *Lingvo internacia*.

Pour acheter l'imprimerie et fournir le capital nécessaire, mille actions de vingt-cinq francs sont émises. Le projet séduit les lecteurs ; la somme est réunie suffisamment rapidement pour que, dès le mois de septembre 1904, Lengyel vende son imprimerie, quitte la Hongrie et s'installe à Paris avec sa famille et son assistant. Le numéro d'octobre 1904 de la revue est le premier à mentionner, en une, l'adresse du 33, rue Lacépède. La société est officiellement constituée lors de l'assemblée générale du 19 mars 1905. Quatre-vingts actionnaires ont alors souscrit au capital de la société, parmi lesquels Théophile Cart est élu président, Paul de Lengyel directeur technique, Paul Fruictier et Charles Verax administrateurs[76].

Paul de Lengyel témoigne ainsi de la fondation de la Société d'imprimerie espérantiste :

> Après quelques jours de repos, nous (M. Fruictier et moi) commençâmes à travailler. Nous discutâmes en détail de l'imprimerie à fonder, nous fîmes un plan, louâmes un lieu (33 rue Lacépède) et commandâmes le nécessaire. J'ai toujours parlé espéranto (obligé !), partout, chez le fondeur de caractères, à l'usine de machines, chez le fabricant d'encre, dans le magasin à papier, avec les constructeurs, avec les maçons, avec les menuisiers, avec les vitriers, avec les chiffonniers, etc., etc., propageant partout, de cette manière, notre langue. Au bout de quelques semaines l'imprimerie était opératoire, et le numéro d'octobre 1904 y fut déjà imprimé[77].

Le local de la rue Lacépède se compose de six pièces. L'atelier d'imprimerie à proprement parler comprend un matériel plutôt modeste : une grande presse, une petite presse à platine, une machine à composer Linotype, un grand massicot. Outre, naturellement, la revue bimensuelle *Lingva Internacia*, s'y impriment des parutions éditées par d'autres structures : circulaires de l'Office central, bulletins de certains groupes locaux, comme celui de la section du XVIIe arrondissement de Paris, ouvrages édités par la Librairie de l'Espéranto de Gabriel Chavet et Georges Warnier, par l'Office catholique espérantiste, par la Librairie Pacifiste, par des sociétés telles que la Ligue espérantiste de théosophie ou la SFPE. Des éphémères (affiches, prospectus, programmes de festivités espérantistes), des guides touristiques – comme celui du syndicat d'initiative de Château-Thierry – et plusieurs périodiques sortent également des presses de la rue Lacépède.

Surtout, la *Presa Esperantista Societo* y fait imprimer ses propres éditions. Dès 1905, son activité éditoriale est dynamique et, sous la houlette de Théophile Cart, s'oriente rapidement vers l'édition littéraire. En décembre 1907, grâce à un catalogue diversifié, riche de 69 références, la *Presa Esperantista Societo* est devenue un centre éditorial de premier plan, qui soutient sans peine la comparaison avec Hachette. Le catalogue Hachette, à la fin de l'année 1907, compte 92 titres, mais exactement le même nombre (27) d'ouvrages littéraires. Enfin, tout comme celle-ci après sa reprise en main par Carlo Bourlet, la maison de la rue Lacépède peut compter sur une écurie d'auteurs internationaux qui témoigne de son rayonnement mondial : elle fait paraître des traductions dues au Suisse Hector Hodler, au Hongrois Paul de Lengyel, au Russe Ivan Lojko, à l'Italienne Rosa Junck, ainsi que des œuvres originales d'Ivan Sirjaev qui, sous le pseudonyme de Malfeliĉulo, est considéré comme l'un des meilleurs auteurs de l'avant-guerre.

Outre les magasins et les espaces dévolus à la composition et à l'impression, la *Presa Esperantista Societo* tient également lieu de librairie – on y vend « tous articles relatifs à l'Esperanto – livres, dictionnaires, journaux, insignes, etc., etc.[78] » – et de centre d'abonnement pour les périodiques espérantistes, d'achat de livres, d'envoi et d'information pour l'action de propagande. Celle-ci est loin d'être une dimension accessoire de l'entreprise :

> Un long côté de l'imprimerie donne sur une rue très passante, où des affiches attirent les regards sur notre entreprise : toute la journée, des passants s'arrêtent, lisent en s'émerveillant, ouvrent de grands yeux; les uns regardent, les autres poursuivent leur chemin, quelques-uns entrent et achètent des livres d'apprentissage, demandent des informations[79]...

Devanture de la *Presa Esperantista Societo*, installée au 33, rue Lacépède, à Paris (1905). On reconnaît notamment Théophile Cart, assis à droite.
© Saint-Omer, Bibliothèque d'agglomération, inv. 34205, liasse Cart, n° 1 (2)

Une photographie de 1905 en garde trace. On y voit la devanture de la *Presa Esperantista Societo*, dont la grande vitrine donne directement sur la rue Lacépède. La langue internationale y a, au sens propre, *pignon sur rue*; elle s'y rend visible – par l'étoile verte – et lisible – par les inscriptions directement rédigées en espéranto qui quitte ainsi, à proprement parler, le domaine de l'utopie : il investit directement l'espace public, devenant une réalité immédiatement pratique et sensible, à même d'interpeller le simple passant.

Un affrontement par dictionnaires interposés

La *Presa Societo* participe pleinement au conflit d'autorité sur l'édiction de la norme linguistique. En effet, l'imprimerie de Cart et Fruictier lance, peu de temps avant le congrès de Boulogne, un projet de *Grand Dictionnaire* qui, sous forme de fascicules, entend atteindre 2000 pages. Cet effort lexicographique inouï, sans précédent dans l'histoire de la langue universelle, entend constituer « une base ferme, solide, inébranlable ». Un tel projet ne risque-t-il pas de heurter de plein fouet l'ambition de Hachette qui, sous la houlette de Carlo Bourlet, souhaite devenir la maison d'édition officielle de l'espéranto? Théophile Cart en est parfaitement conscient : dès le lendemain de la parution de l'annonce du projet de *Grand Dictionnaire*, il confie à Alfred Michaux craindre « un conflit inévitable avec Hachette ». Crainte justifiée : au début de l'été, Paul Fruictier et Guillaume Bréton se rencontrent. L'entrevue est houleuse : « soulevé par une colère noire », Bréton aurait, à en croire Fruictier, joué au va-t-en-guerre :

> Me reprochant de « lui tirer dessus » en *éditant un dictionnaire sans son autorisation,* il me dit : « Entre nous la guerre est déclarée, une guerre à mort, une guerre de tranchées, si vous ne cédez pas votre dictionnaire! [...] »[80].

La colère de Bréton n'empêche pas la parution, en juin 1905, du premier fascicule du *Grand Dictionnaire*. Neuf autres suivront, non sans retards, entre 1906 et 1908, avant que les actionnaires de la société, réunis en assemblée générale, ne décident d'arrêter la publication, qui grève les finances de la *Presa Societo*[81].

Ce projet éditorial présente deux traits particulièrement significatifs. Tout d'abord, il s'agit d'une œuvre collaborative, dont les auteurs – qui demeurent anonymes – sont issus de diverses nationalités, dans le but d'éviter gallicismes et idiotismes. Il s'agit, en substituant un examen international à la seule expérience de locuteurs natifs, de remédier au risque de l'officialisation de radicaux et de suffixes trop peu « internationaux » – et, *in fine*, au danger de la dialectisation, néfaste à l'idée de communication universelle, comme l'expose très clairement Émile Boirac :

> Quand est paru le premier dictionnaire esperanto-langue nationale, c'est-à-dire le dictionnaire franco-espéranto, est apparue [...] la nécessité d'ajouter de nouveaux radicaux [...]; et du dictionnaire franco-esperanto ces radicaux ont été bientôt transplantés dans le dictionnaire esperanto-français, et, de manière générale, dans chaque dictionnaire esperanto-langue nationale. [...] En introduisant de nouveaux mots espérantistes par l'intermédiaire des dictionnaires nationaux, soit français soit allemand, etc., on importe inévitablement en espéranto des radicaux pas suffisamment internationaux mais, au contraire, seulement reconnaissables par les nationaux employant ce dictionnaire national[82].

Un peu plus loin, Boirac conseille précisément aux auteurs de dictionnaires de « ne pas introduire des mots appartenant effectivement à la langue nationale de l'auteur du dictionnaire, mais n'ayant pas de signification internationale, comme les jeux de cartes, les façons de manger ou de se vêtir qui diffèrent d'un pays à l'autre, ou d'un siècle à l'autre ». Le signifiant n'a valeur universelle que si le signifié est universalisable.

La deuxième exigence qui a présidé à la rédaction de ce dictionnaire concerne le choix des radicaux. Nul néologisme n'y a sa place; les radicaux « originels » figurant dans l'*Universala Vortaro* de Zamenhof sont soigneusement signalés par un astérisque. En outre, par un abondant appareil de notes et d'encadrés, l'ouvrage détaille de nombreux points de grammaire et de syntaxe, livre des conseils d'usage et des expressions usuelles. En un mot, en s'appuyant sur les principes d'internationalité et de fidélité au plan initial de la langue, le dictionnaire de la *Presa Societo* apparaît comme une « œuvre fondamentale », offrant la « *certitude d'être compris toujours et partout des étrangers*, avec le minimum invariable de racines qui constituent l'essence même de l'Esperanto, c'est-à-dire *avec le minimum d'efforts* de leur part et de celle de leurs correspondants »[83].

Ce dictionnaire est très durement critiqué par les espérantistes proches de la mouvance Hachette, qui animent l'importante revue littéraire espérantiste *La Revuo* fondée par Bourlet[84]. Au moment de la parution du quatrième cahier, au printemps 1907, celle-ci s'attache à démontrer, exemples à l'appui, le manque de soin accordé par la rédaction collégiale du *Grand Dictionnaire* au vocabulaire technique. Lui opposant la précision du *Matematika Terminaro* de Raoul Bricard – mathématicien espérantiste très proche de Bourlet – précisément édité par Hachette dans la *Kolekto aprobita*, l'article conclut ainsi : « Nous pouvons donc craindre que les utilisateurs à venir de ce dictionnaire n'introduisent quelque confusion dans notre langue[85]. » Alors que le *Grand Dictionnaire* accumule les retards, Cart fait en outre paraître un *Dictionnaire Français-Esperanto et Esperanto-Français* de sept cent trente pages, qui reprend l'esprit de la motion conservatrice :

> La nécessité d'être compris de l'*esperantistaro* [communauté espérantiste] est une autre garantie contre les fantaisies individuelles et « sécessionnistes » [...]. Les auteurs ont tâché d'éviter l'introduction d'un trop grand nombre de nouveaux radicaux : ils pensent en effet que la langue internationale n'a pas besoin de traduire par des radicaux spéciaux toutes les nuances de chaque langue nationale.

Mais le camp adverse ne désarme pas : Carlo Bourlet confie alors à Émile Grosjean-Maupin, membre du Comité linguistique, la rédaction d'une série de quatre dictionnaires, édités par Hachette entre 1910 et 1914. À l'opposé de l'approche puriste d'un Cart, Grosjean-Maupin cherche à compiler « autant que possible tous les radicaux, tous les termes et toutes les formes que l'on peut rencontrer au cours de ses lectures[86] ». Il puise naturellement dans les ouvrages de Zamenhof, donc, mais aussi dans la multitude de dictionnaires, de lexiques et de recueils parus dans les dernières années – ainsi que dans la pratique vivante de la langue, n'hésitant pas à inclure « une certaine quantité de radicaux qui ne figurent dans aucun autre dictionnaire, mais qui ont été [...] proposés par de bons espérantistes français ou étrangers, [...] relevés au cours de mes lectures, de mes correspondances ou même de mes conversations ». En se situant ainsi *a posteriori* de la production littéraire déjà existante, en renonçant à postuler un état idéal de la langue, Grosjean-Maupin élargit inévitablement le lexique.

Une telle approche heurte naturellement les espérantistes les plus conservateurs, particulièrement réticents devant l'introduction de néologismes qui, outre de compliquer la langue, la mettraient en péril en fragilisant les principes d'économie et d'internationalité qui en ont assuré le succès. Ainsi, les « fundamentistes » Théophile Cart et Pierre Corret se livrent à une virulente campagne à son encontre, l'accusant de renfermer de nombreux mots inutiles et aberrants : ce « dictionnaire idiste [...] n'est pas seulement un mauvais dictionnaire, mais également une action néfaste[87] ». Le Comité linguistique est même saisi, au nom du changement arbitraire de radicaux de l'*Universala Vortaro* et de la présence, jugée injustifiée, de nouvelles racines[88]. Les positions se raidissent : la très orthodoxe revue *Lingvo internacia* titre en décembre 1910 sur la nécessité de « rester ferme » et de « défendre seulement l'espéranto, seulement la langue de Zamenhof, seulement la langue du *Fundamento* »[89], tandis que les revues plus libérales, comme *Juneco* ou *La Revuo* prennent position, dans leurs numéros de janvier 1911, en faveur de Grosjean-Maupin. En réalité, en se fondant sur la prépondérance de l'usage, ce dernier propose une voie médiane entre « fundamentistes » et « néologistes ». Son *Dictionnaire* se présente ainsi comme le moyen de canaliser l'évolution naturelle de la langue, en en dressant un état aussi précis et scrupuleux que possible. Du reste, épuisé pendant la guerre[90], il connaîtra plusieurs rééditions dans les années 1920 et 1930 – la neuvième, revue et corrigée en 1938, atteindra alors les vingt mille exemplaires[91].

La fin de la Presa Societo

L'apparent dynamisme de la *Presa Societo* cache en réalité de sensibles difficultés d'organisation. La société est vite à l'étroit : durant la première année de son existence, elle agrandit à deux reprises la surface de ses locaux[92]. Mal organisée, confrontée à une activité soutenue à laquelle elle peine à faire face, la *Presa Societo* est contrainte, au début de l'année 1907, de « se réorganiser complètement de façon à assurer une parfaite régularité de services de librairie et d'impression[93] ».

Toutefois, la situation financière demeure précaire, et la *Societo* vit sous la menace de la faillite. Aussi, le 29 avril 1908, ses actionnaires, réunis en assemblée générale, votent la dissociation entre l'imprimerie et la société éditrice, qui limite désormais son activité à l'édition de *Lingvo internacia*. Les deux entreprises sont désormais moralement et financièrement indépendantes[94]. Le matériel d'imprimerie est repris – à l'exception de la machine Linotype, pour laquelle la *Societo* ne trouve pas d'acquéreur – par un espérantiste hongrois, Victor Polgar-Politzer. Né à Timişoara en 1877, il s'installe à Paris en 1904, et, après avoir rencontré son compatriote Paul de Lengyel, entre très tôt au service de la *Presa Societo*, tout en donnant des cours d'espéranto dans le IVe arrondissement de Paris[95]. Désormais, l'imprimerie, toujours sise au 33, rue Lacépède, prend le nom d'*Imprimerie espérantiste Victor Polgar-Politzer*. Toutefois, si les activités d'imprimerie et d'édition sont séparées *de jure*, elles demeurent, dans la pratique, très dépendantes l'une de l'autre. En effet, c'est bien la société éditrice de *Lingvo internacia* qui demeure le principal client de l'imprimerie.

Or, de son côté, la revue *Lingvo internacia*, désormais détachée de l'imprimerie, est confrontée à de graves difficultés financières, qui la contraignent notamment à faire appel à la générosité de ses lecteurs. La *Presa Esperantista Societo*, désormais exclusivement société éditrice, procède, en mai 1908, à une augmentation de capital, tandis qu'elle propose un « abonnement de soutien » d'un montant de 10 francs, et rappelle aux espérantistes la nécessité de maintenir vivant l'organe central du mouvement :

> « Vous êtes, nous écrit-on, le titre le plus ancien de notre presse espérantiste, vous êtes notre organe central, vous n'avez donc pas le droit d'abandonner le champ de bataille avant la victoire finale de notre Espéranto zamenhofien ! » Nous ne le souhaitons certes pas, et n'en avons absolument pas l'intention, mais… croit-on vraiment que, même pour une croisade pacifique, les militants n'ont pas besoin de munitions[96] ?

La référence à Zamenhof et le ton belliqueux de ce véritable appel à mobilisation s'expliquent aisément par l'irruption d'un nouvel adversaire, d'autant plus redoutable qu'il est né de l'intérieur même du mouvement : le projet idiste. Sous l'inflexible direction de Théophile Cart, *Lingvo internacia* s'engage en militant indéfectiblement en faveur de l'espéranto du *Fundamento* et en condamnant implacablement toute tendance qui, en s'éloignant de la norme zamenhofienne, manifesterait une velléité réformiste. La revue mobilise désormais un lexique volontiers offensif, voire ouvertement va-t-en-guerre : « Nous n'hésiterons jamais à entrer dans la mêlée et à combattre énergiquement les intentions et les projets qui nous semblent mortifères, pour notre cause sainte et commune[97] », « Nous n'abandonnerons pas notre poste de combat[98] ! »

Pourtant, malgré le prestige de la revue, la situation financière est mauvaise. Après avoir frôlé la liquidation en juin 1909, la société ne survit pas au conflit mondial. En décembre 1920, Théophile Cart reprend la plume et publie le dernier numéro de la revue, « afin d'achever l'année d'abonnement 1914 » et de solder un quart de siècle d'existence. Faute de promesses suffisantes d'abonnements, le comité de rédaction se voit dans l'impossibilité de relancer le titre[99]. L'Imprimerie centrale espérantiste, quant à elle, continue d'exister pendant l'entre-deux-guerres ; on en retrouve encore trace en 1938[100].

3

Une nouvelle *lingua franca* commerciale ?

L'espéranto, un nouveau « savoir utile »

Espérantisme et promotion des langues vivantes

On ne saurait bien saisir les modalités de réception de l'espéranto en France, durant les années 1890-1900, sans évoquer le regain d'intérêt pour les langues vivantes au début de la Troisième République. Peu valorisé, souffrant d'un déficit de légitimité face aux langues anciennes, l'enseignement des langues vivantes demeure marginal dans le cycle secondaire. Cependant, leur place se renforce progressivement, notamment sous l'effet de l'inquiétude partagée, au tournant du siècle, par une large partie des milieux commerçants et industriels, devant le risque d'un affaissement du rayonnement international de la France. Le traumatisme occasionné par la défaite de 1870 donne une crédibilité nouvelle aux promoteurs de l'enseignement des langues, qui, au-delà de la grande variété de leurs profils, considèrent tous que la France pourrait mieux tenir son rang sur la scène internationale en développant les aptitudes de ses élèves en langues étrangères[1]. Les plus éminents de ces défenseurs de l'enseignement des langues sont alors les frères Siegfried dont l'aîné, Jules, est maire du Havre, député, puis ministre du Commerce en 1892-1893, et qui, afin de réassurer la position française dans le grand jeu mondial, militent en faveur d'une réforme pédagogique faisant la part belle aux « savoirs utiles ». L'enseignement pratique des langues vivantes est le principal objet de leur mobilisation, notamment par l'intermédiaire de la Société pour la propagation des langues étrangères en France, que Jules Siegfried préside un temps, et dont l'action est suivie de près par les milieux patronaux. En réunissant professeurs de langue et représentants des élites économiques, elle recrute dans le même vivier sociologique que le mouvement espérantiste à ses débuts.

En effet, dès qu'il émerge sur la scène publique, l'espéranto, en s'intégrant à merveille à ce programme de rénovation pédagogique défendu, depuis la fin du XVIIIe siècle, par une fraction de la bourgeoisie attachée au développement du capitalisme marchand, a pu apparaître à son tour comme un de ces « savoirs utiles ». Ici encore, reprenons l'exemple de la pénétration de la langue internationale à Roubaix : celle-ci s'accomplit, on l'a vu, grâce à une société locale, fondée en 1897, le « Cercle polyglotte », qui propose cours et séances de conversation en langues étrangères. Selon les mots de l'un de ses fondateurs, Charles Reader, qui est lui-même anglais, sa vocation est d'« inspirer à la jeunesse roubaisienne le désir d'apprendre les langues modernes, le goût des voyages d'études en pays étrangers, sources de précieux renseignements sur les besoins, les usages, le mouvement intellectuel des autres peuples[2] ». S'il joue un rôle indéniable, ce sentiment cosmopolite, où entre une bonne part de curiosité sincère de l'autre, est loin d'être le seul à motiver le lancement d'une telle initiative. Le rôle stratégique de l'apprentissage des langues étrangères y apparaît même décisif : la portion congrue qui leur est réservée dans l'enseignement secondaire est analysée tout à la fois comme une cause et un symptôme du retard français face aux rivaux allemands et anglais, considérés comme mieux préparés à la guerre économique. De ce lien entre inquiétude géopolitique et réévaluation des langues vivantes, le discours inaugural du président d'honneur du Cercle polyglotte de Roubaix fournit un exemple éloquent :

> La situation est grave ; nous sommes à un tournant de notre histoire industrielle et commerciale ; nous vivons encore sur le souvenir des belles années passées mais il est temps de réagir si nous ne voulons pas nous laisser supplanter par les peuples voisins[3].

Opposant aux humanités classiques une pédagogie permettant de se constituer un « *ethos* entrepreneurial », cette nouvelle classe de négociants promeut « les langues “vivantes”, la clarté du style, les exercices physiques, l'esprit d'aventure et d'initiative[4] ». Intégrer l'espéranto à ce *curriculum* rénové permet en outre d'expliquer la congruence, chez bon nombre de premiers espérantistes français, de la défense de la langue internationale et de celle de l'activité physique : citons ici encore Carlo Bourlet, cycliste accompli, ou Alfred Michaux, sportif émérite. À Roubaix, on compte ainsi, parmi les prestigieux parrains du groupe espérantiste fondé en 1903 dans les locaux du Cercle polyglotte, aussi bien le président de la chambre de commerce locale que celui de la société de gymnastique « L'Ancienne » ou de la société cyclotouristique du « Nord-Touriste », ce dernier exerçant par ailleurs comme chirurgien à l'hôpital de la ville.

Espéranto et modernité pédagogique

Cette attention nouvelle portée aux langues étrangères s'accompagne d'un renouvellement des méthodes pédagogiques. Marquées par une « grande effervescence didactique[5] », les dernières décennies du XIXe siècle voient se multiplier les initiatives audacieuses qui promeuvent la méthode orale, privilégient l'objectif pratique et font primer la cohésion lexicale sur l'apprentissage de la grammaire[6]. Définissant la langue comme un « phénomène, oral (surtout) et écrit, de communication[7] », ces approches nouvelles assignent à l'enseignement des langues étrangères un nouvel objectif : l'acquisition d'une maîtrise pratique et effective de la langue. En France, l'application de ce programme dans l'enseignement secondaire est soutenue par les pouvoirs publics, qui imposent, par la circulaire du 15 novembre 1901 et l'arrêté du 31 mai 1902, complétés par de nouvelles instructions officielles en décembre 1908, ce qu'il convient de désigner comme la « méthodologie directe ». Celle-ci se propose donc d'éviter le recours à la langue maternelle, à l'orthographe et à des règles de grammaire superflues[8]. Elle vise à favoriser l'activité personnelle de l'élève, constamment sollicité par l'enseignant, et privilégie la pratique orale de la langue, donnant lieu à des expériences de classes sans livres, sans cahiers ni tableau noir. En revanche, le rôle de l'image y est central : « sans images, pas de méthode directe ; on retomberait fatalement dans la traduction[9] ».

L'enseignement de l'espéranto se trouve aux avant-postes de ces considérables innovations pédagogiques, dont il est le parfait contemporain. Du reste, comme on l'a déjà mentionné plus haut, les espérantistes de la première heure que sont Carlo Bourlet et Émile Borel sont aussi les principaux protagonistes de la réforme qui, en 1902, accorde une plus large part aux mathématiques appliquées et aux exercices pratiques – dans un esprit proche de celui des promoteurs de la méthode directe dans l'enseignement des langues. Cette modernité de l'espéranto se révèle dans quelques objets éditoriaux parus dans les premières années du siècle : un opuscule, publié par Théophile Cart (l'animateur des cours du TCF) en 1905 sous le titre *Instruado de Esperanto per Bildaro*, n'est rien de moins qu'une application de la « méthode directe » à l'espéranto : plutôt que de recourir à une langue nationale, Cart expérimente l'usage de l'image comme langue pont. Cette brochure contient, d'une part, vingt petits récits et, d'autre part, une planche hors texte de vingt images, dans un style proche de celui de l'imagerie populaire. Novatrice, cette méthode d'apprentissage, qui préfère des récits courts et simples et un système de questions-réponses à l'exposé de notions grammaticales, est en outre la première, dans l'histoire de l'édition espérantiste, qui n'opère pas de détour par une langue nationale. En 1906, la méthode naturelle est explicitement revendiquée par le Havrais Émile Gasse, dans son *Kurso tutmonda de la Lingvo internacia Esperanto, laŭ la metodo natura* (« Cours mondial de la langue internationale Esperanto, selon la méthode naturelle »), dont le contenu est exclusivement espérantophone et privilégie le recours à l'oral. Si, selon Gasse, cette méthode est particulièrement bien adaptée à l'espéranto, c'est qu'elle sert précisément, en évitant la traduction et le recours à une langue seconde, l'ambition internationale de la langue de Zamenhof :

> Le mal réside dans la méthode utilisée, qui oblige l'apprenant à apprendre par des traductions, qui prend au moins le double du temps offert, et qui invite l'apprenant à introduire dans la langue les formes illogiques de nos langues nationales. [...] Une des principales utilités de ce *Kurso Tutmonda* sera de permettre l'apprentissage de la langue à tous les peuples du monde, quelle que soit leur langue, alors

qu'ils devraient attendre encore de nombreuses années pour recevoir les livres traduits selon l'ancienne méthode[10].

L'adoption de la méthodologie directe dans l'enseignement des langues étrangères suppose donc de s'appuyer sur un ensemble d'outils pédagogiques innovants. La volonté de substituer, au mode d'apprentissage passif, une méthode active et intuitive passe par l'emploi, selon les termes de l'instruction de 1902, « d'objets réels ou figurés, de tableaux, etc. ». Dès lors, toutes les grandes maisons d'édition scolaires publient, à partir de 1880, des collections de tableaux muraux, accompagnés parfois de légendes explicatives et de listes de vocabulaire[11]. Parmi ces éditeurs, le Bordelais Delmas figure en bonne place : dès 1903, il publie une série de « tableaux auxiliaires » qui présentent des scènes de la vie quotidienne accompagnées de listes de mots. Les images permettent ainsi à l'enseignant de désigner à son auditoire les objets ou les personnages dont il veut lui faire retenir le nom, sans passer par la traduction. En présentant de véritables scènes de la vie quotidienne et des objets en contexte – et non pas isolés –, elles servent aussi à engager la conversation et à faciliter la prise de parole de l'élève, tout en rendant moins aride l'apprentissage du vocabulaire. Après avoir publié des tableaux en allemand, anglais, espagnol et italien, soit les quatre principales langues étudiées dans l'enseignement secondaire, c'est l'espéranto que Delmas ajoute à son catalogue dès 1906. Il fait alors appel à Louis de Beaufront, qui semble toujours tenir le rôle d'ambassadeur de la langue universelle, pour travailler à la déclinaison espérantiste des listes de vocabulaire : il en résulte seize grandes images murales, en couleur, destinées à être accrochées au mur pendant la leçon, et deux cahiers portatifs, dans lesquels les images sont réimprimées en noir et blanc, et que les élèves peuvent emporter chez eux.

L'espéranto des employés de bureau

Espéranto, code télégraphique et sténographie

Un petit détour par la littérature permettra de mieux saisir les applications concrètes de cette conception de l'espéranto comme « savoir utile », promue, au tournant du siècle, par une partie des milieux économiques. Avant de tomber au Chemin des Dames en novembre 1914, l'écrivain Jean de La Ville de Mirmont avait fait paraître un bref chef-d'œuvre, salué très tôt par François Mauriac : *Les Dimanches de Jean Dézert*. Le personnage principal de ce court roman, fonctionnaire de ministère, que sa déconcertante absence au monde peut faire passer pour un cousin lointain de Bartleby, promène sa solitude dominicale et désenchantée dans les rues de la capitale. Son unique fréquentation, Léon Duborjal, est un employé de bureau autrement plus ambitieux, comme en témoigne ce portrait ironique :

> Jean Dézert n'est pas envieux, même de ceux qui détiennent la vérité. Il aurait lieu, pourtant, de jalouser à ce point de vue son ami Léon Duborjal (un cerveau bien équilibré), lauréat de l'école Pigier, qui connaît la sténographie, progresse chaque jour en espéranto, saura saisir la vie par le bon bout, et réussira dans le commerce[12].

Comment Léon Duborjal s'y prend-il pour « progresser chaque jour » en espéranto, bagage incontournable pour « réussir dans le commerce » ? Il lui suffit, à vrai dire, de se rendre en librairie : Hachette fait ainsi paraître, entre 1903 et 1908, neuf éditions d'ouvrages traitant d'applications pratiques de l'espéranto au domaine commercial. Le premier d'entre eux, les *Komercaj Leteroj (« Lettres commerciales »)*, qui ne connaît pas moins de trois éditions (1903, 1905 et 1908), est un recueil de trente-quatre modèles de lettres en espéranto : factures, reçus, demandes de renseignements, offres d'emploi, candidatures, quittances, mandats, etc. Y sont en outre adjoints un petit lexique quadrilingue (français, anglais, allemand, espéranto) du vocabulaire commercial, ainsi que des modèles de publicité en espéranto. Très similaires à ces *Komercaj Leteroj* sont le recueil de Juan Ros Sudrià, *La komerca sekretario* (« Le secrétaire de commerce »), paru en 1905, et les *Lettres commerciales pratiques* de J. C. O'Connor (1908). En 1904 a paru en outre un *Cours commercial d'espéranto*, qui connaîtra deux rééditions, et sera suivi de son *Corrigé* (1905). Leur auteur, Léon Marissiaux, professeur d'anglais à l'École supérieure pratique de commerce et d'industrie de Paris, est également celui de plusieurs manuels d'anglais appliqué au commerce.

Charles Lambert, compilateur des *Komercaj Leteroj*, est par ailleurs l'auteur de leçons qui paraissent dans les colonnes du *Chasseur français*, avant d'être reprises dans un *Cours pratique d'espéranto* édité vers 1905 par l'imprimerie de la Manufacture française d'armes et de cycles de Saint-Étienne[13]. L'ouvrage figure, en 1905, au catalogue de la manufacture, qui devient ainsi, en raison de son tirage à plusieurs centaines de milliers d'exemplaires[14], une vitrine considérable pour la langue universelle. Afin de convaincre ses lecteurs de l'intérêt d'apprendre l'espéranto, Lambert les incite à « regarde[r] dans l'Annuaire de l'Étranger édité par le Touring-Club la *phraséologie polyglotte* », qui se présente sous la forme d'un guide de conversation utile en voyage – à la gare, à l'hôtel, à la poste, etc. L'espéranto y est, en effet, présent dès 1904, aux côtés du français, de l'anglais, de l'allemand, de l'italien et de l'espagnol. La maison marseillaise Lugagne, éditrice d'un code télégraphique international à destination d'un public de commerçants et d'industriels, intègre l'espéranto en 1914, en septième position – il faut ajouter le portugais aux idiomes précédemment cités. À partir de son édition 1926, l'annuaire commercial Didot-Bottin fait à son tour paraître le glossaire professionnel qui accompagne son volume étranger « en cinq langues et en espéranto[15] ».

Adepte à la fois de la sténographie et de l'espéranto, le Léon Duborjal de Jean de La Ville de Mirmont évoque une figure bien réelle, celle du promoteur de la sténographie espérantiste, le Français Pierre Flageul, employé à la Monnaie de Paris. Grâce à ce dernier, l'espéranto se porte désormais sur le terrain d'un autre langage artificiel, tous deux mus par la même logique d'efficacité – ce qui, comme le note Flageul, les rend parfaitement complémentaires : « L'espéranto permet de gagner de l'espace, la sténographie du temps[16]. » Adaptant la méthode Duployé à l'espéranto, Pierre Flageul est un propagandiste actif, occupant d'ailleurs diverses fonctions tant dans la sphère espérantiste que dans le milieu sténographique[17]. Depuis son domicile d'Issy-les-Moulineaux, il anime une très modeste revue, *Fluganta Skribilo*, qui paraît à partir de 1913. Elle devient, vingt ans plus tard, l'organe du *Stenografa Instituto Tutmonda* (« Institut sténographique mondial ») qu'il fonde alors, en revendiquant cent douze membres issus de vingt-cinq pays[18]. Lui sont adossées les *Éditions de sténographie espérantiste*, dont le petit catalogue, en 1933, compte douze titres. Leur principal succès est le *Lernolibro de Esperanta Stenografio* (« Manuel de sténographie espérantiste »), qui connaît quatre éditions. On y trouve en outre des transcriptions de contes et de poèmes. Ces brochures au format in-16°, hectographiées, illustrent certes un mode d'édition artisanal et tout à fait marginal, mais significatif, nous semble-t-il, non seulement de la diffusion de l'espéranto auprès des employés de bureau et des petits fonctionnaires, mais aussi de la manière dont ces derniers s'approprient à leur tour cet objet éditorial, décidément malléable et multiforme.

Écoles commerciales et chambres de commerce

Mais notre Léon Duborjal, sagace et entreprenant, n'est pas du genre à se bercer de chimères : il sait bien assez que l'on n'apprend pas une langue dans les livres. Or, en sa qualité d'employé de commerce parisien, il a le choix, pour affûter sa pratique de la langue internationale, entre plusieurs cours collectifs : on note ainsi, à la rentrée 1907, l'ouverture d'un cours à l'Institut spécial de commerce, au 21 rue de Fleurus, chaque mardi soir ; s'il préfère garder ses soirées, il s'inscrira de préférence aux leçons du samedi matin : le « cours commercial » organisé à l'école de garçons de la rue du Bourg-l'Abbé, dans le IIIe arrondissement, ou celui que propose, non loin, l'Union des comptables sise rue de Turbigo[19]. Au demeurant, il est remarquable de constater que les tout premiers cours publics d'espéranto, en France, se sont ouverts sous la tutelle de structures similaires : dès janvier 1898, l'École de commerce de Grenoble ouvre un cours d'espéranto, grâce à l'appui de Paul Lacroix, président de l'Association du commerce et de l'industrie de la ville[20] ; un an plus tard, une trentaine d'élèves fréquentent le cours qui vient de s'ouvrir à l'École pratique de commerce de Limoges[21]. Le cas roubaisien, encore une fois, s'avère exemplaire : alors qu'ils se tenaient originellement dans une salle du palais de justice, les cours hebdomadaires d'espéranto ont lieu, à partir de 1906, dans l'enceinte de l'Institut Turgot, un établissement d'enseignement professionnel, spécialisé dans les études commerciales et de tissage – et dont le directeur vient d'adhérer au groupe de la ville[22].

Dans les années suivantes, bon nombre de conférences ou de cours publics, dont on a vu l'importance pour la diffusion de la langue, se tiennent dans l'enceinte des chambres de commerce :

c'est le cas, par exemple, des cours de conversation du groupe de Valence, qui attirent en 1907 une soixantaine de personnes[23] ; ou encore, en 1910, du groupe de Saint-Omer qui peut compter, pour ses cours, sur la mise à disposition gracieuse d'un local par la chambre de commerce de la ville[24]. À Rouen, en 1907, la société libre d'émulation du commerce et de l'industrie accorde une subvention au groupe espérantiste[25]. On notera que lors de leur excursion à Calais, les congressistes de Boulogne sont reçus à la chambre de commerce, avant d'aller visiter deux usines de la ville. Ainsi, les chambres de commerce reprennent rapidement le rôle pionnier assumé d'abord par le Touring-Club de France, contribuant à la diffusion de la langue universelle en province, en touchant une bourgeoisie plus humble que les « notables » du TCF. En démocratisant leur mode de recrutement, en 1898, les chambres de commerce se sont en effet ouvertes à des franges plus modestes de la bourgeoisie d'affaires, incluant boutiquiers et petits patrons[26].

Cet espéranto-ci se dote, lui aussi, de son organe de presse : en avril 1909, l'espérantiste Émile Houbart lance ainsi une publication trimestrielle de quatre pages, *Espéranto-Nouvelles*, qui se présente avant tout comme une vitrine de l'espéranto à destination des sphères industrielles et commerciales[27]. Des rubriques artistique, touristique et sportive, une chronique théâtrale, des traductions littéraires et des « notes gaies » agrémentent la maquette d'un journal financé par une abondante publicité – le constructeur automobile Clément-Bayard et les pneumatiques Michelin figurent notamment parmi les annonceurs – et qui relaie une conception utilitariste de l'espéranto :

> On ne doute plus, certes, de l'utilité de ce merveilleux instrument, qui permet de se mettre facilement et rapidement en communication avec un habitant de n'importe quel point du globe, et qui vient couronner l'ensemble de ces autres merveilleuses découvertes : le télégraphe, le téléphone, l'aviation[28].

Né sous le patronage du milieu espérantiste parisien, celui du Touring-Club de France, de la Chambre de commerce et d'industrie et du groupe de Paris, *Espéranto-Nouvelles* devient *La Movado* en juillet 1910 ; entre décembre 1912 et sa disparition en juillet 1914, elle diffuse les communiqués de la SFPE, désormais dépourvue d'organe officiel. La dimension prosélytique y est quelque peu mise en sourdine : les exposés théoriques sur la nécessité de la langue universelle et la supériorité de l'espéranto ont laissé place à la présentation des applications pratiques, des progrès accomplis et des réalisations concrètes, notamment dans les sphères commerciales, à l'école et dans les relations internationales.

Mais il faut attendre l'entre-deux-guerres pour que les chambres de commerce s'engagent véritablement en faveur de l'espéranto. Soulignons ici le rôle du groupe espérantiste parisien qui, en 1920, saisit la Commission de l'enseignement de la Chambre de commerce de Paris afin que celle-ci propose des cours d'espéranto dans ses écoles commerciales. Le groupe fait parvenir à son président, M. Pascalis, un dossier où figure notamment la fameuse méthode de Cart et Pagnier, éditée par le Touring-Club de France, *L'Espéranto en dix leçons*. Cette grammaire, best-seller de la collection espérantiste de Hachette, remplit parfaitement sa fonction d'outil de propagande : non seulement le rapporteur André Baudet, chargé d'instruire le dossier, est convaincu, mais il parvient à convaincre la sous-commission chargée d'examiner la question, et M. Pascalis lui-même, qui apprend la langue en quelques heures[29]. La Chambre de commerce de Paris, suivant le rapport d'André Baudet, décide de faire place à l'espéranto dans le programme d'enseignement de ses écoles. À partir de 1922, c'est au tour de l'École des hautes études commerciales d'introduire l'espéranto, à titre facultatif, dans son programme ; la même année, il devient obligatoire à l'École du haut enseignement commercial pour les jeunes filles de Paris[30]. Certaines chambres de commerce cultivent toutefois une position plus attentiste : ainsi, si, en 1921, la Commission de l'enseignement de la Chambre de commerce de Lyon, après avoir reconnu les qualités de la langue internationale (« clarté, précision, richesse et simplicité de construction »), se prononce en faveur de son enseignement, elle n'entend pas ouvrir un cours, mais seulement proposer quelques leçons introductives qui permettraient « d'apprendre à lire l'esperanto et, à la rigueur, à répondre à une lettre commerciale ». L'adoption de ce vœu par la chambre de commerce met en lumière tout à la fois l'intérêt pour l'espéranto et une certaine prudence justifiée par sa « très faible diffusion », qui ne permet pas encore de lui sacrifier des heures consacrées par ailleurs à l'enseignement des langues étrangères[31].

Grands magasins et foires internationales

Langue universelle et foires internationales

Lorsque *La Movado*, le journal d'Émile Houbart, reparaît en octobre 1923, il se présente comme le supplément d'un hebdomadaire économique et financier : *France-Europe-Orient*, organe officiel du Comité national d'expansion économique dans l'Europe centrale et orientale, qui vise à créer et développer les intérêts français dans les pays de l'Europe de l'Est. Ce titre est ainsi composé de plusieurs cahiers consacrés à des relations commerciales spécifiques : *France-Bohême*, *France-Bulgarie*, le *Bulletin officiel de la Chambre de commerce franco-finlandaise*, le *Bulletin officiel de la Chambre de commerce hellénique de Paris*. Ainsi, *La Movado* mêle étroitement intérêts nationaux et commerciaux et propagande espérantiste. Elle devient en outre, à partir d'avril 1926, l'organe officiel d'une deuxième association, « Esperanto et Commerce »[32], qui cherche à promouvoir « l'expansion économique française par l'Esperanto ». Entreprenant de diffuser la langue de Zamenhof dans les milieux commerciaux, elle organise, en mai 1925 et sous le patronage de la Chambre de commerce de Paris, une conférence pour l'emploi de l'espéranto dans le commerce et l'industrie. Les séances de travail, qui portent sur l'enseignement de l'espéranto, ses applications commerciales, les moyens de le faire connaître aux commerçants, etc., se tiennent à la Foire de Paris[33].

On recense ainsi, durant l'entre-deux-guerres, de nombreux exemples de la présence de l'espéranto dans les foires et expositions internationales :

> Et s'il existe des institutions qui ont été immédiatement capables d'utiliser l'espéranto, ce sont bien les grandes foires-expositions, lesquelles réunissent périodiquement des commerçants venus des pays les plus éloignés, et qui, à chaque instant, doivent résoudre les problèmes causés par la diversité des langues[34].

Celui qui s'exprime ainsi, en 1937, à l'occasion d'une grande conférence internationale organisée à Paris à propos de « l'Espéranto dans la vie moderne », est l'une de ces personnalités pivots qui assurent la jonction entre sphère espérantiste et sphère commerciale.

C'est à l'âge de 20 ans que Richard Levin découvre l'espéranto, à l'occasion de cours organisés à l'École de commerce de Lyon[35]. Il devient alors un militant particulièrement actif et dévoué, multipliant, au cours des années 1930, cours publics, conférences et causeries à la radio, dans les colonnes du *Lyon républicain*[36] ou encore devant la Chambre syndicale des sténodactylos[37]. Son engagement n'est pas dénué d'un certain idéalisme :

> Comme le commerce, l'Espéranto vise la collaboration pacifique de tous les hommes en vue du confort matériel et du progrès moral. Il était donc tout à fait naturel que le commerce acceptât favorablement l'idéal de l'Espéranto[38].

Parallèlement, Levin poursuit sa carrière professionnelle en qualité de secrétaire général de la Foire internationale de Lyon. Celle-ci est d'ailleurs l'une des premières à faire place à l'espéranto : lors de sa deuxième édition, en 1917, le groupe espérantiste local y organise une exposition destinée principalement aux « commerçants et [aux] industriels[39] ». À partir de 1919, la Foire de Lyon met chaque année un stand à disposition des groupes lyonnais, à titre gracieux, puis, au cours des années 1930, alloue une subvention annuelle de cinquante, puis de vingt-cinq francs, au Radio-Club espérantiste[40]. En 1921, des interprètes espérantistes sont mis à la disposition des visiteurs; toutefois, contrairement aux traducteurs anglophones, germanophones et hispanophones, ceux-ci ne semblent pas appointés par l'organisation de la Foire : il faut en effet s'adresser au bureau espérantiste local pour bénéficier de leurs services[41]. Enfin, la correspondance étrangère de la Foire reçoit un abondant courrier en espéranto : 227 lettres en 1933-1934, 265 en 1934-1935, 401 en 1935-1936[42]. La langue universelle est ainsi sa cinquième langue de correspondance, derrière l'allemand, l'anglais, l'espagnol et l'italien[43].

Surtout, la Foire emploie l'espéranto dans son activité de propagande, éditant, dans la langue universelle, dépliants, prospectus, « feuilles de réclame »[44] – à l'image du plan de Lyon distribué aux participants de l'édition de 1929 – et affiches. Le cas lyonnais n'est pas isolé : entre 1934 et 1937 la Foire de Paris édite cinq affiches et, au moins à l'occasion de son édition de 1936, une brochure en espéranto[45]. L'année suivante, l'Exposition universelle de Paris édite elle-même son dépliant de présentation en espéranto : la Bibliothèque historique de la Ville de Paris conserve ainsi un exemplaire de cette brochure imprimée et publiée par le gouvernement français dans la langue internationale – cas unique, à notre connaissance, d'une initiative éditoriale publique en espéranto. Si les foires et expositions universelles sont ainsi l'occasion d'une production spéciale, elles font aussi office de vitrines pour la production éditoriale des groupes et sociétés espérantistes qui y exposent. Ainsi, la Librairie centrale espérantiste, sur laquelle nous reviendrons plus loin, tient un stand à la Foire de Paris de 1936. En 1932 et 1933, le Radio-Club espérantiste y dispose également d'un espace d'exposition, mis à disposition par la société « Espéranto et Commerce ». Le succès est au rendez-vous : cette vitrine lui permet de vendre pour mille sept cents francs de livres et brochures en 1932, pour trois mille francs l'année suivante[46]. Cette année-là, l'espéranto occupe trois stands, où les visiteurs « pourront bavarder, lire, écouter des disques, acheter des livres, *La Movado*, demander tous renseignements, etc.[47] ». En réalité, dès 1906, nos espérantistes roubaisiens tiennent déjà un stand à l'exposition internationale des industries textiles de Tourcoing, où ils distribuent des exemplaires d'une *Première grammaire d'espéranto*[48]. En 1919, le groupe espérantiste ouvrier de Lyon vend l'intégralité de son stock sur le stand mis à sa disposition par l'organisation de la Foire[49]. Ainsi que l'affirme Émile Houbart dans *La Movado*, en 1928, au retour d'une visite à la Foire de Paris, « les expositions sont un bon terrain pour la propagande, car on y rencontre des *samideanoj* anciens et inconnus, on fait connaissance avec de nouvelles et de futures recrues[50] ».

Catalogues de grands magasins et images d'Épinal

Les initiatives françaises ne sont donc pas isolées, et l'action des Foires de Lyon, Paris ou Bordeaux, ainsi que de la Chambre de commerce de Paris, s'insèrent dans un réseau, au moins européen, de promotion de l'espéranto comme langue du commerce international. C'est à Venise, au début du mois d'avril 1923, que ce réseau se concrétise, à l'occasion d'une « Conférence internationale pour l'adoption d'une langue commerciale commune » qui réunit plus de 250 délégués, représentant 87 chambres de commerce, divers

Publicité en espéranto pour la Foire internationale de Lyon (1930).
© Bibliothèque Hippolyte-Sebert

groupements économiques, foires commerciales et organisations touristiques. André Baudet, délégué par la Chambre de commerce de Paris, y défend les avantages de la langue de Zamenhof. En présentant le meilleur rapport entre facilité d'apprentissage et qualités expressives, elle serait la solution la plus efficace et la plus « rentable » au problème de la communication internationale. L'allocution est d'ailleurs prononcée en espéranto, qui fait donc réellement office de langue d'intercommunication entre les délégués issus de 26 pays différents. Ceux-ci, après avoir fait état des progrès de l'espéranto dans chacune de leur organisation (ouverture de cours, correspondance, plaquettes touristiques), décident « d'encourager dans tous les pays l'enseignement de l'espéranto et la généralisation de son emploi dans les relations commerciales[51] ». En rendant compte de cette réunion internationale, le *Bulletin de la Chambre de commerce de Paris* reprend l'argument éprouvé qui fait de l'adoption de l'espéranto la conséquence naturelle des progrès récemment accomplis dans le champ des télécommunications :

> Enfin, ne faut-il pas dans la recherche d'un progrès envisager la marche parallèle de tous les progrès ? La téléphonie sans fil, parmi ceux-ci, est celui qui semble se développer le plus rapidement. Comment n'est-on pas frappé de l'utilité d'une langue commune pour tous les auditeurs qui recevront à la fois une communication internationale ?

Dans cette perspective, l'espéranto ne saurait être désigné autrement que comme une « machine à s'exprimer universellement » ; le dictionnaire, tout comme le téléphone, est à placer « sur son bureau », et la grammaire constitue « en quelque sorte le mode d'emploi très simple de cet instrument ».

Suivons un moment la trace d'André Baudet qui devient, quelques années plus tard, président du conseil d'administration du Bon Marché. Sous son impulsion, le célèbre grand magasin parisien fait usage de la langue universelle : il emploie des traducteurs espérantistes[52], achète des encarts publicitaires, rédigés dans la langue universelle, dans bon nombre de périodiques espérantistes dans les années 1920 et 1930, et encourage la formation d'un groupe d'espérantistes parmi le personnel[53]. Enfin, au cours des années 1920, il édite un petit lexique illustré à destination du jeune public, qui fait également office d'imagier à colorier. Intitulé *Pour apprendre six langues : la maison par un peintre polyglotte*, il propose les traductions de mots de vocabulaire familier en six langues : français, anglais, espagnol, allemand, italien et espéranto. Cet ouvrage chromolithographié est à ranger parmi le grand nombre de brochures, de cartes illustrées et d'images éditées par le Bon Marché à des centaines de milliers d'exemplaires, et distribuées gratuitement aux enfants[54]. Le Bon Marché n'est pas le seul grand magasin à avoir cultivé un tropisme particulier pour l'espéranto. Il semble que la logique qui dicte la politique commerciale des grands magasins, à savoir « l'idée selon laquelle nouveau signifie meilleur et, en conséquence, indispensable[55] », puisse expliquer leur intérêt pour l'espéranto. En son temps, la langue de Schleyer avait été l'objet d'actions similaires : le Printemps proposait des cours de volapük qui attiraient déjà plus d'une centaine d'élèves[56]. Rien d'étonnant donc à ce que les Grands Magasins du Louvre utilisent l'espéranto dans leur correspondance, ou encore à ce que

Deux publicités pour Le Bon Marché dans la presse espérantiste (*Franca Esperantisto*, nº 60, novembre-décembre 1939 et *Radio-Esperanto*, nº 37, 1er trimestre 1939).

la Samaritaine et le Grand Bazar de la rue de Rennes éditent des catalogues dans la langue de Zamenhof. Le directeur de cette dernière enseigne décide même, en 1908, de « faire distribuer à tous ses employés la petite brochure rouge[57] » – c'est-à-dire le *Premier manuel de la langue Esperanto* de Carlo Bourlet, best-seller de l'édition de propagande. On retrouve, en effet, la cible du *Manuel* de Beaufront dans le public visé par les catalogues des grands magasins, ces « instrument[s] bourgeois d'homogénéisation sociale » qui diffusent les valeurs et le style de vie de la bourgeoisie parisienne jusque dans les foyers des classes moyennes des provinces françaises, où ils sont distribués par millions[58].

L'historien espérantiste Ivo Lapenna estime, au moment du déclenchement de la Première Guerre mondiale, à une centaine le nombre de catalogues, prospectus, publications diverses émanant de sociétés commerciales[59]. Nous n'avons hélas pas pu consulter directement cette production qui semble avoir survécu plus difficilement encore que les guides et prospectus touristiques. Seuls les exemples glanés, ici et là, au gré des dépouillements de périodiques et de brochures de propagande nous permettent d'en esquisser une ébauche vague et pointilliste. Les noms les plus illustres sont ceux de Gaumont[60], de la société de cycles, d'automobiles et de matériel aéronautique Clément-Bayard – initiative prise par le directeur de l'usine à la suite d'une conférence particulièrement éloquente de Carlo Bourlet –, de la Compagnie fermière de Vichy, chargée de l'exploitation des sources, de la société de matériel ferroviaire Decauville ou des usines Schneider du Creusot. Commerçants et artisans ne sont pas en reste : la Parfumerie du Phénix, aux Lilas, le fabricant de brosses à dents jetables Dentclair, l'Hôtel du Globe (rue Monge), le serrurier « Le Cadenas Parisien » ou encore M. Chaussepied, viticulteur à Saint-Hilaire-Saint-Florent (Maine-et-Loire), Félicien Caire, fabricant de pipes à Saint-Claude, René Chevalier, producteur de pruneaux à Villeneuve-sur-Lot, etc., font paraître, avant guerre, des supports de communication, prospectus ou catalogues, en espéranto. *Paris-Esperanto* fournit la liste des commerçants partenaires, qui proposent des réductions à ses lecteurs, tout comme le bulletin du groupe de Dunkerque, *Antaŭen*, qui invite à « achete[r] de préférence chez les commerçants espérantistes et chez ceux, sympathiques à l'Espéranto, qui nous aident par leurs annonces ».

Diffusées dans les bulletins des groupes locaux, ces publicités de commerçants et artisans, dont la clientèle est locale, invitent à voir dans le recours à l'espéranto autre chose qu'un outil de conquête de marchés extérieurs. En effet, malgré les discours de ses promoteurs, la situation de la langue internationale est bien trop fragile et marginale pour offrir des débouchés commerciaux significatifs. Quels avantages un serrurier parisien ou un viticulteur angevin peuvent-ils retirer de l'emploi de l'espéranto ? Peut-être, en définitive, un atout symbolique : l'espéranto apparaît symbole de modernité : on adopte l'espéranto comme on se branche au réseau téléphonique. À cet égard, le choix fait par la maison Pellerin, éditrice des fameuses images d'Épinal, en ajoutant l'espéranto à son catalogue dès 1905, nous semble exemplaire. Si elle remonte à la fin des années 1830, la présence de langues étrangères dans la production Pellerin prend réellement son envol dans les décennies 1860-1870. Elle connaît un nouvel essor au tournant du siècle, profitant de l'expansion de l'empire colonial français, de l'amélioration des voies de communication, des capacités techniques de l'imagerie, capable d'imprimer des volumes de plus en plus importants, et du recours de plus en plus massif à des agents commerciaux[61]. Lorsqu'elle édite, en 1905, une série numérotée de vingt-cinq images en espéranto, la langue de Zamenhof rejoint ainsi la douzaine de langues dans laquelle ont déjà paru les images Pellerin – l'anglais, l'allemand, le flamand, l'espagnol, le portugais, l'italien, le grec, le khmer, le chinois, l'arabe, le russe, le norvégien et le roumain. Ces vingt-cinq images, réparties en deux séries successives de six et de dix-neuf feuilles, sont donc des réimpressions d'images déjà parues en français, et traduites en espéranto pour l'occasion. Le nom du traducteur est d'ailleurs toujours mentionné, ce qui est rarissime dans les traductions d'images Pellerin ; les six premières sont traduites par le Suisse Édouard Ducommun (1865-1951), instituteur au Locle et pionnier de l'enseignement de l'espéranto à l'école. C'est à lui que reviendrait l'initiative d'avoir suggéré l'édition d'une série espérantiste à l'imagier lorrain. Deux autres traducteurs travaillent sur la seconde série : Emmanuel Robert, né en 1860, également enseignant, membre du bureau de la SFPE et auteur, à partir de 1906, de nombreux ouvrages, notamment en collaboration avec Théophile Cart, et A. Dauphin, qui fonde en 1919 la Librairie centrale espérantiste.

On peut supposer que ces images sont destinées à la fois au marché français et à l'exportation. La maison Pellerin dispose en effet de son propre réseau de distribution à l'étranger, comptant, entre 1900 et 1914, vingt-quatre correspondants en Europe (Belgique et Suisse) et en Afrique du Nord (Algérie, Maroc et Tunisie), et pratiquant la vente directe à destination du Royaume-Uni, de l'Espagne et du Portugal. Auguste Capé-Montrosier, dans *Tra la Mondo*, ne cache pas son enthousiasme : il confie vouloir voir ces images « dans les mains de tous les papas et les mamans, de tous les professeurs d'espéranto et de tous les enseignants sympathisants de notre cause », et souhaite « que les enseignants fassent connaître aux vendeurs nos images d'Épinal en espéranto, les incitant à en faire venir quelques-unes et à leur montrer. Cela constituera là une excellente propagande, et une solution pour attirer l'attention des enfants et des parents sur l'espéranto ». Nous avons témoignage d'au moins une telle application des images Pellerin : un espérantiste du Raincy les emploie à des fins d'initiation à l'espéranto, dans le cadre d'un cours qu'il vient d'ouvrir à destination d'un public scolaire[62].

4

Un espéranto scientifique : le rêve d'une langue précise et univoque

Une question lancinante : de D'Alembert à la Délégation pour l'adoption d'une langue auxiliaire universelle

Quelle langue internationale pour la science ?

Loin d'intéresser seulement les touristes et les commerçants, les excursionnistes et les employés de bureau, la possibilité d'une langue internationale préoccupe également les milieux scientifiques. Certes, la question n'est pas tout à fait neuve, mais, en cette fin du XIXe siècle, une triple évolution des pratiques scientifiques conduit à réinterroger les conditions de la communication entre savants : d'une part, la multiplication des échanges scientifiques ; d'autre part, la spécialisation grandissante des disciplines ; enfin, l'autonomisation des langues vernaculaires, dans lesquelles, désormais, se fait, s'écrit et se communique la science. Bref, l'interdépendance des scientifiques croît alors en proportion inverse de leurs capacités d'intercompréhension. Jugeant déjà « pernicieux » « l'usage de tout écrire aujourd'hui en langue vulgaire », d'Alembert, dans le *Discours préliminaire de l'Encyclopédie*, faisait part, un siècle plus tôt, de son inquiétude à ce sujet :

> Ainsi, avant la fin du dix-huitième siècle, un Philosophe qui voudra s'instruire à fond des découvertes de ses prédécesseurs, sera contraint de charger sa mémoire de sept à huit langues différentes ; et après avoir consumé à les apprendre le temps le plus précieux de sa vie, il mourra avant de commencer à s'instruire[1].

À ses yeux, le remède est simple, et, surtout, déjà connu : la « langue universelle et de convention » la plus adaptée aux usages des philosophes n'est autre que le latin. Désormais, l'idée du rétablissement du latin ressurgira régulièrement dans les milieux intellectuels[2]. À la fin du XIXe et au début du XXe siècle, dans un contexte de tensions nationalistes grandissantes, la cause du latin, dont l'adoption éviterait le recours à une langue nationale[3], connaît même un regain d'intérêt. Le ministre italien de l'Instruction publique, Guido Baccelli, s'en fait ainsi le champion, tandis que d'autres, pour répondre aux objections souvent formulées à son encontre – difficultés d'apprentissage, irrégularité de ses constructions, ambiguïtés et lacunes d'une langue mal adaptée à la description des réalités contemporaines –, entreprennent de simplifier et de moderniser la langue de Cicéron : l'Anglais George J. Henderson, avec ses projets de langue universelle dérivée du latin (*lingua* en 1888, *latinesce* en 1901), les Italiens Daniele Rosa et Giuseppe Peano, dont les noms des projets suffisent à en exprimer la teneur : le *nov latin* (1890) du premier et le *latino sine flexione* (1903) du second.

Ces dernières solutions relèvent déjà, à dire vrai, de « l'interlinguistique », c'est-à-dire du domaine des langues artificielles. Or ce sont bien des solutions de ce type qui rallient progressivement la majorité des suffrages. L'enjeu, pour la communauté scientifique, consiste avant tout à pouvoir dialoguer, dans l'espace des revues et des publications mais, surtout, à l'occasion des congrès, qui ne cessent de se multiplier, à l'aide d'une langue conçue comme un instrument neutre, international et pratique. Une solution « artificielle » présente ainsi l'avantage décisif d'allier l'idéal de neutralité et l'idéologie fonctionnaliste qui ne fait de la langue rien de plus qu'un outil commode de communication internationale.

C'est dans ce contexte qu'un mathématicien français, particulièrement préoccupé de communication internationale, Léopold Leau, décide, à l'occasion de l'Exposition universelle de 1900, de solliciter « l'ensemble des personnes qui comprennent la nécessité ainsi que la possibilité d'une langue auxiliaire, et qui sont intéressées à son emploi[4] ». Louis de Beaufront, une dizaine d'années plus tôt, avait privilégié la propagande individuelle, mobilisant au profit de la cause espérantiste des réseaux de relations interpersonnelles, capitalisant sur quelques personnalités pivots capables de capter des cercles d'influence. Prenant la mesure du nouveau paradigme qui fait, en cette extrême pointe du XIXe siècle, des congrès et des sociétés, locales ou internationales, les lieux les plus dynamiques de la sociabilité intellectuelle et aussi, naturellement, les plus sensibles à la question de la communicabilité scientifique, Leau et Couturat optent pour une stratégie différente. Plutôt que des individus, ils cherchent à convaincre des associations, sociétés et congrès : sociétés de savants, avant tout, mais aussi de commerçants ou de touristes.

L'entreprise rencontre un succès immédiat. Chaque société adhérente s'engage à désigner un délégué ; en 1901 se constitue ainsi une *Délégation pour l'adoption d'une langue auxiliaire universelle*, dont les effectifs ne cessent de croître pour accueillir, à son apogée, les représentants de plus de trois cents organisations. Le recrutement est large : aux côtés d'académies et de sociétés savantes, telles que l'Association française pour l'avancement des sciences, l'Académie impériale et royale de Vienne ou l'Institut Pasteur, figurent, parmi les adhérents à la Délégation, des sociétés commerciales et des associations touristiques : plusieurs chambres de commerce, le Club alpin français ou encore les Touring-Clubs de France, de Belgique et de Suisse[5]. Cette délégation se donne pour mission de choisir, parmi la multitude de projets de langues universelles, celui qui sera le plus à même de faire office de langue internationale de la science. L'heureux élu doit remplir trois critères : ne pas être une langue nationale ; « être capable de servir aux relations habituelles de la vie sociale, aux échanges commerciaux et aux rapports scientifiques et philosophiques » ; « être d'une acquisition aisée pour toute personne d'instruction élémentaire moyenne, et spécialement pour les personnes de civilisation européenne ».

Précisons bien que l'initiative est indépendante du mouvement espérantiste : il s'agit précisément, dans l'esprit de Leau et de Couturat, de procéder à l'examen minutieux et rationnel des très nombreux projets de langue universelle qui ont fleuri depuis les années 1870, afin d'arbitrer en faveur de la solution qui aura paru la plus satisfaisante. Dans ce but, la Délégation élit à son tour un comité restreint, qui a charge d'auditionner au total cent quatre-vingts systèmes linguistiques. Se bornant à un rôle d'expertise, il se donne pour mission d'instruire le dossier profus de la langue universelle, en présentant les vœux émis par les sociétés et congrès adhérents à une dernière instance, nouvellement créée, l'Association internationale des académies. C'est bien à celle-ci que revient la responsabilité du choix final, éclairé par les conclusions du comité de la Délégation.

L'espéranto et la communauté scientifique française

Les espérantistes y voient toutefois une excellente occasion d'œuvrer en faveur de leur cause : dans *L'Espérantiste*, Louis de Beaufront enjoint à ses lecteurs de s'associer et de soutenir « partout où ils pourront » l'initiative de Leau[6]. C'est ce que s'empresse de faire, par exemple, l'espérantiste lyonnais Marcel Dor, en présentant à la Société d'anthropologie de Lyon, dont il est membre, une résolution de soutien à la Délégation, qui est approuvée par la société[7]. Et, de fait, parmi les premiers délégataires désignés par les sociétés adhérentes, on relève les noms de nombreux espérantistes, dont certains nous sont déjà connus, Charles Méray au nom de l'Académie des sciences, arts et belles-lettres de Dijon, Carlo Bourlet pour le TCF, et d'autres que nous recroiserons : le capitaine Lemaire, pour la Société belge des ingénieurs et des industriels, ou le général Sebert, spécialiste éclectique de balistique, de botanique et de photographie qui présente, dès avril 1901, la langue de Zamenhof devant ses collègues de la section de mécanique de l'Académie des sciences.

Dans cette compétition entre langues artificielles, organisée par les instances savantes et académiques, l'espéranto part donc favori. Il est assurément le seul projet à pouvoir s'appuyer sur un réseau solide, influent et réellement international. En effet, les liens entre l'espéranto et le milieu scientifique sont antérieurs à la constitution de la Délégation : on peut les faire remonter à l'année 1900. Charles Méray est, ici, la figure clé, comme on l'a déjà entrevu plus haut : après avoir assisté à une conférence du philologue

Charles Lambert à l'université de Dijon, où lui-même enseigne les mathématiques, Méray, convaincu, entreprend de convaincre à son tour ses confrères en publiant deux articles au printemps 1900, dans la *Revue générale des sciences* et dans *L'Intermédiaire des mathématiciens*. Ce dernier, fondé en 1894, est l'une de ces nombreuses revues scientifiques professionnelles qui fleurissent à la Belle Époque[8]. Son cocréateur, Charles-Ange Laisant, est une figure étonnante, l'une des plus surprenantes que nous ayons croisées au cours de notre enquête. Durant une longue carrière, scandée de ruptures et de revirements à travers lesquels se donnent à voir, en filigrane, bon nombre de contradictions et de bouleversements de la Belle Époque, il sera successivement et à la fois mathématicien, militaire, homme politique, traducteur, pédagogue, directeur de publications, congressiste, penseur libertaire. Élève de l'École polytechnique, où il devient ensuite répétiteur, il s'éloigne progressivement des préoccupations de la science institutionnelle pour s'intéresser à des objets nouveaux de la science mathématique ; militaire décoré en 1870, il est radié des cadres de l'armée en 1889 ; député républicain en 1876, il se rallie à l'anarchisme au tournant du siècle. Militant pour la modernisation des méthodes d'enseignement, il laisse également une œuvre de pédagogue progressiste et innovante. Très attentif à la recherche étrangère, il établit enfin, à travers associations et congrès, des réseaux internationaux d'échanges, contribuant à l'émergence de « lieux de socialisation des mathématiciens alternatifs aux grandes institutions que sont les Académies[9] ».

Le cas de Laisant, acquis à l'espéranto en 1900, est caractéristique de la sphère scientifique spécifique que pénètre l'espéranto : un milieu attaché à l'idée de vulgarisation, de divulgation, qui anime des périodiques et des revues, tentant de susciter la curiosité et l'engouement du lectorat. C'est ainsi dans une autre revue fondée par Laisant, *L'Enseignement mathématique*, que paraissent, en 1901, deux articles de promotion de l'espéranto[10], dont l'un est signé par Méray. Laisant, impliqué dans de multiples réseaux scientifiques nationaux et internationaux, fait en outre une communication sur l'espéranto au Congrès international des mathématiciens de Paris, dès 1900[11]. L'étape suivante est franchie en 1903, lorsque le petit cénacle de mathématiciens espérantistes passe à la « propagande par le fait » – pour reprendre une expression que l'anarchiste Laisant n'aurait pas reniée – dans un périodique à la fois plus ancien et plus important : les *Nouvelles Annales de mathématiques*. Cette revue pédagogique fondée en 1842, largement diffusée au point d'apparaître comme un organe central dans le paysage éditorial des mathématiques, s'adresse aux élèves des classes préparatoires et des universités[12]. Entre 1904 et 1913, son comité de rédaction présente la particularité d'être exclusivement composé d'espérantistes[13].

En 1903, au moment où Carlo Bourlet intègre ce comité, paraît un petit article, intitulé « L'"esperanto" et les mathématiques », qui cherche à convaincre « des services considérables que l'Espéranto est appelé à rendre à la Science ». Surtout, il est suivi d'un texte de trois pages, rédigé par Raoul Bricard : sur deux colonnes par page se font face la démonstration, en français et en espéranto, du théorème de Fermat[14]. La confrontation du même texte dans les deux langues vise à faire ressentir au lecteur, qui peut lire uniquement le texte espéranto tout en en connaissant déjà le contenu, la facilité de la langue nouvelle et l'internationalité de ses radicaux. S'il compare les deux textes, il peut en outre mettre au jour des traits caractéristiques de la langue : la transparence de sa grammaire, notamment l'identification de la nature grammaticale d'un mot simplement à l'aide de sa terminaison, la régularité de sa conjugaison, la logique agglutinante de la formation du lexique, etc. La comparaison est ainsi censée, en creux, faire éprouver au lecteur l'illogisme des langues naturelles et les incontestables bénéfices que les échanges scientifiques tireraient de l'adoption de l'espéranto.

Un coup d'arrêt : le choix de la Délégation

Pendant toutes ces années, la Délégation pour l'adoption d'une langue auxiliaire universelle poursuit son travail d'expertise des systèmes concurrents. Le projet initial de Leau et de Couturat prévoyait ensuite de remettre la décision finale entre les mains de l'Association internationale des académies, sur la base d'un rapport éclairé fourni par la Délégation. Or celle-ci, se jugeant incompétente, refuse de se prononcer sur le fond. La Délégation n'a d'autre choix que de désigner, pour ce faire, un comité restreint, qui, à l'automne 1907, se réunit pendant dix jours au Collège de France. Devant ce comité se succèdent les inventeurs de pas moins de 180 systèmes de langue internationale. Alors que l'espéranto partait largement favori, il ne remporte guère qu'une victoire à la Pyrrhus : si le comité opte pour la langue de Zamenhof, c'est à une condition : qu'elle soit profondément remaniée. Jugeant ainsi que d'importants aménagements sont nécessaires pour que l'espéranto puisse être adopté comme langue universelle de la science, les membres du comité désignent six délégués pour travailler à sa réforme : deux linguistes (seulement !), Ignacy Baudouin de Courtenay et Otto Jespersen, le prix Nobel de chimie Wilhelm Ostwald, Louis de Beaufront, Louis Couturat et Léopold Leau. Cette équipe restreinte met sur pied un nouveau système linguistique, dérivé de l'espéranto et baptisé « ido », ce qui signifie, dans la langue de Zamenhof, « descendant », ou « fils de ».

« Fils de » l'espéranto, l'ido l'est assurément, comme on l'a déjà aperçu plus haut : il se présente avant tout comme un amendement au système de Zamenhof, dont il est loin de faire table rase. Il en supprime quelques traits caractéristiques, comme les lettres accentuées, qui ont, effectivement, pu constituer un obstacle à la diffusion de l'espéranto par l'imprimé, l'accusatif ou certaines règles d'accord. Plus fondamentalement, l'ido remet assez nettement en cause le principe d'économie qui est au fondement de la langue de Zamenhof : elle enrichit le lexique de nombreuses racines nouvelles et complexifie les règles de dérivation, selon une logique plus proche des langues philosophiques (on pourra voir là l'influence du leibnizien Louis Couturat), comme en témoigne le recours au principe de réversibilité – on doit pouvoir passer d'un mot à un autre en vertu d'un principe unique, et revenir au mot initial en vertu du principe inverse. L'ido marque en fait un pas vers le naturalisme linguistique, c'est-à-dire qu'il tend à faire primer le critère d'internationalité sur celui de régularité : la facilité d'accès d'une langue auxiliaire, pour les naturalistes, repose davantage sur sa capacité à se conformer aux habitudes linguistiques, déjà existantes, des locuteurs potentiels, que sur sa régularité intrinsèque – le nœud du problème étant que les langues naturelles les plus « internationales » sont loin d'être les plus régulières[15]...

La décision de la Délégation ouvre un schisme au sein des espérantistes. Ceux-ci se divisent entre, d'une part, les fidèles à la langue de Zamenhof, dont les principes intangibles ont été exposés dans l'ouvrage de 1905, le *Fundamento*, que le congrès de Boulogne, on l'a vu, a hissé au rang d'étalon linguistique, et, d'autre part, les partisans de la langue réformée. Celle-ci apparaissant « d'abord comme une langue fabriquée par un parlement de savants[16] », elle recrute ses partisans principalement dans les milieux scientifiques, tandis qu'un petit nombre seulement de la masse des espérantistes aurait opté pour le camp idiste[17]. En effet, cette langue, inventée collectivement « par des savants, construite scientifiquement, destinée à la communication scientifique[18] » se diffuse mal en dehors des réseaux intellectuels et scientifiques internationaux. Mais, auprès de cette internationale des sociétés savantes, elle supplante rapidement l'espéranto, dont l'étoile tend désormais à pâlir.

*L'*Internacia Science Revuo *:* *un « journal de vulgarisation pour les savants » ?*

Un patronage prestigieux

Entre-temps, aura été lancée une tentative audacieuse et fructueuse, malgré sa brièveté, pour faire de l'espéranto une langue de médiation, et même, dans une moindre mesure, d'élaboration du discours scientifique. En janvier 1904, l'action des scientifiques espérantistes français franchit ainsi une nouvelle étape avec le lancement d'une revue savante entièrement rédigée dans la langue universelle : l'*Internacia Scienca Revuo* (« Revue scientifique internationale »).

Si Laisant, Bricard et Bourlet se retrouvent naturellement au comité linguistique et scientifique de l'*Internacia Scienca Revuo*, c'est pourtant à un quatrième homme que revient une telle initiative : le jeune Paul Fruictier, âgé de 24 ans, encore étudiant en médecine et, surtout, déjà rédacteur en chef du principal titre de presse espérantiste mondial, *Lingvo internacia*. D'après le témoignage de Carlo Bourlet, c'est à l'instigation du professeur André Broca, polytechnicien, médecin et physicien né en 1863, que Fruictier se lance dans cette nouvelle entreprise éditoriale[19]. Malgré son jeune âge, il parvient à mobiliser autour de son projet de revue un prestigieux comité de patronage. Outre l'inévitable Zamenhof – par ailleurs, faut-il le rappeler, docteur en médecine –, y figurent deux sociétés savantes (les Sociétés française de physique et internationale d'électricité), le général Sebert, le prince Roland Bonaparte et, surtout, treize professeurs de cinq pays différents, dont neuf membres de l'Institut et un du Collège de France. Les plus grands savants du temps y figurent, souvent également célèbres, par ailleurs, pour leur engagement public – notamment dreyfusard : Henri Poincaré, Paul Appell, Marcellin Berthelot, Henri Becquerel, etc. Le premier article qui paraît dans la revue est ainsi la traduction, par Carlo Bourlet, de l'avant-propos de l'ouvrage de Henri Poincaré, *La Science et l'hypothèse* – traduction autorisée par le grand savant en personne[20].

Certes, l'engagement de ces personnalités éminentes, dont bien peu connaissent réellement la langue, « ne dépass[e] pas le stade du patronage de l'espérantisme, au titre d'un combat pour la langue internationale aux contours assez vagues[21] ». Il est plus intéressant de s'arrêter, non sur ce comité de patronage d'*Internacia Scienca Revuo*, mais sur son comité linguistique et scientifique, dont les membres sont à la fois moins illustres et plus impliqués dans le fonctionnement quotidien de la revue. Ils sont plus nombreux – quarante-cinq au total – et leur recrutement est plus diversifié, même si le monde académique y demeure prégnant. On y recense ainsi un total de vingt-huit universitaires, de neuf scientifiques non universitaires – quatre médecins praticiens, les directeurs des observatoires de Potsdam et du Mont-Blanc, deux ingénieurs, un docteur ès sciences – et de neuf personnalités non scientifiques. Celles-ci, à l'exception d'un commandant Renard qui nous demeure inconnu, sont toutes des personnalités éminentes du mouvement espérantiste, fondateurs de groupes, directeurs de périodiques, pionniers dans leur pays respectif : Theodor Čejka en Bohême, Joseph Rhodes en Angleterre, Joseph Jamin en Belgique, etc. C'est d'ailleurs largement ce vivier d'espérantistes non universitaires qui justifie l'internationalité affichée de la revue ; du côté des clercs, les personnalités sont en effet très majoritairement françaises : c'est le cas de vingt-trois universitaires sur vingt-huit, et même de quatorze des quinze universitaires non espérantistes[22], qui représentent la caution scientifique la plus sérieuse.

Enfin, on ne saurait comprendre la naissance et l'existence de la revue en passant sous silence les treize personnalités « universitaires espérantistes actifs » qui, en se situant ainsi à leur intersection, font office de passerelle entre les deux sphères – sans doute plus actifs et efficaces que les garants du comité de patronage. Certaines nous sont maintenant bien connues : Bourlet, Laisant, Bricard, Boirac, Cart, Méray. Il convient également d'insister sur la vigueur du terreau lyonnais, où la convergence des milieux espérantiste et universitaire est particulièrement forte, et qui fournit deux membres au comité d'*Internacia Scienca Revuo* : le docteur Lépine, professeur à la faculté de médecine et président du groupe espérantiste de la ville, et Albert Offret, professeur de minéralogie à l'université et secrétaire de ce même groupe. Quant aux quatre universitaires espérantistes étrangers, ils assurent le double rayonnement de la revue dans le milieu académique et à l'international : le Hongrois Balint, professeur de linguistique à Kolozsvár (l'actuelle Cluj-Napoca), l'Espagnol Vincente Inglada Ors, professeur de géodésie, de météorologie et d'astronomie, le Péruvien Frederico Villareal, professeur d'astronomie à Lima et le vénérable Suisse Ernest Naville, philosophe et théologien.

Un contenu multidisciplinaire, entre traductions et contributions originales

La revue se fixe un triple programme : « donner les traductions des travaux les plus importants », « analys[er] ceux qu'[elle] ne [peut] traduire par manque de place » et « rapport[er] brièvement le contenu des différents organes scientifiques et les réunions de sociétés savantes »[23]. À ce programme il convient d'ajouter un quatrième axe : l'accueil d'une production scientifique originale en espéranto. L'examen des onze numéros de l'année 1904 révèle ainsi l'attention de la rédaction au maintien d'un certain équilibre entre articles originaux et articles traduits, tirés de périodiques nationaux ou d'ouvrages en langue nationale. Ceux-ci sont répartis sur ces onze livraisons, au nombre de trente-deux, dont vingt proviennent de revues savantes et scientifiques, essentiellement françaises. Les contributions originales représentent quarante-sept textes ; chiffre toutefois un peu trompeur : d'une part, leurs dimensions sont très variables, du grand article de plusieurs pages annoncé en une à une demi-colonne dans la rubrique « *Kroniko* » ; d'autre part, leur qualité est inégale : il s'agit souvent de travaux secondaires, d'après d'autres sources, abrégées et résumées. Il s'agit là d'un trait propre aux revues de vulgarisation scientifique au tournant du siècle, qui mettent fréquemment en œuvre des procédés de compilation, de reprise des nouvelles diffusées par la presse scientifique ou spécialisée[24].

Du point de vue disciplinaire, le contenu de la revue est varié : le premier numéro réunit ainsi des contributions sur la phtisie et la fabrication du camphre, évoque la découverte d'un nouveau sérum antituberculeux et le procédé chimique du développement photographique, s'interroge sur l'avenir du système solaire et l'utilité du recours à la chirurgie pour traiter le cancer, etc. Toutefois, deux spécialités dominent d'assez loin : la médecine représente un quart du total des articles (vingt items), les sciences appliquées, les technologies et l'industrie à peine moins (dix-neuf). Viennent ensuite la physique et les sciences de la Terre (quinze articles), la chimie (huit) et la biologie (sept). Les dernières contributions concernent les sciences humaines : linguistique, histoire, épistémologie, philosophie des sciences. La production originale, rédigée par des espérantistes, est quant à elle marquée par une nette prépondérance des sciences appliquées (plus d'un tiers du corpus) ; elle s'explique en partie par la prolixité de certains contributeurs, notamment le photographe Charles Verax. La plupart des espérantistes contributeurs ne se consacrent d'ailleurs pas à la recherche fondamentale ; il s'agit essentiellement de médecins : citons les docteurs Pierre Corret, Paul Rodet, Henri Vallienne, Kazimierz Bein. S'ils livrent peu d'articles originaux, leur activité se déploie principalement dans les rubriques consacrées au recensement, au résumé et à l'analyse d'articles parus dans la presse spécialisée. Quarante-six pour cent de ces brèves relèvent de la médecine, loin devant la physique et les sciences de la Terre, les sciences appliquées, la biologie et la chimie – précisons que seules les notules dont la source est mentionnée ont été prises en compte dans notre analyse statistique.

L'analyse de ces sources renseigne d'ailleurs sur les réseaux de circulation de l'information scientifique et, plus spécifiquement, sur les sources mobilisées et le public ciblé par les rédacteurs de l'*Internacia Scienca Revuo*. Si l'on prend en compte à la fois les articles traduits et les recensions, la revue qu'ils exploitent le plus est, de loin, la *Revue générale des sciences*, citée à dix-huit reprises pour la seule année 1904. Viennent ensuite deux autres revues françaises :

La Nature et la *Revue scientifique*. En outre, les collaborateurs de l'*Internacia Scienca Revuo*, qui se montre là encore similaire à d'autres titres de vulgarisation[25], rendent compte des séances des académies : on trouve ainsi, parmi les sources mentionnées dans la revue, l'Académie de médecine de Paris, l'Académie des sciences, la Société allemande de physique, les Sociétés françaises de chimie et de physique, etc.

Une revue de « haute vulgarisation[26] »

À la lumière de ces quelques éléments, on peut mieux cerner la place de l'*Internacia Scienca Revuo* dans le panorama de la presse scientifique de la Belle Époque. La période, il est vrai, est faste pour ce créneau éditorial : comme l'ont établi Vincent Duclert et Anne Rasmussen, « les trois décennies qui précèdent la Première Guerre mondiale sont bien celles de la belle époque des revues scientifiques », dont le volume global connaît, à partir des années 1880, des augmentations de près d'un tiers tous les deux ans[27].

La maquette d'*Internacia Scienca Revuo* est quasiment dépourvue d'illustrations, et les articles souvent exigeants qu'elle publie, au détriment des rubriques de « science amusante » qui rencontrent alors un grand succès, ne permettent pas de la rapprocher des revues qui, à l'instar de *La Science et la vie*, s'adressent à un public d'amateurs[28]. L'éditorial du premier numéro, au contraire, vise explicitement les scientifiques et les universitaires. À l'inverse, il serait erroné de croire que l'on assiste au spectacle d'une « science en action » à la lecture d'*ISR*, qui serait ainsi le « prolongement du laboratoire », comme le sont alors bon nombre des nouvelles revues scientifiques, telles celles éditées par l'Institut Pasteur ou le laboratoire des Curie[29]. Ses collaborateurs ne sont pas des personnalités de tout premier plan : l'engagement en faveur de l'espéranto n'est certes pas le fait des scientifiques les plus en vue[30]. Au contraire, contrastant avec la centralité et le prestige du comité de patronage de la revue, les scientifiques espérantistes occupent des positions nettement plus périphériques : Sebert et Verax s'occupent de sciences appliquées, Boirac et Bourlet sont engagés dans des disciplines marginales (parapsychologie, mathématiques appliquées et « théorie de la bicyclette »), quand

Laisant, on l'a vu, se distingue par un engagement politique anticonformiste.

Si la revue est à l'affût des dernières découvertes, et notamment des récentes applications scientifiques, elle ne peut prétendre à en être davantage que la chambre d'écho, par la traduction, l'adaptation, le résumé, le recensement, l'analyse. Du moins faut-il souligner qu'elle accomplit souvent cette tâche avec brio : ainsi l'essai par lequel Dmitri Mendeleïev, en 1902, propose d'intégrer l'éther au nombre des éléments chimiques dans sa fameuse classification, paraît en feuilleton dans l'*Internacia Scienca Revuo* entre juin et septembre 1904, c'est-à-dire quelques mois à peine après sa traduction anglaise[31] – essai qui, à notre connaissance, demeure toujours inédit en langue française. De plus, l'*Internacia Scienca Revuo* s'enrichit grâce aux collaborations multiples de ses contributeurs, qui écrivent souvent dans une autre revue. Ils permettent ainsi de tisser des liens entre différents organes : par exemple, le Belge Raymond Van Melckebeke, collaborateur à l'*ISR*, l'est aussi aux *Annales de pharmacie de Louvain*[32], laquelle est recensée dans la revue en avril 1904 ; la collaboration du Péruvien Federico Villareal permet à la *Revista de Ciencias*, qu'il a fondée, de figurer dans la liste des revues dépouillées par la rédaction – revue, d'après nos recherches, ignorée de la *Revue scientifique*. Dans l'autre sens, ces personnalités passerelles permettent à l'action de propagande de se poursuivre dans des revues professionnelles : le docteur Rodet, auteur à l'*Internacia Scienca Revuo*, publie des articles favorables à l'espéranto dans deux revues spécialisées auxquelles il contribue, les *Archives de thérapeutique* et les *Archives d'hydrologie*[33]. Cette politique active de publication donne parfois lieu à des débats contradictoires, dans la *Revue générale des sciences* ou dans la plus confidentielle *Chronique médicale*. Ici encore, la finesse du degré de pénétration de la langue internationale étonne : au début de l'année 1904, le *Bulletin de la Société des sciences naturelles de Tarare* fait ainsi paraître une chronique en espéranto, avec traduction en français, grâce à l'action du bibliothécaire de la société, espérantiste convaincu[34].

La lecture du courrier des lecteurs et l'étude du statut des rédacteurs de la revue (médecins, notables s'intéressant aux techniques nouvelles, notamment la photographie, comme Charles Verax ou Henri Sentis, sans oublier le général Sebert, membre du comité scientifique), nous permet de rapprocher son lectorat de celui des revues de vulgarisation les plus coûteuses, comme *La Nature* – par ailleurs, on l'a vu, l'une des principales sources d'*Internacia Scienca Revuo*. Son public est ainsi composé des « membres de la bourgeoisie ou des classes moyennes, ayant une profession liée au domaine scientifique ou technique, ou tout simplement poussés par la curiosité, "amateurs de sciences"[35] ». Son contenu présente également de fortes similitudes avec l'une de ses autres sources principales : *La Revue scientifique* – ou *Revue rose* –; laquelle, tout comme notre revue espérantiste, « diffuse auprès d'un public plus averti une sélection des cours scientifiques des universités et des grands établissements et analyse les travaux savants[36] ». Fondée en 1878, elle se présente, selon les termes de son fondateur et directeur jusqu'en 1902, le physiologiste Charles Richet, comme un « journal de vulgarisation pour les savants ». Au-delà des éléments exposés plus haut, l'application de cette définition à *Internacia Scienca Revuo* nous paraît d'autant plus justifiée que Richet, lui-même acquis à la cause espérantiste, émarge au comité linguistique et scientifique d'*Internacia Scienca Revuo*, à laquelle il fournit d'ailleurs, en septembre 1904, un article sur la génération spontanée préalablement paru dans la *Revue générale des sciences*[37]. La *Revue scientifique* adopte en outre un ton favorable à l'espéranto en 1904, à l'occasion du recensement de l'ouvrage de Couturat, *Pour la langue internationale*, et du rapport d'Albert Offret sur la *Diffusion de l'espéranto dans le monde*, en concluant sur le « devoir de se rallier à cette langue pour assurer la réussite d'une langue internationale[38] ».

Un laboratoire terminologique

Vigilance linguistique et exigence de lisibilité

Tenter de mieux situer la place d'*Internacia Scienca Revuo* dans le paysage de la presse scientifique de son temps ne doit pas effacer la singularité profonde de ce titre. Quoiqu'il puisse paraître par trop évident de le rappeler, celle-ci ne saurait être distinguée de l'usage exclusif de l'espéranto. C'est naturellement sur ce point que Fruictier, lors du lancement de la revue, entend fonder sa spécificité et justifier son existence :

> Voici la preuve, la preuve palpable, que l'Esperanto croît, progresse, vit. La fondation de *Internacia Scienca Revuo*, rédigée seulement en langue artificielle, est un fait d'une nouveauté et d'une signification capitales, plein de promesses. La période de pure philanthropie est derrière nous, le temps de la pratique, de l'utilisation vraiment utile de l'espéranto est arrivé rapidement[39].

De telles ambitions s'accompagnent d'une attention particulière à la qualité de la langue, dont témoigne d'ailleurs abondamment le courrier des lecteurs, en fait consacré presque exclusivement à cette question :

> Il serait souhaitable que votre *Scienca Revuo* soit scientifique non seulement par son contenu, mais aussi par sa forme, c'est-à-dire par le style, le lexique ordinaire, les expressions utilisées. Eu égard à l'autorité scientifique de vos collaborateurs, on ne devrait tolérer que leurs articles soient traduits dans un « espéranto de cuisine »[40].

Les lettres reçues pointent ainsi les mots inutiles (*bazita* alors que *fondita* existe déjà ; *demontri* alors qu'il existe *pruvi*, etc.), les redondances (« *sed tamen* », « mais cependant ») et l'emploi imprécis des prépositions. Elles visent aussi – nouvel indice de la forte empreinte française dans cette initiative de revue – les gallicismes et autres combinaisons de mots peu claires, directement décalquées du français et qui, une fois décomposées, révèlent un sens tout autre, nuisant ainsi à l'internationalité de la langue : ainsi *termino* pour *terme*, alors qu'il conviendrait, en stricte application des principes agglutinants de la langue, de le décomposer en *ter-mino* (« mine de terre ») ou encore *rezoni*, abusivement employé pour *résonner*, alors que, décomposé, il donne « entourer/ceindre à nouveau ». Dès le troisième numéro, la question d'une traduction de la nomenclature chimique en espéranto, évoquée dans la livraison précédente, prête à de vives discussions, qui alimentent les colonnes du courrier des lecteurs, en constante expansion, pendant les premiers mois de l'année 1904. La difficulté majeure posée par ce projet réside dans la possibilité de forger des néologismes pour désigner les éléments chimiques sans employer des suffixes déjà utilisés en espéranto, tels que *-ano*, *-ido*, *-ino*… Comme le remarque un lecteur : « Au sujet de la création de mots chimiques et scientifiques, on doit faire en sorte que les scientifiques ne soient pas les seuls à pouvoir comprendre le nom, mais aussi tous les autres : il est donc bon d'éviter les terminaisons en *at, it, id, in*, etc., et de les remplacer par *ut, et, ed, en* ». Cette vigilance des lecteurs à l'égard de la correction linguistique révèle, davantage qu'un attachement étroit aux principes fondamentaux de l'*Unua Libro*, une exigence de lisibilité, essentielle à toute entreprise de vulgarisation :

> Le style doit être revu, corrigé, filtré ; les mots douteux, les combinaisons contre-nature devraient être bannis sans hésiter du lexique vulgaire et remplacées – si besoin – par des mots nouveaux. [...] Car d'autre part votre Revue sera lue non seulement par des scientifiques, mais aussi par des non-scientifiques (je suppose que c'est ce que vous espérez), il est nécessaire que tous puissent facilement « retrouver le fil »[41].

Un espace de construction de la langue

De la nomenclature des éléments chimiques au vocabulaire spécialisé de l'hydrothérapie, la question terminologique revient régulièrement dans les colonnes d'*Internacia Scienca Revuo*. *A posteriori*, Carlo Bourlet considère même que « le but [de la revue] était surtout de provoquer la traduction de mémoires scientifiques en Esperanto et de créer par l'usage une terminologie[42] ». Du reste, dès l'éditorial de son premier numéro, la revue se donne comme objectif de « créer et fixer les termes spéciaux, qui sont nécessaires aux confrères de divers pays pour communiquer entre eux[43] ». Un système de notes de bas de page multilingues (anglais, français, allemand, espagnol, italien) permet d'éclaircir les mots spéciaux ou les néologismes. Qu'il s'agisse du travail de traduction ou de composition d'articles originaux, l'activité des collaborateurs de la revue suppose un intense travail de création d'un vocabulaire trop spécialisé pour que Zamenhof en ait proposé des équivalents – ne mentionnons ici, qu'à titre d'exemple, le *kamfora naftolo* que Pierre Corret est bien forcé d'introduire dans son article sur le *naphtol camphré*[44]... Un an avant que le congrès de Boulogne ne donne naissance à un comité linguistique, c'est bien aux rédacteurs des revues espérantistes que revient le soin de forger des néologismes – et aux lecteurs de les discuter, de les accepter ou de les réfuter. À cet égard, il convient de souligner combien la rédaction de l'*Internacia Scienca Revuo* tient à faire de ce travail lexicographique une œuvre collaborative et démocratique, en informant et mobilisant la base des espérantistes. Ainsi, en guise de bilan de la première année de publication, le douzième numéro est entièrement consacré à la liste des six mille principaux termes et expressions techniques utilisées durant l'année écoulée, accompagnés de leur traduction en anglais, allemand et français. Il s'agit d'une table indicative, soumise à discussion :

> Les mots sont demeurés le plus souvent tels que leur auteur les a utilisés. Par conséquent, ce dictionnaire n'est pas un lexique, mais une simple *table de mots*, parmi lesquels quelques-uns sont bons, d'autres sont mauvais et ne s'accordent pas avec les autres. Je demande donc instamment aux lecteurs de ne pas voir ici une autre entreprise que celle que nous avons nous-mêmes visée : proposer, d'abord au Comité de *Scienca Revuo*, ensuite au public, quelques termes techniques de tout type, pour que l'on puisse plus facilement les comparer, les critiquer, et ensuite édifier les premiers fondements sur lesquels nous commencerons un travail de conception du vocabulaire [*vortfarado*] moins erroné[45].

La rédaction en appelle donc à ses lecteurs pour critiquer cette liste de mots, mais également pour la corriger et la compléter, en la traduisant dans leur langue nationale.

De ce travail de *vortfarado* qui s'établit, livraison après livraison, dans les colonnes d'*Internacia Scienca Revuo*, le courrier des lecteurs fournit donc de nombreux exemples. Ainsi, à la suite d'un article sur la formation du sexe de l'abeille, un lecteur écrit au sujet de la manière de dénommer l'abeille mâle[46]. Le traducteur de l'article, initialement paru en français, emploie *burdo* ; or le mot désigne, non pas le faux-bourdon qui est précisément le mâle de l'abeille, mais le bourdon, qui relève d'un genre différent. Le traducteur répond alors en arguant que, consultant le dictionnaire allemand-espéranto de Zamenhof, il a trouvé l'équivalence entre *burdo* et *Hummel* – lequel correspond au français *faux-bourdon*. Le vrai bourdon se dit *Drohne* en allemand, mot qui, chez Zamenhof, se traduit par *fuko* ; mais, dans d'autres dictionnaires, par *virabelo* – tandis que le dictionnaire russe-espéranto de Zamenhof ignore *virabelo*, auquel il préfère *abelviro*… Sans parler du dictionnaire de Beaufront qui donne, pour *fuko*, le sens de *varech* ! Tout en soulignant la vivacité et la précision des débats terminologiques, l'exemple en dit long sur la confusion entretenue par la multitude des entreprises isolées de dictionnaires nationaux. On comprend mieux désormais l'urgence du besoin d'un lexique multilingue, stable et le plus complet possible. Six mois plus tard, un petit article de Maurice Rollet de l'Isle sur la traduction du mot *marée* fournit une passionnante illustration de ce processus. Il s'agit tout d'abord de définir précisément ce dont on parle ; ici, un « mouvement périodique vertical du niveau de la mer ». Rollet de l'Isle consulte alors les dictionnaires de Beaufront – où le mot est absent – et de Cart – qui propose seulement *alfluo kaj forfluo*, « flux et reflux » ; or *fluo* traduit davantage l'idée d'un mouvement horizontal. Il s'avère donc nécessaire de créer un mot nouveau ; mais, ici, le lexicographe espérantiste se trouve confronté à l'absence de forme internationale partagée : *Gezeit* en allemand, *tide* en anglais, *marea* en italien et en espagnol, etc. Deux raisons permettent à Rollet de l'Isle de finalement retenir *tide*, qui d'une part est repris dans les dictionnaires maritimes, et d'autre part évite la confusion avec *maro* que provoquerait la création de *mareo* : il forge ainsi, par équivalence phonétique, *tajdo*. La solution proposée fera consensus, sera reprise notamment dans le *Dictionnaire complet français-espéranto* de Grosjean-Maupin qui paraît chez Hachette en 1913 – et a toujours cours aujourd'hui.

Un examen, même rapide, de ces processus de construction de la langue qui se font jour à la lecture de l'*Internacia Scienca Revuo* permet de mettre en pleine lumière la singularité du rapport au langage de l'espérantisme savant. Ces débats nourris révèlent une ambition autre que la simple recherche d'équivalents en espéranto des mots employés par les langues nationales ; le processus doit veiller à formuler une définition scientifique de l'objet ainsi nommé. Reprenons le débat sur la manière de nommer le mâle de l'abeille : plutôt que l'équivalence abeille femelle = *abelo* et abeille mâle = *burdo* ou *virabelo*, le traducteur de l'article propose d'utiliser le suffixe de féminisation *-in*. On aurait ainsi : abeille mâle = *abelo* et abeille femelle = *abelino*. Son contradicteur rejette la proposition au nom de l'impossibilité pour l'abeille femelle, c'est-à-dire l'ouvrière, de se reproduire. Le lien ainsi établi entre féminité et capacité reproductrice est alors tourné en dérision par le traducteur : « une femme ne serait femme que lorsqu'elle fonctionne sexuellement, et un homme serait le contraire d'une femme seulement lorsqu'il fonctionne en homme ? Étrange théorie !!! ». On voit bien, ici, combien le travail terminologique entrepris dans *Internacia Scienca Revuo* est inséparable d'un effort soutenu de conceptualisation – lequel, à son tour, repose sur la conviction que « la perfection de la langue auxiliaire doit permettre une transparence conceptuelle ; en espéranto, la science serait plus claire, plus précise, neutre et objective, car non soumise à des risques d'"interprétation"[47] ».

Deux domaines privilégiés : les sciences appliquées et la médecine

À dire vrai, les années d'avant guerre voient s'épanouir un effort lexicographique particulièrement soutenu. Les lexiques spécialisés et les listes de mots nouveaux se multiplient, presque tous édités par Hachette. En 1905 paraît ainsi un lexique mathématique[48] ; en 1907, un *Vocabulaire technique et technologique*, revu, corrigé et considérablement augmenté trois ans plus tard par l'*Enciklopedia Vortareto*, somme de 249 pages de termes techniques : sciences naturelles, botanique, minéralogie, architecture, ornithologie, mathématiques, etc. ; en 1908 des dictionnaires des termes musicaux[49] et maritimes[50], ainsi qu'un ambitieux ouvrage en huit langues (espéranto, français, allemand, anglais, italien, espagnol, russe et polonais), approuvé par le Comité linguistique et rassemblant deux mille nouveaux mots employés par Zamenhof.

Plus impressionnant encore : le *Poliglota Vade-mecum de Internacia Farmacio* (« Vade-mecum polyglotte de pharmacie internationale ») compilé en 1911 par Célestin Rousseau et son équipe internationale de collaborateurs, ne rassemble pas moins de neuf langues. Défini par son maître d'œuvre comme la « première tentative d'internationalisation d'un livre de technique professionnelle[51] », il présente, outre le traditionnel vocabulaire professionnel en neuf langues (espéranto, anglais, français, allemand, espagnol, néerlandais, italien, russe et suédois), les compositions, sous forme de tableaux, des différentes préparations, tisanes, potions prescrites dans leur pays d'origine ainsi que les formules des teintures, pilules, extraits, dans les diverses pharmacopées. L'ouvrage entend ainsi « faciliter l'exécution des *ordonnances médicales* qui proviennent *des pays étrangers* » : les auteurs y présentent la recette de l'élixir Stoughton, une boisson tonique recommandée pour les maux d'estomac et la digestion difficile, selon les pharmacopées de dix pays différents. Afin de coordonner et de composer cette somme qui doit représenter, à parts égales, huit langues nationales, les auteurs ont exclusivement recours à l'espéranto. Célestin Rousseau, dans sa préface, s'en justifie ainsi :

> Cette langue est la *Synthèse de toutes nos langues européennes,* [...] elle est un modèle de simplicité logique, [...] on peut l'apprendre en quelques heures, et [...], seule, elle a rendu possible de composer ce livre fait avec la collaboration de pharmaciens des huit pays nommés ci-dessus.

En entreprenant ainsi non seulement de traduire des mots, mais également de concilier des pratiques professionnelles, cet ouvrage apporte une contribution originale à la question de l'intercompréhension qui travaille alors en profondeur la communauté scientifique.

Du reste, ces divers exemples mettent en lumière l'importance, parmi les scientifiques espérantistes, des médecins et des ingénieurs. Le destin de l'*Internacia Scienca Revuo* en est également une bonne illustration. Après le retrait de Paul Fruictier, Hachette interrompt la publication de la revue en décembre 1906, après trois ans d'existence. Après avoir été éditée, quelques années durant, depuis Genève puis Dresde, par l'*Internacia Scienca Asocio Esperantista* (Association scientifique internationale espérantiste), elle est relancée en janvier 1912 par l'infatigable Charles Verax, sous le nom de *Scienca Gazeto* (« La Gazette scientifique »). À nouveau éditée par Hachette, cette « revue mensuelle internationale des sciences et de l'industrie », est portée par un comité de rédaction réduit, désormais exclusivement français : Rollet de l'Isle, Bricard, Cotton, professeur de physique à la Sorbonne, Mouton, chimiste à l'Institut Pasteur, et Hoffbauer, ingénieur passé par l'École polytechnique et coauteur, avec Bricard, du *Matematika Terminaro* paru chez Hachette en 1905. Il est aussi marqué par la nette prévalence des sciences appliquées. Bien que son comité de patronage reconduise largement celui de l'*Internacia Scienca*

Revuo, les ambitions scientifiques de la *Scienca Gazeto* apparaissent légèrement en deçà de celles qu'affichait son prédécesseur :

> Nous accepterons volontiers les articles pas trop purement scientifiques ni techniques, par exemple au sujet des thèmes suivants : la zoologie, les phénomènes astronomiques et atmosphériques, les curiosités en sciences naturelles, les nouveaux procédés d'ingénierie, les curiosités géologiques, les recettes utiles (dûment éprouvées), les recréations scientifiques, les nouveaux outils et appareils pour la maison, des conseils d'hygiène, le tourisme et les curiosités naturelles, etc.[52].

À la traduction d'articles de revues professionnelles et spécialisées, les contributeurs de la *Scienca Gazeto* préfèrent soit la traduction d'ouvrages ou de périodiques de vulgarisation, soit la composition d'articles originaux à partir de sources diverses, portant sur des sujets tels que « bicyclette et hygiène », la télégraphie sans fil, le canal de Panama, les récents progrès de l'aviation, etc. Cette promotion d'une science appliquée, délassante, accessible, rapproche d'autant plus *Scienca Gazeto* du modèle de la revue de vulgarisation destinée au grand public, que ses articles courts s'enrichissent plus fréquemment d'illustrations.

Les médecins s'intéressent également de près à la langue internationale. Ainsi, deux ans après avoir fondé *Internacia Scienca Revuo*, Paul Fruictier, décidément plein d'énergie, lance une autre revue scientifique, l'*Internacia Revuo Medicina*, qui se présente comme « une Revue médicale pratique, internationale, utile à la fois pour les médecins et pour l'Esperanto[53] ». Cette revue de seconde main entend sélectionner, reprendre et compiler les meilleurs articles parus dans la presse spécialisée mondiale. En réalité, les quatre numéros de la revue sont marqués par une surreprésentation des traductions depuis le français, les quelques articles en anglais provenant de surcroît d'une seule et même source : la *Medical Review*. Est-ce cette difficulté à s'émanciper du cadre national, la lourdeur de la charge que représente, pour Fruictier, la direction de trois organes de presse – en plus de son activité de jeune médecin –, ou le constat d'un espace éditorial finalement plus exigu que prévu, qui explique que la revue ne passe pas le cap du cinquième numéro ?

Pourtant Fruictier n'est pas seul : on notera ainsi l'existence d'un « Groupe médical espérantiste de France », dont l'un des principaux objectifs est précisément la constitution d'un vocabulaire médical en espéranto. Son président, l'illustre clinicien Charles Bouchard, membre de l'Institut, dirige par ailleurs, en 1908, la thèse d'un jeune médecin, Pierre Corret. Intitulée *Utilité et possibilité de l'adoption d'une langue internationale auxiliaire en médecine*, elle conclut, un an après la décision de la Délégation, à la supériorité de l'espéranto, non seulement pour faciliter les relations médicales internationales, notamment à l'occasion des congrès, mais encore « en temps de guerre », « parmi les médecins de diverses nationalités appelés à donner leurs soins aux blessés des armées belligérantes ». Pierre Corret sera par ailleurs l'auteur d'une adaptation en espéranto des exploits d'un autre illustre médecin : le Knock de Jules Romains !

Malgré les prestigieux parrains qui se sont penchés sur son berceau, l'espérantisme scientifique présente un bilan plutôt mitigé. L'*Internacia Scienca Revuo* et, dans une moindre mesure du fait de la brièveté de sa carrière, l'*Internacia Medicina Revuo*, apparaissent certes comme des exemples aboutis de revue internationale. Leur principale réussite, semble-t-il, est d'être parvenu à maintenir un délicat équilibre entre l'attention à une recherche en train de se faire, et dont les résultats sont diffusés par des revues spécialisées scrupuleusement dépouillées par un réseau international de collaborateurs et de correspondants, et le souci de maintenir le contact avec le gros des troupes espérantistes. Ces pratiquants de la langue sont ainsi intégrés, par un courrier des lecteurs particulièrement nourri, au travail d'enrichissement du lexique qui demeure le principal apport de l'activité éditoriale scientifique en espéranto – et, assurément, sa plus grande originalité.

5

Une conception française de la langue universelle ?

Peut-on être espérantiste et patriote ?

La réponse des espérantistes aux défenseurs du français

Le traumatisme de la défaite de 1870 conduit à réévaluer la place accordée à l'enseignement des langues vivantes. Parallèlement, dans un double contexte de « nationalisation » de la société française et de constitution du second empire colonial de la planète, la Troisième République mène une politique « d'impérialisme linguistique », dont la création de l'Alliance française, en 1883, est un exemple particulièrement éloquent[1]. Son fondateur, Pierre Foncin, peut ainsi affirmer, en 1888, que « quand les nations ne se battent pas à coups de fusil, c'est la langue qui est entre elles le grand instrument de bataille ». Or, la France est de moins en moins assurée de remporter cette véritable « guerre des langues » que se livrent les puissances occidentales, et qui investit à la fois les champs culturels, scientifiques et économiques. Ainsi, en 1902, pour la première fois, la tradition du français comme langue diplomatique est remise en cause : le Quai d'Orsay doit lutter pied à pied – et finalement avec succès – contre la volonté américaine d'imposer l'anglais au tribunal d'arbitrage entre États-Unis et Mexique, au sujet des intérêts américains en Californie[2]. La péripétie révèle au moins l'inquiétude française face au déclin de la langue de Molière, sujet nouveau dans le débat public, qui mobilise linguistes et polémistes, journalistes et politiques.

L'espéranto se trouve pris dans les feux croisés de ces deux tendances, qui conditionnent étroitement sa réception. De fait, le succès des projets de langues artificielles est étroitement corrélé à la situation d'incertitude linguistique qui prévaut à la charnière des deux siècles : aucune langue nationale ne semble plus en mesure d'assumer seule le rôle de langue auxiliaire à l'échelle de la planète. Et si cela devait se produire, la tendance, assure Ernest Archdeacon en 1909, n'est pas favorable au français : au vu de la nouvelle donne géopolitique, « si une langue existante avait chance de devenir universelle, ce serait assurément l'anglais, et pas du tout le français[3] ». Dans ce contexte inédit de vulnérabilité du français, l'espéranto peut dès lors apparaître comme une solution de repli, qui présenterait l'avantage de ne pas offrir le statut de langue internationale à la langue d'une nation rivale. Ainsi, lorsqu'elle apporte son soutien à l'adoption de l'espéranto comme langue scientifique auxiliaire, *La Revue scientifique* ne voit-elle pas dans son adoption le meilleur garde-fou face aux prétentions de la science allemande et, au-delà, face au risque d'une « extension de la langue allemande[4] » ? L'argument est également mobilisé par Beaufront qui, dans une livraison de *L'Espérantiste*, en 1904, assure que « le patriotisme même nous engage à être Espérantistes ». Le sentiment patriotique le plus élémentaire s'oppose à ce que l'une des langues nationales soit choisie comme outil de communication internationale – car cela reviendrait à s'incliner devant la langue d'un rival, sinon d'un ennemi. De fait, « ne pas être une des langues nationales » est la dernière des trois conditions auxquelles, d'après la déclaration d'intention de la *Délégation* réunie sous l'impulsion de Louis Couturat en 1901, doit satisfaire une langue auxiliaire internationale. Condition qui peut paraître évidente, mais qui mérite d'être rappelée à la double lumière de l'exacerbation des nationalismes et de l'affaissement du rôle international du français au tournant des XIXe et XXe siècles.

Il est vrai que promouvoir la pratique d'une langue internationale tout en se démarquant de l'internationalisme relève *a priori* de la gageure. Pourtant Beaufront ne désarme pas : le souci des intérêts du pays, tant intellectuels qu'économiques, affirme-t-il, conseillerait de généraliser l'enseignement de l'espéranto. En soulageant l'enfant de l'apprentissage de « cinq ou six » langues étrangères, une telle mesure irait dans le sens d'une formation à la fois plus pratique et plus efficace, libérant du temps pour les autres apprentissages fondamentaux. En permettant en outre de rendre de nouvelles classes d'âge plus à leur aise dans le domaine des relations internationales, elle leur offrirait l'opportunité d'y prendre l'ascendant. Ernest Archdeacon voit également dans l'adoption de l'espéranto le meilleur moyen de remédier au « formidable retard » pris par la France dans la maîtrise des marchés mondiaux. En fustigeant « l'incurable paresse » de ses compatriotes et leur « apathie pour apprendre les langues étrangères », Archdeacon rejoint du reste l'opinion des promoteurs de l'enseignement des langues vivantes qui, à la suite de l'ébranlement qu'a représenté la défaite de 1870, firent de cette question un enjeu proprement patriotique. Or, face au retard accumulé par la France, l'option espérantiste, langue d'un apprentissage aisé et qui ne cesse de se répandre dans les milieux commerciaux, n'est-elle pas le plus sûr pari sur l'avenir ?

En effet, en offrant de nouveaux débouchés au commerce et à l'industrie, la maîtrise de l'espéranto apparaît comme une promesse de prospérité économique. Pour Ernest Archdeacon, on se trompe de combat en opposant le sentiment patriotique et l'extension des relations entre nations : au contraire, appelé à jouer le rôle d'auxiliaire du commerce, l'espéranto ne devient-il pas un allié de toute politique expansionniste ? Et cela, non seulement au service des produits de l'industrie française, mais encore au profit des productions culturelles de l'Hexagone : Beaufront invite ainsi à voir dans l'adoption d'un outil de communication international un moyen privilégié pour la diffusion de la culture nationale. Ce dernier argument sera souvent repris par les espérantistes français. L'adoption d'une langue universelle, soutient Archdeacon, ne décuplera-t-elle pas la diffusion des œuvres des auteurs français, qui trouveront ainsi, grâce à leur traduction en espéranto, une source de rayonnement – et donc de revenus – considérable ? « Par l'Espéranto, résume Carlo Bourlet dans *Le Petit Journal*, nous répandrons notre civilisation, nos idées, nos découvertes, nous enseignerons la grandeur de la France, le génie de ses savants, la force de ses armes. » Ligne défendue à nouveau, dans le contexte de la Grande Guerre, par A. Muffang dans son *Langue internationale. Point de vue national*, paru en 1915. La pacifiste et internationaliste revue *Esperanto*, basée à Genève, en fait d'ailleurs une recension quelque peu chagrinée : « Qu'il nous soit seulement permis de regretter, à nouveau, que quelques Espérantistes oublient trop l'idéal de rapprochement entre les peuples, qui guidait nos pionniers, et parlent tout à fait comme des chauvins fervents », avant d'achever, non sans amertume : « En soulignant sans nécessité le point de vue national, on prépare à notre mouvement un avenir difficile »[5].

Forme internationale et génie national : une « féconde collaboration » ?

De pareilles mises en garde n'empêchent pas l'argument d'être à nouveau mobilisé dans les années 1920, afin de rassurer ceux qu'inquiète la montée des internationalismes. Julien Guadet, dans une conférence prononcée en Sorbonne en 1929, exhorte la France à prendre la tête de la promotion de l'espéranto, ce dont elle retirerait d'évidents bénéfices : « Quel rayonnement nouveau ne peut-elle pas espérer, si, dirigeant ce mouvement, elle fait en sorte que la langue nouvelle, partout où elle pénètre, apporte des idées françaises d'abord ! » La capacité de l'espéranto à restituer le caractère national de chaque œuvre littéraire en ferait ainsi un outil idéal pour donner accès à la langue, à la littérature et à la pensée françaises :

> Ces milliers de lecteurs, séduits par le charme et la puissance des idées françaises qu'ils pourront pleinement goûter dans le texte en Esperanto, apprendront ainsi à « *penser français* », et ils n'hésiteront pas – s'ils en ont les moyens matériels et intellectuels – à apprendre notre langue, afin de pouvoir jouir, dans le texte original, des beautés de la forme qui revêt ces idées, et « *parler français* »[6].

Argument qui donne naissance à de curieux objets éditoriaux, comme ce dictionnaire conçu par Émile Boirac, qui paraît en 1909. Il s'agit d'un dictionnaire espéranto-espéranto, mais qui présente la particularité de contenir… des mots français. Chaque page est divisée en trois colonnes : dans la première figurent les mots espéranto classés par ordre alphabétique, en caractères gras ; leur font face, dans la seconde, leur définition, également rédigée en espéranto ; la troisième colonne, enfin, présente, en caractères italiques, leur traduction française. Étrange bilinguisme, glissé dans un dictionnaire monolingue, donc destiné à un marché potentiellement mondial, qui sert à la fois la cause de la langue universelle et celle de la francophonie. Dans l'avant-propos, Boirac présente ainsi son ouvrage non seulement comme un outil d'intercompréhension pour les espérantistes, en remédiant notamment au risque de dialectisation déjà perceptible dans les dictionnaires nationaux, mais aussi comme un moyen destiné aux espérantistes de tous pays pour apprendre la langue et découvrir la culture françaises :

> Même si l'Esperanto est amené à devenir la seconde langue de tout homme sur la planète, n'en demeurerait pas moins, chez chaque esprit intelligent, chez chaque amoureux de la haute civilisation, le désir de connaître la langue française, non pour l'utiliser comme moyen pour les relations internationales, mais pour en jouir comme l'expression de l'un des plus beaux génies nationaux de l'humanité, c'est-à-dire l'esprit même de la France. Mieux encore, dans cette hypothèse, le nombre d'aspirants à la culture française grandira sans mesure dans toutes les parties du monde, car chaque homme, quelle que soit la nation à laquelle il appartient, pourra avoir grâce à l'Espéranto des facilités merveilleuses pour apprendre la langue et explorer la littérature françaises. [...] c'est pourquoi j'ai ajouté, à ce Dictionnaire Esperanto-esperanto une partie réservée à la traduction en français, de telle sorte qu'elle puisse être utile aux espérantistes de tous pays pour l'apprentissage de notre langue nationale française[7].

Cet espérantisme ressemble fort à la poursuite, par d'autres moyens, des premières tentatives des politiques françaises de rayonnement culturel, engagées, là encore, dans le contexte spécifique de l'après-1870. Conférant à la langue française un rôle central, elles reposent sur le postulat suivant : « Qui parle français pense français[8]. » Plus encore qu'un outil diplomatique, qu'une arme dans la guerre économique, la promotion du français, notamment par l'intermédiaire de l'Alliance française, déjà citée, apparaît désormais comme un enjeu symbolique, sinon comme un but en soi, non dépourvu d'une dimension morale et affective.

C'est ainsi qu'en 1913, dans un ouvrage bilingue sur les vitraux de la cathédrale de Reims, le traducteur espérantiste, Marcel Laignier, postule la bonne entente des deux idiomes :

> Chaque jour, l'emploi de l'esperanto se répand davantage comme langue auxiliaire. Cependant c'est, peut-être, la brochure bilingue

> qui, pour certains ouvrages, sera la solution la plus pratique. Il nous a paru intéressant d'en faire un essai. Français et esperanto n'ont pas à lutter l'un contre l'autre, mais, au contraire, à s'unir en une féconde collaboration[9].

La tension entre aspiration à une culture internationale et valorisation des génies nationaux repose en fait, d'une manière à peine détournée, l'épineuse question de la capacité de l'espéranto à être un outil efficace de traduction. Comme le fait remarquer Umberto Eco, l'idée de langue universelle véhiculaire présuppose un principe de « traduisibilité », qui repose sur la croyance en la possibilité de traduire d'une langue à une autre, malgré le génie des langues particulières. Selon le modèle mis au point par le linguiste danois Louis Hjelmslev[10], la traduction permettrait d'enrichir le *plan du contenu* d'une langue, non pas tant grâce aux mots réellement internationaux – c'est-à-dire le petit nombre de mots renvoyant aux quelques concepts interchangeables d'une langue à l'autre – que par la somme des unités conceptuelles que la totalité des langues particulières parviennent à rendre grâce à leur propre *plan de l'expression*. Une langue qui se prétend universelle doit donc disposer d'un *plan de l'expression* suffisamment souple et ouvert, potentiellement apte à exprimer des contenus dont son créateur ignorait même l'existence au moment de la concevoir. Une langue qui se prétend universelle doit donc être suffisamment armée pour domestiquer les concepts, idées et idiotismes qui se présenteront à elle au fur et à mesure de son expansion. Louis Couturat, en 1905, pouvait ainsi avancer que « grâce à l'Espéranto, c'est toutes les littératures qui vous sont désormais ouvertes, et nous pouvons pénétrer l'esprit et l'âme de tous les peuples[11] ».

Une vingtaine d'années plus tard, à en croire l'espérantiste Maurice Rollet de l'Isle[12], l'expérience est réussie. Pour deux raisons : d'une part, en vertu des qualités intrinsèques de l'espéranto (sa souplesse, son aptitude à forger des mots nouveaux) et, d'autre part, parce que les traductions vers l'espéranto seraient toujours réalisées par des compatriotes de l'auteur, qui maîtrisent donc à la fois parfaitement la langue source mais aussi la langue de destination – qui, dans ce cas précis, présente cet avantage décisif de pouvoir être parfaitement maîtrisée *par l'apprentissage*, puisqu'elle n'est, par définition, la langue maternelle de personne. Grâce à ces deux qualités, l'espéranto permettrait de réaliser le tour de force suivant : rendre le génie particulier de chaque langue dans une forme de l'expression comprise par tous :

> L'Esperanto ne modifi[e] en rien le caractère propre de cette mentalité ; on reconnaît la nationalité de l'auteur, qui transparaît dans le texte, non par la forme, mais par le fond. Et cela prouve que cette langue est propre à répandre les idées nationales sans les déformer[13].

Ce faisant, la langue internationale résoudrait la tension inéluctable entre intelligibilité universelle et restitution du génie national, entre l'un et le multiple.

L'action de propagande du comité Pour la France, par l'Espéranto

Ainsi, loin de toute aspiration au métissage des cultures ou à la formation d'une mentalité « mondialiste », une certaine conception « neutraliste » de l'espéranto s'accommode très bien de l'existence des particularismes nationaux, qu'elle cherche même à consolider, en envisageant la langue universelle comme une voie d'accès commode à leur diversité. Cet usage de l'espéranto comme « langue pont » ou « langue seuil » fut, à son tour, mis à rude épreuve par les logiques bellicistes. Fondé en janvier 1915, le comité *Pour la France, par l'Espéranto* entend ainsi mettre la langue internationale au service de l'effort de guerre français. Il siège au 51, rue de Clichy, c'est-à-dire dans les locaux de l'Office central, cœur institutionnel de l'espérantisme mondial qui, quelques mois plus tôt, s'affairait encore à la préparation du congrès universel, finalement annulé, de l'été 1914.

Dès sa fondation, le comité cherche à s'attirer de prestigieux patronages. En mars 1915, il peut finalement afficher le soutien de 81 personnalités, offrant un raccourci saisissant du paysage de « l'espérantisme neutre » qui, depuis les débuts de l'action de propagande de Louis de Beaufront, a donné le ton de « l'espérantisme à la française ». Ainsi, le président de la chambre de commerce de Boulogne-sur-Mer y côtoie le président de l'Automobile-Club de France, deux doyens de faculté y figurent aux côtés d'une délégation parlementaire, composée de seize députés et six sénateurs. Outre les espérantistes de la première heure (Boirac, Rollet de l'Isle, Offret), certains signataires avaient déjà affiché depuis quelques années leur soutien à la cause, notamment en patronnant l'*Internacia Scienca Revuo* (Paul Appell , Charles Richet, le prince Bonaparte). On y retrouve également Guillaume Bréton, qui vient pourtant de renoncer à l'édition en espéranto avec Hachette, mais aussi Ferdinand Buisson[14] et pas moins de dix-huit membres de l'Institut – dont la quasi-totalité siège à l'Académie des sciences. Si l'on relève les grands noms de l'ingénierie et de l'industrie françaises que sont André Michelin et Gustave Eiffel, les représentants des arts et des lettres sont de moindre envergure : outre Tristan Bernard, on relèvera la présence d'Henri Cain, librettiste de Massenet, de Léon Frapié, Goncourt 1904, ou du romancier naturaliste Paul Brulat.

L'action du comité se présente comme une réponse à l'agression allemande. « De tous côtés », annonce la déclaration d'intention signée collectivement par le comité de patronage, « nous avons été informés que les Espérantistes appartenant aux pays neutres reçoivent d'Allemagne des brochures, des tracts, etc., rédigés en espéranto et qui traitent les événements militaires du point de vue allemand ». L'action du comité ne vise à rien d'autre qu'à offrir aux espérantistes de ces pays neutres le contrepoint allié :

> De nombreux Français, espérantistes ou non, ont pensé que le devoir patriotique leur conseille de répondre à cette propagande par une contre-propagande faite, elle aussi, en espéranto, dans les mêmes pays neutres, et le Comité intitulé « Por Francujo, per Esperanto », s'est créé dans ce but. Ce Comité a l'intention de publier en espéranto des brochures et des tracts, dans lesquels on pourra trouver des arguments favorables au point de vue de la France et des Royaumes qui lui sont alliés[15].

Cette déclaration, envoyée par courrier postal en avril 1915, sans doute aux espérantistes des pays neutres recensés par l'Office central, est accompagnée des deux premiers tracts édités par le comité. Chacun est composé de quatre grandes pages qui traitent, respectivement, de « ce que pensent les neutres au sujet de la guerre » – il s'agit de positions de responsables politiques et d'universitaires suisses et américains, qui ne cachent pas leur hostilité au militarisme allemand – et de la violation de la neutralité belge le 4 août 1914. Ainsi, la stratégie du comité *Por Francujo, per Esperanto* consiste d'abord à s'adresser aux pays neutres, et à se borner à dénoncer le non-respect du principe de neutralité.

Mais cet envoi n'est que le premier d'une longue série de brochures et de tracts de propagande antiallemande, parus entre 1915 et 1917. On y retrouve d'abord, tirés du *Journal officiel*, les deux rapports présentés au président du Conseil français par la commission instituée le 23 septembre 1914 « en vue de constater les actes commis par l'ennemi en violation du droit des gens ». Suivent le résumé d'un ouvrage du Comité catholique pour la propagande française et les traductions d'extraits de *Qui a voulu la guerre ?* d'Émile Durkheim, de l'ouvrage de Rodolphe Archibald Reiss dénonçant les atrocités commises par l'armée austro-hongroise en Serbie, et d'une conférence – *Le Touriste allemand* – prononcée en décembre 1915 à l'assemblée générale du Touring-Club de France. Clairement germanophobe, ce dernier texte reprend nombre de poncifs sur l'état d'esprit allemand, étroit, discipliné, aimant l'ordre, contrairement à « la fantaisie en laquelle consiste le charme de l'esprit » français : « La domination de la suffisance allemande, avec ses lunettes dorées, prend fin, de nouveau la parole revient à l'esprit celto-gaulois, à sa faconde et à sa noblesse d'âme[16]. » L'invention de la langue universelle y subit une tentative de « dégermanisation » qui n'est pas sans rappeler la querelle autour de la paternité de l'art gothique : en s'appuyant sur la lettre de Descartes au père Mersenne, ainsi que sur un passage de la *Dissertation sur les différents moyens dont les hommes se sont servis pour exprimer leurs idées* de Maupertuis, Émile Wetterlé assure que « l'idée de langue auxiliaire est une idée française ».

Toutefois, l'action du comité est loin d'être soutenue par tous les espérantistes. Sans surprise, sa réception met en lumière les clivages qui parcourent le milieu espérantiste depuis quelques années. Ainsi, *Le Monde espérantiste*, rare publication qui continue à paraître pendant la guerre, en tenant une ligne strictement antimilitariste, dénonce vigoureusement, quoique sans les nommer, les publications de la *Librairie de l'Espéranto et des Alliés* :

> Une nation belligérante a trouvé un groupement espérantiste pour traduire en Esperanto et distribuer chez les *Neutres*, des *Communiqués*

> de guerre d'une sincérité sujette à caution. Des Espérantistes Français ont voulu en faire autant, soi-disant pour répondre aux contre-vérités de la première. Est-ce bien là, le bon rôle de l'Esperanto? Je ne le crois pas. La place de l'Esperanto n'est pas dans la lutte brutale, mais dans la consolation des victimes de cette lutte et dans l'adoucissement de leurs souffrances. La place de l'Esperanto n'est pas sur le front, mais à l'arrière, au milieu des blessés, dans les hôpitaux et dans les camps de concentration des prisonniers civils et militaires, [...] dans une aide à la Croix-Rouge, si faibles que puissent être les moyens dont on dispose. Voilà son vrai domaine, le seul champ d'action logique qui puisse convenir à l'esprit du mouvement créé par le Dr Zamenhof[17].

Cette initiative contribue à décrédibiliser l'idée d'un espérantisme « neutre ». En 1922, l'anarchiste espérantiste Eugène Lanti s'appuie sur ce précédent pour démontrer l'hypocrisie d'une conception neutraliste de la langue universelle : « Comme autre preuve que l'espéranto n'est qu'un instrument, ne peut être autre chose qu'un remède pour de bons ou de mauvais buts, j'ajouterai ceci : pendant la guerre, le gouvernement allemand a utilisé l'espéranto pour sa propagande extérieure. À Paris, le comité "Por Francio, per Esperanto" a reçu de l'argent du gouvernement français pour contrattaquer la propagande allemande. En conséquence, l'espéranto a été utilisé par des gouvernements pour leurs buts criminels et honteux[18]. »

Un idéal en débat

Plus qu'une langue : Zamenhof, l'espéranto et l'homaranisme

Rappelons-nous la citation de Musil : elle identifiait, à la source de tout projet de nature utopique, « quelque chose de très divin, un feu, une envolée ». Or dans le nom même d'*espéranto* n'affleure-t-il pas une espérance, une tension vers l'avenir, un appel? Que les espérantistes se désignent entre eux sous le nom de *samideanoj* – c'est-à-dire, littéralement, « ceux qui partagent la même idée » –, qu'ils préfèrent cette expression à celle de *samlingvanoj* (« locuteurs de la même langue »), n'est pas anodin. En effet, le projet de langue universelle de Zamenhof présente l'originalité d'être subordonné à un horizon moral qui l'englobe et le dépasse : celui de la fraternité universelle. Zamenhof l'exprime clairement dans cette lettre adressée à l'espérantiste Alfred Michaux, rappelant, au passage, combien, « aussi fragmentaire et spécialisé que soit le changement qu'imagine l'utopiste, il est supposé agir sur l'ensemble du genre humain[19] » :

> Cette idée de la réconciliation des hommes est l'essence et le but de toute ma vie ; promouvoir la cause de l'espéranto n'est qu'une partie de cette idée[20].

Idée infiniment plus large que la simple nécessité de l'intercompréhension, donc, et qui se formalise en une doctrine, baptisée d'abord *hillélisme*, d'après le nom du rabbin Hillel, puis *homaranisme, homaranismo* signifiant, en espéranto, « doctrine concernant l'humanité ». Nous avons jugé bon de reprendre ici *in extenso* la définition qui nous semble à la fois la plus complète et la plus rigoureuse, celle proposée par Pierre Janton :

> Le hillélisme [la définition convient donc également à l'homaranisme], doctrine irénique tirée de l'enseignement du rabbin Hillel, respecte l'attachement de chacun à sa patrie, sa religion et sa langue, mais vise à réconcilier les individus les plus divers sur une base de justice, d'égalité et de fraternité, à les fondre en une communauté simplement humaine grâce à l'usage d'une langue neutre et à l'observance d'une religion universelle neutre fondée sur trois principes : a) reconnaissance de l'existence de Dieu, liberté restant à chacun d'interpréter ce concept à sa guise ; b) amour du prochain impliquant, entre autres, respect de la conscience individuelle ; c) chacun recevant généralement ses croyances de son milieu, et toutes les religions relevant de principes communs, on ne saurait faire grief aux individus de leurs religions particulières ni imputer à celles-ci le mal ou le bien dont ils sont responsables[21].

Dans une lettre à l'espérantiste français Émile Javal, Zamenhof précise cette dimension éthique de l'hillélisme :

> Le hillélisme a pour but de créer un peuple humain par sa neutralité. [...] En tous les lieux et dans toutes les affaires publiques, le hilléliste n'imposera jamais à d'autres sa propre langue ou religion mais s'efforcera qu'y règnent seulement une langue et une religion acceptables par tout homme par leur neutralité[22].

Si elle peut nous sembler, à un siècle de distance, encore plus illusoire que la quête d'une langue universelle, la construction d'une base religieuse neutre et unanimement acceptée n'est alors pas une initiative totalement isolée : qu'il suffise de mentionner l'étonnante expérience du « Parlement des religions » qui, le temps de l'Exposition universelle de Chicago de 1893, réunit plusieurs centaines de délégués, en vue de poser les linéaments d'un dialogue interreligieux. En s'appuyant sur la recherche des points communs entre toutes les sensibilités religieuses de la planète, cette initiative audacieuse et novatrice « se donne pour mission un "apaisement religieux" des relations internationales par une meilleure intelligence réciproque[23] », dans une démarche tout à fait comparable à celle qui anime le prosélytisme pacifiste de Zamenhof.

C'est à l'occasion d'un autre congrès international, le Premier Congrès universel des races, qui se tient à Londres en 1911 afin de réfléchir à la question raciale, que Zamenhof, à qui les organisateurs avaient demandé de fournir un mémoire sur la question, précise la manière dont s'articulent les deux volets de son action, langue universelle et religion universelle :

> Les véritables murs entre les peuples, la véritable cause de la haine entre les hommes est seulement la différence des langues et des religions. [...] La haine et la désunion entre les hommes ne disparaîtront totalement que le jour où toute l'humanité n'aura qu'une langue et qu'une religion.
>
> C'est un point tout à fait indubitable que plus les hommes communiqueront sur une base linguistiquement neutre, plus s'unifieront, par cette langue désaffiliée [*sengenta*] et égalitaire, leur littérature, leurs idées et leurs idéaux, et plus rapidement ils s'assimileront mutuellement aussi sur le plan religieux[24].

Les réticences des espérantistes français

Que l'espéranto soit ainsi, dans l'esprit de son créateur, indissolublement lié à un projet de nature religieuse, suscite bien des réticences, particulièrement en France. Le contexte politique et intellectuel des débuts de la Troisième République explique assez cet embarras des premiers espérantistes français : le congrès de Boulogne ne se tient-il pas en plein débat sur la séparation des Églises et de l'État – et, plus largement, dans un contexte de profondes divisions sur la place à accorder à la religion dans l'espace social? Carlo Bourlet, qui a rédigé l'article « Mathématiques » de son fameux *Dictionnaire de pédagogie*, n'est-il pas proche de Ferdinand Buisson, grand promoteur de la laïcité et président de la commission parlementaire chargée de mettre en œuvre la loi du 9 décembre 1905?

Un épisode rend particulièrement sensible cette divergence de vues qui interroge l'essence même du projet espérantiste. Il se déroule peu de temps avant la tenue du congrès de Boulogne. Zamenhof vient de faire part à Alfred Michaux du texte qu'il compte lire en ouverture du congrès. Lors d'une réunion avec quelques éminents espérantistes parisiens (Bourlet, Cart, Javal et Sebert), Michaux donne lecture de ce texte. Aussitôt, le ton passionné, les accents millénaristes, les envolées parfois mystiques de la *Prière sous le drapeau vert*, qui doit conclure son allocution, suscitent une franche hostilité de la part des présents. Zamenhof ne modifie pourtant qu'à la marge le texte de son intervention. Il maintient notamment sa prière conclusive, adressée au « puissant mystère sans corps, [...] grande source de l'amour et de la vérité », dont il retranche toutefois la dernière strophe, dans laquelle les « chrétiens, juifs et musulmans » étaient présentés comme « tous enfants de Dieu ». Comme si ce spiritualisme fin-de-siècle, même mâtiné de mysticisme, était alors, dans la France divisée de la Belle Époque, plus acceptable et consensuel que l'appel pourtant sincère à la fraternité et à l'œcuménisme... On notera d'ailleurs que les espérantistes français ont longtemps gardé le silence sur la judéité de Zamenhof – prudence que le contexte de révision du procès du capitaine Dreyfus suffit à éclairer. Javal ne cache pas à Zamenhof « l'admirable discipline » dont ont dû faire preuve les espérantistes français « pour cacher au public [son] origine », en se félicitant qu'elle ait porté ses fruits : sur plus de sept cents articles qu'il a parcourus, relatifs à l'espéranto et parus à l'occasion du congrès de Boulogne, un seul ferait mention de la religion de Zamenhof.

Si ce dernier est ainsi contraint de mettre en sourdine l'élément proprement religieux de sa pensée, il ne renonce pas pour autant à la valeur morale de la langue universelle – à ce supplément d'âme qu'il nomme « l'idée interne » de l'espéranto, et qu'il défend vigoureusement lors du deuxième congrès universel, qui se tient à Genève à l'été 1906 :

> Nous avons tous pleinement conscience que ce n'est pas la pensée d'une utilité pratique qui nous a poussés à œuvrer en faveur de l'espéranto, mais seulement la pensée de la sainte, grave et grande idée que la langue internationale contient en elle. Cette idée-là – vous le sentez tous très bien – est : fraternité et justice entre tous les peuples. Cette idée-là a accompagné l'espérantisme du premier moment de sa naissance jusqu'à maintenant.

Cette idée-là, toutefois, s'est à son tour heurtée à la méfiance des espérantistes français. La nature du terreau dans lequel l'espérantisme a pris racine, dans l'Hexagone, autorise quelques pistes d'explication. Nous venons de voir que les milieux scientifiques sont parmi les principaux promoteurs de l'adoption d'une langue internationale auxiliaire. Celle-ci est envisagée comme la solution pratique au problème de l'intercompréhension, mais également comme un moyen d'accéder à une plus grande transparence conceptuelle, à une expression plus adéquate et à une traduction plus immédiate. On comprend bien que ce progressisme scientiste fasse preuve d'un certain scepticisme à l'égard des penchants mystiques de Zamenhof. À cet égard, le choix de l'ido peut se lire, de la part des milieux scientifiques, comme la volonté de se démarquer de l'idéalisme de Zamenhof en faisant du recours à la langue universelle un choix pleinement fondé en raison.

Par ailleurs, si la « période 1900 » ne néglige pas de penser l'avenir, comme en témoigne le renouveau du genre utopique, la spéculation sur l'Histoire qui s'y élabore est travaillée par une sourde inquiétude, qui contraste singulièrement avec l'optimisme des utopies du début du XIXe siècle[25]. Les romans de Wells, rapidement traduits en français, les *Fragments d'histoire future* de Gabriel Tarde (1896), *L'Histoire de quatre ans* de Daniel Halévy (1903), *Sur la pierre blanche* d'Anatole France (1904) témoignent, parmi d'autres, d'un rapport malheureux et désenchanté à la modernité. *A contrario*, le projet zamenhofien, tendu vers l'idéal d'une société humaine réconciliée, apparaît bien comme une pensée de la modernité, affirmant sans ambages la foi en un sens unique de l'Histoire. Sans doute faut-il voir ainsi, dans la réception embarrassée de l'*homaranisme*, le hiatus entre le rapport au temps auquel s'adosse la pensée de Zamenhof, et le certain pessimisme historique des années 1900, nourri par les perspectives ambivalentes ouvertes par les récents progrès techniques et scientifiques, le jeu menaçant des logiques impérialistes à l'œuvre et, pour les socialistes, l'incertitude sur les possibilités de réalisation du projet marxiste. D'autre part, on a vu plus haut que c'est parmi les classes moyennes, qui constituent, vers 1900, « une sphère de rayonnement de [l']influence et de[s] valeurs » de la bourgeoisie[26], que se diffuse le plus massivement l'espéranto. Or ces catégories, préoccupées avant tout d'ascension sociale, se montrent, au tournant du siècle, plutôt conservatrices, rejetant autant le capitalisme que le socialisme, et jusqu'aux « mesures égalitaires » et « niveleuses » telles que le projet d'impôt sur le revenu, auquel elles opposent une hostilité farouche[27]. En se diffusant massivement parmi ces couches sociales, l'espéranto se trouve donc largement délesté de sa dimension idéologique, universaliste, égalitaire – qui, sous la forme de l'homaranisme de Zamenhof, prend une coloration quasi mystique.

Enfin, il est important de rappeler ici la continuité entre les milieux volapükistes et espérantistes. La langue de Schleyer avait déjà subi, quelques années avant l'espéranto, une semblable adaptation au moment de sa « transplantation » en terre parisienne. Auguste Kerckhoffs, le principal artisan de la propagande volapükiste en France, avait en effet tenu à présenter le volapük comme une « langue commerciale internationale », alors que Schleyer lui-même considérait son invention comme une « grande œuvre de paix » et « l'un des meilleurs moyens de réaliser l'union des peuples ». Il alla même jusqu'à assurer que la langue lui était apparue au cours d'une sorte de révélation de nature quasi mystique. À cet égard, le premier numéro du journal de Kerckhoffs, *Le Volapük*, tient lieu de mise au point : « Nous ne rechercherons pas ce qu'il [le volapük] a pu être un instant dans l'esprit de son inventeur – qui n'a fait des rêves pour ses enfants ? – mais nous dirons ce qu'il doit être et ce qu'il est aujourd'hui pour les esprits pratiques et sensés. […] La langue Commerciale Internationale est le complément du Code des signaux […] permettant à deux négociants de nationalité différente de correspondre directement entre eux, au bout de quinze jours d'étude. Voilà ce qu'est le Volapük et ce n'est que cela. »

Beaufront, quelques années plus tard, s'exprime presque dans les mêmes termes : « Langue, et par suite instrument, l'Esperanto n'a donc aucune idée. » Le constat est lapidaire. Si Beaufront considère l'espéranto comme un outil – et même l'outil le plus efficace – pour « procurer au monde des biens incalculables au point de vue du commerce, des voyages, de la science et même de la culture intellectuelle ou morale[28] », il refuse de tirer du succès du congrès de Boulogne de 1905 des conclusions, qu'il juge extravagantes et disproportionnées, sur la possibilité pratique « d'une justice, d'une égalité, d'une fraternité absolues entre les peuples[29] ». Car la promotion de l'espéranto auprès des classes bourgeoises va de pair avec l'affirmation de la neutralité absolue de l'action de propagande. *L'Espérantiste* ne saurait être un terrain d'affrontement entre diverses opinions religieuses ou politiques : « Ce petit journal [...] se tiendra sévèrement à l'écart de tout ce qui lui est étranger. Il n'a qu'un but, qu'une raison d'être : l'*Esperanto*[30]. » L'expression d'opinions politiques lui semble être une « voie dangereuse, très dangereuse, où ceux de nos organes qui s'y aventureront rencontreront à un moment donné de douloureuses surprises[31] ». Le modèle de diffusion de l'espéranto mis en place par Beaufront, qui vise à souder les groupes locaux et cible la classe moyenne, repose ainsi sur deux principes : la défense d'une stricte orthodoxie linguistique et la neutralité du contenu.

Qu'est-ce qu'une langue neutre ?

Le congrès de Boulogne marque la victoire de cette conception prudente et positiviste de la langue universelle. La *Déclaration sur l'espérantisme* qui y est votée fait date : elle règle la question en purgeant délibérément la langue universelle de toute dimension idéologique, en faisant de l'espéranto une « langue neutre » et de l'espérantiste « celui qui sait et emploie la langue espéranto, pour quelque but que ce soit ». Ce texte met donc en sourdine le fondement moral de l'espérantisme, lequel est ici simplement défini comme la connaissance et la pratique d'une langue. C'est l'apogée de la conception neutraliste de l'espéranto. Mais que faut-il entendre exactement par l'expression de « langue neutre » ?

Sur un plan strictement linguistique, la notion de neutralité n'a guère de sens. La théorie de l'arbitraire du signe a fait le deuil du rêve d'une parfaite adéquation entre le signifiant et le signifié, le mot et l'essence de la chose. En réalité, si la question de la neutralité de l'espéranto peut se poser, c'est essentiellement du point de vue de ses usages sociaux. Tout d'abord, l'espéranto de Zamenhof se veut neutre par rapport au jeu des nations. Comme le note François Lo Jacomo, « une langue est neutre [...] si le fait d'apprendre et d'utiliser cette langue ne représente pour aucun humain un assujettissement à une nation ou une culture qui lui sont étrangères[32] ». La recherche du « maximum d'internationalité » qui a présidé à la formation du lexique – réalité toute relative, l'élément roman étant assurément prédominant dans l'étymologie de l'espéranto – permet de garantir ce principe, qui a, du reste, un corollaire tout à fait pratique : si l'on se place sur le terrain de la pragmatique du langage, l'espéranto est neutre car il n'est, par définition, la langue maternelle de personne. Ce faisant, il ménage un « terrain neutre », espace tampon, zone de seuil qui place les interlocuteurs sur un pied d'égalité. Il atténuerait ainsi les rapports de force intrinsèques à tout échange entre un locuteur natif et un locuteur pour qui la langue de l'échange n'est pas la langue maternelle.

Dans un second temps, la neutralité de l'espéranto peut s'entendre par rapport aux discours idéologiques. Beaufront tient avant tout à éviter que l'espéranto ne soit confondu avec une idéologie quelconque, fût-ce le pacifisme – bien que lui-même se déclare « un ardent partisan des idées de paix ». Toutefois, loin de contester le droit aux partisans de telle ou telle idée d'exprimer leurs convictions en recourant à l'espéranto, il estime au contraire nécessaire « que les pacifistes, que les différentes religions ou idées gardent chez nous l'incontestable droit de voir dans l'Esperanto le meilleur instrument de leur idéal propre[33] ». Ce n'est pas l'espéranto que Beaufront conçoit comme fondamentalement neutre, c'est bien l'activité de propagande. S'il ne conteste pas la légitimité de l'espéranto à défendre des croyances religieuses ou des opinions politiques, il considère en revanche la propagande espérantiste comme une « mission générale, quasi officielle », qui nécessite de « laiss[er] complètement en dehors de tout cela [croyances religieuses et opinions politiques] les organes et les sociétés » de propagande[34]. Son sacerdoce se limite à propager l'espéranto; ensuite, « libre à chacun d'y trouver une arme pour attaquer comme pour défendre telle ou telle opinion[35] ». C'est à cette neutralité absolue que Beaufront attribue, dès 1899, le succès de sa Société et de son organe. C'est, explique-t-il, grâce à elle que

« des hommes très différents d'occupations, d'état, de tendances et d'idées » se sont intéressés à l'espéranto[36].

Du reste, les premiers notables de l'espérantisme français, s'ils tiennent à dissocier l'espéranto de toute idéologie, cultivent presque tous, de près ou de loin, des engagements que l'on pourrait qualifier de « progressistes » : Louis Couturat, pacifiste et anti-impérialiste déclaré, se présente en outre comme socialiste[37] ; Charles-Ange Laisant préfère l'étiquette de « libertaire »; le général Hippolyte Sebert se prononce en faveur de la réhabilitation du capitaine Dreyfus, etc. L'engagement dreyfusard est d'ailleurs un point de convergence de nombreux espérantistes français, au premier rang desquels il faut ici citer Gaston Moch, membre actif de la Ligue des droits de l'homme. Ainsi, lorsque ce dernier fonde, en 1905, la Société espérantiste pour la paix, les principaux espérantistes français (Cart, Bourlet, Michaux, Chavet, Sebert, etc.) y adhèrent aussitôt[38].

Il convient donc de distinguer les convictions individuelles des pionniers de l'espéranto, lesquelles expliquent précisément leur intérêt précoce pour le projet de Zamenhof, et leur choix en faveur d'une propagande « neutre ». Ainsi, comme l'a avancé Ulrich Lins[39], le choix stratégique effectué par Beaufront et, dans le sillon ouvert par son action, par le gros des troupes espérantistes françaises, ne s'explique pas par un manque d'idéalisme, mais par la conviction que l'assimilation de la langue universelle à un choix partisan, au moment où plusieurs débats divisent profondément la société française, nuirait à la diffusion de la langue. Beaufront se montre ainsi particulièrement conscient du risque que l'espéranto ne paraisse aux yeux des autorités et de l'opinion publique sous les espèces d'un outil au service d'un parti ou d'une idéologie. Assumer un lien étroit entre la promotion de l'espéranto et la propagande en faveur de positions engagées, plutôt minoritaires et qui pourraient facilement passer pour idéalistes, semble alors une option périlleuse, qui rendrait plus qu'incertains le succès et la diffusion de la langue auprès d'un large public.

Du reste, si plusieurs témoignages font état d'une certaine déception de la part de Zamenhof, qui aurait été atteint par la méfiance des espérantistes français, sa correspondance avec Javal et Michaux, peu de temps après le congrès, révèle qu'il s'est rallié à la prudence prônée par ces derniers. « Je sais très bien, écrit-il, que dans de nombreux pays mon idée ne rencontrerait qu'une très grande hostilité. J'agirai très prudemment et ne ferai aucune déclaration publique tant que je n'aurai pas la complète certitude qu'une telle déclaration ne nuira pas à l'espéranto. » Aussi convient-il de ne pas exagérer l'opposition entre un Zamenhof idéaliste et un milieu espérantiste français au pragmatisme frileux, tout pétri de positivisme. Profondément convaincus par la nécessité d'adopter une langue auxiliaire, tous deux convergent sur la nécessité d'élaborer l'argumentaire le plus adapté au contexte français du début du XXe siècle. Rien ne le révèle mieux que la communication lue par Louis de Beaufront, mais en fait rédigée par Zamenhof lui-même – quoiqu'il tînt à garder l'anonymat –, devant l'Association française pour l'avancement des sciences, réunie en congrès à Paris en 1900, et intitulée *Essence et avenir de l'idée d'une langue internationale*. Le ton de Zamenhof se veut explicitement rassurant, concédant le caractère chimérique de tout rêve de fusion des peuples et affirmant même que la langue internationale « doit affermir » et « amener à leur complet épanouissement » les langues nationales[40]. Sans doute le choix de l'anonymat, puis du pseudonyme lorsque le texte paraîtra en recueil[41], n'est pas anodin et révèle, sinon un remords, à tout le moins une gêne à l'idée d'avoir en partie trahi ses idéaux.

Car malgré tout, Zamenhof et, avec lui, un certain nombre d'espérantistes, demeurent viscéralement attachés à l'*interna ideo* (« idée interne ») de l'espéranto : l'idée simple de « fraternité et de justice entre tous les peuples[42] ». L'espéranto opère ainsi la fusion de deux inspirations contradictoires : l'ambition rationaliste d'une communication facile, grâce à une langue patiemment et rigoureusement élaborée, dans un souci d'internationalité maximale[43], rapide à apprendre, immédiatement lisible et interprétable, grâce à une grammaire logique et régulière qui évite les pièges supposés de la polysémie ; d'autre part, une inspiration quasi religieuse, nourrie par le récit de l'enfance polonaise de Zamenhof, marquée au fer rouge de la confusion babélienne, à laquelle doit répondre, par un objectif avoué de prosélytisme pacifiste, la constitution d'un « peuple neutre », selon la propre expression du *Majstro*. Nous nous contentons pour l'heure d'indiquer l'existence de cette tension entre deux argumentaires, sinon incompatibles, du moins contradictoires à bien des égards ; tension qui ne sera pas sans influence sur l'histoire du mouvement espérantiste, et qui contient en germe nombre de clivages.

Une langue sans idéal ?

Espéranto et sociabilité bourgeoise

Dès lors, l'espéranto accompagne naturellement l'essor de pratiques culturelles propres à ces classes moyennes et supérieures auxquelles il est destiné, à ces nouvelles élites urbaines parmi lesquelles il recrute locuteurs et adeptes enthousiastes. Le dynamique groupe espérantiste de la ville d'Amiens en fournit un exemple éloquent. Fondé en 1902, il bénéficie dès sa création du soutien de la Société industrielle de la ville, qui met un local à sa disposition, et des représentants locaux du Touring-Club de France, dont le comte de Dampierre. Comptant dans ses rangs plusieurs notabilités de la ville, son secrétaire fondateur, Joseph Delfour, occupe la fonction de censeur du lycée d'Amiens. Pour célébrer le premier anniversaire du groupe, une fête « familiale, cordiale et élégante » est organisée au Grand Hôtel du Rhin, respectant à la lettre les codes de la sociabilité bourgeoise, du dîner au concert intime, en passant par la remise de récompenses – Delfour recevant à la fois la médaille de vermeil du Touring-Club de France et une épingle de cravate représentant l'étoile verte à cinq branches, symbole de l'espéranto, « enrichie d'un E en diamants[44] » ! Ici, la pratique de la langue internationale, loin d'ouvrir des horizons nouveaux, se déploie dans des réseaux de sociabilité déjà constitués et, loin d'éveiller à l'altérité, renvoie au même. Ce mode de socialisation de la langue universelle n'est évidemment pas sans effet sur les conditions de sa pratique, qui relève aussi de l'ordre du loisir : lors des premières réunions, l'espéranto doit fatalement lutter contre le français. Henri Dor témoigne ainsi qu'à Lyon, où, comme on l'a vu, le premier cours est organisé en mai 1902, « on essayait de parler espéranto, mais la tentation était trop forte, on retombait toujours dans le français[45] ».

Le « banquet espérantiste » s'impose comme un moment incontournable de la vie des clubs locaux. Pavoisées de drapeaux vert et blanc, les salles qui accueillent ces réjouissances, parfois prêtées par la municipalité, la chambre de commerce ou la société d'émulation locale, résonnent bien vite des chants et hymnes espérantistes, des toasts prononcés par les notabilités de l'arrondissement, parfois des vers scandés dans la langue internationale ou des répliques d'une traduction de Labiche ou de Hugo. Par ailleurs, les représentations et les concerts apparaissent comme des outils de promotion de la langue d'autant plus efficaces qu'ils sont fréquemment relayés par la presse locale. À Roanne, un professeur du lycée organise ainsi un spectacle théâtral qui « fait ressortir la beauté, les mérites, les avantages de l'Esperanto » et n'attire pas moins de 650 spectateurs[46]. Il existe même plusieurs « pièces de propagande », inscrites au répertoire des clubs locaux : ainsi *L'Héritage Klodarec* ou *Une heure d'espéranto*, pièces édifiantes qui mettent en scène les vertus de la langue internationale. Dès Boulogne, les représentations théâtrales ponctuent les congrès universels. La première journée du congrès de 1905 se clôt par un concert et une comédie légère, *Mensonge par amour*; le lendemain, les congressistes se rendent en foule au champ de courses de Wimereux, avant de se réunir pour écouter chants et déclamations : poèmes de Zamenhof, tirade de *Hamlet*, chants russes ou finlandais traduits en espéranto. Le clou du spectacle se produit le soir même : il s'agit de la représentation du *Mariage forcé*, de Molière, joué en espéranto par une troupe constituée, pour l'occasion, de dix acteurs issus de huit nationalités différentes – dont l'incontournable Alfred Michaux en personne. La dernière journée s'achève encore par un concert, sur la scène ornée de drapeaux verts du théâtre municipal de la petite cité du Pas-de-Calais.

Autant d'exemples qui laissent entrevoir plus précisément la nature du public auquel s'adresse l'inlassable activité de propagande déployée par la SFPE et soutenue par le Touring-Club de France. Public que Beaufront définit, dans son *Manuel* de 1897, comme l'ensemble des « civilisés d'instruction moyenne », qui ont « des relations internationales ou désire[nt] en nouer ». Cette étrange définition, dont il faut souligner à quel point elle prend ses distances avec l'universalisme de Zamenhof, permet en fait d'exclure deux catégories d'individus : les « érudits[47] » d'une part et ceux, d'autre part, qu'il désigne comme « non civilisés ». Ce faisant, il élimine deux objections, souvent adressées à l'espéranto au nom de deux conceptions opposées de la langue internationale : si celle-ci ne doit servir qu'à une élite, le latin ferait parfaitement l'affaire ; si elle doit être véritablement universelle, l'espéranto, qui a essentiellement construit son lexique à partir des langues indo-européennes, ne saurait prétendre, à l'échelle mondiale, être une langue parfaitement neutre et équitable.

Beaufront y répond donc en tenant une ligne médiane et pragmatique, à mi-chemin de l'élitisme et de l'universalisme. Si les progrès scientifiques et sociaux ont étendu à de plus larges couches sociales le besoin de communication internationale, celui-ci ne saurait concerner qu'une petite portion du globe, celle des nations « civilisées » ; or celles-ci se trouvent employer, dans leur immense majorité, les langues indo-européennes... Puisque la langue universelle s'adresse à ce que l'on pourrait qualifier d'« honnête homme civilisé », Beaufront assoit la supériorité de l'espéranto sur deux principes fondamentaux : la simplicité de sa structure, de son lexique et de son système de dérivation, qui le met *hic et nunc* à la portée de « tout homme d'instruction moyenne », et le principe de plus grande internationalité qui a guidé la formation du lexique et qui, outre de « ne froisse[r] les susceptibilités d'aucun peuple »[48], a puisé « aux langues des principaux peuples de l'Europe et de l'Amérique, qui représentent la fraction vraiment civilisée du genre humain et les premiers intéressés dans la question, s'ils ne sont pas les seuls[49] ».

Autrement dit, aux alentours de 1900, l'espéranto est loin d'être un produit culturel indifférent. Il apparaît comme un instrument pratique, neutre, à destination des classes moyennes supérieures. Il est important de souligner combien cette conception relève d'une réélaboration, par Beaufront, du discours de Zamenhof – dont d'autres lectures demeurent ouvertes. Celui-ci, dans la préface de son *Unua Libro*, que Beaufront supprime à dessein du *Manuel* de 1897, visait un public bien différent et nourrissait d'autres ambitions. Rêvant de « voir tous les peuples [...] réunis en une famille[50] », il s'y interrogeait sur la façon de « forcer les masses à faire usage » de la langue universelle, de telle sorte « que la plupart des gens du monde sachent la parler couramment »[51]. Zamenhof s'adressait explicitement aux « masses » et lançait à chacun, « quel que soit son âge, son sexe ou sa position sociale[52] », un appel à compléter et à lui renvoyer l'un des blancs-seings qu'il joint à sa brochure. Celui qui, alors, refuserait de tenir sa promesse commettrait « un péché envers l'humanité », qui « ne pourrait être expliqué que par la crainte qu'aurait un aristocrate de naissance, de la finance ou de la science, de voir figurer son nom au même rang que celui d'une personne d'une sphère inférieure[53] ». Ironique prescience de Zamenhof, dont l'idéal démocratique et universaliste est précisément mis en sourdine par le « marquis[54] » de Beaufront, qui dénie l'usage de la langue universelle aux « barbares » et aux « sauvages »...

Un exemple : Tra la Mondo, *revue familiale et cosmopolite*

C'est bien cet espérantisme, tout imprégné de cosmopolitisme bourgeois, que donne à éprouver la lecture d'une revue mensuelle fondée par un officier français, Auguste Capé-Montrosier. Lancée en juillet 1905, *Tra la Mondo* (« À travers le monde ») marque assurément un saut qualitatif dans le paysage de la presse espérantiste, comme le révèle sa réception par les congressistes de Boulogne. Ceux-ci lui réservent « l'accueil le plus élogieux », à en croire l'influente revue espérantiste *Lingvo internacia,* qui souligne son impression luxueuse et ses « nombreuses et belles photographies »[55]. Dans *L'Espérantiste,* Louis de Beaufront mentionne la « très belle revue illustrée[56] » de Capé-Montrosier comme l'un des événements du congrès. Celui-ci a d'ailleurs reçu, à la suite du congrès où « tous ont reconnu, unanimement, [l']utilité [de la revue] », un grand nombre de lettres d'Allemagne, d'Angleterre, d'Italie, mais aussi d'Algérie, de Tunisie, d'Iran, d'Inde ou du Pérou... Ce succès s'explique par le caractère pionnier de la revue dans le paysage de la presse espérantiste : *Tra la Mondo* est sans doute l'un des premiers titres à envisager l'espéranto non plus comme un but en soi, comme l'objet principal de ses efforts, mais comme un simple moyen pour diffuser un contenu spécialisé, similaire à celui que l'on peut trouver dans d'autres revues nationales : « Avec *Tra la Mondo,* les espérantistes ont leur *Illustration*[57] », affirme Carlo Bourlet.

Ainsi, depuis son domicile de Meudon où il rédige la revue, Capé-Montrosier a pour ambition de démontrer « la capacité [de l'espéranto] à traiter de tous les sujets[58] » : actualités, politique internationale, vie littéraire et artistique, commerciale et industrielle, ethnographie, sports, loisirs, etc. *Tra la Mondo* s'inspire ouvertement de la presse magazine, en ciblant particulièrement les femmes, les jeunes et les enfants « dont, en règle générale, on se préoccupe peu dans nos revues ». Il s'agit donc de remplir un manque :

> Le pouvoir des moyens d'information modernes a totalement transformé les Revues et les « Magazines » [...]. À ce sujet, la presse espérantiste était à la traîne des presses nationales : il lui manquait une Revue illustrée. Ce manque, *Tra la Mondo* vient le combler[59].

Nous avions déjà constaté le rapport étroit qui se nouait entre langue internationale et progrès technique ; voilà désormais ce dernier mis en équation avec l'essor de la presse magazine illustrée, qui apparaît comme un autre symptôme de l'accélération vertigineuse de la mise en réseau du monde. Celle-ci, dès le début du XIXe siècle, entretient en effet « le désir d'une unification du monde » : ainsi l'inspiration saint-simonienne du *Magasin pittoresque*, prototype français de la presse magazine, en fait le moyen de diffusion « auprès d'un public le plus large possible, [d]es connaissances et [d]es valeurs appelées à devenir communes », tout en exaltant dans ses colonnes les moyens de communication modernes[60]. Au début du siècle suivant, la presse magazine apparaît donc comme un terrain d'expression naturel pour l'acception techniciste de l'espéranto.

Quelle est la ligne éditoriale de ce magazine en espéranto ? Destinée à l'ensemble de la cellule familiale, la revue est organisée en rubriques abondamment illustrées. Les *Nuntempaĵoj* (« Actualités ») traitent de politique internationale, de diplomatie, avec une certaine sympathie pour l'actualité des têtes couronnées et les faits militaires, notamment la guerre russo-japonaise, qui est l'occasion d'un long reportage richement informé. *L'Artista* ou *Literatura vivado* (« Vie artistique » ou « littéraire ») se fait l'écho des productions théâtrales récentes, de l'œuvre d'écrivains couronnés par le tout jeune prix Nobel, d'artistes récemment décédés (Bouguereau ou Henner), de classiques ou de contemporains dont on traduit des extraits, de Laurence Sterne à Pierre Loti. Sous le titre *Komerco kaj Industrio* (« Commerce et Industrie ») sont réunis « de petits articles techniques, pas trop sérieux » qui décrivent aussi bien le souk de Tunis que les méthodes d'extraction du diamant. La science et la découverte du globe sont également mises à l'honneur, tout comme les sports (golf, football, sports automobiles...), dans une page dédiée tenue par un certain Louis de Guesnet, qui dirige également la rubrique espérantophone de la revue hebdomadaire *Tous les sports*, organe officiel de l'Union des sociétés françaises de sports athlétiques. Enfin, la revue compte des rubriques dédiées aux jeunes ou aux femmes – la « *Virina paĝo* » (« Page féminine ») fournit ainsi de nombreux renseignements sur la tenue du foyer, la dentelle et la mode. L'accent est mis sur la « description des coutumes, de l'architecture, de l'ethnographie, de la littérature, etc., de tous les pays », rendue possible par l'existence d'un réseau de correspondants : ils sont ainsi dix-sept à répondre, par des articles fournis, à la grande enquête lancée par Capé-Montrosier sur les systèmes éducatifs dans le monde ; tandis que, grâce à un *samideano* indien, l'un des premiers numéros de la revue peut proposer un panorama richement illustré de ce « pays merveilleux, qui forme l'un des plus beaux joyaux de la couronne britannique »...

Là encore, le congrès de Boulogne joue un rôle décisif dans la constitution de ce mode de rédaction transnational et collaboratif : parmi le courrier que Capé-Montrosier reçoit à l'issue de l'exposition, certaines lettres expriment déjà la volonté de collaborer à *Tra la Mondo*[61]. Ce sont ainsi des espérantistes de divers pays qui participent à la rédaction de la revue, en faisant parvenir jusqu'à Meudon des reportages illustrés sur une région, un lieu digne d'intérêt, une coutume, une tradition, propre à leur pays d'origine. En sens inverse, Capé-Montrosier lance des enquêtes internationales à destination de ses lecteurs disséminés dans le monde entier, sur l'éducation, donc, mais aussi les expressions populaires ou, de manière plus inattendue, au sujet de « la bataille contre la pornographie » ! Qu'il s'agisse du contenu des pages diplomatiques, féminines ou internationales, le ton se révèle en effet plutôt conservateur et conformiste, sans exclure, toutefois, un certain œcuménisme : une page du numéro de janvier 1906 présente côte à côte, sur trois colonnes, les points de vue catholique, franc-maçon et protestant sur l'espéranto. Enfin, à l'image de *L'Espérantiste* s'attachant à lister les hôtels abonnés à des revues en espéranto, Capé-Montrosier réserve aux hôteliers et restaurateurs abonnés deux emplacements d'annonces gratuits. Il considère du reste sa revue comme « spécialement recommandée pour les salons de lecture des hôtels et des restaurants[62] », tout comme Beaufront qui, au même moment, fait parvenir *L'Espérantiste* aux hôteliers « pour qu'ils le laissent sur les tables de leurs salons[63] ».

Radio-amateur, photographie et espéranto : trois outils de communication internationale

Le phénomène de mise en réseau de la planète nourrit également les pratiques de loisir, qu'elle ouvre à de nouveaux horizons. Phénomène urbain à ses débuts[64], la radio-amateur est peut-être la plus exemplaire d'entre elles. Or dès 1924, alors que la radio opère sa mue, glissant du loisir privé d'amateur bricoleur vers le statut de source ordinaire d'information et de divertissement qui sera le sien, pour près de la moitié des Français, à la veille de la Seconde Guerre mondiale, est fondée l'*Internacia Radio-Asocio* (« Association internationale de radio »). Deux ans plus tard, cette association de radio-amateurs espérantistes, présidée par Pierre Corret (par ailleurs, on l'a vu, médecin et contributeur de plusieurs journaux et ouvrages médicaux en espéranto), lance sa revue, grâce à l'appui de l'éditeur parisien Étienne Chiron. Celui-ci, déjà administrateur de revues spécialisées dans le sans-filisme, « n'a pas considéré comme impossible d'éditer également une revue spécialisée en espéranto, avec le risque, au début, d'être déficitaire[65] ». La collaboration entre Corret et Chiron donne naissance, la même année, à un lexique spécialisé. Traduisant en six langues le vocabulaire propre à la TSF, le *Radio-Lexic* se présente comme un « ajout » au lexique des langues naturelles :

> Le développement de la T.S.F., et particulièrement de la radiotéléphonie, faisant sentir de plus en plus le besoin d'une langue internationale, nous avons jugé utile d'ajouter l'Esperanto aux cinq langues déjà représentées dans ce lexique[66].

Si la revue éditée par Étienne Chiron disparaît assez rapidement, dès février 1927, lui succède, en 1930, la revue du Radio-Club espérantiste de France, fondé quatre ans plus tôt. L'association est alors en pleine expansion, passant de quarante-cinq membres en 1929 à mille trois cent soixante-quatorze en 1936 ! Dans son bulletin, tiré chaque trimestre à mille exemplaires, on trouve notamment le programme des émissions, cours et conférences en espéranto, qui sont alors diffusés, en France, par une petite dizaine de stations (Radio-PTT-Nord, Marseille-Provence, Paris-PTT, Radio-Béziers, Radio-Normandie, Radio-Côte d'Azur, Lyon-La Doua,

Tour Eiffel), et, à l'étranger, depuis Ljubljana, Leningrad, Tallinn, Varsovie, Vienne, Kaunas, Brno, Zagreb, Lisbonne, Stockholm, Minsk, etc. En 1933, la SFPE obtient de prendre le micro du poste national de la tour Eiffel, pour y faire en espéranto des « causeries sur la France touristique[67] » – nouvel exemple de la convergence des terrains d'action de cet espérantisme cosmopolite. À l'occasion de la 7e exposition internationale de TSF, qui se tient dans la capitale des Gaules en septembre 1935, les espérantistes lyonnais disposent ainsi d'un stand où ils présentent aux visiteurs « les derniers dépliants dans la langue internationale, édités par les syndicats d'initiative, les foires, les ministères, les agences de tourisme », ainsi que « les derniers grands ouvrages littéraires, les traductions, les revues scientifiques, pédagogiques »[68].

Enfin, si l'espéranto est ainsi présent sur les ondes depuis le début des années 1930, à l'occasion de « causeries », de cours ou de conférences, il tente, durant les dernières années de la décennie, de se réinventer comme une langue de création radiophonique – qu'il s'agisse de pièces originales ou d'adaptations de classiques. Le département des arts du spectacle de la Bibliothèque nationale de France conserve ainsi les versions de travail dactylographiées de soixante pièces radiophoniques en espéranto, diffusées par la Radiodiffusion française sur une brève période – entre 1937 et 1939 – depuis trois postes émetteurs : Radio-PTT, Radio-Paris et Radio-Tour-Eiffel. La grande majorité sont des œuvres traduites, principalement depuis le domaine français. Les deux auteurs les plus représentés sont Georges Courteline et Tristan Bernard (respectivement cinq et trois œuvres), auxquels il faut associer Eugène Labiche (deux œuvres), Jules Romains, Paul Géraldy, Max Maurey, Pierre Mortier ou le chansonnier Christian Vebel. La présence de pièces adaptées d'Aristophane, de Molière et de Beaumarchais consacre un peu plus encore la prééminence de la comédie, que tempèrent toutefois les représentations de *Lazare* de Zola, d'*Un conte de Noël* de Dickens ou encore de la *Salomé* d'Oscar Wilde. Outre ce corpus, la lecture de la presse radiophonique révèle la diffusion d'adaptations du *Socrate* de Charles Richet, du *Revizor* de Gogol, de *Knock* de Jules Romains, de *Hamlet*, etc. Ces pièces sont issues du fonds constitué, depuis quarante ans, par l'intense activité de traduction à laquelle se sont consacrés les espérantistes, de France et d'ailleurs : Pierre Corret pour *Knock*, Jean Couteaux pour *Socrate* et, avant guerre,

Zamenhof lui-même pour *Le Revizor* et *Hamlet* – deux traductions parues chez Hachette.

À l'exception de ce corpus de littérature traduite, le travail de traduction et d'adaptation des textes est à mettre à l'actif d'un petit groupe parisien, l'*Esperantista Artistaro* (« Groupe d'artistes espérantistes »). À l'image des troupes de théâtre qui existent alors dans les stations, telle celle d'André Alléhaut au Poste Parisien[69], se forme ainsi, à la Radiodiffusion française, une « troupe espérantiste ». Celle-ci est dirigée par Marc Darnaut, qui se charge de la mise en ondes, parfois de l'interprétation et, pour quatre pièces de notre corpus, de la traduction. Il sait même, à l'occasion, se faire auteur, ou au moins compilateur : c'est le cas pour son évocation de la vie de Jeanne d'Arc ou son anthologie de chansons et de poèmes des provinces françaises, proposées au public de Paris-PTT respectivement le 9 mai et le 14 novembre 1938. Autres membres éminents de l'*Artistaro*, André Rémond et Raymond Schwartz s'illustrent dans un esprit chansonnier ou cabaretier. Ces pièces à l'atmosphère fantaisiste multiplient les jeux de mots et intègrent des passages chantés. La troupe de l'*Artistaro* dispose habituellement d'une heure de diffusion hebdomadaire – exceptionnellement deux, au risque de déplaire au journaliste de *Choisir*, qui, en janvier 1938, considère que « deux émissions théâtrales espérantistes, c'est peut-être beaucoup dans la même semaine »... Malgré la relégation de ces programmes à des heures tardives (22 h 30 ou 23 heures[70]), ce remarquable foisonnement de productions radiophoniques, en proposant pièces contemporaines à succès et classiques internationaux, poursuit par d'autres moyens la double entreprise de propagation et de légitimation de l'espéranto.

Autre loisir technique, la photographie dispose très tôt de sa revue espérantophone. *Foto-Revuo* est lancée en octobre 1906 par Charles Verax, espérantiste de la première heure et amateur éclairé de photographie. Le schéma est tout à fait comparable à celui qui permettra, vingt ans plus tard, la naissance d'*Internacia radio-revuo*. Il repose ainsi sur une personnalité pivot qui fait la jonction entre un cercle espérantiste soudé autour d'une passion commune et un éditeur non espérantiste, spécialisé dans le même domaine. *Foto-Revuo* se présente en effet comme la version espérantophone de *Photo-Revue*, périodique édité par Charles Mendel, qui est alors le principal libraire et éditeur photographique de

Paris. Ce dernier édite également l'un des tout premiers ouvrages scientifiques en espéranto : l'*Elementa Fotografa Optiko*, petit manuel d'optique photographique de quatre-vingts pages, composé par Verax. En contenant de nombreux mots techniques inédits, encore absents des dictionnaires, il nourrit également des ambitions linguistiques – contribuant, là encore, à faire du champ éditorial un terrain de construction de la langue.

En outre, on retrouve sous la plume de Verax une conception de l'espéranto très proche de celle que développera André Baudet, une quinzaine d'années plus tard, devant les représentants des chambres de commerce réunis à Venise, c'est-à-dire celle d'une « langue appelée à jouer dans les relations internationales le même rôle que l'unification des chiffres arithmétiques et signes algébriques, le système décimal, les signaux maritimes, les unités électriques CGS, et tant d'autres qui sont entrés dans nos habitudes de la vie courante[71] ». Citons encore un dernier exemple : celui du Photo-Club toulousain, dont l'un des membres présente, à l'occasion d'une séance organisée fin 1907, une « causerie sur l'Esperanto et la Photographie ». Le procès-verbal de la réunion trahit l'enthousiasme des auditeurs, convaincus de « l'utilité de l'Espéranto, tant au point de vue commercial que scientifique ». L'exposé condense de manière exemplaire les différents champs d'application de cet espéranto pratique, qui recoupent étroitement ceux d'une pratique photographique de loisir : « L'art photographique lui-même [...] y gagnera, car l'Espéranto, joint aux moyens de transport et de communication que nous avons déjà, facilitera encore davantage les excursionnistes[72] », esquissant un point de contact avec les actions du Touring-Club de France.

Un parfait objet grammatical : l'espéranto « à la française »

En dissociant l'espérantisme de toute idéologie, puis en votant une *Déclaration sur la neutralité des congrès d'espéranto* qui autorise à se dire « espérantiste » quiconque connaît et utilise l'espéranto à quelque fin que ce soit, les congrès de Boulogne (1905) et de Genève (1906) prennent acte de la réduction de l'espéranto à sa dimension neutre et pratique. Celui-ci, dès lors, est assimilé à un outil technique : « Comme tout progrès nouveau : télégraphe, téléphone, automobile, aviation, chacun cherchera à l'utiliser à son profit[73]. » Conception purement instrumentale qui trahit quelque peu l'esprit de l'*Unua Libro*, mais dont le succès s'explique aisément par les soutiens et les patronages que la langue universelle rencontre en France, depuis Louis de Beaufront jusqu'à André Baudet.

Outil technique, donc, mais aussi objet grammatical : rappelons-nous qu'aux alentours de 1900, c'est sous la forme de deux manuels, austères et épais, que l'espéranto fait irruption sur le marché français ; rappelons-nous les ouvrages et articles de Beaufront : tout autant, si ce n'est davantage, que sa facilité d'utilisation – et bien plus que l'idéal internationaliste qui le sous-tend –, c'est la rigueur, la logique et la « perfection[74] » de la nouvelle langue internationale qui s'y trouvent soulignées. La langue y apparaît comme un système fixé et déjà intangible. Loin de la conception démocratique qui caractérise la réception de l'espéranto à ses débuts, dans l'aire slavophone, et « qui se reflète à merveille dans la flexibilité de l'usage de la langue et de son évolution[75] », le modèle français de diffusion de la langue emprunte d'emblée les formes très codifiées du cours magistral et du manuel de grammaire. Sous la férule de Beaufront, l'espéranto devient ainsi l'objet d'un magistère et d'une transmission non dépourvue d'une certaine forme de verticalité : « Tous, les étrangers comme nous Français, nous sommes élèves de M. de Beaufront[76] », constate ainsi Théophile Cart en 1905. Se profile ici l'une des modalités de la diffusion de l'espéranto en France, qui aura tendance à multiplier les ouvrages de grammaire, les manuels, les dictionnaires – au point que l'un de ses plus ardents détracteurs, le critique littéraire Ernest Gaubert, peut aisément retourner cette activité éditoriale contre ses adversaires : « Et d'ailleurs, l'espéranto s'apprend-il si facilement ? On en douterait à voir ses fondateurs multiplier chaque jour, les livres d'exercices, les manuels, les grammaires, etc.[77] ».

Cette conception de l'espéranto est spécifiquement française. Elle est en tout cas perçue comme telle par les espérantistes contemporains : lors d'une allocution prononcée au congrès de Boulogne, l'auteur polonais Kazimierz Bein distingue ainsi une « période française » de l'espéranto qui, après un moment de floraison littéraire dû à des auteurs slaves – principalement russes et polonais –, aurait été marquée par l'importance accordée aux questions théoriques. Aussi reconnaissait-il, dans la parution de méthodes linguistiques, l'apport principal de cette période française[78]. Dès lors, si l'on se souvient qu'une « règle de grammaire est un marqueur de pouvoir avant d'être un marqueur syntaxique[79] », ce travail de fixation de normes linguistiques inflexibles, qui sera l'un des principaux apports de la « période française » de l'espéranto[80], aura tendance à conférer au livre une valeur considérable, à l'auteur une autorité indiscutable, à l'éditeur une lourde responsabilité.

Quelques années plus tard, après la conversion de Beaufront à l'ido, certains espérantistes français, réunis en une « Société des amis de l'espéranto », reprendront à leur compte cet héritage. À cet égard, l'ouvrage de Camille Aymonier, *Une langue vivante artificielle*, paru en 1917, est exemplaire, en plaçant l'espéranto sous le signe d'une mesure toute française :

> L'espéranto éprouve le titre de chaque mot. On s'habitue vite à cette précision raisonnée. Le plaisir croissant qu'on éprouve à parler juste compense largement l'effort initial[81].

Aymonier aime à citer la fameuse lettre de Descartes au père Mersenne ou les considérations de Maupertuis en faveur d'une grammaire logique et transparente[82]. En bannissant la confusion, l'équivoque, l'image pittoresque, l'exagération rhétorique, l'obscurité des argots et des langages d'initiés, l'idéal de l'espéranto « ne serait pas si éloigné de celui de la langue du XVIIe siècle, des écrivains classiques », c'est-à-dire du « beau langage nettoyé de toutes ses scories, mais perdant en relief ce qu'il gagne en pureté »[83].

Plus encore, Aymonier s'attache à inscrire l'espéranto dans la filiation des grammairiens de Port-Royal, et de leur *Grammaire générale et raisonnée*. Pour les logiciens de Port-Royal, héritiers de Descartes, les mots offrent une représentation distincte des idées, lesquelles, à leur tour, représentent distinctement les choses. Le langage est donc image fidèle de la pensée logique ; la logique étant universelle, il est possible de postuler l'existence d'une « grammaire générale » à même de représenter les opérations réflexives de l'esprit humain. Le travail du grammairien ne consiste pas, ici, à décrire la diversité des langues, mais à mettre au jour leur fondement commun, les principes logiques universels régissant toutes les langues, qui n'en seraient que des manifestations particulières et imparfaites. Pour Aymonier, l'espéranto renouerait avec la clarté française de la grammaire de Port-Royal, qui « consiste dans une double identification, celle de l'ordre grammatical et de l'ordre logique, celle de l'ordre logique à l'ordre des choses[84] ».

En historicisant ainsi l'espéranto, les auteurs de la Société des amis de l'espéranto cherchent aussi à déjouer le piège de l'utopie qui, après le déclenchement de la Première Guerre mondiale, menace de se refermer sur les projets de langue universelle. L'accent est mis sur les réalisations concrètes : une brochure de 1907 présente une expérience d'enseignement de l'espéranto dans une école anglaise, à Eccles, « dans un pays qui ne passe pas pour cultiver l'utopie[85] ». Plusieurs publications de la Société s'attachent à défendre, plutôt que l'idée abstraite d'une langue universelle, son application concrète dans le cadre des institutions supranationales qui ont récemment pris naissance : bureaux internationaux des postes et des télégraphes, large éventail des associations internationales – et, naturellement, Société des Nations, dont le contrat est traduit en espéranto dans une brochure trilingue parue en 1919. Laissons le dernier mot à un professeur de lycée parisien, Julien Guadet, qui évoque les « charmes enchanteurs de l'espéranto » à l'occasion d'une conférence prononcée en Sorbonne en 1929, sous la présidence du président de la commission de l'enseignement de la Chambre des députés. En soulignant « le plaisir intellectuel de pénétrer le mécanisme intime d'un instrument bien fait, l'agrément de voir une œuvre mise au point[86] », il concilie deux traits saillants de « l'espérantisme Belle Époque » que cette première partie vient d'explorer : la vision instrumentale et la conception esthète de la langue internationale.

DEUXIÈME PARTIE

Un peu plus qu'une langue ? Un espéranto contestataire et émancipateur

Près d'un siècle avant la Société des amis de l'espéranto, l'hypothèse d'une « grammaire générale » avait inspiré d'autres réflexions sur la langue universelle. Réflexions menées dans des cercles que la postérité a volontiers qualifiés, eux aussi, « d'utopiques » : les saint-simoniens. Il convient de s'y arrêter un instant. L'âge d'or rêvé par le comte de Saint-Simon et ses disciples est en effet celui de l'associationnisme universel : « utopie planétaire » qui ne pouvait faire l'économie d'une réflexion sur la langue mondiale. C'est à la lecture du *Livre nouveau des saint-simoniens*, composé en 1832, que l'on peut approcher leur philosophie du langage. On n'y découvrira certes pas de projet de langue artificielle. En effet, dans une claire filiation avec les grammairiens de Port-Royal, dont les conceptions furent relayées par les idéologues du XVIIIe siècle, qui ne furent pas sans influence sur la pensée saint-simonienne[1], la langue universelle reste à découvrir. Aussi, pour l'heure, il est nécessaire de recourir au système linguistique le plus proche de la « langue de l'avenir », cette « langue générale » postulée par les grammairiens. Or ce système, pour les saint-simoniens, ne serait autre que le français.

Le *Livre nouveau* contient ainsi une étonnante défense et illustration de la langue française. Celle-ci, toutefois, nous intéresse davantage en qualité d'exposé des conditions requises pour prétendre à l'universalité. Et, de fait, les raisons avancées évoquent les arguments qu'Aymonier ou Guadet mobiliseront en faveur de l'espéranto : transparence (« En aucune langue, la phrase n'abuse moins sur le sens »), harmonie (« Nulle autre, aujourdhuy, n'offre une égale réunion de cadences vives, mélodieuses, sonores, et d'accompagnemens lourds, pleins, harmonieux »), équilibre (« [Elle] incorpora les élémens divers [des langues étrangères] en elle, et les transfigura en un idiome qui trouve des échos au-delà de la Manche et du Rhin, des Pyrénées et des Alpes, et qui ne semble étranger à aucune oreille ») :

> La langue française est celle qui renferme le plus de cette langue de l'avenir. […] La langue française est la langue bourgeoise, polie, diplomatique ; et, à ce titre, elle est une préparation à la langue universelle ; comme la bourgeoisie, la politesse, la diplomatie, qui ont remplacé le militarisme, la chevalerie, la guerre, sont des acheminemens [*sic*] à l'association universelle[2].

Les attendus de la langue universelle saint-simonienne concordent étroitement avec les contours de l'espérantisme défendu par la SFPE. En s'adressant à la « fraction vraiment civilisée du genre humain », Beaufront se montre attaché à « l'élitisme capacitaire » cher aux saint-simoniens. Surtout, leur conception de la langue universelle n'est pas sans parenté avec les finalités assignées à l'espéranto par les milieux commerciaux, industriels et touristiques. Il n'est pas surprenant, à la lumière de cette généalogie de la langue universelle, qu'on ait si vite imprimé en espéranto de la presse magazine et des catalogues de grands magasins – deux inventions du XIXe siècle, fortement imprégnées de l'esprit progressiste et « industrialiste » du saint-simonisme.

Toutefois, en ce temps d'effervescence du socialisme utopique, les saint-simoniens n'eurent pas le monopole de la réflexion sur la langue universelle. Étienne Cabet, l'inventeur du mot « communisme », ouvre son fameux *Voyage en Icarie* (1840) par la description de la langue des Icariens. Sa conception de la langue universelle diffère par plusieurs points de celle des saint-simoniens, tout en présentant d'évidentes analogies avec l'argumentaire développé, un demi-siècle plus tard, en faveur de l'espéranto :

> Vous vous plaignez souvent de l'obstacle qu'apportent au progrès des lumières la multiplicité et l'imperfection des langues ; eh bien, voici une *langue* parfaitement rationnelle, régulière et simple, qui s'écrit comme elle se parle, et se prononce comme elle s'écrit ; dont les règles sont en très-petit nombre, et sans aucune exception ; dont tous les mots, régulièrement composés d'un petit nombre de

> *racines* seulement, ont une signification parfaitement définie ; dont la grammaire et le dictionnaire sont tellement simples qu'ils sont contenus dans ce mince volume ; et dont l'étude est si facile qu'un homme quelconque peut l'apprendre en quatre ou cinq mois[3].

Parfaitement régulière, la langue de Cabet exprime l'idéal égalitaire de son Icarie. La langue, comme les biens matériels, est devenue un bien commun. Sa facilité la rend accessible à tous, quel que soit son niveau d'instruction ou sa classe sociale. La minceur de la grammaire de Cabet ne contraste-t-elle pas avec le gros volume du *Commentaire sur la Grammaire de la Langue Internationale « Esperanto »*, que Beaufront publie en 1900 ?

Les temps pionniers du socialisme utopique porteraient-ils ainsi, en germe, deux traditions françaises de la langue universelle ? D'une part, l'universalité de la langue tient à une internationalité des plus hospitalières – on serait tenté d'écrire « cosmopolite » : elle est le creuset où se sont fondus les divers éléments des langues étrangères, formant un aimable moyen-terme entre les langues nationales. Non dépourvue de valeur morale, l'universalité est fille de la tempérance et de la tolérance : le « défaut d'accent [de la langue française] a dû être pour les étrangers un rappel à l'effacement de leur nationalité ; apprendre le français, c'était déjà prendre une leçon de tolérance universelle ». Débarrassée des accents et des particularismes, elle se présente comme une synthèse neutre et mesurée, langue pont « bourgeoise, polie, diplomatique ». Chez Cabet, l'universalité repose avant tout sur la facilité d'apprentissage et la simplicité. Son artificialité est assumée : sa langue est matérialiste et rationnelle. Inséparable d'un modèle social fondé sur la disparition des inégalités et l'abolition de la propriété, c'est une langue qui ne multiplie pas les néologismes, s'en tient à un « petit nombre de racines » et à une poignée de règles, dont le respect scrupuleux est nécessaire pour s'adresser au plus grand nombre.

Sans exagérer l'importance de ces filiations intellectuelles, il semble bien que deux rapports à la langue universelle s'esquissent ici. En tout cas, une tension se fait jour, que l'on retrouve, quelques décennies plus tard, dans l'histoire de l'espérantisme français. Elle interroge de près les définitions, parfois concurrentes, de l'universalisme, au moment où divers mouvements s'emparent de l'espéranto, en débattent, le rejettent ou tentent de l'accorder à leurs propres ambitions internationalistes.

6

Des espérantos catholique, pacifiste, libertaire

La remise en cause du neutralisme

Trieste, salon de l'Adria Palace. Fin de soirée. Le milliardaire sud-américain A. O. Barnabooth, protestant et agnostique, s'entretient avec son ami catholique, le marquis de Putouarey. La discussion roule sur l'agnosticisme, l'impossible conciliation de la raison et de la foi, l'observance des pratiques religieuses et les questions de dogme. Soudain, alors qu'il raille l'Armée du salut et les « réveils spirituels », Barnabooth cite, au nombre des ridicules et des tares des églises instituées, « les congrès d'espéranto présidés par [les] évêques ». L'image surprend, elle arrête celui qui entreprend de glaner les traces de la langue universelle dans la littérature début-de-siècle – car, il est temps de le préciser, nous sommes ici chez Valery Larbaud, dans le journal intime de son double de fiction, A. O. Barnabooth[1], publié dans la *Nouvelle Revue française* en 1913. Quel rapport entre l'épiscopat catholique et la langue de Zamenhof? De quels congrès se rit ainsi le personnage de Larbaud? Et pourtant : l'espérantisme catholique fut, avant guerre, une composante non négligeable du mouvement espérantiste. Son rôle fut même pionnier dans la critique du neutralisme. Ainsi, dès 1903, le catholique Henri Auroux peut écrire, ciblant les dirigeants parisiens de l'espérantisme parisien :

> Il y a un an, les revues espérantistes luttaient sans relâche pour la neutralité de la langue internationale. Et, effectivement, cette langue est tellement neutre que personne ne l'utilise, que l'on ne dit rien avec elle, que les Espérantistes ne parlent que d'Espéranto. Quand un journal publiait un article au sujet d'une idée quelconque, l'un de nos maîtres prenait une mine sévère, tonnait contre le malheureux journaliste et le dédiait aux dieux infernaux, prétextant que son œuvre avait trait au socialisme ou à quelque autre dogme.

L'idée d'une langue neutre n'est-elle pas une aporie ? Si une langue se prétend vraiment vivante, ne doit-elle pas pouvoir exprimer idées, opinions et croyances ? Face à cette neutralité stérile, incolore, quelques-uns réclament alors la possibilité d'être à la fois espérantistes et catholiques, espérantistes et socialistes, espérantistes et pacifistes – et de faire de l'espéranto un instrument privilégié pour servir les ambitions universalistes de leur sensibilité religieuse ou politique.

C'est ainsi que, dès l'avant-guerre, s'esquisse une première dichotomie entre des mouvements *pro esperanto* (« pour l'espéranto ») et *per esperanto* (« par l'espéranto ») – ou, en d'autres termes, ceux qui militent pour l'espéranto, et ceux qui mettent la langue internationale au service d'intérêts particuliers ou d'une idéologie extérieure à l'espérantisme. Se défiant de la prétendue neutralité dont se prévalent les dirigeants du mouvement espérantiste, ces derniers portent principalement la voix de trois groupes : les catholiques, les pacifistes et ceux que, pour l'heure, nous désignerons sous l'appellation vague de « révolutionnaires », dont l'orientation idéologique ne prendra une forme précise et originale qu'au début des années 1920.

L'œuvre précoce de l'abbé Peltier

La naissance de l'espérantisme catholique est l'œuvre d'un prêtre français, Émile Peltier. Né en 1870 à Villandry, prêtre d'une modeste paroisse de la banlieue de Tours, il devient espérantiste en 1901. En décembre 1902, il fonde une association espérantiste catholique, *Espero Katolika* (« L'Espérance catholique ») dont le but est « de diffuser, dans le monde catholique, par tous les moyens possibles et légaux, la langue créée par le docteur Zamenhof sous le nom "*Esperanto*" ». Il prend soin de s'assurer de l'approbation de l'archevêque de Tours, Mgr René François, qui déclare « approuve[r] très volontiers ce projet, qui [lui] semble favoriser la diffusion de l'Évangile et le rapprochement des peuples[2] ». Au début de l'année 1903, Peltier fait parvenir les statuts de la nouvelle société à Louis de Beaufront – par ailleurs chrétien pratiquant – qui en fait la publicité dans les colonnes de *L'Espérantiste*. Elle compte alors quatre-vingts membres, et dispose d'une modeste tribune de quatre pages dans un journal catholique versaillais, *L'Aube*.

Dès octobre 1903, Peltier lance ensuite sa propre revue, *Espero Katolika*, alors que le paysage de la presse espérantiste n'est encore guère étoffé. L'originalité de Peltier tient à sa manière de distinguer sa revue des nombreux journaux qui traitent de la langue universelle. En affirmant qu'il « l'utiliser[a], mais jamais pour en parler », il se distingue des revues de propagande nationale, pour chercher à diffuser, grâce à l'espéranto, un message autonome, distinct de la promotion de la langue internationale :

> La neutralité peut être comprise de deux manières : est neutre celui qui ne dit rien, se contente de chanter les petits oiseaux et les fleurs, des légendes anciennes ou des récits de voyages ; et neutre aussi celui qui, disant ce qu'il pense, permet aux autres de dire ce qu'ils veulent : c'est de cette neutralité-là que se réclame *Espero katolika*[3].

Malgré des difficultés initiales (300 abonnés en 1904), la revue connaît un développement assez rapide, qui lui permet, dès 1906, de passer à trente-deux pages mensuelles et illustrées. Il semble qu'elle ait bénéficié du soutien constant de Louis de Beaufront et d'une poignée de donateurs, dont le comte Jean Chandon de Briailles, de la famille Moët-et-Chandon – Épernay, on le sait, est le premier foyer de l'espérantisme français, et l'on peut supposer ici encore l'intercession de Beaufront : on sait par exemple que ce dernier, installé à Épernay depuis 1892, nourrit de bonnes relations avec la famille du comte de Maigret, qui lui permet d'obtenir l'*imprimatur* de l'archevêque de Reims pour son *Preĝareto* paru en 1893[4]. La bénédiction apostolique que le pape Pie X, à l'été 1906, accorde à l'abbé Peltier et à tous les rédacteurs de la revue, vient couronner ces efforts. Les espérantistes sont alors réunis en congrès universel, à Genève : *Espero Katolika* est au centre des conversations. « Saluée par une ovation longue et unanime », la nouvelle, relayée par la presse locale, provoque un nouveau mouvement d'opinion en faveur d'*Espero Katolika*[5], qui est alors lue dans trente-cinq pays différents[6].

En quelques années, la revue s'est donc muée en une véritable entreprise éditoriale transnationale, grâce à des « collaborateurs fervents et réguliers » chargés de « livrer des informations au sujet de la vie des idées dans son pays ». Les moyens techniques sont encore insuffisants pour assurer cette ambition : les articles des correspondants japonais ou uruguayens ne parviennent à la rédaction que cinq ou six semaines après les faits évoqués[7]. Par ailleurs, Peltier enjoint à ses lecteurs de traduire, dans leur langue nationale, des articles originaux parus dans *Espero Katolika*, puis de les diffuser par la presse nationale[8]. L'exemple le plus spectaculaire est la reprise de la *Lettre publique à tous les prêtres chrétiens*, signée par l'abbé Peltier et parue dans le numéro de janvier 1906 d'*Espero Katolika*[9]. Malgré sa grandiloquence un peu naïve et sa dimension purement programmatique, cet appel à l'union des chrétiens de toutes obédiences attire de nouveaux curieux et est même repris par le *Daily News* dans son édition du 20 mars ! Après le départ de l'abbé Peltier, malade, au début de l'année 1909, c'est un comité de rédaction international qui prend les rênes de la revue : ses quatorze membres, dont six issus du clergé, viennent de France, de Monaco, de Belgique, d'Italie, d'Espagne, d'Angleterre, du Danemark, de Russie, de Palestine, du Canada et du Japon. À ceux-ci s'ajouteront, les mois suivants, des correspondants brésilien, maltais, irlandais, suisse, hollandais. Dernière étape de l'institutionnalisation du mouvement, le premier congrès international des espérantistes catholiques se tient au printemps 1910, dans les murs de l'Université catholique de Paris : c'est là qu'est fondée l'Union internationale catholique espérantiste (*Internacia Katolika Unuiĝo Esperantista*, IKUE).

Celle-ci poursuit, après l'éclipse de la guerre, l'activité de l'abbé Peltier. Elle reprend à son compte la publication d'*Espero Katolika* qui, sous la direction du prêtre parisien et journaliste de formation Georges Ramboux, fait un temps figure de « plus belle revue en langue espéranto[10] ». Parallèlement, l'IKUE entend mener une action éditoriale catholique dans la langue universelle, dans le but explicite d'accomplir « une tâche missionnaire en Espérantie, où règne tant d'incroyance et de sentiments antireligieux[11] ». C'est ainsi qu'en février 1926, à Paris, est fondée la *Societo Sankta Miĥaelo* (« Société Saint-Michel »), qui vise à « collecter de l'argent pour permettre l'édition de littérature catholique dans le monde espérantiste[12] ». Jusqu'en 1929, elle fait paraître dix titres, dont la moitié relève de la fiction. Un seul est original ; les autres sont des traductions d'auteurs catholiques à succès, dont le jésuite Albert Bessières ou Marie Barrère-Affre. Récits historiques traitant des martyres des premiers chrétiens ou romans édifiants qui servent, par une forme plaisante, le message chrétien, ces textes s'adressent à un large public. Las, au 1er décembre 1930, la société ne compte que vingt-cinq associés[13] et les ouvrages édités ne s'écoulent pas : Ramboux avance le nombre de deux à trois cents exemplaires vendus. « Les autres vieillissent dans une armoire [...] car les espérantistes catholiques n'achètent pas les livres édités spécialement pour eux[14] », note Ramboux, amer. La faiblesse des moyens et l'insuffisance de la demande ne permettent pas à cette expérience coopérative de poursuivre son action au-delà de l'année 1930.

Gaston Moch et l'espérantisme pacifiste (1905-1908)

De manière tout à fait contemporaine de l'action de l'abbé Peltier, un autre éminent espérantiste français, Gaston Moch, critique la position « neutraliste » défendue par la presse espérantiste :

> Les journaux existants se définissent exclusivement par la propagande en faveur de l'Espéranto. Ils peuvent donc publier des articles littéraires, artistiques, scientifiques, mais ils doivent conserver une entière neutralité vis-à-vis de toutes les questions au sujet desquelles les hommes ne s'accordent pas[15].

Au contraire, selon Moch, c'est seulement en en faisant une arme au service d'engagements progressistes que l'espéranto démontrera sa capacité à résoudre le problème de la communication internationale. Or, précisément, Gaston Moch n'a cessé, depuis plus de dix ans, de multiplier les engagements. Né en 1859, polytechnicien, ce fils d'officier juif alsacien est très profondément marqué par l'affaire Dreyfus. Ardent dreyfusard, il quitte volontairement l'armée en 1893 et s'engage en faveur du militantisme pacifiste, tout en prônant la réforme militaire : système des milices, solution pacifique du conflit franco-allemand en Alsace-Lorraine, projet d'une organisation militaire démocratique[16]. Occupant une place originale à la confluence des réseaux pacifistes, socialistes et francs-maçons[17], il intervient en outre dans les universités populaires et s'intéresse aussi à l'unification bibliographique. Enfin, il est l'un des tout premiers Français à se pencher sur l'espéranto, après avoir, comme d'autres, tenté d'apprendre le volapük[18].

Critique vis-à-vis des « tendances sentimentalistes et charismatiques du mouvement pacifiste », considérant ainsi, à rebours de la sympathie de nombreux espérantistes pour Tolstoï, que « les quakers et tolstoïsants sont nos marxistes pontifiant dans le vide »[19], Moch milite pour un « pacifisme réaliste et organisateur, en vue duquel il privilégie les rapprochements avec l'internationalisme scientifique[20] ». Ses vues trouvent un premier écho auprès d'un organisme peu connu, à l'existence brève, mais qui, un temps, rassemble quelques-unes des plus éminentes personnalités du mouvement pacifiste européen : il s'agit de l'Institut international de la paix, fondé le 20 février 1903 par le prince Albert Ier de Monaco. La principauté de Monaco se rêve en effet, au début du XXe siècle, un destin de pôle fédérateur du pacifisme européen[21]. À partir de 1901, le prince Albert Ier réunit autour de lui une poignée de personnalités engagées dans le militantisme en faveur de l'arbitrage international. Son activité océanographique lui fait faire tout d'abord la connaissance de Charles Richet, avec qui il entretient une importante correspondance ; il cultive également une relation épistolaire avec la baronne Bertha von Suttner, pacifiste allemande rendue célèbre par son roman *Bas les armes !* et couronnée en 1905 par le prix Nobel de la paix ; enfin, donc, il s'attire les services de Gaston Moch, qui devient en 1902 conseiller privé puis chef du cabinet d'Albert Ier[22].

C'est à Moch que revient l'initiative d'organiser à Monaco, en 1902, le XIe Congrès de la paix. Les congrès de la paix rassemblent chaque année, depuis 1899, les plus actifs promoteurs du pacifisme en Europe, autour d'un certain nombre de thèmes : l'arbitrage permanent, le désarmement général, la prééminence du droit, l'internationalisme, le libre-échange[23]. Dans la continuité de ce congrès, le prince Albert fonde, le 20 février 1903, un Institut international de la paix qui entend mener, dans une optique internationaliste, un travail de documentation, de publication et de diffusion des arguments pacifistes. L'effort de l'Institut porte particulièrement sur la publication de brochures, d'ouvrages et d'un périodique, l'*Annuaire de la vie internationale*. Parmi les neuf ouvrages publiés entre 1903 et 1907, l'un paraît en espéranto, grâce à l'activisme de Gaston Moch : il s'agit de la traduction, effectuée par lui-même, de sa propre *Histoire sommaire de l'arbitrage permanent*, qui était parue en français dans la collection de l'Institut. Malgré le prestige de l'organisme, l'ouvrage n'est pas tiré à plus de mille exemplaires.

L'engagement de Gaston Moch auprès du prince de Monaco ne l'empêche pas de poursuivre ses activités parisiennes. C'est ainsi qu'il fonde, le 6 avril 1905, la Société internationale espérantiste pour la paix (*Internacia Societo esperantista por la paco*). Parmi les membres fondateurs figurent des noms bien connus de l'espérantisme parisien : Carlo Bourlet, Paul Fruictier, Félicien de Ménil, Gabriel Chavet[24]. La Société se fixe pour objectif la propagande, par l'espéranto, en faveur de l'arbitrage international, du rapprochement des peuples et du désarmement. Aussi se présente-t-elle, dans son acte de fondation, comme la « première société qui a considéré cette langue non pas comme un but, mais comme un moyen[25] », par la « traduction en espéranto des documents officiels et des principaux ouvrages qui ont trait à la propagande pacifiste », la fondation de groupes régionaux, l'organisation de conférences, la création de bibliothèques fixes ou itinérantes, aussi bien au siège de la société que dans les groupes locaux. Elle se dote d'une revue, *Espero Pacifista* (« L'Espoir pacifiste »), qui sera son organe officiel, et d'une collection d'ouvrages, la *Libraro Pacifisma* (« Collection pacifiste »).

L'ambition de Moch se heurte toutefois très vite à d'insurmontables difficultés. L'évolution de la pagination de sa revue, *Espero Pacifista*, en dit long : après un copieux premier numéro (juillet 1905), qui ne compte pas moins de soixante-quatre pages – dont une ébauche de « lexique pacifiste » –, les numéros des années 1906 et 1907, dont Moch est contraint d'espacer la parution, dépassent rarement les trente pages mensuelles. Parallèlement, les tirages s'effondrent : le premier numéro est tiré à quatre mille exemplaires, les deuxième et troisième à mille et le numéro double suivant à huit cents. Si Moch réduit ainsi la voilure, c'est tout simplement parce que le montant des abonnements ne couvre pas les coûts d'édition[26]. La chute du tirage n'empêche pas l'érosion du total des ventes : si 3092 copies du numéro inaugural ont été écoulées, la livraison d'octobre-novembre ne s'est vendue qu'à 303 exemplaires[27]... Le nombre d'abonnés surtout est dérisoire : ils ne sont que 308, dont 133 domiciliés en France[28]. Moch regrette surtout que seuls six groupes se soient abonnés ; constatant en outre que dans 98 villes ne réside qu'un seul abonné, il enjoint au réseau espérantiste, celui des cours, des cercles et des clubs, de se mettre activement en quête de nouveaux abonnés. Mais l'appel n'est pas entendu : à la fin de l'année 1908, seuls 31 groupes sont abonnés. La situation se révèle très vite intenable financièrement et, après trois ans et demi de vains efforts, Moch est obligé de conclure, avec amertume, n'avoir jamais « réussi ni à intéresser les espérantistes au Pacifisme, ni les pacifistes à l'Espéranto, suffisamment pour justifier [son] entreprise[29] ». Regrettant de ne pas être parvenu à former une véritable équipe de collaborateurs réguliers, il préfère arrêter son activité de revuiste, plutôt que de lancer un simple bulletin de liaison de la société, qui serait comme un « squelette » faisant « perdre encore des lecteurs, au lieu d'en gagner de nouveaux »[30].

Universités populaires, causeries et Bourses du travail : naissance de l'espérantisme « rouge »

L'action de Gaston Moch trouve davantage d'écho auprès d'un public ouvrier, auquel il est, en France, le premier espérantiste à s'adresser. Dès mai 1898, il intervient ainsi à La Coopération des idées, ce prototype des universités populaires fondé, quelques semaines plus tôt, par l'ouvrier typographe Georges Deherme au faubourg Saint-Antoine. Une modique cotisation offre aux adhérents l'accès à une bibliothèque de prêt, à des consultations juridiques ou médicales, et surtout à un dense programme de cours et de conférences, dont les animateurs sont parfois recrutés dans les rangs universitaires, à l'image de Gabriel Séailles, professeur de philosophie à la Sorbonne[31]. Cette initiative anticipe de quelques mois la floraison extraordinairement rapide et dense, au lendemain de l'affaire Dreyfus, de ces entreprises d'éducation du peuple que furent les universités populaires. Bien que rapidement confrontées à des ambiguïtés insurmontables, nées de leur double origine – soutien bourgeois, d'une part ; adhésion ouvrière, de l'autre –, elles ont constitué, au cœur de la Belle Époque, une tentative d'émancipation des travailleurs par l'accès au savoir. Il est vrai qu'elles ont pu compter sur un investissement massif des intellectuels qui, suivant en cela la vulgate républicaine qui mêle la promotion du solidarisme au culte de la science, entendent « aller au peuple[32] ». Ainsi fait Gaston Moch, donc, à La Coopération des idées, puis, en 1901, au Foyer du Peuple ; ainsi fait ce professeur d'allemand du lycée du Mans devant l'auditoire de l'université populaire de la ville, laquelle décide, dans la foulée, la création d'un cours qui attire cent curieux à la première leçon, ou encore ce professeur du lycée de Beaune à qui il revient, en 1904, d'initier à l'espéranto le public de l'université populaire de Chalon-sur-Saône. On pourrait multiplier les exemples de ces clercs issus d'une petite bourgeoisie d'enseignants ou de professions libérales qui a constitué, on l'a vu, le premier cercle d'acquis à la langue universelle, et qui, conformément au modèle des universités populaires, entendent, depuis ces nouvelles chaires, veiller à l'éducation du peuple.

Pourtant, dans le cas de l'espéranto, l'initiative la plus fructueuse vient de la base : des rangs de la Fraternelle, université populaire du IIIe arrondissement qui, en mai 1905, ouvre un cours d'espéranto. Celui-ci est assuré par Fernand Blangarin, ouvrier de sensibilité anarchiste connu sous le pseudonyme de Fi-Blan-Go[33]. La langue internationale y prend si bien qu'y est fondé, au printemps 1906, un *Grupo liberecana esperantista* (« Groupe libertaire espérantiste ») qui devient rapidement l'association *Paco-Libereco* (« Paix-Liberté »). Principal groupe espérantiste ouvrier, il se propose de « répandre la langue internationale *Esperanto* auprès de tous les internationalistes, libres-penseurs, socialistes, libertaires » et, en miroir, de « faire de la propagande en faveur des idées antimilitaristes, socialistes et libertaires auprès des Espérantistes ». Pour ce faire, le premier objectif fixé par les statuts de l'association est de « combattre par l'imprimé (livres, brochures, revues, prospectus, etc.) contre l'Armée et le Militarisme, le Capitalisme, l'Alcoolisme, enfin contre tous les dogmes et les préjugés, pour l'amélioration de la vie sociale[34] ». De fait, *Paco-Libereco* lance dès 1906 une collection de brochures, comprenant sept titres, dont la parution s'échelonne jusqu'en 1911. Qu'y trouve-t-on ? Des traductions, dans la langue internationale, de courts textes de grandes figures libertaires du tournant du siècle (*Aux femmes* d'Urbain

Gohier, *L'Antipatriotisme* de Gustave Hervé ou encore *Les Crimes de Dieu* de Sébastien Faure), mais aussi des textes de propagande en français, notamment celui de la conférence donnée par Charles-Ange Laisant en 1908 – *L'Espéranto et l'avenir du monde* – après que le journal de Sébastien Faure, *Le Libertaire*, l'a publiée en feuilleton. L'action de propagande de *Paco-Libereco* porte assez vite ses fruits, au point que dès 1906 les lecteurs des *Temps nouveaux*, l'un des principaux titres de la presse anarchiste, réclament des articles en espéranto !

L'exemple du groupe *Paco-Libereco* met en lumière l'accueil chaleureux réservé à l'espéranto par les milieux anarchistes. Ainsi, les lieux d'échange et de sociabilité libertaires que furent, à la Belle Époque, journaux, cercles et causeries, commencent à s'ouvrir à l'espéranto assez tôt, vers 1903. On en trouve trace d'abord dans les cercles d'anarchistes individualistes : au siège des « Iconoclastes de Montmartre » est ainsi organisée, en 1903, une « causerie contradictoire » sur la question, tandis qu'un cours d'espéranto se tient chez les « Anticrates ». Dans les colonnes de l'hebdomadaire *Les Temps nouveaux*, l'espéranto est évoqué dès 1904 comme un « excellent instrument » pour « développer l'internationalisme » et « travailler à la suppression des guerres »[35]. De fait, il semble bien que ce soit par le canal de l'antimilitarisme que l'espéranto attire l'intérêt des libertaires parisiens. À la rentrée 1905, on trouve ainsi trace de l'ouverture de cours d'espéranto dans plusieurs sections de l'Association internationale antimilitariste, ainsi qu'au Groupe d'éducation libertaire du XIIe arrondissement[36]. Par ailleurs, le fameux congrès d'Amiens de la CGT, qui se tient en octobre 1906, vote une motion invitant organisations ouvrières et militants syndicaux à apprendre l'espéranto en suivant des cours du soir[37].

Penchons-nous donc, à titre d'exemple, sur la liste des cours du soir d'espéranto ouverts à Paris à la rentrée 1907[38]. On n'en dénombre pas moins de 49. Quelques-uns sont assurés par des associations commerciales – Société académique des comptables, Union des comptables, Institut spécial de commerce – ou des groupes « neutres », dont le Groupe espérantiste de Paris. Mais deux ensembles principaux se détachent : d'une part, pour plus de la moitié d'entre eux, les cours assurés par des associations philanthropiques (20 – un par arrondissement – pour l'Association polytechnique, 7 pour la Société d'enseignement moderne de

Léopold Bellan, 2 pour la Société d'enseignement et d'assistance populaire, etc.) ; d'autre part, une dizaine de cours donnés dans le cadre d'associations syndicales, d'universités populaires ou de coopératives libertaires. Un cours ouvert à la Bourse du travail du Xe arrondissement, sous le patronage de l'Union des syndicats de la Seine, et assuré par Théophile Cart, est à destination exclusive des ouvriers syndiqués. Les universités populaires des Ve, VIe, XIe, XIVe et XVIIIe arrondissements accueillent chacun un cours d'espéranto. L'association *Paco-Libereco* donne des cours dans deux hauts lieux du mouvement ouvrier coopératif français : à la Fraternelle, donc, et à la Bellevilloise (XXe arrondissement) – où ils se poursuivront jusqu'au début de l'année 1931[39].

Si l'exemple parisien est particulièrement significatif, il ne fait pas tout à fait figure d'exception. En 1902, ce sont des délégués issus de plusieurs universités populaires (du IVe arrondissement, mais aussi de Vincennes, Saint-Ouen, Villeneuve-Saint-Georges, Annecy...) qui adhèrent à la Délégation pour l'adoption d'une langue auxiliaire internationale. En 1906, plusieurs membres de l'université populaire de Firminy organisent des cours d'espéranto à destination de leurs condisciples[40]. Au contraire, à Rouen, les cours se tiennent sous le patronage de la Société libre d'émulation et de l'Union philanthropique des employés[41]. À Toulouse, l'offre de cours d'espéranto rejoue, en réduction, la situation parisienne : en 1907, les quatre cours hebdomadaires d'espéranto ont lieu à la faculté des lettres, à l'École supérieure de commerce, à la Bourse du travail et à l'Université populaire[42]. En bref, que ce soit par l'intermédiaire des associations de bienfaisance, qui œuvrent pour l'instruction gratuite et publique des plus modestes, ou par des structures davantage autogérées, les cours du soir apparaissent bien comme un rouage essentiel de la diffusion de l'espéranto auprès des ouvriers.

L'émergence d'un espérantisme antibourgeois et antiautoritaire

Ceux-ci peuvent également compter sur des manuels explicitement adressés à un public populaire. En 1910, paraît ainsi un manuel intitulé *Tout l'Esperanto en 12 dialogues*, qui « s'adresse surtout aux débutants esperantistes [*sic*] qui n'ayant encore conservé que de vagues notions de grammaire, recherchent la compréhension sans trop de technologie[43] ». Conçu par Auguste André, professeur à la Société d'enseignement populaire, l'ouvrage est édité par la « Collection A.-L. Guyot ». Volume de l'*Encyclopédie A. L. Guyot*, il y côtoie des titres traitant du téléphone, de la photographie, de l'électricité, du jardinage... Cette maison, spécialisée dans les ouvrages pratiques, la vulgarisation scientifique, les bluettes et les romans à rebondissements, ne s'intéresse d'ailleurs pas sans réticences à l'espéranto, comme son directeur en témoigne dans les colonnes de *La Movado* :

> — On m'a rapporté que vous aviez hésité... légèrement, avant d'entreprendre cette publication.
> — Dites beaucoup, Monsieur, beaucoup, je vous l'avoue franchement.
> Avant de poursuivre :
> Mais je m'empresse de vous dire que nous avons changé d'avis, et que nous avons dû nous rendre à l'évidence. La publication de cet ouvrage a été un véritable succès. Il vient seulement de paraître, et déjà près de 12000 exemplaires sont partis de tous côtés, et non seulement en France, mais encore dans les pays de langue française[44].

Ce manuel populaire se présente sous la forme d'une succession de douze saynètes mettant en scène « l'éducation espérantiste » du soldat Siboule par le caporal Bourrache... Le cadre troupier, la forme dialoguée et le langage parlé en font un outil d'apprentissage accessible au plus grand nombre :

> — Pour lors, Seboule, tu veux encore des essplications ?
> — Censément...
> — Passe-moi ton travail !... Quelles différences que tu vois entre les verbes esperantistes [*sic*] et les verbes français ?
> — Ben, voilà : c'est que la fin des verbes français n'est pas toujours pareille : je *suis*, tu *es*, nous som*mes*, etc., et qu'en esperanto c'est toujours la même chose : par *is* pour tout ce qui est passé, *as* pour tout le présent, et *os* pour tout le futur ?
> — Parfait, parfait ! Je vois qu't'es « calé »[45].

L'espéranto est ici présenté comme un savoir pratique et facilement accessible, même en l'absence de bagage technique préalable. Édité en dehors des circuits éditoriaux espérantistes qui sont alors, pourtant, déjà bien constitués, il rompt du même coup à la fois avec la conception de l'espéranto comme un austère « objet grammatical » et avec le public cible de Beaufront. Il révèle la manière dont l'espéranto, à la fin de la Belle Époque, s'émancipe peu à peu du cadre bourgeois qui l'a vu naître, pour atteindre de nouveaux publics.

Ce manuel, toutefois, ne se risque pas sur le terrain politique. Pourtant, cette diversification du recrutement des nouveaux espérantistes s'accompagne rapidement de controverses sur la nature même de l'espérantisme. Des tensions nouvelles traversent le mouvement, les prises de position se radicalisent et un ton polémique se fait jour, attaquant frontalement « l'espérantisme bourgeois », et tout particulièrement le groupe espérantiste de Paris, dirigé par Carlo Bourlet. Il trouve une tribune dans une revue lancée en janvier 1908 sous le nom de *L'Étoile espérantiste*, rapidement rebaptisé *Le Monde espérantiste*. À la différence des universitaires Cart et Bourlet, de l'entrepreneur Houbart, du médecin Fruictier, du précepteur Beaufront ou de l'officier Moch, le rédacteur en chef du *Monde espérantiste*, Alphonse Fréchas, qui exerce alors la profession d'employé-comptable[46], n'appartient pas à cette « bonne bourgeoisie » qui a parrainé les débuts de l'espéranto.

Dans un long article qui court sur les premières pages du numéro d'avril 1910, intitulé « Grave échec de M. Carlo Bourlet », Fréchas pointe du doigt le fossé qui se serait ainsi creusé entre le groupe de Paris, qui, comme le TCF dont il est proche, recrute parmi les élites urbaines, et la nouvelle réalité sociologique du mouvement espérantiste, dans un réquisitoire où résonnent des accents de lutte des classes :

> Tant que les personnes qui s'occupaient d'Esperanto n'étaient que des lettrés, des universitaires, des professeurs et des gens à professions libérales, le rêve de M. Bourlet pouvait encore se réaliser, mais aujourd'hui que l'Esperanto se démocratise en pénétrant de plus en plus dans le peuple, la chose est de moins en moins possible. M. Bourlet paraît ne s'être jamais soucié de ces différences de milieux. Peut-être ne sait-il pas ce que c'est qu'un milieu populaire, un milieu ouvrier? Et cela parce qu'il n'y pénètre jamais... [...] Oui, l'Espéranto commence à avoir de l'attrait pour les groupements ouvriers[47].

Le Monde espérantiste prône une approche « horizontale » de la communauté espérantiste : Fréchas considère ainsi « le mot *grand chef* [comme] impropre en Espérantisme : il ne faut pas de chef si le but est la fraternité[48] ». Au comité de rédaction figurent des personnalités nettement engagées à gauche, de sensibilité souvent anarchiste : Fernand Blangarin, le « Fi-Blan-Go » de *Paco-Libereco*, l'illustrateur Ludoviko Rodo, qui exécute des portraits charges des principales figures du mouvement, ou encore l'imprimeur catalan et anarchiste José Solsona[49]. On y note également la présence de Théophile Cart, ex-professeur au siège du TCF, qui a pris ses distances avec l'espérantisme bourgeois – on a vu qu'il donne, en 1907, des cours à la Bourse du travail du Xe arrondissement – et signe, sous pseudonyme, des éditoriaux vitriolés contre Beaufront et Bourlet.

C'est même Théophile Cart qui, dès novembre 1909, affirme avoir « la conviction de plus en plus affermie que si nous ne savons pas sortir du cercle trop étroit où nous nous agitons actuellement, ce magnifique mouvement espérantiste […] risque de s'enliser dans des fêtes mondaines qui, pour charmantes qu'elles soient, ne sont cependant pas le principal objet de l'Esperanto[50] ». Prenant conscience du fait que cet espérantisme bourgeois est à plus ou moins long terme mortifère pour l'espéranto, Cart exhorte à « appeler le peuple […], ou mieux [à] aller à lui. Le champ d'œuvre est largement ouvert à nous, mais nous ignorons presque absolument la voie qui y conduit. Les communications manquent. […] C'est là le problème capital[51] ». Pour remédier à ce manque de communication, *Le Monde espérantiste* ouvre ses colonnes aux comités de *Liberiga Stelo*, groupe ouvertement anticapitaliste, athée et antimilitariste, qui décide, en 1910, d'adopter *Le Monde espérantiste* comme organe officiel[52]. Le journal est, par exemple, diffusé auprès du groupe espérantiste de la coopérative ouvrière de la Bellevilloise[53].

Les positions politiques du journal se font ainsi, au fil des mois, de plus en plus fermes. En octobre 1910, on peut ainsi y lire que « c'est par le peuple, c'est grâce au peuple que l'Esperanto s'imposera, c'est par lui seul qu'il vaincra le scepticisme ou l'indifférence des divers gouvernements qui dirigent aujourd'hui les nations civilisées » et dont il n'a pas « grand-chose à attendre »; deux mois plus tard, Fréchas déplore « qu'au moment où l'Esperanto franchit le seuil de la classe ouvrière, les *samideanoj* des classes au-dessus lui créent des embarras, et lui rendent la tâche difficile » ; en avril 1911, il considère enfin que « la langue auxiliaire [...] n'a vraiment sa raison d'être que pour » les masses, « principalement la classe ouvrière ».

Continuant à paraître pendant la guerre, *Le Monde espérantiste* maintient en outre une ligne strictement pacifiste, qui lui attire, à partir de juin 1916, les foudres de la censure[54]. Il retrouve son rythme de publication mensuel en mai 1919. Le choc de la guerre n'a fait que renforcer les positions de Fréchas qui en appelle à la rupture avec l'espérantisme bourgeois d'avant 1914 :

> Allons-nous rouvrir l'ère des fêtes, des bals, des banquets, des dîners du 12, des cortèges dans les rues munis d'oripaux [*sic*], des incantations à la lune sur la butte Montmartre, des visites nocturnes à Tabarin ou au Moulin-Rouge, des folles balades champêtres en bande, à pied ou en bicyclette, etc. [...] enfin reverrons-nous ces fastueux congrès d'amusements, qui n'attiraient en majorité que des fêtards, mais non des espérantistes sincères, et où l'on passait son temps à discuter sur des futilités, à chanter et à danser[55].

Le Monde espérantiste, qui a paru – fait remarquable – sans interruption de 1908 à 1926, articule ainsi à merveille les deux temps de l'espérantisme français. Naissant en réaction à la conception bourgeoise, neutre et instrumentale de l'espéranto promue par Beaufront et Bourlet, le Touring-Club de France et Hachette, il épouse et accompagne ensuite l'intérêt porté à l'espéranto par les milieux ouvriers, communistes ou libertaires.

Conservatisme linguistique et progressisme social : l'universel en tension

Bien que simpliste, l'opposition, que nous avons dégagée plus haut, entre « néologistes » et « fundamentistes » a le mérite de la clarté. Ce bipolarisme se donne donc à voir, sur la scène éditoriale, dans la rivalité entre deux pôles antagonistes : le pôle Hachette-Bourlet et le pôle *Presa Esperantista Societo*-Cart. Cette bipartition est recoupée, comme on vient de le voir en étudiant la ligne du *Monde espérantiste* dirigé par Fréchas, et dont Cart était précisément l'un des plus virulents collaborateurs, par une nette fracture sociologique. Les débats qui agitent les espérantistes français ont donc à la fois pour objet, d'une part, l'évolution de la langue et la place à accorder au *Fundamento*, et, d'autre part, la nature du projet espérantiste, c'est-à-dire la finalité assignée à la langue universelle. Évolution de la langue et évolution du recrutement sont les deux lignes de clivage qui structurent le mouvement espérantiste, nouant de manière assez remarquable les enjeux linguistiques et moraux.

Ainsi, à la lecture du *Monde espérantiste*, le ton franchement contestataire se joint à un strict conservatisme linguistique. Sa proximité idéologique avec les premiers « espérantistes rouges » n'empêche pas Fréchas de critiquer parfois sévèrement la qualité de la langue qu'ils emploient. Déplorant les tendances réformistes du *Travailleur espérantiste*, il déplore d'y « rencontre[r] des éléments qui appartiennent à l'Ido[56] ». De la même manière, il critique durement le manuel édité en 1921 par la Fédération des espérantistes révolutionnaires – tout en précisant bien que « les tendances en elles-mêmes ne [le] gênent nullement[57] ». Ce conservatisme entend valoriser le patrimoine espérantiste : dès 1911, alors que des revues telles que *La Revuo* ou *Lingvo internacia* promeuvent la littérature de création, qu'elle soit originale ou traduite, *Le Monde espérantiste* republie des textes des premiers espérantistes :

> En effet, quand on lit l'admirable traduction de Gernet [Vladimir Gernet, un Russe d'Odessa, l'un des premiers hommes de plume espérantistes, fut notamment rédacteur en chef de *Lingvo internacia* durant sa période suédoise], que publie en ce moment *Le Monde espérantiste*, traduction qui a été faite en 1895 et publiée en 1896, c'est-à-dire il y a quinze ans, n'éprouve-t-on pas un sentiment de pitié pour ces pauvres écrivains d'aujourd'hui, qui ne savent rien écrire sans créer des expressions nouvelles, et qui, à la faveur, d'une *liberté* que n'ont jamais songé à réclamer les Gernet et les Grabowski, glissent dans le vocabulaire Esperanto une infinité de néologismes superflus et sans valeur linguistique[58].

Dans le débat entre « fundamentistes » et « néologistes », *Le Monde espérantiste*, auquel collabore le vaillant défenseur du *Fundamento* qu'est Théophile Cart, a donc nettement choisi son camp. Comment l'expliquer ? On soulignera d'abord que la tendance à la formation de néologismes révèle un préjugé ethnocentriste (« un mot qui peut être compris par les Occidentaux [serait], par le fait même, international[59] »), préjugé qui ne peut que heurter les internationalistes sincères qui peuplent la rédaction du *Monde espérantiste* – davantage, en tout cas, qu'un Beaufront qui, rappelons-le, n'entendait s'adresser qu'aux « principaux peuples de l'Europe et de l'Amérique, qui représentent la fraction vraiment civilisée du genre humain[60] ». Au fond, c'est peut-être ici que se fait sentir le plus vivement le hiatus entre les deux traditions de la langue universelle que nous avons identifiées plus haut, en opposant la conception saint-simonienne à celle que donne Cabet dans son *Voyage en Icarie*. On a vu que chez Cabet, l'universalité de la langue, entendue comme capacité à atteindre les masses, était étroitement liée au respect d'un petit corpus de règles. L'observance scrupuleuse de ces principes fondamentaux est en effet nécessaire pour atteindre à une intelligibilité maximale, et être en mesure de s'adresser au plus grand nombre. La minceur de la grammaire est en proportion directe de l'ampleur du public visé : la langue universelle se doit d'être une langue minimale, dont la liberté d'invention, le néologisme capricieux et la forme ambiguë sont les ennemis mortels.

La langue mondiale au service de programmes internationalistes

Une « revue sociale internationale » : Internacia Socia Revuo

Face, d'une part, aux critiques de plus en plus vives à l'encontre du « neutralisme » et, d'autre part, à la diffusion de l'espéranto auprès d'un nouveau public ouvrier, les autorités espérantistes assouplissent quelque peu le sévère régime de neutralité consacré par la Déclaration de Boulogne. Ainsi, dès l'été 1906, si le règlement du deuxième congrès universel, organisé à Genève, interdit toujours l'organisation de sessions portant sur des questions politiques, religieuses et sociales, il concède toutefois la tenue de « réunions privées », dans des salles mises à disposition par les organisateurs. Ainsi, des réunions d'espérantistes catholiques, francs-maçons ou pacifistes se tiennent en marge de la programmation officielle. C'est d'ailleurs à cette occasion que, sous l'action du libertaire français Paul Berthelot, se tient la première rencontre internationale des prolétaires espérantistes. Ces « *Ruĝuloj* » (« Rouges ») réunis à Genève, dont on notera au passage qu'ils ne constituent pas un ensemble idéologiquement homogène, décident la fondation d'un périodique espérantiste consacré à la lutte sociale. Ils concrétisent une aspiration qu'avait déjà formulée, dès 1903, le libertaire espérantiste belge Émile Chapelier, alors isolé, lorsqu'il appelait de ses vœux le lancement d'une « *revue*, ou un *bulletin sociologique international* rédigé en un idiome commun », qui permettrait à tous les camarades de se renseigner sur l'état du mouvement ouvrier et des conditions socio-économiques dans chaque pays du monde. Et Chapelier, citant l'exemple de l'*Espero katolika* fraîchement créé par l'abbé Peltier, de conclure par ces mots : « N'est-ce pas une honte de nous être laissés devancer par les catholiques[61] ? »

La tâche est confiée au groupe *Paco-Libereco* : en janvier 1907 paraît ainsi, sous son égide, le premier numéro d'*Internacia Socia Revuo*, la « Revue sociale internationale ». « Avant tout outil informatif et documentaire », *Internacia Socia Revuo* dresse un panorama des grèves, des congrès syndicaux, des fondations de coopératives, des résultats électoraux des formations socialistes dans un grand nombre de pays. D'emblée, la revue joue donc un rôle centralisateur dans le milieu travailleur espérantiste, en s'appuyant sur un dense réseau de collaborateurs, répartis dans une vingtaine de pays d'Europe et dans quelques pays extra-européens : au Royaume-Uni, en Espagne, au Portugal, en Italie, en Suède, au Chili, aux États-Unis, au Canada, à Cuba, au Brésil… et jusqu'au Japon – où Ōsugi Sakae, figure éminente de l'anarchisme japonais, est un espérantophone accompli[62]. La revue affiche en outre une volonté d'unité et d'ouverture aux différentes tendances du mouvement ouvrier. Les cartes postales publicitaires distribuées en 1908 invitent ainsi les « libres-penseurs, socialistes, anarchistes » à « s'abonne[r] et recrute[r] des abonnés ». Cette largeur de vues n'empêche pas certains correspondants d'adopter un ton beaucoup plus critique envers les socio-démocrates, les radicaux-socialistes, le catholicisme social et le syndicalisme « jaune » que l'un des contributeurs incite ainsi à « combattre partout, toujours et par tous les moyens, jusqu'à son anéantissement total[63] ».

Un autre trait distinctif de cette première édition libertaire espérantiste est sans doute le goût pour l'illustration. Dans la tradition de la presse socialiste et anarchiste, la rédaction fait appel à certains des plus illustres représentants de cette veine engagée. Entre janvier 1907 et janvier 1908 se succèdent ainsi les noms d'Adolphe-Léon Willette, d'Henri Gustave Jossot, de Louis Malteste, de Pere Tornè Esquius, d'Aristide Delannoy, de Maximilien Luce, de Bern et de Jules Grandjouan. Tous sont de sensibilité socialiste, libertaire ou anarchiste ; la plupart collaborent au *Rire*, à *L'Assiette au beurre* ou aux revues anarchistes que sont *L'Almanach de la Révolution*, *La Guerre sociale* ou encore *Les Temps nouveaux*. Certains manifestent même un engagement spécifique aux côtés de la cause espérantiste : c'est le cas de Ludoviko-Rodo – pseudonyme espérantisé de Ludovic-Rodolphe Pissarro, qui n'est autre que le quatrième fils de Camille Pissarro – ou encore de Jules Grandjouan, l'un des artistes les plus sollicités par le syndicalisme ouvrier et anarchiste du début des années 1900. Prolifique contributeur au *Rire* et surtout à *L'Assiette au beurre*, il a illustré plus d'une cinquantaine de journaux et quelques ouvrages[64]. Espérantiste convaincu, il est l'auteur du dessin qui orne la une de tous les numéros d'*Internacia Socia Revuo* à partir de janvier 1908 : une cohorte de travailleurs qui se hissent, grâce à un amas de blocs, posés les uns sur les autres de manière à former, à la verticale, le mot « espéranto », jusqu'à la hauteur d'un terrifiant vautour symbolisant le capitalisme, qu'ils s'apprêtent à abattre d'un coup de hache. Inversant le motif de la tour de Babel au profit de l'idéal révolutionnaire, cette illustration vigoureuse est dédiée « aux camarades espérantistes ».

Par ailleurs, les années qui précèdent le déclenchement du premier conflit mondial voient le paysage de l'espérantisme ouvrier français s'étoffer et se diversifier. En 1911, les espérantistes socialistes se réunissent en une ESFIO (*Esperanta Sekcio Franca de la Internaciista Organizaĵo*, « Section espérantiste française de l'organisation internationaliste »), affiliée à la Deuxième Internationale. On retrouve, à leur enseigne, la parution d'une traduction de la brochure de Marcel Cachin, *La Classe ouvrière et le socialisme*, préfacée par le maire socialiste de Limoges, Léon Betoulle, qui y manifeste sa sympathie à l'égard du mouvement espérantiste. Parallèlement, la tendance syndicaliste est portée par la *Sindikata Esperantista Federacio* (« Fédération syndicaliste espérantiste »). L'espéranto fait ainsi son apparition, en 1911, dans la revue pour enfants *Les Petits Bonshommes*, proche du syndicalisme révolutionnaire de Pierre Monatte. En 1914, ces deux organisations finissent par fusionner

Une d'*Internacia Socia Revuo*, illustrée par le dessinateur anarchiste Jossot. La légende indique : « Le travail, c'est la liberté » (*Internacia Socia Revuo*, 1re année, nº 4, avril 1907).

en une Union espérantiste ouvrière (*Franca Laborista Esperanto-Unuiĝo*). Celle-ci investit les hauts lieux du mouvement ouvrier et coopératif parisien : son comité se réunit chaque mois à la Bourse du travail, rue du Château-d'Eau, tandis qu'elle organise des cours à la Maison commune du IIIe arrondissement[65]. Cette coopérative, installée au début du XXe siècle au 49, rue de Bretagne, est, avec son restaurant, sa salle de spectacle et ses salles de réunion, un lieu incontournable de la vie du mouvement ouvrier parisien. Propriété de l'Union des coopératives socialistes, elle accueille des réunions socialistes, syndicalistes ou anarchistes – et même, en 1909 et 1910, une série de conférences de Lénine.

En s'implantant dans ces lieux de sociabilité ouvrière, l'espéranto poursuit sa diffusion auprès d'un spectre toujours plus large de sensibilités idéologiques. Pour accompagner ce mouvement, l'Union espérantiste ouvrière anime un périodique, *Le Travailleur espérantiste*. Organe d'une fédération nationale, rédigé essentiellement en français, ce dernier vise en effet avant tout à structurer ce mouvement, encore embryonnaire, et à soutenir la propagande à destination du public français. Si l'espéranto est présent, c'est dans le cadre d'une rubrique didactique, qui présente des listes de vocabulaire et des exercices d'apprentissage, assumant ainsi une dimension pédagogique absente d'*Internacia Socia Revuo*. Celle-ci, du reste, après avoir été bénéficiaire pendant les premiers mois de son existence, ne peut maintenir un équilibre financier pérenne, faute d'abonnés. Après plusieurs changements de formules (accélération du rythme de parution, division par deux du coût mensuel représenté par l'achat de la revue), la revue, qui tire alors à 2000 exemplaires, déménage en 1910 de la rue de Saintonge à Amsterdam : la période française d'*Internacia Socia Revuo* prend fin.

Des conceptions concurrentes de l'internationalisme

S'ils éprouvent tous trois l'étroitesse des frontières nationales, les projets portés par Peltier, Moch ou *Paco-Libereco* relèvent de différentes acceptions de l'internationalisme. La période qui court de la fin des années 1880 au début de la Seconde Guerre mondiale est en effet marquée par une multiplication des formes d'internationalisme, qui entrent souvent en concurrence[66]. La variété des usages de la langue internationale met ses rivalités en pleine lumière.

Prenons les engagements des espérantistes anarchistes de *Paco-Libereco*, d'une part, et, d'autre part, ceux des membres de la Société internationale espérantiste pour la paix de Gaston Moch. Ces deux discours pacifistes (pacifisme libertaire contre pacifisme « bourgeois ») qui, au début du siècle, se regardent en effet souvent avec « pas mal de dédain ou de méfiance [...], oscillant entre concurrence et complémentarité[67] », reposent sur deux conceptions divergentes de l'internationalisme. Le pacifisme juridique dont se réclame Gaston Moch s'inscrit en effet dans l'internationalisme politique qui, depuis la fin du XIXe siècle, ne s'oppose pas tant à la catégorie nationale qu'il n'« accompagne et conforte [...] la formation des États-nations, tout en se donnant pour objectif de pacifier les relations entre eux[68] ». Cet internationalisme, qui se fonde sur la reconnaissance mutuelle des entités nationales plutôt que sur leur dépassement, trouvera une forme institutionnelle après guerre, avec la Société des Nations.

La ligne défendue par *Espero Pacifista* et la *Libraro Pacifisma* rejoint ainsi celle des représentants de ce « microcosme international[69] » du pacifisme bourgeois. Si l'épithète est employée, avec une intention péjorative, par les socialistes internationalistes, elle a également servi aux historiens, et c'est naturellement à ce titre que nous la reprenons ici[70]. Résumée par la formule « la paix par le droit », cette ligne bourgeoise propose de créer une société internationale juridiquement organisée, en associant les États par un pacte qui créerait entre eux une communauté internationale de droit. Celle-ci viendrait ainsi doubler la communauté *de fait* que constitue la solidarité croissante entre les nations, notamment sur le plan économique. La proposition, inspirée par les écrits d'Emmanuel Kant, connaît alors, depuis le dernier tiers du XIXe siècle, une forte popularité dans les milieux pacifistes, notamment français, tandis qu'elle trouve un débouché concret dans la pratique de l'arbitrage international, procédure qui envisage le règlement des litiges entre États sur la base du respect du droit.

Dès son premier titre – la traduction, par Gaston Moch, de sa propre *Histoire sommaire de l'arbitrage permanent* –, la Société internationale espérantiste pour la paix publie de nombreux textes favorables à la pratique de l'arbitrage. En 1907 paraissent, entre autres, *Por Arbitracio*, d'Andrew Carnegie et la traduction d'un texte de Frédéric Passy, le fondateur de la Société française pour l'arbitrage entre les nations. De son côté, la revue *Espero Pacifista* dresse à chaque livraison un panorama des traités d'arbitrage, entre la Corée et le Japon, la Colombie et le Pérou, des congrès pacifistes et des conférences internationales. On y trouve essentiellement, aux côtés des quelques articles originaux, signés de la plume des espérantistes français (Moch, Samuel Meyer, Gabriel Chavet), des traductions, tirées de *L'Écho de Paris*, de la *Friedenswarte*, du *Courrier européen*, du *Matin*, etc., et signés par les tenants de cette ligne du pacifisme juridique : Jacques Novicow, Paul d'Estournelles de Constant, Bertha von Suttner, Andrew Carnegie, Alfred Fried, Charles Richet… Autant de noms qui figurent également au catalogue de la *Libraro Pacifisma*, la collection que Moch anime entre 1906 et 1908. On y retrouve notamment six récipiendaires du prix Nobel de la paix[71], récompense récemment créée et qui, fonctionnant alors « en circuit quasi fermé », vient couronner cette « élite au service de la paix » : rentiers, intellectuels ou notables qui consacrent l'essentiel de leur argent, de leur temps et de leur énergie à la promotion des idées pacifistes.

La ligne éditoriale de l'association *Paco-Libereco* est bien différente. Les questions pacifistes occupent une place importante dans l'*Internacia Socia Revuo*, dont l'antimilitarisme apparaît même, au-delà de la variété des options idéologiques qui s'expriment dans ses colonnes, comme son engagement le plus clair et le plus consensuel. Le numéro de mai 1907 s'ouvre ainsi sur cinq pages traduites de Francis Delaisi, portant sur la limitation de l'armement et parues quelques semaines plus tôt dans la revue *Pages libres*, à laquelle collabore régulièrement cet économiste socialiste et pacifiste, engagé dans la Ligue des droits de l'homme et ami de Gustave Hervé[72]. Mais l'internationalisme de la revue de *Paco-Libereco* est assurément d'inspiration libertaire : plutôt qu'une langue d'intercompréhension entre nations, ménageant un « espace linguistique » neutre, propice à la pratique de l'arbitrage et à la résolution juridique des conflits interétatiques, l'espéranto est ici un outil de subversion des institutions bourgeoises que sont l'armée, l'école, les partis politiques, les assemblées représentatives – et, bien entendu, la nation.

Nous reviendrons à l'instant sur la manière dont chacun de ces mouvements, à la fois complémentaires et concurrents, projette sur l'espéranto sa propre conception de l'internationalisme, mais jetons un coup d'œil, pour l'heure, au sommaire d'un numéro d'*Internacia Socia Revuo*, un parmi d'autres : celui d'avril 1908, par exemple, qui offre un assez bon exemple de cette ligne éditoriale anarchisante. Les articles y sont signés par un médecin russe objecteur de conscience, pacifiste mais qui ne s'est « jamais affilié à quelque groupuscule ou doctrine sociale spécifique » ; par Aristide Jobert, militant de la SFIO qui signe ici un article antiparlementariste déjà paru dans *La Guerre sociale* de Gustave Hervé ; par l'anarchiste individualiste Manuel Devaldès, dans une traduction de René Louis ; on y trouve en outre les statuts de la *Ligue internationale pour l'éducation rationnelle de l'enfance*, fondée par Francisco Ferrer et Charles-Ange Laisant, et ceux de la Fédération hollandaise des communistes libertaires. On pourrait presque dire que « l'Internationale libertaire » qui se laisse ainsi deviner, à la lecture d'*Internacia Socia Revuo*, ne tient que par le recours à l'espéranto. En tout cas, aux yeux de Gassy Marin et Émile Chapelier, la multiplicité des langues représente un « obstacle épouvantable » à sa marche en avant :

> À notre avis, la grande masse des anarchistes ne peut rester plus longtemps indifférente : il faut que nous cessions de nous cantonner exclusivement dans la simple négation et que nous entrions dans la phase pratique de la rénovation sociale ; il faut que nous soyons unis non seulement par une communauté d'idées, de sentiments et d'aspirations, il faut que nous le soyons aussi par un langage commun[73].

Aussi Marin et Chapelier présentent-ils, au congrès anarchiste international d'Amsterdam de 1907, une résolution favorable à l'espéranto. Quoiqu'elle n'eût pas beaucoup engagé ses signataires – il ne se serait agi que d'émettre le vœu de l'étude de l'espéranto et de son adoption par les prochains congrès internationaux –, c'est un semi-échec : le congrès se borne à reconnaître l'utilité d'un mode international de communication, mais se déclare incompétent pour juger de la valeur de l'espéranto[74].

Quant au père Peltier et à ses successeurs, l'espéranto leur apparaît comme la langue la plus appropriée à l'ambition universaliste du catholicisme. Plus encore : il permettrait à cette ambition de s'accomplir pleinement, en regroupant sous sa bannière l'ensemble des chrétiens, disséminés en une multitude d'Églises concurrentes. Aux yeux de Peltier, cette union chrétienne n'est qu'une étape vers « l'unité des croyants des diverses religions par l'espéranto », formule assez obscure qui n'est pas sans parenté avec l'hillélisme de Zamenhof. Plus tard, en 1911, les espérantistes catholiques s'accorderont sur un mot d'ordre plus mesuré et plus pragmatique : une sorte d'unionisme chrétien derrière l'autorité du pape. Par ailleurs, on soulignera l'attrait manifesté par les espérantistes catholiques pour le catholicisme social. L'espérantiste catholique Gustave Gautherot, par ailleurs professeur d'histoire de la Révolution à l'Institut catholique de Paris, souligne ainsi les services que pourrait rendre l'espéranto pour l'élaboration d'une doctrine sociale cohérente, par la mise en commun des expériences menées aux quatre coins du globe. Les espérantistes catholiques traduiront effectivement des textes de Marc Sangnier, le fondateur du Sillon, ou d'Hilaire de Barenton traitant de la question sociale : « Nous sommes certains, assure Peltier, que ces ouvrages remarquables intéresseront grandement les Espérantistes même non catholiques, car ils traitent de la plus actuelle des questions : l'amélioration de la condition des travailleurs[75]. »

L'espéranto, simple outil de communication ?

En recourant à l'espéranto, Peltier entend « donner à l'Idée catholique un organe de propagation, digne de ses promesses et espérances, en utilisant le merveilleux outil inventé par le Dr Zamenhof, la langue "Esperanto"[76] ». Gustave Gautherot reprend à son compte cette conception essentiellement véhiculaire de l'espéranto, en soulignant qu'il ne saurait remplacer les langues nationales ni le latin, qui doit demeurer la langue de la liturgie et des échanges entre autorités ecclésiastiques. En revanche, la langue internationale est appelée à jouer un puissant rôle auxiliaire : d'une part, pour la communication entre fidèles ; d'autre part, pour la diffusion du message apostolique. Enfin, à l'occasion du congrès des catholiques espérantistes de 1910, Gautherot s'écarte sensiblement de l'homaranisme :

> Nos doctrines ne résultent pas de cet « humanitarisme » vague et facile, de cet amour théorique de « l'homme en général » […] ; nous savons ce qu'il faut penser des arlequinades d'un « citoyen de l'Univers » comme Anacharsis Cloots.

Moch, à son tour, évite de recourir à l'*idée interne* chère à Zamenhof :

> On comprend que l'Espéranto puisse être un instrument utile même pour préparer la guerre : car, précisément, nous affirmons qu'il convient pour toute démonstration de l'activité humaine[77].

Si l'action de la *Societo Pacifista* repose sur la mise en équation de l'intelligence réciproque et de la fraternité, de l'intercompréhension et de la paix, Moch ne cède pas à l'idéalisme et s'inscrit d'ailleurs pleinement dans la conception « instrumentaliste » de l'espéranto. Son pacifisme « bourgeois », discret, qui, lorsqu'il se muera tout naturellement en un militantisme pour la Société des Nations, tiendra à prendre ses distances avec un pacifisme plus radical, trouve un outil tout à fait approprié dans un espéranto politiquement neutre[78] :

> Faciliter les relations entre les hommes de diverses nations, en leur donnant les moyens de se comprendre les uns les autres, c'est diminuer les risques d'incompréhension, et augmenter les chances de règlement pacifique des conflits inévitables : ainsi l'Espéranto, par essence, est un instrument [*rimedo*] pour l'harmonie internationale[79].

Du reste, Marin et Chapelier voient également dans l'adoption de l'espéranto une « question de tactique, un moyen de combat ». En facilitant la communication dans les congrès, elle permettrait à la fois une économie de temps considérable et un gain de précision dans l'expression des idées et la restitution des échanges. Leur rapport présenté au congrès anarchiste de 1907 est particulièrement remarquable en ce qu'il souligne, explicitement, l'intérêt que peut présenter l'espéranto dans la construction d'un discours médiatique alternatif, alors même que « la plupart [des militants anarchistes] ne savent ce qui se passe outre-frontière que par l'information la plus souvent mensongère de la presse quotidienne qui […] est à la solde des capitalistes, des gouvernants, des arrivistes de toutes sortes ». Dès lors, « l'usage d'une langue internationale permettrait aux militants de se documenter mutuellement dans des revues spéciales sur toutes les branches de l'activité révolutionnaire dans le monde entier[80] ». Concrétisées dès 1906, on l'a vu, par le lancement d'*Internacia Socia Revuo*, les aspirations de Marin et Chapelier se réaliseront mieux encore après la Première Guerre mondiale. Dans la monumentale *Encyclopédie anarchiste* qu'il dirige et publie entre 1925 et 1934, Sébastien Faure voit d'ailleurs dans l'espéranto un puissant outil de connaissance d'autrui :

> Nous avons besoin aussi de savoir quelle forme particulière prend l'idée anarchiste lorsqu'elle est étudiée et approfondie par des hommes chez qui les mœurs et l'éducation différentes des nôtres ont créé une mentalité également différente de la nôtre ; nous avons besoin de comparer les pensées et les œuvres de tous. Seul, l'emploi généralisé de l'Esperanto peut résoudre ces problèmes[81].

L'espéranto, un peu plus qu'une langue ?

Si l'espéranto apparaît comme un outil commode, qui offre des résultats tangibles, l'option de la langue internationale ne saurait tout à fait se réduire ni à un calcul rationnel, ni à un choix stratégique. Rappelons déjà que, malgré l'engouement certain et momentané qu'il a pu susciter, l'espéranto n'a jamais connu qu'une diffusion restreinte et marginale. Il y a donc bien, à l'origine de ce choix, un pari. Ainsi, si le rapport de Moch, de Gautherot ou des anarchistes vis-à-vis de l'idée interne est complexe et nuancé, et si leurs propres convictions sont parfois radicalement opposées, il nous semble que leur usage de l'espéranto n'est pas dépourvu d'un certain idéalisme. Idéalisme difficile à définir, sinon même introuvable, mais où réside, peut-être, la couleur propre à cette langue : idéalisme où se mêlent un rêve de communion instantanée, de fusion des peuples, et un indéniable élan progressiste, presque prophétique par instants.

Sous la plume de Gautherot, contempteur des « arlequinades » du cosmopolitisme, le choix de l'espéranto ne relève pas de la rêverie abstraite et sans conséquence ; il permet au contraire une mise en pratique tout à fait concrète de l'amour du prochain, rendue possible par l'état d'esprit très particulier que crée le partage d'une même langue : la « samidéanité » (décalque de l'espéranto *samideaneco* : « fait de partager un même idéal ») :

> Nous, Catholiques, ne pouvons rejeter, ni mettre de côté, une occasion si appropriée d'accomplir réellement l'ordre divin d'aimer son prochain, et personne ne nous reprochera d'espérer, de cette façon, atteindre les âmes par la voie du cœur.

Historien et catholique, Gautherot voit également dans l'espéranto un possible point de contact entre l'Église et le monde scientifique : puisque l'espéranto est déjà une langue de science et de progrès, les catholiques, en l'employant, « montreront au monde, une fois de plus, que le catholicisme et ses universitaires non seulement ne sont pas en désaccord avec la science, mais, au contraire, empruntent le même chemin, la voie du progrès[82] ».

Un progressisme que partage également, malgré l'abîme qui les sépare sur bien des points – en premier lieu, les questions religieuses et pacifistes –, Gaston Moch. À ses yeux, l'édition pacifiste espérantiste est porteuse d'ambitions particulièrement élevées. *Espero Pacifista* ne caresse rien de moins que le rêve de devenir « la meilleure et la plus importante des revues qui militent pour la paix[83] », témoignant d'une conception quasi prophétique de l'édition espérantiste :

> Cette édition n'est pas seulement importante pour l'actuelle propagande pacifiste entre les espérantistes, mais aussi, plus généralement, pour l'avenir : l'édition espérantiste d'un ouvrage quelconque est déjà son édition définitive, car il est évident que cette édition deviendra officielle : l'Espéranto, langue internationale, doit être et sera sans aucun doute un jour la langue officielle du Pacifisme, parti international.

Si, comme on l'a vu, Moch développe une conception instrumentale de l'espéranto, sa vision de l'édition espérantiste – mission qui concourt à l'établissement d'un ordre international inéluctable – réintroduit à plein la dimension utopique du projet de langue universelle. À ce titre, la notion d'« édition définitive » en espéranto nous semble particulièrement éloquente. Dans le droit-fil des philosophies de l'Histoire héritées du XIXe siècle, Moch articule l'expression d'un constat (« l'édition espérantiste d'un ouvrage quelconque *est déjà* son édition définitive ») et celle d'une prophétie (« cette édition *deviendra* officielle »). Cette distinction entre édition *définitive* et *officielle* fait de l'éditeur espérantiste un défricheur visionnaire de l'avenir qui, par son action, rend déjà tangible un souhait et précipite l'avènement d'un ordre inéluctable.

C'est sans compter sur la plasticité de cet étrange objet qu'est l'espéranto : si pour Gautherot il permet l'accomplissement d'un commandement divin, si pour Moch il est par essence une langue pacifiste, pour Marin et Chapelier, il est indéniablement anarchiste. C'est ainsi que se conclut leur comparaison, fort originale, des différentes réponses avancées, au cours des siècles, au problème de la communication internationale. Dans cet exercice classique, auquel ne déroge presque aucun plaidoyer en faveur de l'espéranto, ils établissent un curieux jeu d'équivalences entre projets de langue universelle et positions politiques. Ainsi, le choix d'une langue nationale (le français, l'anglais, etc.) comme langue auxiliaire internationale correspond à une position d'extrême droite ; le choix du latin rénové au libéralisme ; des projets tels que l'idiom neutral, le panroman, l'universal... (autant de langues artificielles « naturalistes »[84]), à la social-démocratie ; les langues *a priori* (volapük, langue bleue, etc.) à l'extrême gauche. L'important n'est pas ici de développer les ressorts de ces analogies, qui sont souvent aussi spécieux que plaisants ; mais de souligner l'étroite parenté établie entre l'anarchisme et l'espéranto, qui partageraient le primat de la raison, le goût de la liberté et un humanisme généreux :

> Nous arrivons à ceux qui, se dégageant de la routine, se sont affranchis du chauvinisme, des poussières classiques, de l'arbitraire et de l'avis des majorités inconscientes, ne s'inspirent que de la raison et de la logique, et veulent mettre à la disposition de l'esprit humain, par les dernières conquêtes de la science, le règne de l'abondance et de la liberté harmonieuse. En sociologie ce sont les anarchistes et en linguistique les espérantistes[85].

Cette équation posée, la place dévolue à l'espéranto devient celle de la marge, presque de la contrebande : la langue de Zamenhof apparaît comme un refuge « aux déserteurs, aux réfractaires, aux militants persécutés, à toutes les victimes des furies réactionnaires » condamnés à l'exil, à la misère, à l'isolement. Tous pourront, « grâce à une langue commune, se retrouver dans une famille nouvelle parmi leurs frères de combat[86] ».

Esprit libertaire et pensée naturiste : de la marginalité comme ressource

Espéranto et colonies libertaires

Depuis les « Iconoclastes de Montmartre », qui dès 1903 s'étaient penchés sur l'espéranto, les anarchistes individualistes n'ont pas cessé de s'intéresser à la langue de Zamenhof. Celle-ci a pu, ainsi, s'épanouir sur un terrain neuf et singulier : les quelques tentatives de colonies libertaires fondées, au début du XXe siècle, par des militants anarchistes qui entendent ainsi mettre en œuvre, de façon pratique, des modes de vie et de production alternatifs. Émancipées des impératifs du capitalisme, elles se veulent des lieux d'expérimentation, ouverts à toute innovation sur le plan de la vie commune et de l'organisation sociale. Préférant ainsi, au respect d'un plan préétabli d'après un corps de doctrine unifié, une « dynamique générale d'émancipation » qui se déploie dans un grand nombre de pratiques (cours et conférences, mode de vie simple et mieux accordé à la nature, autosuffisance, végétarisme, naturisme, amour libre, etc.)[87], ces colonies libertaires font naturellement place à l'espéranto. Avant guerre, les deux exemples les plus remarquables, en ce qui nous concerne, sont la colonie de Vaux, fondée en 1903 près de Château-Thierry, dont l'un des principaux animateurs est l'espérantiste Georges Butaud et qui accueille notamment, un temps, Jules Vallety (dit C. Papillon), collaborateur occasionnel à *Internacia Scienca Revuo*, et la colonie *L'Expérience*, fondée par Émile Chapelier, que l'on a déjà croisé plus haut en raison de sa promotion de l'usage de l'espéranto auprès des anarchistes en 1907.

C'est dans la même nébuleuse que s'inscrit une expérience singulière à laquelle, ne serait-ce qu'en raison de son nom sans équivoque, nous devons consacrer quelques lignes. Il s'agit de la « villa Zamenhof » , active dans les environs immédiats de Sisteron au cours des années 1930. Domicile d'Angèle et Victor Vignet, la villa est un camp naturiste et végétalien. On y remet, à l'image de la colonie de Vaux, « assez de terre pour faire pousser des légumes[88] » à qui en fait la demande. En février 1931, les époux Vignet lancent leur propre journal, *L'Espérantiste sisteronnais* [*sic*]. Le journal se développe rapidement grâce à l'achat, au printemps 1932, d'un matériel d'imprimerie, rendu possible par le soutien financier d'un nombre grandissant de lecteurs. La feuille, en effet, ne vit que de dons, l'abonnement étant gratuit jusqu'en octobre 1932. En janvier 1935, il change de nom : devenu *Le Phare de l'Esperanto*, il passe à une formule bilingue, présentant les deux langues en regard.

Se réclamant ouvertement de Georges Butaud, cet « illustre végétalien », le journal de la « villa Zamenhof » promeut pêle-mêle, dans la double lignée de l'anarchisme individualiste et du courant naturiste, l'espéranto, le tourisme, le végétalisme, le spiritualisme et le pacifisme : « en un mot, tout ce qui a pour but la fraternité des peuples et la suppression des guerres[89] ». Ce faisant, il affiche la volonté de revenir aux fondements de l'espérantisme, c'est-à-dire à l'idée interne : « Nous avons constaté que peu à peu l'idéal de Zamenhof a été oublié par beaucoup d'espérantistes et ce pour pouvoir satisfaire des égoïsmes personnels et nationaux[90]. » Transposant, pour ainsi dire, cet idéal de fraternité et de tolérance dans sa pratique éditoriale, il héberge l'expression d'une multitude de groupes, ouvrant ses colonnes à la nébuleuse de l'espérantisme « d'avant-garde », qu'il s'agisse des ouvriers, de l'Union des femmes espérantistes, de la Ligue espérantiste pacifiste, de la société d'études hermétiques « Aŭrora », du groupe « Amour et vie », qui appelle à un « respect intégral de toute forme de vie » et où convergent promotions du pacifisme, du végétarianisme et de l'éducation alternative. À mesure que la situation internationale se crispe, au cours de l'année 1937, le contenu pacifiste se fait plus présent et radical. *Le Phare*, qui juge que « tout (vrai ?) Espérantiste devrait être objecteur de conscience », publie ainsi un article intitulé « Pacifisme total » paru dans le numéro de juin-juillet, ainsi qu'un appel de l'Association des amis du service civil international.

Cette politique permet à cette entreprise éditoriale des plus artisanales d'atteindre des tirages plus élevés que ce que son apparente marginalité pourrait laisser imaginer : 1 500 à 2 000 exemplaires mensuels en juillet 1935[91] ; 3 000 exemplaires en novembre-décembre 1937[92]. En février 1936, les époux Vignet se réjouissent ainsi de l'augmentation continue du lectorat et du nombre de collaborateurs à leur revue qui, « petit à petit, sans bruit », devient « l'une de celles qui se classent parmi les meilleures revues espérantistes »[93]. Loin d'être isolée, elle se révèle au contraire connectée avec de nombreux autres maillons du réseau éditorial espérantiste : le couple Vignet reçoit ainsi, à la villa Zamenhof, des revues éditées en France (*Sennaciulo, Franca Esperantisto, Nia Gazeto, Fluganta Skribilo, Radio-Esperanto* et *Pikarda Stelo*) et dans une dizaine d'autres pays[94]. Ce qu'offre l'espéranto pour ces colons libertaires, c'est, en dernière analyse, la possibilité – au risque d'une contradiction dans les termes mêmes – de vivre l'utopie « ici et maintenant », pour reprendre la formule d'Anne Steiner : « La raison d'être du “milieu libre”, c'est surtout de permettre à ceux qui le rejoignent de vivre en anarchiste, ici et maintenant, et non dans un futur lointain[95]. » Or ce que permet la pratique de l'espéranto n'est, précisément, rien d'autre que l'expérience immédiate et concrète d'un mode de communication alternatif.

Espéranto, naturisme et végétarisme

Ce qui s'esquisse aussi, notamment par l'intermédiaire du couple formé par Georges Butaud et Sophie Zaïkowska, dont la vie et l'œuvre se situent à la confluence de l'anarchisme individualiste et du végétarisme, c'est une nouvelle médiation de l'espéranto, particulièrement active pendant l'entre-deux-guerres. Elle ajoute la langue internationale au large éventail de pratiques portées par un mouvement difficile à circonscrire, mais que les travaux d'Arnaud Baubérot ont contribué à définir plus étroitement : le naturisme[96]. Très critique à l'égard du progrès technique, le naturisme projette de régénérer l'homme par le retour à la nature et la réforme hygiénique des modes de vie. Arnaud Baubérot a montré que le naturisme relevait d'un *cultic milieu*, c'est-à-dire d'une « subculture spirituelle » partagée par des « individus disposés à tenir pour acquises des croyances et des valeurs que “la science et la religion établies” ne reconnaissent pas comme légitimes ». Dès lors, l'intérêt pour l'espéranto s'explique ici par sa marginalité même, par son statut de « langue alternative ». Option originale, en marge des solutions communément admises, il retient ainsi l'attention d'individus prêts à expérimenter toute voie nouvelle, non conformiste, qui leur permettrait de s'accomplir pleinement, et d'atteindre à une connaissance plus profonde de la nature intime de l'homme. Plus fondamentalement, par sa promesse d'un échange équitable, par la rénovation radicale des conditions de la communication interpersonnelle qu'il se propose d'accomplir, l'espéranto se place au diapason des exigences d'authenticité portées par le naturisme. Sans compter le fait que l'espéranto, langue simple, claire, d'apprentissage aisé et à prétention universelle, peut sans mal endosser le socle de valeurs qui permet la convergence de ces différentes tendances non conformistes : humanisme, esprit fraternel, pacifisme, progressisme, rénovation sociale et spirituelle.

Quelles sont les voies de la pénétration de l'espéranto dans ces milieux? Ici comme ailleurs, les cercles de sociabilité sont bien entendu décisifs : ainsi l'association naturiste du Trait d'Union, qui mêle promotion de l'hygiénisme, réformisme social et spiritualité volontiers ésotérique – son fondateur, Jacques Demarquette, est membre de la Société théosophique de France –, dispose-t-elle, dès 1929, d'un « rameau espérantiste ». Rassemblés en un Groupe des naturistes espérantistes, ses membres entendent « propage[r] la langue auxiliaire neutre et supranationale dans tous les milieux et groupements naturistes, végétariens, abstinents d'alcool et de tabac, d'hygiène alimentaire, de camping et de sports, d'éducation nouvelle, de protection des animaux, pacifistes, coopérateurs, etc., et en même temps faire connaître aux Espérantistes le Naturisme, tel qu'il est compris au Trait-d'Union[97] ». Outre l'organisation de cours, publics et gratuits, l'association entend traduire les principaux ouvrages du naturisme, dispose d'une bibliothèque de prêt, édite des tracts, organise des conférences et mène des actions de propagande, notamment dans les revues.

Celles-ci, en effet, jouent un rôle important : on trouve ainsi des annonces pour des cours d'espéranto dans la revue *Naturisme*, tandis que *Le Néo-naturien* insère un encart publicitaire pour *Sennacieca Revuo*, principal organe de l'espérantisme ouvrier au début des années 1920. À l'automne 1922, ce même *Néo-naturien* envisage de faire paraître une édition en « langue internationale ». La question du choix entre espéranto et ido restant en suspens, la rédaction reçoit un « courrier formidable » de la part de ses lecteurs, qui se déchirent sur la question. Devant le tollé et la complexité du débat, le projet est finalement abandonné[98]. Enfin, on soulignera le rôle, plus inattendu, des restaurants végétariens qui, au cours des années 1920 et 1930, sont en effet des lieux militants où l'on ne fait pas que dîner : on y écoute également des conférences, portant sur des sujets aussi variés que le fouriérisme, le pacifisme ou les récentes découvertes scientifiques[99]. Citons par exemple, au milieu des années 1930, le restaurant végétarien « Renova », installé rue Dauphine à Paris, qui accueille chaque jeudi soir un cours d'espéranto[100], ou encore le cours gratuit qu'anime Paul Meyer, collaborateur à la *Revue anarchiste*, au restaurant végétarien du 41, rue de Saintonge[101], tandis que le Foyer végétalien fondé en 1923 par Georges Butaud, dans le XIXe arrondissement, propose, outre des repas végétaliens, des cours de physique-chimie, de français, d'espéranto et d'ido[102].

Les imprimeries espérantistes, cœurs battants de la langue universelle

Lieux incontournables et nécessaires à la vitalité de la langue internationale, les imprimeries furent également des lieux de socialisation d'un espéranto contestataire. À sa modeste échelle, le microcosme de la *Presa Esperantista Societo* fait figure de lieu d'expérimentation de l'utopie de Zamenhof, « où travaillent des espérantistes de diverses nationalités et où l'on peut recevoir toute la production éditoriale espérantiste[103] ». Cette mise en relation, au-delà de la barrière des nationalités, d'individus partageant le même idéal, réunis par la seule pratique de la même langue, au profit, précisément, de sa diffusion, distingue, entre toutes, l'entreprise de Lengyel et Fruictier : « L'imprimerie est avant tout Espérantiste : elle est pourvue par des travailleurs en Espéranto, sa langue normale[104]. » Pendant les dix ans qu'il passe à Paris à la tête de la société, Lengyel avoue avoir vécu « dans une vraie atmosphère espérantiste. J'ai été constamment au milieu d'espérantistes, écrit-il, et je m'exprimai à chaque instant en espéranto[105] ». La bibliothèque Hippolyte-Sebert, installée au siège d'Espéranto-France, conserve encore le livre d'or de l'imprimerie. Inauguré par la signature de Zamenhof lui-même, qui visite le site de la rue Lacépède en août 1905, au retour de Boulogne-sur-Mer, il réunit environ deux cent cinquante témoignages de visites, accomplies entre le 2 août 1905 et le 12 novembre 1916. Les noms des plus éminents espérantistes y figurent ; les visiteurs viennent de Suisse, de Bohême, de Belgique, de Pologne, d'Angleterre, d'Espagne, de Russie, d'Allemagne, de Hongrie… Les mots laissés par certains d'entre eux laissent deviner l'impression profonde qu'a pu exercer sur de fervents espérantistes ce lieu entièrement dévolu à la langue internationale, où celle-ci était réellement mise en pratique. L'un écrit ainsi s'être senti « pour la première fois vraiment en Espérantie », tandis qu'un autre ne recule pas devant les comparaisons les plus osées : « Tout comme, aux temps jadis, le peuple de la Bible désirait entrevoir la "Terre promise", je rêve, depuis longtemps déjà, de la sainte – lieu saint de mon cher Esperanto – "*Presa Esperantista Societo*". […] Ce jour sera et restera un jour de fête inscrit en lettres rouges dans "mon" calendrier[106]. »

La *Presa Societo* occupe ainsi une place tout à fait spécifique : pour la première fois vient de prendre corps « un vrai centre Espérantiste, où l'Espéranto vit et règne en maître[107] ». Pour autant, elle ne fut pas la seule imprimerie espérantiste active à Paris dans la première moitié du XXe siècle. Quelques années après la fondation de la société de la rue Lacépède, s'ouvre en effet une « imprimerie ouvrière espérantiste », baptisée *L'Universala*. Cette dernière s'installe cette fois-ci rive droite, en plein cœur du Marais, au 20, rue du Cloître-Saint-Merri. Si son mode d'organisation nous demeure inconnu, nous avons retrouvé trace de dix titres sortis des presses de cette société dont l'existence fut brève : pas plus de quelques mois, entre 1911 et 1912. L'association libertaire *Paco-Libereco* y fait imprimer certaines de ses publications. Seules trois sont en fait rédigées en espéranto : l'opuscule de Sébastien Faure, un projet de constitution pour une fédération internationale et une plaquette de poésie d'un révolutionnaire géorgien, Giorgi Ciklauri, connu des espérantistes sous le pseudonyme de *Tiflisano* (c'est-à-dire « un habitant de Tbilissi »). Si un autre titre concerne la langue universelle – il s'agit d'une conférence de Camille Aymonier comparant les mérites de l'espéranto et de l'ido, tenue à la Bourse du travail de Paris en janvier 1912 –, les autres sont essentiellement des ouvrages d'économie sociale portant sur la condition ouvrière, le syndicalisme ou encore le crédit populaire.

Après guerre, alors que la branche imprimerie de la *Presa Esperantista Societo* poursuit son activité sous la direction de Victor Polgar, puis de son frère Joseph[108], et ce probablement jusqu'en 1937, on relève l'activité, à Paris, d'un autre imprimeur espérantiste, du nom de José Solsona. Son parcours est assez similaire à celui de Victor Polgar, né à Timişoara en 1877 et venu à Paris en 1904 : né en Espagne en 1882, Solsona arrive en France en 1909 où il travaille en imprimerie, notamment chez Chaix. Parallèlement, Solsona s'investit dans le champ de la presse espérantiste, dès 1910, en qualité de secrétaire de rédaction du *Monde espérantiste*[109], dont on a vu plus haut la ligne antibourgeoise et antiautoritaire. Après son mariage en 1919 et la naissance de son fils l'année suivante, il fonde sa propre imprimerie, au 5, rue Hallé, dans le XIVe arrondissement[110]. À partir de 1935, s'y impriment des ouvrages favorables aux causes catalane (les périodiques *Butlletí de l'Estat Català*, *París-Catalunya*, *Butlletí de la Casa de Catalunya de París*, *Revista de Catalunya*), républicaine et anarchiste, comme la revue *Iberoamérica*, ou encore les écrits de Georges Butaud. Toutefois, son imprimerie n'est pas une maison exclusivement militante : ses convictions ne l'empêchent pas de répondre également aux commandes des espérantistes neutres, imprimant par exemple des publications de la SFPE. En octobre 1929, Solsona acquiert un nouveau marché en imprimant *Espero katolika*, jusqu'alors imprimé chez Charles Monnoyer, au Mans. Par ailleurs, durant les années 1920 et 1930, marquées par un net déclin de l'activité éditoriale française en espéranto, c'est chez Solsona que plusieurs auteurs adressent directement leurs manuscrits, édités à compte d'auteur : ainsi Daniel Eyquem ou Raymond Schwartz. Après le décès de José Solsona en 1939, son épouse, Blanche, prend les rênes de l'imprimerie, qu'elle met au service de la résistance communiste. Arrêtée et déportée, elle meurt à Ravensbrück en 1944, un an avant que son fils Pierre ne décède au camp de Mauthausen.

Espéranto et pédagogies alternatives : Célestin Freinet et Henri Bourguignon

On ne saurait tracer un panorama de l'histoire de l'espéranto en France dans les années 1920-1930 sans évoquer l'intérêt porté à la langue universelle par les promoteurs de pédagogies alternatives. La figure éminente est ici Célestin Freinet : l'instituteur et pédagogue inventeur, avec son épouse Élise, de techniques pédagogiques novatrices fondées sur la coopération, l'autogestion et l'expression libre des élèves, s'intéresse à l'espéranto dès la fin des années 1920. À partir d'octobre 1928, sa revue *L'Imprimerie à l'école* fait ainsi paraître un cours élémentaire d'espéranto ; des concours de traduction y sont organisés et la rédaction d'un dictionnaire d'espéranto à l'usage des enfants y est lancée ; le journal centralise en outre les demandes de correspondance en espéranto, qui émanent principalement de l'URSS, de l'Allemagne et de l'Espagne. Dès son premier numéro, en octobre 1932, la nouvelle revue que Freinet édite depuis son école expérimentale de Saint-Paul-de-Vence, *L'Éducateur prolétarien*, accorde une large place à l'espéranto. On peut ainsi y lire un compte rendu du vingt-quatrième congrès universel, qui, cette année-là, se tient à Paris ; compte rendu extrêmement critique à l'égard des représentants de l'espérantisme neutre et bourgeois, ces « espérantistes essentiellement dangereux, parce qu'au service du capitalisme et de la guerre[111] ».

En effet, si l'espéranto attire l'attention du couple Freinet, engagé aux côtés du PCF, c'est d'abord en raison de sa valeur émancipatrice, laquelle, à compter des années 1920, en fait, malgré des oppositions nombreuses, une langue possible pour l'internationale prolétarienne. Par ailleurs, l'espéranto semble particulièrement bien se prêter à deux principes des écoles Freinet : la pédagogie active – sa simplicité et sa régularité apparentant l'usage et l'apprentissage de l'espéranto à un jeu de construction – et la correspondance internationale. Mettant en rapport épistolaire des élèves et des éducateurs de toute l'Europe grâce à l'emploi de l'espéranto, un service de « correspondance interscolaire internationale » est ainsi lancé, au début des années 1930, par un instituteur ami du couple Freinet : Henri Bourguignon. Installé non loin de Saint-Paul-de-Vence, à Flassans-sur-Issole (Var), Henri Bourguignon milite ainsi à la convergence de l'espérantisme ouvrier et de la pédagogie alternative. Il est, au début des années 1930, responsable du service pédagogique de la Fédération espérantiste ouvrière et du groupement espérantiste de l'enseignement primaire, tout en tenant, depuis 1931, les rubriques espérantistes de *L'École émancipée* – alors organe de la Fédération de l'enseignement de la CGTU[112]. En 1934, il assume par ailleurs, avec un camarade russe, la rédaction des deux seuls numéros de *Proleta literaturo*, organe officiel de l'Association internationale des écrivains espérantistes révolutionnaires, dont il illustre les unes de ses propres bois gravés.

Sesa Jaro - N° 3 (29) Aperas ĉiumonate Marto 1939.

INFANOJ sur tutmondo

Internacia Revuo por Esperantistaj Infanoj kaj Junuloj

Redakcio kaj Administracio : H. BOURGUIGNON, Besse-sur-Issole (Var), Francio.

NEĜO-BLANKA KAJ LA MALGRANDEGULOJ

Un numéro d'*Infanoj sur Tutmondo* (mars 1939), revue animée par Honoré Bourguignon dans la mouvance des pédagogies alternatives et de la méthode Freinet.

Engagé en faveur de la correspondance scolaire et de l'imprimerie à l'école, il fonde à son tour, en 1934, une publication mensuelle, baptisée *Infanoj sur Tutmondo* (« Enfants sur toute la Terre »). Dans une parenté étroite avec un Freinet pour qui l'école devait s'ouvrir sur la vie, Bourguignon entend faire de sa petite revue, à laquelle Freinet collabore d'ailleurs à l'occasion, une fenêtre ouverte sur le monde. Il y ouvre un espace dédié à la correspondance internationale, y accueillant ainsi des propositions d'instituteurs qui cherchent des correspondants pour leur classe. Bourguignon lance également des appels aux bonnes volontés, sollicitant de ses collaborateurs des « essais intéressants sur les sciences naturelles, la géographie, l'histoire, les jeux mathématiques, accompagnés de photos, dessins, schémas, gravures sur bois ou sur linoléum[113] ». Comme son titre le suggère, *Infanoj sur Tutmondo* entend en effet informer ses jeunes lecteurs du sort des enfants de la planète. La rubrique *Voĉoj de la infana mondo* (« Voix du monde des enfants ») traite du sort des enfants privés d'école, analphabètes, condamnés à travailler dur, en Indochine ou en Amérique, accueille le témoignage d'un enfant chinois, un reportage sur la vie des enfants portugais, etc. On y trouve plusieurs articles signés par des élèves, au ton pacifiste ou social nettement affirmé. Le courrier des lecteurs vient de Russie, d'Allemagne, d'Estonie, de Pologne ; au début de l'année 1938, Bourguignon peut ainsi revendiquer trente collaborateurs, issus de vingt pays différents.

L'illustration occupe une place privilégiée dans *Infanoj sur Tutmondo*. Spécialiste des bois gravés, Bourguignon verra par ailleurs certaines de ses œuvres publiées, ainsi que deux articles techniques, dans *L'Imprimerie à l'école* en 1930. Dans sa propre revue, il délivre ses conseils techniques pour réaliser de la linogravure, propose un concours d'illustrations pour la page de couverture et encourage ses jeunes lecteurs à lui faire parvenir des gravures qui agrémentent la maquette d'une revue d'abord assez rudimentaire. Toutefois, son succès permet à Henri Bourguignon de proposer une nouvelle formule en 1937, avec typographie moderne et photographie en une, affichant l'ambition de devenir l'organe de tous les enfants et adolescents espérantistes du monde. Au fil des années, la revue perd un peu de son caractère militant, pour laisser une place grandissante aux reportages photographiques (ainsi le compte rendu de l'Exposition universelle de 1937), aux récits, contes et nouvelles, à l'illustration et à la couleur, tandis que la maquette passe à dix, puis douze pages, désormais en trichromie. La revue tire alors à deux mille exemplaires[114], ce qui en fait l'un des périodiques espérantistes les plus largement diffusés. Le dernier numéro – le trente-deuxième – est daté de juin-juillet 1939 ; le mois suivant, Bourguignon est brièvement mobilisé, avant de s'engager dans la Résistance. Arrêté le 10 juillet 1944, il est déporté en Italie puis à Dachau, d'où il ne reviendra pas.

7

De la langue internationale à la langue mondiale

À bien des égards, la coloration dominante de l'entre-deux-guerres contraste vivement avec celle de l'espérantisme Belle Époque. La vitalité d'un espérantisme engagé, d'inspiration révolutionnaire ou libertaire, semble réinscrire au cœur du projet espérantiste sa dimension idéaliste et militante, niée par les pionniers français du début du siècle. L'anarchiste individualiste Victor Vignet en prend ainsi le contre-pied parfait en affirmant, en 1935, que « l'Esperanto n'est pas un négoce. C'est une idée[1] ». Mais quelle idée ? Entre l'idéal de Zamenhof, disparu en 1917, six mois avant l'instauration du régime bolchevique, qui se montrera d'abord bien disposé envers l'espéranto, et les idéologies du siècle naissant, le dialogue fut souvent complexe et tissé d'incompréhensions.

Internationale socialiste et espéranto

Une initiative « rad-soc' » : l'introduction de l'espéranto à l'école

La question de l'introduction de l'espéranto dans les programmes scolaires est une préoccupation ancienne du mouvement espérantiste. Dès 1899, le philosophe Ernest Naville présente un rapport en ce sens à l'Académie des sciences morales et politiques, avant que des espérantistes aux profils aussi variés que

Gustave Hervé, Ernest Archdeacon ou Émile Boirac ne reprennent fréquemment le combat en faveur de l'enseignement de la langue de Zamenhof. Une poignée de municipalités et quelques instituteurs s'y montrent sensibles, organisant des cours d'espéranto dans les locaux scolaires, mais ces pratiques ne relèvent jamais que « de l'initiative individuelle, de la présence d'un enseignant de bonne volonté dans une école, un collège ou un lycée[2] ».

Politiquement, la question est toutefois portée dès avril 1906 par le député-maire radical-socialiste de Sens, Lucien Cornet. Celui-ci, espérantiste convaincu, soutien du club sénonais, soumet à la Chambre des députés un projet de résolution qui propose « d'introduire la langue internationale Esperanto dans les programmes de l'enseignement public qui comportent l'enseignement des langues vivantes », c'est-à-dire dans les « sections modernes » instituées par la réforme des lycées de 1902 – dont, rappelons-le, Carlo Bourlet avait été l'un des artisans. L'initiative, qui prévoit que l'espéranto, dont l'enseignement serait facultatif, pourrait être choisi en tant que « langue supplémentaire », lui vaut une lettre de remerciements de Zamenhof[3]. Quelques semaines plus tôt, Lucien Cornet avait été reçu par le ministre de la Guerre, qui est alors le général Picquart, dont on sait le rôle décisif dans la résolution de l'affaire Dreyfus. Louis de Beaufront participait également à cette audience, au cours de laquelle le ministre Picquart aurait manifesté un vif intérêt pour le combat des espérantistes[4]. Ce premier projet ne peut être discuté, à cause de la tenue d'élections législatives en 1906 ; mais Cornet, réélu, le dépose à nouveau en février 1907, s'attirant le soutien de soixante-huit députés. Ceux-ci sont issus du parti radical ou de formations plus modérées mais aussi, pour vingt-quatre d'entre eux, des rangs socialistes[5]. Cette fois-ci, les membres de la Commission de l'enseignement de la Chambre sont contraints, à leur tour, d'étudier la question : en juin 1907, ils auditionnent les notables de l'espérantisme français : Beaufront, Sebert, Boirac, Bourlet et Moch se font les avocats de la langue internationale[6].

« Notre député espérantiste » : voici comment Beaufront désigne Lucien Cornet, avec qui il entretient des liens étroits et dont il soutient activement l'initiative, en adressant, notamment, une lettre à chaque député, afin d'attirer l'attention sur l'initiative de son ami, héraut de la cause espérantiste dans l'hémicycle. Ce travail d'influence est poursuivi par A. Dauphin, membre du groupe espérantiste de Paris, qui profite à son tour du dépôt de la proposition Cornet pour défendre la valeur pédagogique de l'espéranto auprès des lecteurs du *Manuel général de l'instruction primaire*, en 1908. Toutefois, ce mouvement d'opinion ne suffit pas à faire adopter la proposition Cornet et, contrairement à ce que pouvait affirmer un peu péremptoirement Dauphin, lorsqu'il prévoyait « que dans un avenir prochain la langue Esperanto sera introduite dans toutes nos écoles », la langue internationale n'est pas encore prête à prendre place dans l'enseignement public français.

Sur ce plan, l'après-guerre n'offre pas davantage de perspectives. Le droitier Léon Bérard, fossoyeur de la réforme de 1902 et restaurateur de l'enseignement obligatoire du latin dès la sixième, fait même montre, à l'occasion de son passage au ministère de l'Instruction publique, d'une sévérité inouïe à l'encontre de la langue internationale. Par une circulaire de juin 1922, il interdit la mise à disposition des locaux scolaires pour l'enseignement ou la propagande en faveur de l'espéranto, attirant l'attention des instituteurs sur les « dangers » que cet « instrument d'action d'un internationalisme systématique » fait peser sur « l'éducation à base de culture latine »[7]. On en conclura que le clivage constitué par la question espérantiste se superpose à la ligne de fracture qu'avait créée, en 1902, la réforme de l'enseignement secondaire : le débat rejoue ici, dans les grandes lignes, l'opposition entre études classiques et section moderne, humanités gréco-latines et enseignement des langues vivantes.

Du socialisme municipal au discret soutien du Front populaire

À cette ligne de fracture la question espérantiste ajoute toutefois un élément singulier : le spectre de l'internationalisme, dont la crainte motive au premier chef la décision de Bérard, figure par ailleurs proche de l'Action française. Aussi, *a contrario*, pour les responsables politiques situés à l'autre extrémité de l'échiquier politique, l'espéranto devient un objet de mobilisation.

On se souvient peut-être qu'en 1911, les espérantistes socialistes avaient fondé une association, l'ESFIO, qui n'avait pas survécu à la Grande Guerre. Or celle-ci renaît en 1932, rassemblant les militants socialistes auxquels, selon les mots de leur secrétaire fédéral, Marius Lafforgue, « l'Espéranto, cette merveilleuse langue auxiliaire internationale, [...] apparaît toujours plus [...] comme le moyen le plus sûr de réaliser [leur] idéal socialiste[8] ». L'association se dote d'un organe officiel, *Le Socialiste espérantiste* et, forte d'un vigoureux réseau de délégués réparti dans tout l'Hexagone, ouvre des cours, prend la parole dans la presse locale, mène des actions de propagande parfois spectaculaires : ainsi, dans la caravane de propagande de la section toulousaine de la SFIO, les socialistes espérantistes disposent de leur propre voiture, qui diffuse *L'Internationale* en français et... en espéranto. Le mouvement est du reste bien implanté dans la Ville rose, où, en 1937, la municipalité socialiste verse une subvention de 180 francs à la section locale d'ESFIO[9]. Le cas n'est pas isolé : Auguste Pageot, député-maire de Nantes, est à la tête du groupe local d'ESFIO ; Léon Berland, adjoint au maire de Limoges de 1919 à 1940, figure du socialisme limousin et du mouvement coopératif, est un espérantiste de longue date, fondateur du groupe limougeaud ; Roger Salengro, peu de temps avant de devenir ministre du Front populaire, accepte la présidence d'honneur du congrès régional de la Fédération espérantiste du Nord[10]. En décembre 1933, plusieurs maires, dont ceux de Charleville, du Mans et de Moulins, lancent un *Appel aux municipalités socialistes*, afin de promouvoir l'enseignement de l'espéranto[11]. L'appel est entendu dans plusieurs communes – Carmaux, Graulhet, L'Haÿ-les-Roses, Montbéliard, Évian-les-Bains... – qui ouvrent des cours, adhèrent à l'association ou désignent un délégué. L'action de l'ESFIO trouve également des relais actifs dans le réseau des Jeunesses socialistes, qui se montrent, durant l'entre-deux-guerres, particulièrement sensibles aux idées internationalistes et pacifistes. Le congrès national des Jeunesses socialistes de 1928 vote ainsi une résolution rendant obligatoire l'enseignement de l'espéranto[12], que de nombreux membres pratiquent ou commencent à apprendre. À Roubaix, ce sont des membres des Jeunesses socialistes qui fondent, en 1932, le groupe espérantiste ouvrier.

Enfin, plusieurs conseils généraux (Seine, Allier, Marne, Haute-Vienne, Haute-Garonne, Basses-Alpes, Alpes-Maritimes et Bouches-du-Rhône) et municipaux émettent des vœux en faveur de l'introduction de l'espéranto dans les programmes d'enseignement[13]. C'est également le cas d'associations parties prenantes du

Front populaire, comme la commission française de l'éducation du Rassemblement universel pour la paix, dans son rapport remis au ministre en 1937, ou, la même année, la fédération des Landes de la Ligue des droits de l'homme (LDH)[14]. Dès 1931, le *Cahier des droits de l'homme*, organe de la LDH, propose un référendum sur l'adoption d'une langue universelle, accompagné d'un article du député socialiste de Haute-Savoie, Étienne Antonelli, qui conclut à la nécessité d'adopter l'espéranto, dont il fait un éloge appuyé[15].

Rien d'étonnant, donc, à ce que la victoire du Front populaire soulève à nouveau la question de l'introduction de l'espéranto dans les programmes scolaires. Un peu plus d'un an après l'autorisation, par le ministère de l'Éducation nationale, de l'ouverture d'un cours libre d'espéranto à la Sorbonne[16], la circulaire Jean Zay du 11 octobre 1938 encourage l'instauration de cours facultatifs d'espéranto dans les écoles publiques. En mettant ainsi fin à seize ans de proscription de la langue internationale dans l'enseignement français, elle est à l'origine de l'ouverture de cours dans de nombreuses écoles primaires, secondaires ou techniques. *Jeunesse Esperanto* recense les cas des écoles de Grenoble, Quimper, Sète, Besançon, Paris, Lyon, Perpignan, Pont-l'Abbé, etc. Prenons le cas de Toulon, où des cours se tiennent, avec succès, à l'école industrielle Rouvière (attirant 46 élèves), au collège de jeunes filles (une douzaine), au lycée de garçons (8), à l'école pratique de jeunes filles (25), « admis au titre des loisirs dirigés, bien accueillis et facilités par MM. les Directeurs et Mmes les Directrices de ces différents établissements d'enseignement secondaire[17] ».

Nous avons vu plus haut, par ailleurs, le rôle des universités populaires dans la diffusion de l'espéranto auprès du public ouvrier. Rôle précoce, mais modeste – d'autant plus que l'expérience des universités populaires tourne court très rapidement. Durant les années 1930, toutefois, cet idéal trouve un nouveau souffle dans les « universités ouvrières », dont la plus importante est sans conteste celle de Paris, créée en 1932 rue Mathurin-Moreau, dans le XIXe arrondissement. Fondée sous l'égide de Romain Rolland, Henri Barbusse, Paul Nizan et Jean-Richard Bloch, cette « institution marxiste autonome » se veut une « école du peuple » « accessible à tous sans distinction d'opinions ou de tendances ». Elle propose, à côté des cours d'anglais, de philosophie, de sténographie, d'histoire ou de dessin, une leçon hebdomadaire d'espéranto, chaque lundi. Avec ses 13 élèves inscrits en 1936 et en 1937, il s'agit toutefois de l'un des cours les moins fréquentés. Faible audience, en effet, par rapport aux 207 auditeurs du cours d'économie politique, et même aux 43 inscrits au cours de sténographie ou aux 24 du cours de TSF – et surtout par rapport aux 50 élèves du cours de russe, qui apparaît bien, en réalité, comme la première langue de l'internationalisme ouvrier[18].

L'Internationale ouvrière et l'espéranto

L'espérantisme « rouge », que l'on a vu se structurer en mouvement autonome à l'occasion du congrès de Genève, en 1906, accuse ainsi un retard certain sur l'espérantisme « neutre » ou même sur la réflexion engagée alors, au sujet de la langue universelle, par le monde universitaire. Comment l'expliquer ? D'une part, l'espéranto, on l'a vu, n'a pu toucher une assez large audience qu'en se définissant comme une langue « cosmopolite », bourgeoise et apolitique, utile au touriste, au commerçant, au savant. D'autre part, et quoique cela puisse paraître paradoxal, la question de la diversité linguistique n'a guère retenu l'intérêt des théoriciens marxistes et des instances socialistes à la fin du XIXe et au début du XXe siècle. Autrement dit, « l'espéranto Belle Époque » ne s'intéresse guère au mouvement ouvrier, tandis que le mouvement ouvrier se sent peu concerné par la nécessité d'une langue universelle.

Pourtant, ce « babélisme » est parfois vécu comme un obstacle à l'occasion des congrès de l'Internationale, notamment de la part des représentants de petits pays et de locuteurs de langues marginales[19]. Mais, lorsque la question de l'intercommunication se pose, elle est résolue de manière tout empirique : c'est un trilinguisme de fait (français, allemand, anglais) qui s'impose pour les réunions de l'Internationale, tant pour les documents préparatoires que pour la rédaction des procès-verbaux. En 1907, la Deuxième Internationale, réunie en congrès à Stuttgart, est amenée à se prononcer sur la question de l'usage d'une langue internationale ; mais ce projet de motion est repoussé par le Bureau socialiste international : la question ne figurera même pas à l'ordre du jour[20]. Au choix en faveur d'une langue unique, qu'elle soit nationale ou artificielle, les instances dirigeantes du mouvement socialiste préfèrent donc une gestion pragmatique de la diversité linguistique, en recourant à l'entremise de traducteurs.

En 1887, c'est-à-dire l'année même, rappelons-le, de la publication de l'espéranto, Karl Kautsky, le principal théoricien de la Deuxième Internationale, tout en reconnaissant le besoin d'un outil de communication internationale, considère ainsi que seule « l'une des langues existantes est susceptible de devenir une langue universelle[21] ». On ne lit pas sans étonnement sous la plume de Jaurès – certes Méridional pétri de culture classique –, dans *Les Origines du socialisme allemand*, que « la langue latine est encore aujourd'hui la seule langue universelle commune à tous les peuples ; elle convient donc au socialisme universel[22] »... Certes, nous sommes alors en 1892, cinq ans après l'article de Kautsky : l'espéranto est encore pour le moins confidentiel. Mais en 1925, Eugène Lanti, figure éminente de l'espérantisme ouvrier durant l'entre-deux-guerres, peut encore regretter « combien les militants ouvriers sont ignorants de la question touchant l'institution d'une langue internationale[23] ».

En effet, Théophile Cart a beau, en 1909, enjoindre aux espérantistes d'« aller au peuple », faisant suite aux quelques pionniers qui, n'attendant pas son appel, avaient déjà employé à cette fin les canaux des Universités populaires ou des Bourses du travail, la diffusion de l'espéranto dans le monde ouvrier est lente. Mais elle s'accomplit tout de même, grâce à l'activisme de certaines figures, plutôt proches de la nébuleuse anarchiste. Après guerre, alors que l'URSS est devenue la patrie de la révolution, la donne change quelque peu. Au cours des années 1920, bon nombre d'espérantistes regardent en effet avec confiance la grande lueur à l'Est. Leur espoir est justifié par la faveur dont jouissent alors, dans l'URSS stalinienne, les thèses du linguiste officiel du régime, Nicolas Marr. Appliquant à la linguistique la grille d'analyse du matérialisme historique, Marr considère en effet que le mouvement naturel de l'humanité est le passage du multilinguisme au monolinguisme. Une fois acquise la victoire du socialisme à l'échelle mondiale, l'avènement de la société sans classes s'accompagnera de la fusion des langues nationales. D'autre part, Marr affirme le caractère artificiel de toute langue, dont l'évolution s'accomplit au rythme des transformations des structures sociales, qui progressent par étapes[24]. Quoique Marr lui-même se soit montré plus que réservé à l'égard de l'espéranto[25], l'utopie linguistique marriste, qui sera désavouée par Staline en 1950, a, à l'évidence, suscité la sympathie de bon nombre d'espérantistes. Par ailleurs, les premières années du régime bolchevique sont marquées par un net engouement en faveur de l'espéranto qui a pu, brièvement, s'inscrire dans le développement d'une culture prolétarienne. En devenant ainsi un objet d'intérêt pour le mouvement révolutionnaire, l'espéranto suscite le débat, parfois l'enthousiasme – mais, souvent, une franche opposition parmi l'*intelligentsia* marxiste. L'appel des espérantistes à la fraternité entre les peuples suscite la méfiance des marxistes, qui n'y voient guère que l'aspiration d'un cosmopolitisme bourgeois, qui détourne l'attention de la priorité de la lutte des classes et dissimule le moteur économique de la révolution à venir[26].

L'exemple le plus probant est à chercher de l'autre côté des Alpes – ce qui, du reste, est loin d'être anodin, quand on sait combien la question du choix d'un étalon linguistique commun fut cruciale dans la construction de la nation italienne. Ainsi, l'organe du Parti socialiste italien, *Avanti !*, est le théâtre, en 1918, d'un vif débat sur l'espéranto[27]. Le plus vigoureux opposant à l'adoption de la langue universelle est alors Antonio Gramsci, qui souligne combien les faits de langue ne sont pas seulement linguistiques, mais dépendent d'un contexte social, politique et culturel. Alors qu'une langue est le produit continu des échanges existant au sein d'une société, il considère que l'espéranto, par principe, est précisément dépourvu de toute historicité, de toute variété dialectale, privé de la littérature, des échanges et des interactions qui viendraient l'irriguer. Or, le « besoin d'entente internationale et la nécessité pratique ne peuvent faire abstraction de la nature nécessairement historique des langues[28] ». Son deuxième argument repose sur une conception esthétique de la langue, héritée de Benedetto Croce, l'une des sources d'inspiration majeures de Gramsci, pour qui la fonction première d'une langue n'est pas la communication, mais l'expression – à rebours, on l'a vu, des positions des promoteurs de l'enseignement des langues vivantes sous la Troisième République, qui, pour ces raisons, s'accommodèrent très bien de la valeur pratique d'une langue auxiliaire.

L'enjeu, pour les révolutionnaires, réside donc avant tout dans la création des conditions d'une vie sociale réellement internationale ; alors seulement une langue internationale émergera, et il est probable qu'il s'agira d'une langue nationale à laquelle son histoire et son prestige permettront de prendre l'ascendant. Dans ses *Cahiers de prison*, une dizaine d'années plus tard, Gramsci reviendra sur cette question, sans changer d'opinion : « Ne pas comprendre l'historicité du langage et donc des idéologies et des opinions scientifiques, a eu pour conséquence la tendance à construire un espéranto ou un volapük de la philosophie et de la science[29]. » En somme, alors que la première objection adressée à la possibilité d'une langue artificielle s'appuyait sur la conviction que l'on ne saurait « faire mieux que la nature[30] », Gramsci dénie à l'espéranto la capacité de « faire mieux que l'histoire ».

Le renouveau de l'espérantisme ouvrier au lendemain de la Première Guerre mondiale : sous le signe de l'anationalisme

Eugène Lanti et l'invention de l'anationalisme

La Première Guerre mondiale ruine très largement les efforts de « l'espérantisme rouge », timidement engagés à partir du milieu des années 1900. Mais elle est aussi l'occasion pour un jeune artisan ébéniste, Eugène Adam, de découvrir l'espéranto, c'est-à-dire à la fois une langue et une cause à laquelle il vouera désormais une grande partie de ses efforts. Né en 1879, à Méhou, dans la Manche, d'un père artisan analphabète, il se forme d'abord à la menuiserie puis à l'ébénisterie. Installé à Rouen puis à Paris, il est sensibilisé aux thèses libertaires par la lecture de Kropotkine et de Reclus. Son esprit de contradiction et ses convictions anarchistes – ainsi que, à en croire la légende, son mauvais caractère – lui valent le surnom de « L'Anti », dont il se souviendra lorsqu'il se choisira le pseudonyme d'Eugène Lanti, sous lequel nous le désignerons désormais. Découvrant la sociologie, les langues étrangères et les doctrines anarchistes en parfait autodidacte, il sert pendant la Première Guerre mondiale en qualité d'ambulancier. Au retour de la paix, il se rapproche des espérantistes prolétariens parisiens qui lui proposent de relancer leur revue, *Le Travailleur espérantiste*.

Celui-ci reparaît donc en août 1919, dans le même format qu'avant guerre : quatre pages mensuelles, dont une seule est rédigée en espéranto. Son administration est désormais installée dans le XXe arrondissement, au 177, rue de Bagnolet, où elle fait également office de comptoir de librairie ; on y retrouve notamment les ouvrages du mathématicien libertaire Charles-Ange Laisant : ainsi son *Illusion parlementaire* dont la traduction en espéranto a paru dans la *Kolekto de Paco-Libereco* en 1910. Sous la direction de Lanti, *Le Travailleur espérantiste*, qui se présente comme « socialiste-syndicaliste-internationaliste », devient ainsi un véritable laboratoire où s'élabore une ligne idéologique originale. Baptisée « anationalisme » (*sennaciismo* en espéranto), elle envisage une union des travailleurs espérantistes sur une base non nationale et nourrit l'ambition de créer, par l'espéranto, un peuple « anational » qui « pourrait immédiatement s'habituer à agir, à penser et à ressentir en dehors du cadre national[31] ». L'*anational* s'oppose alors à l'*international*, qui demeure fondé sur l'idée même de nations, au sens d'unités politiques entretenant des relations les unes avec les autres.

Une brochure parue en 1922, intitulée *For la neŭtralismon!* (« À bas le neutralisme! »), présente une définition plus précise du positionnement de Lanti. Réquisitoire contre le neutralisme, elle condamne la propagande bourgeoise en faveur de l'espéranto. Celle-ci a fait de la langue de Zamenhof l'objet propre de son action, alors qu'elle a été conçue pour atteindre un but supérieur : cette fameuse « idée interne » que Lanti se réapproprie, considérant qu'elle « ne peut croître que dans une économie socialiste »[32]. Plus encore, cet accaparement de l'invention de Zamenhof par la bourgeoisie en a délibérément occulté la dimension émancipatrice : elle a « brouillé la vue à la conscience de classe », alors même que la langue universelle est un puissant outil à la disposition de tous les révolutionnaires.

La filiation avec le marxisme est non seulement évidente, mais encore clairement revendiquée. Quelques années plus tard, Lanti va jusqu'à mettre en regard ses deux figures tutélaires : Marx et Zamenhof. Il souligne la proximité de leurs démarches intellectuelles : ni l'un ni l'autre ne sont les inventeurs d'un système arbitrairement fixé, « fruit de [leur] imagination »; bien au contraire, leurs propositions – le matérialisme historique, la langue universelle – ont été élaborées *a posteriori*, à partir de l'examen scrupuleux des faits dont ils ont su mettre à nu la logique, qu'il s'agisse de l'évolution des sociétés humaines ou de celle des langues naturelles. Ce faisant, ils n'ont posé rien d'autre qu'un schéma d'interprétation des faits sociaux, et proposé un cadre d'action qui présente, dans les deux cas, la particularité de demeurer ouvert à la libre initiative des peuples, en vue d'atteindre l'objectif fixé : la société sans classe ; l'unité linguistique.

La singularité de l'anationalisme serait donc là : rendre à la question linguistique sa juste place dans le processus historique marxiste. Les progrès techniques et l'extension du capitalisme tendent ainsi vers la reconstitution d'une unité de civilisation (« Le cycle de la dispersion et de la séparation des peuples est accompli ») qui, après la victoire du socialisme, aboutira nécessairement à la fusion des nations dans une unité plus vaste. Le processus historique conduit inéluctablement vers « l'unité de civilisation » et, conséquemment, vers « l'unité linguistique ». Unité linguistique et unité de civilisation entretiennent en fait un rapport dialectique : l'unité linguistique doit certes venir parachever l'unité de civilisation, mais, en retour, le partage d'une langue commune s'avère être le moyen le plus efficace pour faire prendre conscience aux prolétaires du monde entier de l'unité irréductible du genre humain (fondement de la conviction anationaliste) et, en conséquence, de la nécessité de s'unir. Cet horizon de la révolution mondiale ouvre soudain à l'espéranto des ambitions très hautes. Il ne s'agit plus seulement de promouvoir l'espéranto au rang de langue *internationale*, c'est-à-dire s'en faire un outil d'intercompréhension entre les nations, mais à celui de langue *mondiale*, c'est-à-dire la langue unique d'une civilisation réunifiée.

La SAT et Sennacieca Revuo, *la « revue anationale » (1921-1923)*

Cet appel à l'unité commence à prendre forme en 1921, à l'occasion du congrès universel qui, cette année-là, se tient à Prague. Les espérantistes prolétariens s'y réunissent pour la première fois. L'événement, qui réunit soixante-dix-neuf délégués venus de quinze pays différents, aboutit à la fondation d'une société internationale, la *Sennacieca Asocio Tutmonda* (« Association mondiale anationale », ou SAT). L'objectif final de l'action de ses militants est bien la lutte des classes et le renversement du capitalisme. Mais, dans le même temps, la résolution précise « que la tâche principale de [l']organisation ne peut en aucun cas être politique puisqu'il existe déjà des organisations engagées dans la lutte des classes » : sa mission première est donc la propagande en faveur de l'espéranto, c'est-à-dire la démonstration de l'utilité de l'espéranto dans la lutte contre le capitalisme, puis la diffusion de la langue universelle auprès « de tous les prolétaires ». Pour ce faire, le congrès de Prague décide de se doter d'un nouvel organe officiel. Celui-ci, qui paraît dès octobre 1921 sous le titre *Sennacieca Revuo* (« *Revue anationale* »), est une véritable mise en pratique de l'anationalisme.

Entièrement espérantophone, Lanti n'acceptant de publier articles ou courrier que s'ils sont rédigés en espéranto[33], *Sennacieca Revuo* apparaît comme une sorte de plate-forme transnationale qui, grâce à l'usage de l'espéranto, permet à la fois de collecter des informations sur la situation du prolétariat à travers le monde et de les diffuser à cette même échelle planétaire. Les collaborateurs de la revue sont appelés tout d'abord à « faire remonter » les informations de leur pays d'origine jusqu'au comité central de la revue, puis, par un mouvement inverse, à « faire redescendre » son contenu auprès de leurs compatriotes non espérantistes. Lanti fait part de sa difficulté à « recruter des correspondants *compétents* et *fiables* dans tous les pays » qui lui fassent parvenir « seulement des textes prêts à être imprimés ».

Ainsi, la valeur de l'espéranto est ici essentiellement véhiculaire : les articles qui paraissent dans *Sennacieca Revuo* sont avant tout destinés à la traduction. Cette attractivité est la voie du succès :

> Si nous parvenons à remplir les pages de *Sennacieca Revuo* d'articles pertinents, il ne fait aucun doute que nous trouverons de plus en plus de camarades pour les traduire et les reprendre dans des journaux en langue nationale[34].

Entre août 1921 et août 1922, les articles de *Sennacieca Revuo* ont été repris par au moins 27 revues en langues nationales ; 87 durant l'année suivante. Pour Lanti, il est impératif de maintenir et de développer son audience auprès des revues nationales. À terme, c'est en effet sur la cause espérantiste que ce succès rejaillira, comme le rappelle l'administrateur de la revue, Louis Glodeau, enjoignant aux membres de l'association de traduire dans leur langue nationale et de diffuser les articles parus dans *Sennacieca Revuo* :

> Quand, de cette manière, nous aurons intéressé à notre cause les rédacteurs de journaux en langues nationales pour obtenir d'eux des informations valables, nous pourrons demander avec succès qu'enfin tout article repris soit accompagné d'une note renvoyant à des cours d'espéranto ou à des ouvrages d'apprentissage. Et ainsi, bientôt, la propagande ne sera plus nécessaire[35].

La tâche de *Sennacieca Revuo*, dans l'esprit de Lanti, est donc moins d'apparaître comme un espace de théorisation ou de débat que comme un vecteur d'informations objectives, à même d'être remployées par ses lecteurs, et, *in fine*, par les rédacteurs des revues nationales :

> J'ai ainsi toujours tâché d'écarter tous les points de désaccord. Nous devons livrer à nos lecteurs un matériau de faits bruts, – à eux, s'ils le jugent bon, de les utiliser ensuite, dans leurs propres organisations partisanes, selon une certaine tendance. [...] Le mot *revuo* dit du reste clairement qu'il s'agit d'un *passage en revue* des événements, systèmes ou doctrines[36].

Le deuxième congrès de la SAT, qui se tient à Francfort en 1922, est l'occasion de rappeler la mission de la revue, qui est « d'informer le lectorat non seulement au sujet d'un parti, mais de tous. Ses pages doivent refléter l'image générale du mouvement révolutionnaire dans tous les pays[37] ». La ligne de *Sennacieca Revuo* manifeste en effet une souveraine indifférence à l'égard des partis politiques, indifférence qui est assurément un trait singulier de l'*anationalisme* de Lanti. En l'absence d'une doctrine anationale très précisément fixée, se réclamer de l'anationalisme, concept original, permet à Lanti de faire cohabiter, au sein de la SAT, des options idéologiques variées, diverses nuances de l'internationalisme prolétarien que soudent la pratique et la défense de l'espéranto. C'est ainsi que, dix ans plus tard, en 1931, l'espérantiste anarchiste Pierre Mérigot peut évoquer en ces termes les débuts de l'existence de la SAT :

> [...] les deux premières années de sa vie, les plus belles, elle fut réellement une entreprise louable. Chacun œuvrant pour le bien commun, chacun concourant à renforcer ce lien entre tous les

> espérantistes révolutionnaires du monde entier, chacun gardant cependant sa personnalité et exprimant librement sa pensée dans la forme choisie par lui et en accord avec sa philosophie particulière[38].

Cet unanimisme prolétarien suscite, on l'imagine, bien des remous au sein de la SAT : elle est au cœur de l'affrontement qui émerge, dès 1922, entre les partisans de Lanti et les espérantistes fidèles au Komintern. La structuration anationale de la SAT est également une pomme de discorde entre Lanti et les espérantistes communistes, qui préféreraient un mode de fonctionnement calqué sur celui du Komintern : une instance centrale qui fixe les mots d'ordre, déclinés ensuite par chacune des sections nationales qui lui sont affiliées. Une telle structuration heurte naturellement les convictions de Lanti, qui ne vise rien de moins que la « disparition de toutes les nations et états considérés comme des unités indépendantes », en vue d'instaurer une « régie mondiale ». La « rationalisation de la production suivant des méthodes scientifiques » passe notamment par l'unification de tous les instruments de mesure et de calcul, et, bien sûr, par l'adoption de l'espéranto[39]. Par ailleurs, le refus de penser l'action révolutionnaire à l'échelle nationale suppose de mener un effort pédagogique auprès du prolétariat, afin de lui faire acquérir un « état d'esprit anational ». C'est pourquoi « l'anationalisme a pour but d'instruire les hommes rationnellement – et non selon des cadres nationaux ou religieux, lesquels, en dernière analyse, se confondent – pour ouvrir la voie au processus historique[40] ».

Cet effort s'adresse, en tout premier lieu, aux contributeurs de la revue. Lanti déplore en effet que « trop de camarades oublient qu'ils écrivent pour un lectorat international ; ils rapportent parfois des faits dont l'intérêt est avant tout national, voire local ». Il s'agit donc de faire œuvre de pédagogie auprès des membres de la SAT, qui « doivent s'accoutumer à une manière de sentir et de penser extranationale. [...] Il est nécessaire d'éduquer l'ensemble de nos correspondants, capables de considérer de simples faits dans leur rapport au processus historique international. Seulement alors nos journaux acquerront un caractère particulier, une originalité sensible[41] ». Cette ambition mondiale pose une dernière difficulté, d'ordre économique : pour être véritablement internationale, la revue se doit d'être accessible à toutes les bourses, dans tous les pays. Par l'intermédiaire de *Sennacieca Revuo*, Lanti adresse une circulaire à tous ses membres afin de connaître le salaire moyen dans leur pays de résidence, et d'adapter en conséquence le prix de l'abonnement annuel. Celui-ci est fixé, pour la France, à 9 francs, montant qui permet tout juste de couvrir les frais d'impression et d'envoi de douze numéros annuels de seize pages, et qui représentent « le salaire moyen de 3 heures et demie de travail ». La technique de calcul est simple : en prenant cette équivalence comme base, Lanti fixe, pour chaque pays, un prix d'abonnement annuel qui « sera toujours égal au salaire moyen de 3 heures et demie de travail. Ainsi, l'effort sera indolore pour chacun, dans la même proportion suivant les différents salaires[42] ».

L'anationalisme à l'épreuve de la route : le périple de Lucien Péraire[43]

Pour les anationalistes, l'usage de l'espéranto donne corps aux sentiments de fraternité et d'appartenance mondiale : ils « se figurent donc la terre comme une unité, comme un tout, appartenant à tous les terriens[44] ». Cet idéal élevé, un jeune ouvrier français anational, Lucien Péraire, a pu le mettre en pratique dès la fin des années 1920. Né en 1906 dans un village du Lot-et-Garonne, au sein d'une famille des plus modestes, Péraire commence à travailler à l'âge de 11 ans. Il sillonne ensuite la France pour trouver du travail, d'abord à pied puis à vélo. Ses débuts font écho à ceux de Lanti : au fil de ses pérégrinations, il est l'un des auditeurs de ces cours du soir dont nous avons montré l'importance dans l'émergence de l'espérantisme ouvrier. Il se forge ainsi une inébranlable conviction pacifiste, et le sentiment de la nécessité de la fraternité humaine et de l'entraide. Mettant à profit son service militaire, il apprend l'espéranto par correspondance, en six mois. Une fois rendu à la vie civile, il se rend en 1927 à Lyon, où se tient le congrès annuel de la SAT. Il y fait l'expérience décisive de l'intercompréhension grâce à l'espéranto ; quelques semaines plus tard, dans *Sennaciulo*, il lit l'annonce d'un jeune espérantiste allemand qui cherche un *samideano* pour voyager à vélo jusqu'en Extrême-Orient. Ce sera lui.

Parti de Lyon le 22 juillet 1928, il passe la frontière allemande à Strasbourg, traverse l'Allemagne jusqu'à la petite ville saxonne de Döbeln, où il rejoint Paul, son compagnon de voyage. Tous deux sillonnent ensuite l'Europe, visitant les groupes espérantistes qui jalonnent le parcours, jusqu'à Odessa. Ils se séparent peu après ; Péraire poursuit jusqu'en Sibérie. En URSS, ses interlocuteurs espérantistes sont essentiellement des travailleurs : ainsi à Odessa, à Novorossisk où, à court d'argent, il travaille quelque temps dans une usine automobile, à Irkoutsk, où il est accueilli par des membres de la SAT, l'association dénombrant alors 32 adhérents dans la ville de Sibérie centrale[45]. À Kazan encore, où, arrivé en juin 1929, il se rend compte qu'en l'absence de routes praticables, il ne pourra poursuivre son voyage qu'en suivant la voie ferrée du Transsibérien. Qu'à cela ne tienne : après avoir acheté les pièces nécessaires au marché noir, il se rend dans une usine d'État où, avec l'aide de quelques mécaniciens enthousiastes – et quoique « tout manque dans l'atelier, même les marteaux » –, il parvient à mettre au point une sorte de prototype du vélorail. Ses efforts sont en outre soutenus par l'association Avtodoro, dont les objectifs de développement du réseau routier et la double coloration sportive et touristique ne sont pas sans rappeler l'action des touring-clubs. La solidarité espérantiste joue alors à plein : Péraire y rencontre des *samideanoj* dévoués, grâce auxquels il obtient l'autorisation nécessaire pour pédaler sur les rails du Transsibérien[46].

Puis il est initié à des plaisirs plus subtils, au Japon d'abord, lorsqu'il explore les « quartiers réservés » de Tokyo après avoir inauguré le congrès national d'espéranto (!), à Canton ensuite, où il découvre, avec inquiétude, les joies et les déboires du travail intellectuel – le groupe espérantiste local, encore embryonnaire, lui ayant demandé de donner des cours d'espéranto à l'université. Son périple est donc naturellement, en partie, un voyage de formation, au cours duquel son regard s'affine, comme en témoigne ce portrait sans concession des colons français d'Indochine :

> Et j'ai remarqué chez tous ces « messieurs » la même peur panique, que j'avais déjà remarquée au premier coup d'œil chez les émigrés russes qui avaient fui l'Union soviétique... Mais tous étaient victimes de la même conformation d'esprit, des mêmes préjugés, du même égoïsme et, pour employer le mot juste, du même pharisianisme, dont le sens est : « attitude de celui qui exhibe sa vertu, mais qui est en fait aveuglé par l'orgueil, l'hypocrisie et le prestige », ce prestige, qui, aux yeux des pauvres affamés, apparaît

sous la forme de belles villas, de belles maîtresses, de policiers brutaux et de légionnaires[47]…

Le choix de la langue universelle participe, chez Péraire, d'une éthique du voyage : « Ainsi, discrètement, je me préparais à partir, fermement décidé à observer la nature et les hommes que je rencontrerai, et, avant toute chose, à respecter les mœurs, les croyances, les idées, à m'adapter le plus possible, à pratiquer à chaque occasion la langue universelle[48]. » À dire vrai, Péraire n'a pas dérogé à ce programme exigeant, en dépit des conditions climatiques, des difficultés matérielles, des tracasseries administratives et des tensions géopolitiques. Jusqu'à son retour, le 28 juillet 1932, « un peu malade, complètement à sec et tout à fait désillusionné », Péraire aura été confronté, d'Odessa à Sumatra, aux stigmates de la guerre civile russe, aux traces du tout récent conflit sino-soviétique de 1929, à la menace de l'expansionnisme japonais et aux soubresauts internes de la République de Chine.

Anationalisme contre internationalisme – ou Lanti contre Moscou

Deux titres concurrents pour deux lignes idéologiques

Lors de son deuxième congrès, en 1922, la SAT adopte le principe d'exclusivité de l'adhésion : les membres de la SAT ne peuvent également adhérer à une association espérantiste « bourgeoise » ou « neutre ». Cette même année, Lanti accomplit son « voyage d'URSS ». Il est accueilli à Moscou par les militants de l'association espérantiste soviétique, la SEU (*Sovjetlanda Esperanta Unuiĝo*, « Union espérantiste des pays soviétiques »), fondée en juin 1921 et dirigée par Ernest Drezen, qui a opté pour une ligne de fidélité au pouvoir soviétique. En juin 1922, l'association lance sa propre revue, *La Nova Epoko*. Lanti revient pour le moins désillusionné de son voyage russe, comme il l'expose sans ambages dans *Sennacieca Revuo* : « Chutant du haut de la tour de mon idéalisme, où j'avais l'habitude de caresser et de bercer mon rêve, je me sens aujourd'hui contusionné de partout. Mon état d'esprit est douloureux[49]. » Pourtant, la stratégie de Front unique promue par le Komintern s'accorde encore avec la politique d'ouverture de Lanti, qui appelle alors les « socialistes, syndicalistes, communistes, anarchistes, en un mot tous les révolutionnaires » à « se rassembler pour imposer plus efficacement l'usage de l'espéranto au mouvement révolutionnaire »[50].

À l'été 1924, le congrès de Bruxelles vote le lancement d'un périodique hebdomadaire; la décision prend corps dès le mois d'octobre avec la parution de *Sennaciulo* (« *L'Anational* »). C'est désormais cet hebdomadaire de huit pages qui fait fonction d'organe officiel de la SAT. Il supplante ainsi *Sennacieca Revuo* qui, domiciliée à Moscou et reprise par l'équipe russe de *La Nova Epoko*, tient désormais lieu de revue mensuelle de réflexion sur des questions littéraires, scientifiques et pédagogiques. En dépit de sa qualité, le titre ne parvient pas à assurer son autofinancement sur la seule base des abonnements[51]. Ceux-ci, du reste, diminuent, tandis que le nombre d'abonnés à *Sennaciulo* est en pleine croissance : en 1927, elle n'est lue ainsi que par 1200 abonnés, tandis que *Sennaciulo* en compte plus de 2300.

Les comités de rédaction des deux titres sont ainsi strictement distincts. L'hebdomadaire est rédigé depuis Leipzig, où la SAT dispose d'une branche très active, tout en étant « dirigé » par Lanti. Son premier rédacteur en chef est l'Allemand Norbert Barthelmess, mais sa ligne éditoriale, jugée trop favorable à l'URSS, déplaît à Lanti, qui fait retirer son nom de la manchette du journal. Finalement, un an après la fondation de *Sennaciulo*, l'accusation de bolchevisme entraîne l'exclusion de Barthelmess par la direction de la SAT, qui le remplace par une commission de rédaction leipzigoise et paritaire : deux membres sont de sensibilité anarchiste, deux sociaux-démocrates et cinq communistes, membres ou non du parti[52]. Sans surprise, la commission se retrouve rapidement confrontée à des désaccords de fond sur la nature des articles à publier. La question de la publication d'un article hostile à la Troisième Internationale, en 1925, lui est fatale; le choix de ne pas faire paraître l'article entraîne le départ des deux membres anarchistes[53]. Lanti, dans un long article qui paraît en juillet 1926, en conclut que la SAT traverse une période de crise, imputable à l'absence d'un « état d'esprit, suffisamment fort, que je nommerai *satanique*[54]. [...] C'est un fait que les communistes (pas tous) désirent que la SAT soit purement communiste; c'est un fait que les socialistes (pas tous) désirent qu'elle soit purement socialiste. On peut en dire autant pour les autres tendances ». Une fois encore, Lanti en appelle à l'unité, à la discipline et au respect de la diversité des tendances représentées au sein de la SAT. Face à ces forces centrifuges, l'idéal anational est assurément de plus en plus difficile à faire vivre.

Une démonstration accomplie de l'idéal anational : le Sennaciulo *de Lanti (1926-1933)*

Lanti reprend finalement la direction de *Sennaciulo* à partir de juillet 1926. Jusqu'en 1933, le titre connaît un succès tout à fait remarquable dans le paysage de la presse espérantiste. Il suffirait presque à prendre la mesure du caractère exceptionnel de cette expérience « anationale ». Un peu plus de quatre ans après son lancement, *Sennaciulo* est bénéficiaire sans recourir à une autre source de revenus que le montant des abonnements. Le ton plaisant sur lequel l'éditorial du 29 novembre 1928 en informe ses lecteurs souligne, en creux, les difficultés rencontrées par la plupart des périodiques espérantistes :

> Il vient de se passer en Espérantie une chose extraordinaire : un journal espérantiste paraît depuis quelque temps déjà sans le moindre déficit, sans le moindre soutien financier, par le seul moyen des abonnements. Il fait même des profits !
> — Quel est ce journal ?
> — Eh, que pourrait-il être d'autre que *Sennaciulo* ? Seuls les membres de la SAT sont capables d'accomplir un tel miracle... Dans les journaux neutres on ne lit que des appels à l'aide, des gémissements sur le nombre insuffisant des abonnés, etc.[55].

Cette santé insolente lui permet d'envisager le passage à douze pages hebdomadaires, qu'agrémentent caricatures, photographies et gravures, dans la tradition d'une presse engagée abondamment illustrée. Le nombre de quatre mille abonnés payants est atteint en avril 1930, permettant ainsi de pérenniser la formule de douze pages. Si ce chiffre est sans équivalent dans le paysage de la presse espérantiste – *Espero katolika* ne parvient pas, au même moment, à atteindre le millier d'abonnés –, il reste relativement faible en comparaison du nombre de membres de la SAT, qui s'élève alors à sept mille[56]. La chasse est régulièrement lancée contre ces sympathisants qui ne s'abonnent pas :

> Quiconque ne lit pas le journal, n'est pas informé au sujet du mouvement travailleur espérantiste. Il est donc un membre inutile, il est mort pour le mouvement et, au lieu de propager la langue internationale, il exerce une influence néfaste sur les autres membres. Ces membres sont dangereux pour la SAT[57].

À l'instar, du reste, de la plupart des associations espérantistes, la SAT se trouve ainsi confrontée à la difficulté de faire souscrire ses membres à ses organes périodiques.

Pendant ces huit années, entre juillet 1926 et mai 1933, Lanti a pu mettre en œuvre son esprit iconoclaste, sa largeur de vues, sa méfiance à l'égard des dogmatismes :

> J'accorde que *Sennaciulo* doit être principalement informatif, mais pas dans le sens des journaux quotidiens. Il ne doit pas être rempli d'informations. Il faut de la variété. Tous les lecteurs ne s'intéressent pas au même sujet. Je ne crois pas qu'il serait regrettable que des discussions (et non des disputes) apparaissent sur des questions théoriques. Il est seulement nécessaire de limiter l'importance des débats et d'éviter qu'ils ne dégénèrent en polémiques[58].

Le journal consacre ainsi une page hebdomadaire à l'actualité du mouvement espérantiste, fait régulièrement paraître une « page étudiante », une « page sportive », une « page radio » ou encore une « page pédagogique », ouvre ses colonnes aux diverses sections de la SAT : section des jeunes, section des libres-penseurs, etc. Surtout la singularité de *Sennaciulo* réside tout particulièrement dans la place accordée par Lanti à l'expression de témoignages de membres de l'association. Sous le titre « *Tago el mia vivo* » (« Un jour de ma vie ») un ouvrier textile allemand, un électricien de Linz ou un étudiant russe partagent leur vie quotidienne, tandis que des contributions sur les conditions de vie des prolétaires en Amérique du Sud ou des femmes en Chine accomplissent la vocation première du journal qui est bien de « donner un portrait sûr, clair et objectif des combats et des conditions de vie des travailleurs dans n'importe quelle partie du monde, suivant un regard *anational* ». C'est d'ailleurs cette rubrique qui attire le plus de manuscrits, condamnés à « attendre plus ou moins six mois avant d'être publiés[59] ». Pour l'historien d'aujourd'hui, elle constitue une mine d'informations sur la vie quotidienne de l'entre-deux-guerres, tout particulièrement pour l'Union soviétique. Pour le lecteur des années 1920, elle est une façon sans équivalent de toucher du doigt, grâce à l'espéranto, l'intimité de ses *samideanoj*, accomplissant pleinement la promesse d'un dialogue transnational direct, qu'aucun autre média ne serait alors en mesure de lui proposer.

Une liberté de ton embarrassante

Pourtant, entre l'hebdomadaire anational et l'équipe moscovite de *La Nova Epoko/Sennacieca Revuo*, le torchon ne tarde pas à brûler. Ainsi, lorsque Lanti fait son rapport, au congrès de 1927, sur l'état des organes de presse de la SAT, il dénonce vigoureusement « l'incurie de[s] camarades soviétiques » en charge de *Sennacieca Revuo*, dont il se désolidarise totalement, tant du point de vue des méthodes de travail que du contenu – ou même de la langue, « d'un style trop libre[60] ». De leur côté, les membres soviétiques de la SAT sont excédés par la liberté de ton de Lanti. Leur chef de file, Ernest Drezen, accuse l'association d'avoir laissé à Lanti une trop grande autonomie dans ses articles et éditoriaux cinglants – notamment la rubrique « *Inter ni* » (« Entre nous »). À ces accusations, de nombreux membres de la SAT répondent en prenant la défense de Lanti : Anne-Sophie Markov cite ainsi le témoignage d'un membre suédois, Ernest Erikson : « J'ai toujours trouvé que les articles intitulés *Inter ni* étaient une littérature bonne à lire. J'exige que nous ayons le droit de penser par nous-mêmes. Or justement, ces articles m'ont obligé à penser d'une manière autonome, sans me référer à un modèle ou à une formule[61]… »

De fait, rien ne semble répugner davantage à Lanti que la pureté idéologique : son souci de faire entendre, dans les colonnes des différentes revues qu'il a animées, les différentes nuances du mouvement ouvrier, le montre assez. Du reste, les lectures de Lanti sont quelque peu hétérodoxes. Alors qu'il ne fut pas un traducteur très actif, il importe dans la langue universelle trois œuvres de Voltaire – *Candide*, *Zadig* et *L'Ingénu*, qui ne constituent certes pas les livres de chevet d'un marxiste de l'entre-deux-guerres –, tandis que dans une lettre de 1933, il n'hésite pas à affirmer qu'il

« reste convaincu qu'aucun autre auteur, à notre époque, n'est plus... actuel que Rabelais[62] », avant de développer une exégèse toute personnelle de *Gargantua*. Face au stalinisme orthodoxe, qui, en faisant du marxisme un « dogme, comme la Bible pour les chrétiens », « appartient à la même famille intellectuelle » que « la théologie médiévale », Lanti invoque la liberté de ton de Rabelais moquant la scolastique sclérosée de son temps :

> De nos jours, le principal souci de chaque Soviétique est de montrer son approbation, sa satisfaction, son admiration à l'égard du nouveau dogme, enseigné de force sur un sixième du globe. La littérature, l'architecture, la biologie, l'art de tailler des vêtements, la linguistique, etc., tout doit être fidèle à l'orthodoxie marxiste.

La liberté de ton que s'autorise Lanti dans les pages de *Sennaciulo* – dont, on l'a vu, l'augmentation constante du lectorat se fait au détriment de *Sennacieca Revuo* – a contribué à aiguiser l'esprit critique d'une frange des *satanoj* qui se montre, à chaque congrès, de plus en plus sceptique à l'égard de l'URSS, jusqu'à comparer régimes soviétique et fasciste. Face au raidissement de l'URSS, sensible dès la fin des années 1920, Lanti doit se résigner à ce constat amer : « À notre époque, les vrais libres-penseurs se font rares[63]. » Désillusionné par l'évolution du régime, Lanti, on l'a dit, rend sa carte du Parti communiste dès 1929, c'est-à-dire au moment du « Grand Tournant » décidé par Staline. On comprend sans mal que le mot d'ordre stalinien du « socialisme dans un seul pays » ait paru, aux yeux du théoricien de l'anationalisme, un funeste contresens. En 1931, dans son *Manifeste des anationalistes*, Lanti renouvelle son attachement à une conception mondiale de la révolution (« L'expérience montre chaque jour que la lutte des classes n'a de chance de réussir que si elle est organisée à l'échelle mondiale[64] »), sans cacher sa déception devant l'évolution de l'URSS, où « l'économie tend à devenir un capitalisme d'État avec une bureaucratie oligarchique tentaculaire, [...] le même système monétaire que dans les pays capitalistes et des niveaux de salaire très disparates[65] ».

De la scission au repli des années 1930

Les divergences, de plus en plus insurmontables, entre les partisans d'un Lanti désormais désaffilié au PC et critique du stalinisme et ceux de la « ligne moscovite » éclatent en octobre 1930, lorsque la section russe fait paraître un organe directement concurrent à *Sennaciulo, Internaciisto,* qui se présente comme « le seul journal espérantiste prolétarien engagé dans la lutte des classes[66] ». La comparaison des deux intitulés suffit à définir le différend idéologique : à l'idée *internationale* s'oppose l'idéal *anational.* La rupture, entérinée par le houleux congrès d'Amsterdam, en août 1931, est inévitable. Entraînant des difficultés financières – la SAT est fortement endettée par suite de la rétention d'une lourde somme que sa section russe refuse de lui verser au titre des abonnements et de l'achat de livres, et *Sennaciulo* lance des appels réguliers pour « combler la brèche » des comptes de l'association –, la scission de la SAT marque un coup d'arrêt brutal à l'expansion du périodique. Le numéro du 2 octobre 1930 informe ainsi ses lecteurs de la perte de mille abonnés à la suite de la sécession moscovite et du lancement d'*Internaciisto*[67]. *Sennaciulo* est durablement affaibli, réduisant progressivement sa pagination et son rythme de parution. En 1933, son impression est rapatriée en France, tout comme la direction de la SAT, qui, devant la montée du péril nazi en Allemagne, quitte Leipzig pour le 23, rue Boyer, dans le XXe arrondissement. Les numéros de mars, avril et mai publient un long « épilogue » de Lanti, dans lequel le dirigeant de la SAT annonce qu'il quitte ses fonctions, tout en demeurant un collaborateur régulier de *Sennaciulo*. L'année 1933 marque donc à bien des égards la fin d'une époque : paraissant jusqu'en mai 1940, *Sennaciulo* survit désormais difficilement, dans une maquette austère et une formule ramassée de six pages mensuelles.

Au cours des années 1930, le paysage de l'espérantisme ouvrier est ainsi profondément fracturé. Affaiblie, la SAT ne peut prétendre, comme au début des années 1920, rassembler sous sa bannière tous les « espérantistes avancés », selon la formule de Romain Rolland. L'unanimisme prolétarien qu'avait tenté de promouvoir Lanti sous la bannière de l'anationalisme ne résiste pas à la puissance des forces centrifuges : les années 1920 et 1930 voient les différentes tendances de l'espérantisme ouvrier se désagréger progressivement. Les anarchistes sont les premiers à s'émanciper du cadre de la SAT : « Dès qu'ils eurent pris conscience que leur pensée était mise en tutelle », relate Pierre Mérigot, « ils s'éloignèrent et fondèrent T.L.E.S. », c'est-à-dire la « Ligue mondiale des antiétatistes espérantistes ». Celle-ci se dote en 1925 de sa propre revue, *Libera Laboristo* (« L'ouvrier libre »), dont le siège se trouve rue Louis-Blanc, dans le Xe arrondissement de Paris. De leur côté, les militants espérantistes communistes, alignés sur les espérantistes moscovites et exclus de la SAT, constituent une nouvelle organisation, le Comité unitaire des espérantistes prolétariens (CUEP), dont la principale figure est Georges Salan, médecin, militant communiste et président du groupe espérantiste ouvrier nîmois. Exclu de la SAT en 1931, il fonde *Proleta Esperantisto* (« L'Espérantiste prolétarien »), dont le siège est installé à la Bourse du travail de Nîmes[68].

Parallèlement, à Montreuil, siège une Fédération espérantiste ouvrière (FEO) qui vise, selon ses statuts, à « recruter des adhérents à la SAT[69] » : sa mission relève essentiellement de la propagande, là où la SAT fait « œuvre réaliste en utilisant la langue universelle pour les buts de la classe du prolétariat ». Pour ce faire, la FEO peut compter sur son organe officiel, *Le Travailleur espérantiste*, des conférences, des cours par correspondance, des tracts et brochures, et un service d'édition dont le best-seller est assurément le *Nouveau cours rationnel et complet d'espéranto*. Il s'agit de la réédition d'un manuel édité en 1921 par la Fédération espérantiste révolutionnaire, association alors proche du Parti communiste français, et préfacé par Henri Barbusse. Il est l'une des méthodes les plus diffusées de l'entre-deux-guerres : entre 1921, date de la première édition, et 1936, il s'est vendu à 23450 exemplaires[70].

Le 12 juillet 1936, un congrès d'unité vote la création d'une Fédération espérantiste du travail (FET), qui réunit notamment la FEO et les espérantistes prolétariens alignés sur Moscou, avec lesquels Georges Salan a rompu en 1935, en même temps qu'il rendait sa carte du PC. Bien que constituée dans une logique de front populaire, la nouvelle fédération, forte de 2000 membres, est en butte à l'hostilité de l'ESFIO. Regrettant cette « brèche dans l'unité des travailleurs espérantistes de langue française », la fédération maintient une stratégie d'ouverture, notamment à l'égard des enseignants espérantistes, exprimant le souhait d'un « cartel de "l'Espéranto à l'école" » qui permettrait de faire pression sur le gouvernement de Front populaire[71]. L'ESFIO n'a pas de mots plus tendres pour la SAT, qu'elle n'hésite pas à décrire comme « l'organisation d'espérantistes rêveurs, individualistes et songe-creux[72] ».

Il est temps de reprendre notre fil rouge : l'histoire de l'espéranto à Roubaix, qui fournit un exemple particulièrement édifiant de ce morcellement de l'espérantisme ouvrier. À la fin des années 1930, le groupe neutre, créé en 1903 grâce à la convergence des milieux commerçants, industriels, sportifs, et qui s'était révélé parfaitement représentatif de « l'espérantisme 1900 », est plus que moribond : il ne compte plus que deux membres. Après s'être installé successivement au Cercle polyglotte de la ville, puis dans une salle du palais de justice et, enfin, à l'Institut d'enseignement professionnel Turgot, son siège (théorique) se trouve alors au Foyer d'éducation ouvrière, ouvert en 1925 par la municipalité, désormais socialiste. En octobre 1932, peu de temps après la renaissance d'ESFIO, une poignée de membres des Jeunesses socialistes ouvrent un cours concurrent à la Maison du peuple, et fondent un groupe qui mène d'actives campagnes de propagande. Les effets sont immédiats : le groupe ouvrier connaît une « recrudescence d'inscriptions à [ses] cours », fréquentés par « des élèves de toutes nuances politiques ou religieuses ». Ce regain d'intérêt autour de l'espéranto profite également au groupe neutre, lequel, ainsi aiguillonné, relance un cours, et suscite même la création d'un troisième groupe, neutre lui aussi, mais « qui a son siège ailleurs qu'au foyer d'éducation, car certaines personnes catholiques ne pouvant [*sic*] entrer dans ce local ».

Cette concurrence n'empêche pas le groupe socialiste de se développer rapidement, grâce à l'adhésion, « après quelques mois d'étude », des élèves particulièrement assidus qui suivent son cours. Toutefois, le groupe est bientôt victime de l'entrisme d'espérantistes communistes, qui transforment les cours en moments de « controverses politiques, dans lesquelles [les] élus socialistes sont avilis » et où « on ne jure plus que par *L'Huma* ». C'est alors que la FET, nouvellement fondée (en juillet 1936), organise une réunion des trois groupes. Fidèle à sa stratégie de front uni, elle appelle au rassemblement, sous son égide, des diverses forces espérantistes roubaisiennes. Échaudé, le groupe de l'ESFIO refuse l'appel à l'unité, proposant que les deux groupes neutres fusionnent sous l'égide de la FET, avec l'apport de ses membres non socialistes. Malgré un refus initial, c'est finalement, quelques mois plus tard, sous cette forme que se recomposera le paysage de l'espérantisme roubaisien : l'entreprise de noyautage menée par les espérantistes communistes a échoué et, à la fin des années 1930, la fracture est irrémédiable entre un groupe membre de la FET et un autre affilié à l'ESFIO, purgé de ses éléments perturbateurs. Nul « front populaire espérantiste » ne s'esquisse ainsi – ce qui peut, au passage, expliquer la faiblesse des relais politiques de la cause espérantiste.

8

L'espérantisme, modalité de « l'indifférence nationale » ?

Langue « neutre » prétendant à l'universalité, l'espéranto permet de s'affranchir, durant le temps de la communication, des appartenances nationales, en un temps où le lien entre identités linguistiques et identités nationales n'a peut-être jamais été aussi fortement affirmé. Aussi, sa pratique semble, à première vue, relever d'une attitude qu'une historiographie contemporaine, renouvelant ainsi l'analyse du processus de construction des identités nationales, a pu qualifier « d'indifférence nationale ». Nous empruntons ce concept, plus précisément, à l'historienne américaine Tara Zahra, qui l'a mobilisé, dans un premier temps, dans l'étude des sociétés d'Europe centrale au tournant des XIXe et XXe siècles. Par la notion d'« indifférence nationale », elle se propose de décrire un « phénomène [...] [qui] a reçu, par le passé, de nombreux autres noms (souvent désobligeants) : régionalisme, cosmopolitisme, catholicisme, socialisme, localisme, bilinguisme, opportunisme, immoralité, archaïsme, entêtement, et fausse conscience, pour en citer quelques-uns »[1]. L'indifférence nationale caractériserait ainsi le comportement des populations ordinaires qui, loin de céder subitement aux sirènes des discours nationalistes, cultivent en fait des « identifications vacillantes », des « fidélités alternatives » et des pratiques ambivalentes, hésitant entre plusieurs attachements communautaires. La notion recouvre en réalité une large palette d'attitudes, depuis l'absence complète d'attachement national, souvent au profit d'autres appartenances, sur une base religieuse, sociale, professionnelle, etc., jusqu'à la pratique du bilinguisme ou du mariage mixte, en passant par des manières parfois opportunistes de négocier avec l'adhésion à la catégorie nationale, en fonction des avantages que l'individu espère en retirer[2].

Ce concept, encore récent, présente un double intérêt. Il permet tout d'abord d'interroger le paradigme constructiviste qui tend à faire du phénomène national une construction inéluctable. Les historiens, surtout anglo-saxons[3], qui s'en sont emparés, ont pointé du doigt l'écueil du raisonnement circulaire et téléologique qui menace ce modèle. En effet, les constructions sur lesquelles repose ce paradigme, lui-même centré sur le concept d'identités nationales, ont précisément été forgées au creuset d'une vision nationaliste du problème : ainsi l'idée selon laquelle la langue, dans l'empire des Habsbourg, serait un critère exclusif d'identification. En faisant ressortir les nombreuses résistances à ces « appels nationaux », dont l'attachement des populations au bilinguisme est un exemple éloquent, cette approche renouvelée brouille l'image d'un espace mitteleuropéen que sa compartimentation par des frontières linguistiques étanches et objectives réduit à n'être qu'une « prison des peuples ». *In fine*, c'est bien le principe selon lequel les mouvements nationaux seraient porteurs du sens de l'Histoire que ces approches nouvelles entendent récuser. Méthodologiquement, le recours à cet outil conceptuel permet en outre de déplacer la focale de l'analyse historique vers les comportements individuels, qui s'avèrent relever le plus souvent d'un « bricolage identitaire » largement empirique. Ici, le concept d'indifférence nationale nous servira à embrasser tout un faisceau de comportements et de sentiments d'appartenance qui, par le recours à la pratique de l'espéranto, mettent à distance la catégorie nationale. En nous invitant à être plus attentif aux pratiques quotidiennes, il nous fera également office de verre grossissant, afin de scruter de plus près des productions culturelles, des attitudes et des engagements singuliers, de l'animation de revues à la correspondance scolaire, de la philatélie à l'édition littéraire, du spectacle vivant au cyclisme amateur, par lesquels des espérantistes, plus ou moins « indifférents » au paradigme national, ont tenté, durant ces quelques décennies, d'inventer d'autres attachements.

Fédérer des nations ou relier des individus ?

Mouvement mondial, sociétés nationales

Pourtant, au tout début du siècle, le mode de structuration de « l'internationale espérantiste » ne s'émancipe pas des cadres nationaux. Bien au contraire : cet « espérantisme 1900 » envisage l'action en faveur de la langue universelle et le regroupement de ses locuteurs sur la base d'organisations nationales. Promu par Beaufront, créateur, on l'a vu, de la première société nationale d'espéranto, ce modèle rencontre rapidement un écho favorable auprès des espérantistes du monde entier, qui saluent sa nouveauté et sa qualité. « Quand apparaîtront les émules de *L'Espérantiste* dans les autres pays ? » s'exclame le Suédois Paul Nylén dans le numéro de septembre 1898 de *Lingvo internacia*. La décennie suivante verra, en effet, se multiplier les sociétés nationales de propagande, qui se dotent à leur tour de leur organe de presse : *La Holanda Pioniro* paraît dès 1902, *La Belga Sonorilo, La Svisa Espero* et *La Suno Hispana* en 1903, *Germana Esperantisto* en 1904, *The British Esperantist* et *Ruslanda Esperantisto* en 1905, *Helpa Lingvo* au Danemark en 1907, etc. En 1912, trente pays, de la Serbie à Cuba, possèdent leur organe national de propagande. *L'Espérantiste* sert donc durablement de modèle aux espérantistes du monde entier. Comme le constate Michael Gordin, il « marque le point de bascule de l'ascendant français sur le mouvement[4] ».

Aussi, lorsque Zamenhof suggère la création d'une « Ligue espérantiste mondiale », Louis de Beaufront fait-il part de sa complète hostilité, menant une propagande active contre tout projet de « bureau international », de « comité central » qui prendrait unilatéralement toutes les décisions relatives aux questions de propagande, d'examens, d'édition. Il convient, aux yeux du président fondateur de la SFPE, pour qui seule « la liberté engendre l'initiative », de « laisser chaque peuple fonder sa Société de propagande et la conduire d'après les besoins particuliers de son pays »[5]. La solution retenue à Boulogne face à l'épineuse question du contrôle linguistique – abandon de l'approbation personnelle par Zamenhof, propriété de la langue confiée « au monde entier », création d'un Comité linguistique chargé de veiller à son intégrité – ressemble ainsi à un compromis. Toutefois, les congressistes ont pris soin, aux côtés de ce comité linguistique, de fonder une autre structure, embryon de gouvernance supranationale : le Comité d'organisation (*Organiza Komitato*). Chargé de l'organisation des congrès universels, fixés désormais chaque année, il est dirigé par un autre espérantiste français, le général Sebert, qui mérite une brève présentation. Ce polytechnicien, né en 1839, expert des questions balistiques, est par ailleurs un acteur majeur du mouvement en faveur de la normalisation de l'information et de la promotion de la documentation. Aux côtés de Paul Otlet et d'Henri Lafontaine, il est ainsi l'un des fondateurs de l'Institut international de bibliographie (IIB), créé en 1895 à Bruxelles, et qui se donne pour objectifs l'unification des méthodes bibliographiques et la réalisation d'un Répertoire bibliographique universel. L'IIB ouvre dès 1896 une section française, qui devient, trois ans plus tard, le Bureau bibliographique de Paris (BBP), dont Hippolyte Sebert prend la présidence. Il est dès lors investi d'une large part des missions de l'IIB, qui lui confie la rédaction des parties du Répertoire bibliographique universel ayant trait aux sciences pures et appliquées, le développement des tables de correspondance et de la classification décimale et la vulgarisation de l'emploi de la documentation méthodique en France[6]. Malgré l'absence de soutien financier public, il tente de rallier à l'idée de bibliographie internationale les sociétés savantes et les revues scientifiques, mais œuvre aussi à destination des milieux de la photographie, par l'intermédiaire de la Société française de photographie dont Sebert est également président, et du sport, grâce au Touring-Club de France[7].

Il ne s'agit pas seulement d'une coïncidence chronologique : les projets de langue auxiliaire et de bibliographie universelle se révèlent en fait étroitement liés, comme le souligne Sebert lui-même :

> Un répertoire bibliographique universel ne peut avoir un caractère véritablement international que s'il donne la traduction, en une langue acceptée pour l'usage international, du texte complet, des notices bibliographiques qui le composent, c'est-à-dire si l'on trouve, dans ces notices, à la suite des titres des écrits, qui doivent évidemment être reproduits dans leur langue originale, la traduction, en langue internationale, de ces titres[8].

Ainsi, les divers engagements de Sebert convergent en réalité dans l'idéal d'un langage universel – celui de la photographie, de l'espéranto, de la classification normalisée de l'information – qui, en atteignant, une transparente objectivité, ferait fi des barrières des langues nationales[9].

En quête d'un siège officiel pour les deux comités fondés à Boulogne, Sebert décide de louer les locaux de la Société française de photographie, dont il est le président. L'Office central espérantiste (*Esperantista Centra Oficejo*), conçu d'abord comme l'organisme de coordination de l'action des deux comités susdits, s'installe ainsi à Paris, au 51, rue de Clichy. Dirigé par Sebert et Gabriel Chavet, l'Office central apparaît donc, dans la droite ligne du congrès de Boulogne, comme une création patronnée par les espérantistes français. Cet ancrage parisien est, par ailleurs, tout à fait symptomatique de la suprématie de la capitale française sur la carte de l'internationalisme à la fin du XIXe et au début du XXe siècle. Paris est, durant le demi-siècle qui précède la Première Guerre mondiale, la métropole qui accueille le plus grand nombre de congrès scientifiques, de sièges de revues internationales et d'associations internationales de coopération intellectuelle[10].

Ainsi, situé à l'épicentre de la vie internationale, dirigé par une de ses plus éminentes figures – Hippolyte Sebert étant, par ses diverses responsabilités, un acteur de tout premier plan de l'internationalisme scientifique –, l'Office entend faire fonction de moteur de la vie internationale de l'espéranto. Pourtant, il apparaît dans un premier temps comme une instance privée, financée par Sebert lui-même et le médecin espérantiste Émile Javal. Il pâtit également de son ancrage parisien, qui fait redouter le risque de mainmise des espérantistes français, comme Théophile Cart le fait remarquer à Alfred Michaux :

> Voyez-vous, le grand danger vis-à-vis des autres nations est de paraître vouloir placer l'Esperanto sous le patronage de la France, du gouvernement français, des commerçants français, des professeurs français[11].

On voit alors ressurgir la tension entre autorité centralisée et fonctionnement horizontal, qui contraint Zamenhof, en mars 1906, à rédiger un communiqué rappelant que « le *Centra Oficejo* n'est pas un quelconque comité légiférant, il est simplement un *bureau*, il est simplement un *lieu*, où sont concentrés les travaux des deux comités créés au congrès de Boulogne[12] ».

Le *Centra Oficejo* conduit en effet son action sur les deux fronts définis à Boulogne : le volet linguistique et le volet organisationnel. Son programme est le suivant : fournir les renseignements sur toute question ayant trait à la diffusion de l'espéranto, servir d'interface entre la communauté des locuteurs et les multiples comités, congrès et réunions espérantistes, soutenir financièrement les différents groupements et sociétés espérantistes, servir d'appui logistique au travail des comités et à l'organisation des congrès, collecter toutes les informations statistiques concernant le mouvement[13]. Enfin, il conserve les archives du mouvement et constitue une bibliothèque qui a pour objectif de rassembler l'intégralité des publications en espéranto, à une échelle mondiale[14]. Après quelques années de tâtonnement, le fonctionnement de l'Office central se régularise : à partir de 1911, ce sont les membres des sociétés nationales d'espéranto qui élisent, pour deux ans, les membres du comité d'administration de l'Office, à raison d'un grand électeur par millier de membres. Ce dernier se voit financé par les sociétés nationales[15], qui se substituent ainsi à la poignée d'espérantistes dont la générosité avait jusque-là suffi aux besoins[16].

Une tentative centralisatrice inaboutie

Par ailleurs, l'Office central donne lui-même naissance à une production imprimée abondante, qui opère selon les moyens de la diffusion scientifique, par le biais de bibliographies, de relevés statistiques, de nomenclatures. La bureaucratisation et la technicisation des comités directeurs du mouvement espérantiste se traduit par un nombre croissant de rapports et de circulaires, qui constitue une abondante « documentation espérantiste », réunie sous la forme de trente-quatre cahiers, qui paraissent entre 1906 et 1922. Jointe aux différents types d'annuaires édités par des organismes centraux et officiels, cette production éditoriale a pour fonction de structurer le mouvement, de canaliser son expansion en fixant des règles communes, en délivrant une information contrôlée, à même, dans un second temps, de servir efficacement l'activité de propagande.

Compte tenu des centres d'intérêt de Sebert, la dimension bibliographique est au cœur des préoccupations de l'Office central. Ce dernier édite ainsi, en 1908 et 1910, deux brochures traduisant les principes de la Classification décimale universelle (CDU) en espéranto. L'entreprise est placée sous le double patronage symbolique de Zamenhof et de Melvil Dewey, deux inventeurs de langue universelle :

> Au moment où le Docteur Zamenhof travaillait, en silence, à la création et au perfectionnement de sa géniale langue auxiliaire, un bibliothécaire américain, nommé Melvil Dewey, élaborait de son côté une nouvelle classification bibliographique, fondée sur l'emploi de la numérotation décimale, et dont la diffusion, petit à petit, a grandi tout comme celle de la langue Esperanto[17].

Sous l'impulsion de Sebert, l'édition d'une bibliographie officielle est en préparation dès le congrès de 1907, mais se heurte à la difficulté du travail de recensement et de compilation. Finalement, le premier volume de la *Bibliografio de Esperanto* paraît en septembre 1912, sous la forme d'un catalogue de notices bibliographiques. Le milieu espérantiste se dote ainsi d'un outil de standardisation de l'accès à l'information particulièrement innovant : la fiche mobile au format normalisé, inspirée des normes anglo-saxonnes[18]. La bibliothèque de l'Office central, dont la mission archivistique et documentaire n'est pas la moindre des fonctions, est classée d'après le modèle de la CDU et selon ces méthodes nouvelles[19]. La *Bibliografio de Esperanto* ne connaissant toutefois qu'un deuxième volume, paru en 1914, cette entreprise bibliographique demeure inachevée.

Mais la publication phare de l'Office central, lancée en 1908, est assurément l'*Oficiala Gazeto*. Ce « journal officiel » des espérantistes sert de tribune aux deux comités, ainsi qu'à Zamenhof qui, de temps à autre, y délivre ses *Lingvaj respondoj*, réponses aux questions linguistiques des lecteurs. La paternité de l'idée même de l'*Oficiala Gazeto* lui est d'ailleurs attribuée : « depuis longtemps déjà, le Dr Zamenhof avait exprimé le désir que les espérantistes possèdent un outil d'information officiel, qui donnerait à tous les propagandistes des renseignements sur les progrès de notre mouvement[20] ». Pour ce faire, la revue entend centraliser

« des éléments très divers et très utiles, que, jusqu'alors, les propagandistes ne pouvaient collecter qu'à grand-peine[21] » : actualité de l'Office central, liste des nouveaux groupes espérantistes, parutions récentes, progrès de l'espéranto dans les milieux non espérantistes – c'est-à-dire aussi bien l'évolution des rapports avec les institutions publiques ou officielles (subventions accordées par des municipalités à des groupes ou des réunions espérantistes, avis de gouvernements, positions officielles, etc.) que celle de la place occupée par l'espéranto dans des manifestations ou des sociétés non espérantistes (adoption par une société savante, une organisation commerciale, une foire internationale, etc.). Délivrant une « image fidèle du vaste mouvement espérantiste », le matériau rassemblé dans ces pages doit servir à appuyer le travail de propagande. Ce « journal officiel » se destine donc avant tout « aux présidents des sociétés et des clubs, aux membres du Comité Linguistique, aux conférenciers, aux journalistes, qui travaillent à la propagation de notre langue, etc.[22] ».

Pourtant, l'initiative est peu soutenue par la communauté espérantiste. Très coûteuse, l'édition de l'*Oficiala Gazeto* entraîne un déficit annuel de plus de 4 000 francs, que l'Office espère combler par l'abonnement massif des groupes et des sociétés, ce que le sixième congrès avait d'ailleurs recommandé[23]. Sebert est contraint de rappeler que « chaque Société espérantiste de propagande qui désire être considérée comme une société régulière […] doit s'abonner à *Oficiala Gazeto*, car c'est la seule manière pratique de recevoir les documents de propagande ou d'autres papiers distribués pour la propagande générale[24] ». On comprend aisément la difficulté d'intéresser la masse des espérantistes à ces longs et austères communiqués, documents de travail et comptes rendus de comités techniques siégeant à Paris. Leur attitude est d'autant plus excusable que les membres des comités eux-mêmes semblent quelque peu négligents. En effet, l'*Oficiala Gazeto* sert aussi d'outil de communication entre les membres des comités, tout particulièrement entre ceux du pléthorique Comité linguistique[25]. Par deux circulaires de juillet 1909, son président, Émile Boirac, recommande ainsi aux membres du comité de s'y abonner, « car, à partir de cette date, [il a] l'intention d'utiliser la parution de ce journal pour les informer sur toutes les affaires relatives au Comité Linguistique ». Le besoin de sonner ainsi le rappel en dit long sur les difficultés de l'*Oficiala Gazeto* – tout autant que sur celles des comités concernés. Alfred Michaux avoue ainsi ne rien connaître des travaux du Comité linguistique dont il est pourtant membre. Gabriel Chavet lui rappelle alors la nécessité de s'abonner à l'*Oficiala Gazeto*[26]. Quelques mois plus tard, Boirac est obligé de rappeler une nouvelle fois Alfred Michaux à ses devoirs : malgré les remontrances, il n'a toujours pas souscrit d'abonnement au journal officiel[27]...

L'UEA, une « Croix-Rouge de l'Âme »

Le mouvement espérantiste tente ainsi d'accomplir, au lendemain de Boulogne, ce qu'Anne Rasmussen appelle un « tournant organisateur ». Les espérantistes se mettent au diapason des autres grands courants d'ambition universelle qui, au tournant du siècle, scellent leur identité « en se fédérant par-delà les frontières dans de grandes organisations structurées[28] ». L'existence d'un bureau permanent et d'une publication périodique constituent ainsi une « formule organisationnelle » dont le mouvement espérantiste est loin d'avoir l'apanage. Elle caractérise bon nombre d'instances interétatiques qui naissent dans les dernières décennies du XIXe siècle, depuis l'Union télégraphique internationale, fondée à Paris en 1865 : Bureau international des poids et mesures (1875), Convention pour la réglementation internationale des routes maritimes (1879), Union internationale pour la protection de la propriété industrielle (1883), Institut international de statistique (1885), etc.[29]. Mais, comme le révèlent les difficultés de l'Office central et de l'*Oficiala Gazeto*, ce tournant organisateur ne s'est qu'imparfaitement accompli. À l'évidence, en manquant en partie le coche de l'internationalisation, l'espéranto, face à l'absence de structures représentatives, tend à se reposer trop largement sur le seul charisme de son fondateur[30].

Toutefois, dès le printemps 1908, une initiative nouvelle naît de ce constat, paradoxal, d'une carence de gouvernance supranationale dans la structuration d'un mouvement par essence transétatique. Un jeune espérantiste suisse, Hector Hodler – fils du célèbre peintre Ferdinand Hodler –, alors âgé de 21 ans seulement, décide ainsi de fonder une Association universelle d'espéranto (*Universala Esperanta Asocio*, ou UEA). Toujours active de nos jours, elle se donne pour objectif premier « la facilitation des relations de toutes sortes entre des locuteurs de langues diverses et la création de forts liens de solidarité entre ses membres[31] ». Si elle tient également, dans ses statuts, à se distinguer de toute affiliation religieuse, politique ou nationale – ce que, du reste, son implantation à Genève contribue à garantir –, elle propose une conception de la neutralité légèrement différente de celle dont se prévalent les espérantistes français.

En effet, convaincu par ailleurs que l'espéranto ne doit pas se couper des questions sociales, Hector Hodler n'entend pas la neutralité comme l'indifférence envers les fins auxquelles peut servir l'espéranto, mais au contraire comme la condition nécessaire à l'accomplissement de la plus grande promesse de la langue universelle : le rapprochement entre les hommes. Or cette nécessité impérieuse – le renforcement des liens de solidarité naturelle entre individus – se trouve sans cesse entravée par les discriminations raciales, les distinctions religieuses et, peut-être au premier chef, les logiques nationales. De ce constat, Hodler tire une première conséquence en envisageant l'adhésion à l'UEA, dépourvue de sections nationales, sur une base exclusivement individuelle : les statuts précisent ainsi que « les membres sont des individus, c'est-à-dire que le membre adhère directement à l'Association, et non par l'intermédiaire de son groupe local ou de sa société nationale ». Par la mise en relation d'individus, l'espéranto y est conçu comme le moyen de reconfigurer les relations internationales sur la base d'un nouveau paradigme horizontal, où ni l'ethnicité ni la nationalité ne jouent le moindre rôle.

Fournir au plus grand nombre d'individus les moyens de mener des échanges transnationaux, dans le but de faire éprouver à tous, et même – nouveau point de divergence avec Beaufront – à « l'homme le plus humble », la force du sentiment de fraternité universelle : voilà résumée, en un mot, l'ambition de l'UEA. Celle-ci tâche de faire vivre l'idéal de Zamenhof – non par l'élaboration d'un soubassement théorique ni par l'action de propagande, mais par la mise en place de « services » (*servoj*). C'est en ce sens qu'il faut comprendre l'expression de « Croix-Rouge de l'Âme » par laquelle l'association se désigne elle-même. C'est sans doute lors de la Première Guerre mondiale que cette fonction prendra sa pleine mesure : en mettant à profit son installation dans un pays neutre, l'UEA assure ainsi le maintien de la correspondance entre citoyens de pays belligérants[32]. Mais son premier acte est de mettre sur pied un réseau de délégués, répartis dans le monde entier. Ces *delegitoj* s'attachent à mettre l'internationalisme en actes : en servant de correspondants, en s'engageant à fournir les informations demandées par des espérantophones qui désirent nouer des relations commerciales, ou qui, plus simplement, partent en voyage : « Le délégué a le devoir d'aider le voyageur. Il lui donnera toutes les informations en vue de faciliter son séjour, lui montrera les hôtels espérantistes, [...] le présentera aux espérantistes de son secteur, aux réunions des groupes, etc.[33]. » L'initiative de Hodler rencontre un certain succès : l'UEA peut appuyer son action sur les services de deux cents délégués et mille trois cents membres dès août 1908[34] ; six ans plus tard, elle enregistre mille deux cents délégués et sept mille membres[35]. Roubaix, ville témoin de notre enquête, compte ainsi, dès 1908, un délégué en la personne de Charles Dorion, qui est aussi le président du groupe local, et même un vice-délégué. En 1914, deux cents villes françaises comptent des délégués, maillant ainsi très finement le territoire : soixante-huit des quatre-vingt-sept départements français comptent au moins un délégué de l'UEA. Le réseau est alors à son apogée ; en 1920, il n'aura plus que soixante-quinze relais en métropole, soixante et onze en 1939.

Ce maillage supranational offre à des individus le moyen, par le recours à la langue internationale, de se connecter directement à d'autres, qui partagent non seulement une langue, mais également une certaine forme de conviction ; et de faire ainsi l'expérience, toujours à l'échelle individuelle, d'une ouverture culturelle qui n'aurait sans doute pas eu, sans cela, la même profondeur. L'initiative de la Fédération espérantiste de Bourgogne, qui organise, à partir de 1909, un concours de langue récompensé par une bourse d'un montant de 300 francs, est un bel exemple de cette inspiration cosmopolite. Cette somme doit en effet servir à financer un voyage, accompli grâce au concours exclusif de la langue auxiliaire, selon des modalités précises : « Le candidat, ne se servant que de la langue esperanto, doit traverser au moins deux pays de langues différentes, et, à son retour, faire un rapport sur son voyage, montrant ainsi à tous les commodités et les avantages de cette merveilleuse langue auxiliaire[36]. » En 1912, l'heureux lauréat est un étudiant en médecine.

Il entend rejoindre Cracovie, *via* la Suisse et l'Autriche, alors même, précise-t-on, qu'il « ignore tout des langues des pays qu'il va traverser ». Heureusement, il peut compter sur les services, « dans chaque ville [d]es délégués de l'Association Universelle Espérantiste[37] ». Et, effectivement, on peut s'amuser, en s'appuyant sur l'annuaire édité par l'UEA, à imaginer l'itinéraire de cet étudiant bourguignon, entre Dijon et Cracovie. Il descendrait d'abord la Saône, en faisant étape à Chalon-sur-Saône, Tournus puis Mâcon, avant de rejoindre Genève par Bourg-en-Bresse. En Suisse, il recourra aux bons soins des *delegitoj* de Rolle, Lausanne, puis Neuchâtel, Berne, Thoune, Sarnen, Winterthur et Saint-Gall, d'où il gagnera Innsbrück, puis Vienne. Depuis la capitale impériale, son itinéraire, s'appuyant sur le dense réseau de délégués de cet espace mitteleuropéen, s'esquisse sans mal : Brno, Vyškov, Kroměříž, Bystřice pod Hostýnem, Ostrava et enfin Cracovie, où il fêtera la fin de son périple chez un employé municipal, qui loge au 17 de la rue Copernic.

Un internationalisme enraciné ? L'espéranto, ou l'universel à sa fenêtre

Écrire le quotidien, se relier au vaste monde

En explorant un gisement documentaire négligé – les journaux en langue étrangère publiés sur le sol français aux XIXe et XXe siècles –, Diana Cooper-Richet, il y a près de quinze ans, se proposait d'ouvrir l'histoire de la presse et, plus largement l'histoire culturelle, à des vents nouveaux – ces sources se révélant à la fois de précieux témoins de l'histoire des étrangers en France et les lieux d'actifs transferts culturels[38]. Quoiqu'à une échelle plus modeste, l'attention accordée aux productions imprimées éditées en espéranto entend aussi élargir le regard porté sur ce demi-siècle d'histoire française, en mettant en lumière des circulations insoupçonnées. Certes, le cas de l'espéranto est singulier. Non seulement on ne saurait le considérer comme une « langue étrangère », mais les chapitres précédents ont révélé à quel point cette invention, importée d'Europe orientale au tournant du siècle, a été « nationalisée » ; à quel point sa pratique a trouvé à s'épanouir dans un environnement familier : celui du groupe local, du lycée ou de la chambre de commerce.

La presse espérantiste, qui connaît un essor fulgurant au cours de la première décennie du siècle – le nombre de parutions périodiques régulières dans la langue de Zamenhof quintuple, à l'échelle mondiale, entre 1905 et 1910[39] –, témoigne de cet ancrage singulier de la langue universelle, mobilisée par des communautés déjà existantes. À son échelle, le petit monde espérantiste est ainsi traversé par une lame de fond qui parcourt en réalité l'ensemble des sociétés occidentales de la Belle Époque :

> Entre 1880 et la Grande Guerre, chaque catégorie sociale et chaque profession ont voulu disposer de leur propre source d'information. Ainsi s'explique l'essor des revues médicales, juridiques ou de celles qui parlent du devenir de la religion catholique[40].

On l'a vu, les médecins espérantistes disposent, un temps, de leur propre organe ; ce sera également le cas, pêle-mêle, des postiers et télégraphistes – *La Interligilo de l'PTT*, lue dans plus de quarante pays en 1930 –, des policiers – *Internacia Polica Bulteno*, qui paraît de 1933 à 1935, depuis Strasbourg –, des cheminots – *Fervoja esperantisto*, qui paraît de 1910 à 1914, depuis Paris –, des sténographes – *Internacia Stenografisto*, entre 1923 et 1934, depuis Issy-les-Moulineaux –, des membres du Rotary-Club – *Mondamikeco*, animée par les inséparables Gabriel Chavet et Georges Warnier entre 1928 et 1933 –, des libres-penseurs – *Libera Penso*, entre 1907 et 1914, depuis Sens –, des radiesthésistes – *Radiesteza Gazeto*, entre 1937 et 1938, depuis Orléans –, des jeunes – *Juna Esperantisto*, éditée entre 1906 et 1914 par la *Presa Esperantista Societo* –, etc.[41].

Par ailleurs, le rôle des clubs espérantistes locaux est déterminant dans cette expansion de l'imprimé en langue universelle ; en effet, à partir des années 1908-1909, de nombreux groupes qui, souvent, ont déjà plusieurs années d'existence, lancent leur propre journal. Les premiers congrès universels ont assurément joué un rôle catalyseur : on y noue des contacts et on s'y fait connaître, on prend modèle et on s'inspire des initiatives éditoriales qui y sont exposées, depuis le succès de *Tra la Mondo*, qui fait sensation lors de sa présentation à Boulogne-sur-Mer en 1905. Ainsi le groupe de Lyon, l'un des plus actifs et anciens de France, lance-t-il sa *revueto* (« petite revue ») en janvier 1907. Entre 1908 et 1913, il est suivi par ceux du Creusot, de Rouen (*Normanda Stelo*),

Laval (*La Semado*), Louhans (*Burgonja Stelo*), par les espérantistes du nord de la France (*Norda Gazeto*), de Lorraine (*Lorena Stelo*), de Picardie (*Pikarda Stelo*), du Rhône (*Rodana Stelo*) de la Sarthe (*Sarta Stelo*), de Provence (*Provenca Stelo*), etc. En 1924, la SFPE suspend même la parution de son organe national, *Franca Esperantisto*, en arguant du fait que, dorénavant, « presque chaque fédération fait paraître son bulletin ».

La revue sert tout d'abord d'organe de liaison et d'information : lien entre les membres de la section ou de la fédération, elle les informe de la vie des groupes. À l'échelle régionale, le maintien de cette liaison apparaît comme une nécessité vitale. En 1938, le président de la Fédération du Nord, Dugand, impute ainsi la baisse des effectifs à « l'insuffisance de la liaison ». Or, ajoute-t-il, la « cause dépend essentiellement d'une mise en commun des efforts de tous pour une action constante et persévérante », que seule permet l'existence d'un bulletin régulier[42]. La revue permet en outre de maintenir vivante la pratique de l'espéranto une fois le cours terminé : les membres du groupe y publient leurs propres traductions ou poèmes originaux. L'espéranto s'y invente comme langue de récréation, grâce notamment aux concours littéraires qui y sont organisés, et parfois de création : *Normanda Stelo* publie ainsi des essais littéraires envoyés par ses lecteurs. Elle est ainsi lieu d'approfondissement et de mise en pratique de la langue internationale, à l'image de *Pikarda Stelo* qui se présente comme une « gentille revue […] qui permettra rapidement de *lire* et de *correspondre* en Esperanto[43] » grâce à la lecture des articles, mais aussi par des exercices et des concours. Si elle est souvent tout à fait modeste, cette mise en pratique inscrit précisément l'espéranto dans l'horizon le plus quotidien : le rédacteur du bulletin dactylographié *Nantes-Esperanto* rédige ainsi quelques paragraphes sur la forêt du Gâvre, où le groupe est parti randonner le mois précédent. *Normanda Stelo* multiplie les articles d'histoire et de géographie locales, avant de se lancer, en février 1910, dans la publication, en feuilleton, d'un guide de Rouen, puis d'étendre cette initiative à la ville du Havre et aux principaux sites touristiques de Basse-Normandie. *Nordfranca Esperantisto* fait de même pour la ville d'Amiens, où doit se tenir le congrès régional en 1937.

Mais le rôle de ces revues ne se borne pas là : en mettant la langue au service de préoccupations locales, elles se veulent un moyen d'attirer les populations de la région à la langue internationale. Il s'agit ainsi de

> préparer peu à peu les populations, par l'envoi répété de journaux (qui seront pris en considération en tant qu'organes locaux) traitant des affaires de la province à un point de vue très spécial, celui de l'Espéranto, de telle sorte que les populations s'intéressent insensiblement, et sans s'en apercevoir, à l'Espéranto[44].

Dans cet objectif, le groupe de Rouen envoie *Normanda Stelo* chaque mois, gratuitement, à de nombreuses sociétés, aux syndicats d'initiative, aux chambres de commerce, aux principaux fonctionnaires, négociants, industriels, hôteliers, cafetiers, coiffeurs de la région… Ces publications peuvent parfois compter sur la sympathie d'un imprimeur espérantiste. Ainsi, *Pikarda Stelo*, feuille manuscrite lors de son lancement en février 1913, est intégralement typographiée à partir de juin 1914, « grâce à la générosité [du] fervent *samideano* Delavigne » qui, en qualité d'imprimeur, met ses presses à disposition du groupe espérantiste « pour presque rien ». En contrepartie, la maison Delavigne dispose d'un encart publicitaire où elle se présente comme une « imprimerie commerciale espérantiste », au service de « tout Commerçant et Industriel, désireux de donner de l'extension à ses affaires » grâce au « puissant levier qu'est la langue internationale Esperanto ».

Bien sûr, c'est son insertion dans le réseau transnational, discret mais diffus, des espérantistes, qui donne sens à cet ancrage local de l'espéranto. Souvenons-nous du *Volapük* : le journal d'Auguste Kerckhoffs se proposait déjà « d'établir un lien d'union entre les volapükistes français et ceux des autres pays de l'Europe, en les tenant de part et d'autre au courant des progrès que l'œuvre réalise tous les jours[45] ». Louis de Beaufront, à son tour, ouvre rapidement les colonnes de *L'Espérantiste* à l'actualité des groupes internationaux. Grâce à un réseau de sociétaires (la SFPE, en effet, ne recrute pas exclusivement en France : au 31 décembre 1902, 380 des 1 800 sociétaires sont étrangers[46]), d'amis et de correspondants répartis dans le monde entier, *L'Espérantiste* se veut un baromètre précis de la propagation de l'espéranto dans le monde. De la même manière, en 1914, un peu plus d'un an après son lancement, *Pikarda Stelo* déclare « être lue dans toutes les parties du monde ». *Normanda Stelo* peut, à son tour, se vanter d'avoir « porté, bien au-delà de [sa] région, une parole écoutée » : l'article du Dr Panel, espérantiste local, sur le mécanisme de formation des mots en espéranto a ainsi « fait sensation dans le monde des espérantistes les plus éminents ». Nous avons en effet retrouvé trace d'une mention élogieuse de cet article jusque dans l'organe officiel de la communauté espérantiste mondiale, l'*Oficiala Gazeto*[47]. La revue normande est visiblement très attentive à son rayonnement international : en janvier 1914, elle relaie ainsi un article paru dans un journal de Bamberg qui loue la « charmante publication agrémentée d'un grand nombre d'illustrations[48] » éditée par le groupe de Rouen. Par ailleurs, les clubs locaux se constituent des bibliothèques, qui peuvent être remarquablement fournies, comme celle du groupe de Lyon, que l'on connaît grâce au catalogue qu'en a dressé André Védrine en 1980. En 1939, le groupe verse 753 titres à la bibliothèque municipale de Lyon, mais il semble qu'il possédait au moins une centaine d'ouvrages de plus[49]. Dans cette collection, presque exclusivement constituée avant la Première Guerre mondiale, quasiment tous les titres édités par les structures éditoriales que nous avons étudiées y figurent. Si les deux maisons rivales, Hachette et la *Presa Esperantista Societo*, font largement course en tête, avec respectivement 102 et 79 titres, on notera la présence de nombreux ouvrages édités à l'étranger : 23 par Tümmel, à Nuremberg, 17 par Möller & Borel, à Berlin, 10 par la British Esperanto Association, 7 par la maison anversoise Witteryck. L'exemple lyonnais montre bien que les groupes locaux évoluent au sein d'un écosystème éditorial transnational.

Une internationale de cartes postales

Mais nulle autre pratique que l'art de la correspondance ne rend plus effectif cet internationalisme enraciné dans un contexte local. La pratique de la correspondance est consubstantielle à l'histoire de l'espéranto. Elle a d'abord été l'instrument privilégié de sa diffusion : comment s'est formée la première communauté de locuteurs, sinon précisément par retour de courrier? Elle apparaît en outre comme une justification commode à la diffusion de l'espéranto, présenté comme le corollaire inévitable des progrès techniques tels que la télégraphie sans fil ou la radio. Elle devient alors un excellent argument de propagande : comment douter que l'espéranto soit réellement praticable, puisqu'il relie déjà des correspondants éloignés ? Enfin, la pratique s'impose comme une « hygiène » nécessaire à la bonne santé tant du mouvement espérantiste que de la langue elle-même, qui y trouve un terrain sans limite pour ce travail infini qu'est l'élaboration d'une langue. Si le mouvement se prouve en marchant, les vertus de l'espéranto se démontrent par l'échange épistolaire.

Rien d'étonnant, dès lors, à ce que les espérantistes soient des correspondants assidus. On notera la précocité de l'initiative de Beaufront qui, dès 1900, lance dans *L'Espérantiste* la rubrique *Internacia Korespondado Esperanta*, dont l'ambition est de relier les espérantistes de tous pays. Quiconque désire correspondre doit faire parvenir à la rédaction son nom, son adresse, ainsi que quelques courtes indications sur le genre de correspondance qu'il désire entretenir. Si les trois quarts des 650 individus qui répondent à cet appel, pendant près de neuf ans, sont français – la SppE demeurant une société nationale, dont les membres sont très largement français –, près de 5 % sont russes – le foyer pétersbourgeois est particulièrement actif –, suivis par des Anglais, des Tchèques et des Belges. Quasiment tous les pays européens sont représentés. Des correspondants des États-Unis, du Brésil, du Venezuela, de l'Uruguay, du Pérou ou de Porto-Rico envoient également leurs coordonnées à la rédaction de *L'Espérantiste*. Rares sont ceux qui font mention de leur activité professionnelle ; parmi eux, on relève des médecins, des pharmaciens, des juristes, des sous-officiers, des instituteurs, répétiteurs, professeurs, un géomètre et un agent voyer, un dessinateur industriel, quelques étudiants, etc. Cet aperçu, forcément limité, rattache toutefois les correspondants de *L'Espérantiste* à une petite bourgeoisie instruite, plutôt urbaine, la plupart des correspondants français résidant dans la banlieue parisienne et dans des villes moyennes de province, qui coïncide plutôt bien avec le profil de « l'homme civilisé d'instruction moyenne » visé par le titre de Beaufront.

Lorsqu'ils détaillent leurs motivations, ces derniers insistent le plus souvent sur l'intérêt pour les paysages, les monuments, les coutumes, les modes de vie étrangers. Le genre de correspondance souhaité peut être parfois beaucoup plus spécifique, tendant au passage un miroir aux préoccupations du temps : on désire correspondre sur l'économie sociale, la photographie, la littérature, la médecine, l'autosuggestion, etc. Un correspondant hongrois recherche même des espérantistes allemands pour s'entretenir de Schumann ou de Beethoven ! Ce qu'autorise ainsi un médium comme *L'Espérantiste*, c'est la mise en réseau d'individus curieux de l'étranger, dans la longue tradition du cosmopolitisme, au sens où celui-ci « désigne l'intérêt porté à des êtres et à des pays étrangers. Les cosmopolites sont des individus disposés à faire un effort pour acquérir des informations ou dialoguer avec eux [...][50] », et qui trouvent dans l'espéranto un outil commode, adapté à leurs aspirations et à leur bagage intellectuel, pour assouvir ce goût de l'étranger.

Les espérantistes inscrits à l'*Internacia Korespondado Esperanta* sont par ailleurs, bien souvent, des collectionneurs de timbres et de cartes postales. Rien d'étonnant à cela : la philatélie est un terrain privilégié pour exercer, à moindres frais, cette curiosité de l'autre ; et l'on conçoit aisément que l'espéranto, envisagé comme un outil de facilitation des échanges internationaux, se prête à merveille à l'exercice du loisir philatélique. Celui-ci, d'abord réservé aux élites, connaît d'ailleurs, dès la fin du XIXe siècle, une certaine démocratisation, qui permet aux classes moyennes d'y accéder[51]. C'est dans ce contexte que paraît en 1903, dans la collection espérantiste de chez Hachette, un *Vocabulaire des mots spéciaux à la philatélie*, compilé par René Lemaire. La même année, cet intime de Louis de Beaufront contribue d'ailleurs également aux *Komercaj Leteroj* de Charles Lambert, en y signant un modèle de correspondance philatéliste. L'avant-propos souligne cette parenté entre pratiques de la philatélie et de l'espéranto :

> Je crois que, parmi les humains, il n'est point de catégorie qui soit, plus que les philatélistes, versée dans les relations internationales : ne sont-elles point le principe même de leur intéressante collection[52] ?

En abolissant la barrière linguistique, l'espéranto permet de multiplier les correspondants et d'échanger avec la planète entière, rendant ainsi de précieux services aux philatélistes. En 1908, une revue spécialisée en espéranto est même lancée depuis Béziers, foyer espérantiste particulièrement actif. Si, en effet, la presse philatélique « contribue à sa manière à la mise en réseau de la planète qui caractérise aussi la période[53] », cet « internationalisme philatélique » ne voit-il pas sa valeur décuplée par l'usage de la langue internationale? *Tra la Filatelio*, qui peut en effet s'appuyer sur un réseau de correspondants réellement international (si la France, l'Autriche, l'Allemagne sont bien représentées, on note la présence de Danois, Maltais, Bulgares, Japonais, États-Uniens, Brésiliens, Uruguayens, etc.), en est convaincue : « Par son internationalité, notre journal ne surpasse-t-il pas toutes les revues philatéliques nationales, car nous aurons des collaborateurs dans le monde entier, car tous se réjouiront de nous envoyer des nouvelles fraîches de leur pays[54] ? »

Rapprocher combattants, militants ou élèves

Quelques années plus tard, le premier conflit mondial met en pleine lumière la solidité des solidarités nouées grâce à l'espéranto, dans lesquelles l'échange épistolaire joue un rôle de premier plan. Mentionnons ici l'exemple de *France-Esperanto*, bulletin animé à partir de janvier 1915 par Eugénie Cense. Son objectif est avant tout de « rétablir […] les liens momentanément interrompus[55] » par la suspension de la publication de la quasi-totalité des journaux espérantistes durant le conflit mondial. Tout d'abord, il informe les espérantistes présents au front en tenant la chronique du mouvement. Celui-ci, bon an mal an, poursuit en effet son activité pendant la guerre. Par l'intermédiaire du journal s'organise en outre l'envoi de livres en espéranto : l'espérantiste parisien Georges Warnier fait ainsi parvenir des livres d'apprentissage et de lecture à la rédaction de *France-Esperanto*, qui les envoie ensuite dans des camps de prisonniers en Allemagne[56]. Les témoignages des correspondants nous renseignent également sur la manière dont l'espéranto se maintient sur le front : rencontres entre espérantistes, cours improvisés, tentatives d'initier à l'espéranto leurs camarades des tranchées. *France-Esperanto* constitue un appui à cette activité de propagande en temps de guerre, et ouvre de plus en plus ses colonnes à des articles de fond démontrant les multiples avantages de l'espéranto dans des champs aussi divers que le commerce, le commandement militaire, les relations internationales, l'enseignement, etc. Les lecteurs peuvent aussi y découvrir des jeux, des poèmes, des articles scientifiques et des traductions littéraires, à l'image de cet extrait du *Feu*, de Barbusse, qui paraît dès le printemps 1917[57], avant même que l'ouvrage ne connaisse sa première traduction dans une langue nationale.

Mais surtout, la lecture de *France-Esperanto* émeut par l'importance accordée au courrier des lecteurs. Le journal reçoit de nombreuses lettres de soldats qui témoignent du réconfort apporté par le maintien d'un lien avec la langue universelle : « C'est avec une vraie joie, plus grande que vous ne pouvez le supposer, que je reçois votre Bulletin » ; « Dans mon "terrier", votre Bulletin est comme un rayon de soleil, qui est entré pour fortifier mon âme ». La part des contributions des soldats étonne jusqu'à Eugénie Cense :

> Force est de constater que les mobilisés nous ont jusqu'à présent davantage aidés, alors que nous espérions que les espérantistes non mobilisés pourraient plus facilement collaborer au succès de notre entreprise. Les mobilisés sentent peut-être plus profondément que les autres combien une langue auxiliaire internationale est nécessaire – et le sera plus encore après cette guerre[58] !

« Après cette guerre » – c'est-à-dire aussi, naturellement, après la révolution d'Octobre –, la pratique de la correspondance en espéranto permet aux militants français et soviétiques d'entrer en contact. C'est même le principal argument mis en avant par la Bourse du travail de Bourges pour promouvoir les cours gratuits d'espéranto qu'elle organise chaque semaine, au milieu des années 1920 :

> Voulez-vous correspondre directement avec un prolétaire de Moscou, de Berlin, de Pékin, de Tokyo, ou d'ailleurs, connaître la situation ouvrière de son pays, sa vie de famille, d'atelier, l'emploi de ses loisirs, ses mœurs ? Voulez-vous devenir un internationaliste conséquent ? Apprenez l'Espéranto[59].

De fait, on dispose du témoignage d'un ouvrier berruyer, Marcel Cherrier, à qui la maîtrise de l'espéranto permet de correspondre avec des ouvriers soviétiques. *Le Prolétaire normand*, journal communiste du Havre, publie de son côté une lettre d'ouvriers d'une usine de confection moscovite, qui vante l'organisation de la production et les conditions de travail dans la fabrique. Rédigée en espéranto, elle parvient jusqu'au port normand, où elle est traduite par un collaborateur de la revue[60].

Plus encore, la connaissance de la langue internationale permet à certains militants communistes d'accomplir leur voyage d'URSS[61] : c'est le cas du communiste Georges Salan qui, à la tête du groupe espérantiste nîmois et membre de la SFIC, fait partie d'une délégation espérantiste internationale qui se rend à Moscou pour le dixième anniversaire de la Révolution. En 1930, un certain Dominique Gavotto est missionné par la section locale du Parti communiste et par le groupe espérantiste de Vallauris pour se rendre en URSS; à son retour, il vante les réalisations du nouveau régime dans des réunions publiques organisées dans plusieurs villes de la Côte d'Azur. Ces deux exemples sont significatifs en ce qu'ils combinent une pratique de la langue internationale ancrée dans un contexte local – celui du groupe espérantiste de la ville – avec le désir de l'inscrire, dans un même geste, à l'horizon internationaliste de la révolution mondiale.

L'espéranto est enfin employé dans la correspondance scolaire. Cette application apparaît même très précocement : dès les toutes premières années du siècle, l'essor de la correspondance scolaire internationale se noue avec celui, tout à fait contemporain, de l'espérantisme. Il est significatif de constater que le pionnier de la correspondance internationale entre élèves, un professeur d'anglais du lycée de Tarbes, Paul Mieille, est ainsi initié dès 1902 à l'espéranto, après que l'infatigable Carlo Bourlet a donné une conférence à la Société académique des Hautes-Pyrénées; l'année suivante, il fonde un groupe à Tarbes, sous les auspices du délégué local du Touring-Club de France. Certes, face à l'hostilité des pouvoirs publics concernant l'introduction de la langue universelle dans l'enseignement public, la diffusion de l'espéranto dans les salles de classe ne peut alors s'appuyer que sur des enseignants volontaires, dont on a déjà vu qu'ils pouvaient constituer de puissants relais de la langue universelle.

La plus active de ces bonnes volontés, avant la Première Guerre mondiale, est sans doute l'instituteur lillois Firmin Durieux. Ce dernier, qui fait figure de pionnier de l'enseignement de l'espéranto dans les écoles primaires, est également le correspondant français d'une revue internationale fondée en 1908, l'*Internacia Pedagogia Revuo*, qui fédère les enseignants espérantistes à travers le monde. La revue fait office de médium privilégié pour la correspondance scolaire : en 1909, aux côtés d'instituteurs de Moravie ou de Sibérie, Durieux y inscrit ainsi 27 de ses élèves, âgés de 12 à 13 ans. « Mes élèves se sont fait des "amis" en Angleterre, en Russie, en Autriche, en Amérique », confie-t-il à *L'Espérantiste*. Le directeur de l'école secondaire libre à Saint-Claude (Jura), Jean Mistler, témoigne encore, dans un article de Durieux paru en 1909 : « J'ai commencé à peu près comme vous en 1902. [...] J'incite mes élèves [qui sont alors au nombre de 87[62]] à la correspondance avec des espérantistes étrangers. » Citons encore le cas d'un instituteur de Baugé, M. Robin, qui, à partir de 1919, organise des cours facultatifs d'espéranto auprès de ses élèves. Quelques semaines plus tard, une fois que ceux-ci ont atteint un niveau de maîtrise suffisant, il entame une correspondance avec une école de Manchester[63]. Après guerre, l'espéranto est naturellement utilisé par les instituteurs engagés dans la mise en œuvre de pédagogies alternatives, dans le sillon ouvert par Célestin Freinet. Si l'on a déjà vu leur intérêt pour la langue universelle[64], il est à noter que celui-ci va, en effet, de pair avec un attachement à la correspondance scolaire. Ainsi, selon le décompte opéré par *L'Éducateur prolétarien*, durant l'année 1932-1933, 180 écoles françaises Freinet ont correspondu avec 220 écoles étrangères (principalement d'URSS, d'Allemagne et d'Espagne) – l'ensemble correspondant à un total de 8 000 enfants. Or 90 % de ces échanges ont été effectués à l'aide de l'espéranto, démontrant ainsi, selon l'auteur de l'article, l'instituteur espérantiste Henri Bourguignon, les « multiples avantages d'une langue unique d'intercompréhension internationale[65] ».

L'espéranto au service d'une « internationale des petites patries » ?

Régionalisme félibrige et mondialisme espérantiste

Les régions qui connaissent une situation de bilinguisme se montrent particulièrement sensibles à la proposition espérantiste. En Alsace, par exemple, la valeur propédeutique de l'espéranto, langue qui a construit son lexique en puisant dans de multiples langues nationales, revêt une coloration particulière, comme en témoigne ce petit article paru dans le *Gebweiler Neueuste Nachrichten* en 1933 :

> Étant donné notre bilinguisme, l'enseignement de l'espéranto permettrait d'ancrer chez les élèves une grande quantité d'éléments linguistiques français et allemands, et ils se sentiraient beaucoup plus rapidement à l'aise dans la langue espéranto[66].

Il semble en effet que plusieurs militants des langues régionales se soient très tôt intéressés à l'espéranto. Le fervent défenseur de l'occitan, poète engagé dans la collecte du patrimoine oral de la langue d'oc, Antonin Perbosc, apprend ainsi l'espéranto, dans lequel il voit d'ailleurs une « langue à moitié occitane[67] ». Dès 1897, le Montpelliérain Henri Bel faisait déjà de la proximité entre le languedocien et l'espéranto un argument de propagande pour rallier les lecteurs de la *Vie montpelliéraine*, arguant ainsi, avec une jolie formule, « que nous avons tout de suite, avec l'*Esperanto*, l'impression d'être en pays de connaissance ».

Une équipe d'espérantistes provençaux, domiciliés à Arles, Marseille, Nîmes, Avignon, Toulon et Draguignan, lance ainsi, en août 1914, une « revue littéraire et artistique illustrée » entièrement rédigée en espéranto : *Tra Provenclando* (« À travers la Provence »). Diffusée « depuis les quelques départements où résonne la langue de Mistral », elle se propose de « dissémin[er] au loin l'alerte naïveté de la poésie provençale, et rappel[er] les mœurs, les usages, les légendes, les merveilleuses antiquités de notre riche pays ». Le premier numéro – qui sera aussi le seul ; au moment où il paraît, la guerre éclate – contient ainsi des articles sur Frédéric Mistral, les beautés d'Arles et le pont du Gard – et même la recette de l'aïoli ! Nul marqueur de l'identité provençale ne manque à l'appel : l'espéranto apparaît donc, ici, avant tout comme un outil de diffusion de la culture provençale. Toutefois, cette dimension véhiculaire ne doit pas faire oublier une parenté secrète entre la langue de Zamenhof et celle de Mistral :

> Si l'Espéranto porte en lui l'amour de la patrie humaine, la langue provençale est un remarquable chant d'amour à la petite patrie. L'un et l'autre sont souvent moqués, à tort, au profit de la patrie médiane [*meza patrujo*]. Celle-ci pourtant n'aurait aucune signification, coupée des racines d'où elle tire sa force et des fleurs idéales vers lesquelles tendent ses efforts.

Poezio

A L'ESPERANTO

Dédica au groupe d'Arles,
A soun Président: moun ami L. LAGET.

Groupen-sé touti sout l'Estello,
que dardaio sus l'Univers.
Soun linde clarun nous desvello
que de l'Aveni es l'espèr.

S'espandis pèrtout. Nous pivello,
resplendour d'un trélus doù sèr,
Amour emé Pas emmantello,
simbèu de Pas floto dins l'èr !

Espéranto ! Zou ! Sus li mounde
fagues qué l'idéau desbounde
barbelant de ti vérita;

car em'eù vai toumba li raro
o pople que nous desseparo,
vieuren dins la Fraternita.

M. FAVARD

TRADUKO

Dediĉata al la Arles'a Grupo kaj
al ĝia Prezidanto, mia amiko : L. LAGET.

Ni grupiĝu sub la Stelo
radianta sur la mondon;
ĝia lumo al ni montras
la esperon de l'Estonto.

ĝi nin gvidas, ĉie regas
brilegaĵo de vesper',
Amon, Pacon, ĝi ŝatigas,
paca signo en aer'.

Esperanto en la mondon
alvenigu la Esperon
la Amon kaj la Veron.

dissaltiĝu ĉiuj baroj
la popolojn disigantoj,
baldaŭ regu la Fratec'!

Tradukis e. provenca lingvo :

Kapitano MARTIN

— 14 —

Un poème en provençal, à la gloire de l'espéranto, et sa traduction en espéranto dans la revue espérantiste *Tra Provenclando*, éditée à Arles en 1914 : un exemple de lien étroit entre sentiment régionaliste et mondialisme espérantiste (1re année, no 1, p. 14).

Ainsi, les causes du régionalisme félibrige et du mondialisme espérantiste trouveraient, dans le même mépris moqueur auquel ils sont confrontés de la part des défenseurs de l'État-nation, une raison profonde pour s'épauler l'une l'autre – d'autant plus que, comme le suggère la métaphore végétale, il s'agirait, au fond, des deux sentiments d'appartenance les plus naturels à l'âme humaine.

Un nouveau détour par la littérature nous permettra d'illustrer ce jeu d'appartenances complexes, qui esquisse une articulation entre défense des particularismes et ambition universaliste. Le libertaire breton Émile Masson, publié par Péguy, ami de Gustave Hervé et correspondant – entre autres – de Romain Rolland, dont la pensée originale et inclassable tenta précisément de concilier l'internationalisme et la défense de l'identité bretonne, publie en 1921, à la fin de sa vie, un conte onirique, l'*Utopie des îles bienheureuses dans le Pacifique en l'an 1980*. Au fil des premiers chapitres de ce roman d'anticipation, qui est aussi une étonnante utopie libertaire, le narrateur découvre le peuplement et le gouvernement de l'archipel. Sa situation linguistique fait alors l'objet d'un court développement[68]. Si les îles Bienheureuses sont peuplées d'un « assez grand nombre » de Français, « très peu cependant parlent cette langue Française [...]. Nos Français sont surtout Basques, Bretons et Provençaux qui parlent spécifiquement basque, breton et provençal ». Grâce au haut niveau de pratique des langues régionales, vouant le français à une quasi-disparition, le paysage linguistique de l'archipel est aussi vivant que diversifié : on dénombre « plus de cent espèces diverses » de langues, qui composent une véritable « babel ». C'est alors que l'îlien qui guide le narrateur signale l'existence d'une « langue conventionnelle », nécessaire pour l'intercompréhension des habitants de l'archipel. Or Émile Masson a choisi, pour cette langue véhiculaire, le nom fort évocateur de « spérando », une « langue toute musicale » qui est enseignée, en sus de leur langue maternelle, à tous les jeunes îliens, entre leur première et leur quinzième année. Ceux-ci deviennent, dès lors, des « spérandistes »... L'évidence de la transposition de la langue de Zamenhof dans le registre de la fiction se passe ici de commentaire.

L'espéranto, allié inattendu du panceltisme

Restons un moment en Bretagne, grâce à la revue *Nord-Okcidento* qui, quelques années plus tard, voit également dans l'espéranto une échappatoire au diktat des langues nationales. Cette « revue mondiale et interceltique » est lancée en 1928, en qualité de supplément à la revue littéraire bretonnante *Gwalarn*. Cette dernière est, quant à elle, née deux ans plus tôt de la volonté de l'écrivain et grammairien Roparz Hemon, figure du mouvement breton. Rédigée en breton, *Gwalarn* (qui signifie « Noroît ») est une publication de haut niveau, érudite, qui cherche à faire du breton une véritable langue de culture écrite. Son lectorat se limite d'ailleurs à une élite plutôt mince : la revue ne compte, à ses débuts, que cinq cents abonnés[69]. Or, Roparz Hemon est également un espérantiste convaincu; au printemps 1928 il lance donc ce nouveau titre, rédigé entièrement en espéranto et envoyé gratuitement, à titre d'essai, aux abonnés de *Gwalarn*. Leur réaction est visiblement enthousiaste : certains aimeraient voir la revue se développer et s'émanciper de la tutelle de *Gwalarn*, quand d'autres regrettent l'absence d'un livre d'apprentissage de l'espéranto en breton.

Contrairement à nos félibres espérantistes, il ne s'agit pas seulement, pour Hemon, de diffuser la langue et la culture bretonnes. Les deux premiers numéros – les seuls que nous ayons pu consulter – réunissent des articles sur « l'état actuel du mouvement breton » ou la « nouvelle littérature bretonne », ou encore la traduction en espéranto, par Hemon, d'un de ses propres poèmes. Si l'accent est donc plutôt mis sur l'actualité du mouvement breton, c'est que *Nord-Okcidento* est davantage une revue militante qu'une publication régionaliste exaltant le patrimoine littéraire ou historique. L'espéranto est ici mis au service d'un projet nettement plus ambitieux :

> Nous, Bretons, voulons instaurer, dans l'Europe du Nord-Ouest, une nation intellectuelle clairement identifiable et fortement soudée. Pour que la Celtie soit une réalité, pas un rêve chimérique[70].

Depuis 1917, cette « Celtie » se concrétise sous les espèces du Congrès celtique, organisé chaque année dans l'une des villes de ce vaste espace culturel transnational. Roparz Hemon, s'adressant aux peuples celtes d'outre-Manche, revient sur la question de l'intercompréhension, particulièrement problématique lors de ces réunions annuelles, en rappelant le souvenir du congrès de 1925 :

> Vous vous souvenez certainement combien le problème linguistique fut source de confusion et d'inquiétude. [...] Comme nous ne nous comprenions pas mutuellement par l'une de nos langues celtes – vous ne connaissiez pas du tout la nôtre, et nous connaissions à peine la vôtre – nous avons effectivement parlé anglais ou français[71].

Or, alors que les rédacteurs de *Tra Provenclando* ne le formulaient qu'à mi-voix, Roparz Hemon est pleinement conscient de la contradiction entre son projet politique et culturel et le recours aux langues des États-nations qui en empêchent précisément la mise en pratique :

> La langue anglaise, vous ne vouliez pas l'utiliser, et nous ne voulions pas utiliser la française, car elles sont, non seulement des langues étrangères, mais encore des langues dangereuses, hostiles. [...] Si nous croyons que nous pourrons parler en français ou en anglais entre nous, et être considérés comme Celtes, nous nous trompons : le monde se moquera de nous, et nous nous dévaloriserons nous-mêmes. En outre, si nous croyons que nous pourrons parler français ou anglais et penser et agir en Celtes, nous nous trompons encore : en aboyant on devient un chien, même en aboyant contre les autres chiens[72].

Ainsi contraint de « choisir une langue auxiliaire, qui ne soit ni le français ni l'anglais », Roparz Hemon propose l'adoption de l'espéranto, « qui ne menacerait en aucune manière nos langues celtiques ». En en faisant une langue véhiculaire entre Celtes, il conçoit l'espéranto comme un outil au service du panceltisme et de l'affirmation d'une identité culturelle commune à des peuples répartis entre trois États. La langue de Zamenhof est employée dans la revue de Roparz Hemon précisément parce qu'elle se pose en alternative aux logiques nationales, qu'elle n'a été mise au service d'aucun processus de construction étatique, d'aucune entreprise impérialiste. Elle apparaît comme une échappatoire, respectueuse des langues et des cultures minoritaires, à l'usage des « grandes » langues nationales.

Cette entreprise éditoriale, marginale autant au sein de la communauté espérantiste – nous n'en avons pas retrouvé trace par ailleurs – que du mouvement breton, durera quelques numéros, jusqu'en 1930. Cette même année, Roparz Hemon publie encore deux ouvrages mi-breton mi-espéranto : un *État de la situation de la langue bretonne en 1928*[73] et le dictionnaire espéranto-breton réclamé par les lecteurs de *Gwalarn*.

Une « (supra)nation espérantiste » ?

Quoique divisé sur la question du rapport au sentiment national, le mouvement espérantiste a pu, au tournant du XXe siècle, se fédérer autour de quelques marqueurs identitaires qui ne sont pas sans évoquer ceux autour desquels, depuis la fin du XVIIIe siècle, se sont catalysés les processus de construction nationale. Il ne s'agit pas de chercher à faire rentrer à toute force ces emblèmes et signes d'appartenance dans les catégories de l'identité nationale – cela n'aurait guère de sens, mais de tâcher, en les mettant en perspective, d'éclairer les singularités de cette aventure collective, intellectuelle mais aussi affective, que fut l'espérantisme.

Emblèmes[74]

C'est, du reste, sous la plume d'espérantistes eux-mêmes que s'exprime le sentiment d'appartenir à une « nation » : ainsi Gaston Moch, à l'issue du deuxième congrès universel, s'exclame-t-il dans les colonnes d'*Espero Pacifista* :

> Comme on le voit, la communauté espérantiste [*esperantistaro*] est une vraie nation, – nous dirons une « supranation » qui s'organise par-dessus les frontières, grâce à notre belle langue[75] !

L'expression de « peuple espérantiste » serait attestée dès 1909, Zamenhof lui-même parlant de « peuple neutre »[76]. L'expression *Esperantujo* (ou *Esperantistujo*) qui, forgée sur le modèle des noms de pays, signifie quant à elle, à l'image de *Francujo* ou d'*Italujo*, « le pays de l'espéranto », ou « le pays des espérantistes », est promise à un bel avenir. Le terme apparaît peu ou prou au moment où le mouvement s'institutionnalise, sous l'influence des espérantistes français : on le retrouve ainsi sous la plume de Beaufront qui, au début de l'année 1905, note que « les congressistes se sentiront vraiment en Espérantie [*Esperantujo*] à leur arrivée à Boulogne ». En effet, cette sorte de « supranation » essentiellement virtuelle ne prend forme et vie qu'à l'occasion de rassemblements internationaux. Ceux-ci, en retour, la dotent des emblèmes qui rendent sensible l'appartenance à la « communauté imaginée » espérantiste.

Le drapeau est sans doute le plus notable d'entre eux. C'est lors de la dernière séance plénière du congrès de Boulogne, le 9 août 1905, que le drapeau espérantiste, du reste inventé peu de temps plus tôt par le club de Boulogne, est adopté comme symbole officiel du mouvement. Il fonctionne dès lors, classiquement, comme outil d'identification au groupe, mais aussi, de manière plus singulière, comme actualisation soudaine de l'*Esperantujo*. Un espérantiste suisse, venu à Genève pour participer au deuxième congrès, en 1906, peut ainsi s'exclamer :

> Nous avons enfin abordé à Genève, et voici que sur un toit flotte l'étendard vert ! Mon cœur espérantiste s'est mis à battre à tout rompre sous ma brillante étoile [portée à la boutonnière], il se sent déjà chez lui, en Espérantie[77] !

Le « drapeau vert » fait ainsi rapidement office de métonymie pour désigner le mouvement espérantiste. Pas une fête, pas un congrès, pas un rassemblement d'espérantistes sans qu'on hisse ce pavillon couleur de l'espoir qui, ce faisant, revêt à son tour, comme la notion ambiguë d'espérantisme, deux acceptions opposées. Son usage se révèle ambivalent :

> Qu'est-ce que le drapeau vert ? Si pour le commerçant qui n'emploie l'espéranto que pour vendre ses marchandises, ou pour le sportif qui n'emploie l'espéranto que pour se divertir, notre étendard est le simple signe de notre langue, un simple ornement consensuel pour nos congrès et nos institutions – nous, militants de l'espéranto, nous y voyons bien autre chose : il est pour nous quelque chose de sacré, il est le signe sous lequel nous marchons à notre combat pacifique[78].

Ainsi, Zamenhof fait de l'étendard vert rien de moins que l'emblème de l'*idée interne*. Cela n'empêche pas le pragmatique

Beaufront de se préoccuper de détails plus terre à terre : il passe ainsi contrat avec la maison parisienne Lecour, en 1907, pour la production de drapeaux espérantistes !

Deuxième signe de ralliement, emprunté à la panoplie des emblèmes nationaux : l'hymne. Très tôt, les espérantistes disposent en effet de leur propre hymne, dont le texte a été composé par Zamenhof lui-même, en juillet 1890. Ce poème, intitulé *L'Espero* (« L'Espoir »), évoque le surgissement d'un « sentiment nouveau » [*sento nova*] qui exprime, en définitive, l'essence même de l'idée interne : sentiment de la profonde unité humaine, de la fraternité et de « l'amour sacré ». Ce texte, composé de six quatrains, aurait connu au moins une quinzaine de mises en musique différentes, pour la plupart durant les années qui suivent le congrès de Boulogne[79]. Si la première est due à un pacifiste suédois, Claes Adelsköld, et remonte à 1892, celle que la postérité a retenu date de 1905 et est l'œuvre de Félicien Menu de Ménil, espérantiste français issu d'une vieille famille de noblesse flamande.

Il semble qu'aucune décision officielle n'ait jamais validé le choix de la version de Ménil. L'usage fait toutefois de celui-ci l'hymne du mouvement espérantiste, ce que Beaufront entérine dès 1907, lorsqu'il évoque « notre Marseillaise officielle, l'*Espero* de Zamenhof et de Ménil » entonné par un chœur lors d'une grande représentation théâtrale organisée par le groupe de Beaune. De fait, si l'on retient la bipartition, sommaire mais efficace, des hymnes nationaux entre les « chants solennels et lents, évoquant plutôt des chorals protestants, [et les] chants de marche, généralement plus entraînants[80] », la musique de marche militaire composée par le baron français place sans conteste l'hymne espérantiste dans cette seconde catégorie. Il n'est pas impossible d'y voir, là encore, un signe de l'ascendant français sur le mouvement – d'autant plus que l'enjouement martial de la musique contraste quelque peu avec les envolées iréniques du texte de Zamenhof.

Rites

Mais, au fond, peu importe ; l'essentiel est de constater que, là encore, l'hymne espérantiste joue un rôle d'actualisation de l'Espérantie. Entonné à chaque congrès, il contribue puissamment à la dramaturgie de ces moments de communion annuelle, dont témoigne ce saisissant souvenir du congrès de Boulogne, rapporté par Edmond Privat :

> Soudain retentit la musique de l'hymne *La Espero* : [...] Nous nous sommes tous levés en même temps... Voici que sur la scène, avec le bureau du congrès, entrait le Maître bien-aimé. Petit, timide, ému, avec un très grand front, des lunettes rondes, une petite barbe déjà grisonnante. Tout volait ou s'agitait en l'air : mains, chapeaux, écharpes ou mouchoirs, en une acclamation d'une demi-heure[81].

Lors de l'ouverture d'un congrès régional qui se tient à Bourg-en-Bresse en 1914, la chorale ouvrière locale entonne l'hymne, accompagnée par le carillon de l'église qui joue la musique de Ménil[82] : bel exemple de fraternisation permise par le recours à la langue neutre !

Rien de plus naturel, puisque les congrès annuels, aux yeux de Zamenhof, s'apparentent en définitive à des fêtes de famille :

> Tout comme des frères s'aimant mutuellement, qui ne peuvent se rassembler que de temps en temps, dans la maison de leurs parents, les espérantistes attendent ardemment le moment où ils pourront se rencontrer, au centre de l'Espérantie, se saluer avec effusion, réciproquement, se serrer les mains chaleureusement et se dire : « nous vivons, nous avons travaillé honnêtement pendant l'année, nous avons gardé honnêtement l'honneur de notre maison, nous pouvons, la conscience pure, prendre part à la fête commune de notre famille »[83].

Plus pragmatiquement, Zamenhof voit aussi dans les congrès une occasion, pour les participants, de « contrôler qu'ils ont correctement appris la langue, qu'ils la comprennent bien, de comparer leur propre manière de parler avec celle des espérantistes les plus aguerris. Quand ensuite ils rentrent chez eux, non seulement eux-mêmes parlent d'une façon plus pure, mais ils apportent un modèle de façon correcte de s'exprimer à ceux qui sont restés à la maison[84] ». Les congrès sont donc un lieu de contrôle mutuel, permettant le maintien d'un étalon linguistique et sa diffusion à l'échelle de la communauté espérantophone. Ainsi, ils sont une condition nécessaire à l'ambition universelle de la langue : « Grâce à nos congrès on parle déjà l'espéranto d'une manière parfaitement équivalente, non seulement dans les coins les plus reculés de chaque pays pris à part, mais encore dans les endroits les plus différents de la planète. » C'est sans doute sur la question de la prononciation que cette veille mutuelle s'exerce le plus significativement. Ainsi, c'est au retour de Boulogne que Théophile Cart juge bon de se livrer, dans *L'Espérantiste*, à une mise au point sur ce sujet. Le congrès a servi de révélateur, puisque « avant notre admirable congrès de Boulogne, cette pratique nous ne l'avions point, ou très peu ». C'est au contact de cette foule multinationale que se révèlent les défauts de prononciation des uns et des autres – du côté des Français, de fâcheuses tendances à déplacer l'accent tonique sur la dernière syllabe de chaque mot, à allonger les voyelles et à nasaliser.

Ainsi, aux yeux de Zamenhof encore, les congrès, en faisant vivre l'idée interne, sont d'irréfutables démonstrations du présupposé qui est au fondement du projet espérantiste : l'unité profonde du genre humain. Dès lors, c'est la viabilité de son projet de langue universelle qui est en jeu :

> Qui voudrait se convaincre de l'excellente manière dont cette langue peut être employée de manière égale par toutes les races ; qui voudrait se convaincre de la force considérable que possède, pour l'unification des hommes, cette langue neutre et appartenant également à tous, [...] qu'il ne discute pas théoriquement, qu'il ne bredouille pas des phrases pseudo-scientifiques au sujet des distinctions entre les races ; mais qu'il visite l'un des congrès annuels universels d'espérantistes ; il y verra la parfaite harmonie entre les hommes ; il verra de ses propres yeux et entendra de ses propres oreilles la manière dont les relations sur une base neutre, nullement humiliante, repousse et fait oublier toutes les barrières et le sentiment de la différence [*fremdeco*] entre les hommes[85].

Rien n'en témoigne mieux que l'attitude d'Émile Berr, envoyé spécial du *Figaro* au congrès de Boulogne. « J'étais allé au congrès de Boulogne-sur-Mer pour me moquer des Espérantistes. J'en suis revenu émerveillé et conquis[86] », confie-t-il à Ernest Archdeacon. De fait, dans le reportage, argumenté et précis, qu'il livre aux lecteurs du *Figaro* le 11 août 1905, Berr semble être passé par tous les sentiments : confessant d'abord un certain scepticisme, il s'étonne ensuite de la vitalité du mouvement, s'émeut devant le récit des sacrifices consentis par Zamenhof, et, au moment d'achever son papier, semble converti. Berr souligne notamment que « l'espéranto a produit toute une littérature : grammaires, dictionnaires, exercices, manuels de correspondance, et surtout traductions de chefs-d'œuvre[87] ».

De la même manière, lorsque l'enthousiasme de Hachette à l'égard de l'espéranto semble fléchir, Guillaume Bréton décide de dépêcher à Boulogne « l'un de ses employés sachant à fond l'Esperanto pour assister à toutes les séances du Congrès, tout voir et lui faire un rapport détaillé sur tout[88] ». Or ce qu'a pu voir l'envoyé spécial de Hachette, c'est, tout comme le sceptique Émile Berr, le spectacle d'une langue véritablement internationale et dynamique, réellement vivante et praticable. On peut donc supposer que son compte rendu fut aussi positif que celui des correspondants des grands quotidiens parisiens, et a contribué à relancer l'intérêt de Guillaume Bréton. Par la suite, Hachette semble en effet jouer pleinement le jeu des congrès, qui, de plus en plus, apparaissent comme des moments privilégiés pour les éditeurs espérantistes, comme en témoigne cette brève parue peu de temps avant le troisième congrès :

> On travaille d'arrache-pied chez les éditeurs, qui désirent envoyer à l'Exposition du congrès de beaux ouvrages, tout chauds. La société Hachette, qui, dans ce louable concours, conserve la première place, nous donne *Faraono*, de Kabe, un don vraiment royal[89].

La réunion de Boulogne a ainsi pleinement joué le rôle qui, depuis la fin du XIXe siècle, est dévolu à ces nouveaux objets de la vie internationale que sont les *congrès* : un instrument de légitimation intellectuelle et « une réponse à une certaine volonté de médiatisation[90] ».

Du paradoxe d'un État espérantiste : Gustave Roy, le Moresnet-Neutre et l'Amikejo

Toute séduisante soit-elle, l'idée d'une « nation espérantiste » achoppe évidemment sur la question territoriale. Dès 1898, l'écrivain français Fred Isly, par ailleurs auteur d'un projet de langue universelle, écrit « qu'une langue internationale ne peut exister sans une terre internationale. [...] Le grand point est par conséquent de trouver la parcelle de terre qui deviendra le siège, la patrie de la langue internationale[91] ». La prégnance du modèle de l'État-nation se donne ici à voir jusqu'au paradoxe : faire vivre l'idéal internationaliste porté par l'espéranto supposerait de se conformer au principe de territorialité linguistique. Si elle veut exister, la langue neutre et universelle devrait accepter, à son tour, de s'attacher à un territoire borné de frontières – de s'enraciner. Si elle ressemble fort à une insurmontable aporie, cette position a donné naissance à l'un des projets les plus étonnants de l'histoire des débuts de l'espéranto.

En effet, un candidat sérieux, quoique méconnu, au rang de « terre internationale » figure sur la carte de l'Europe depuis 1816. Il s'agit d'un très modeste territoire d'un peu moins de 3,5 kilomètres carrés, au cœur d'une zone de confins et d'un paysage linguistique complexe. Situé à quelques kilomètres au sud-ouest d'Aix-la-Chapelle, à la frontière entre la Prusse, la Belgique et les Pays-Bas, le territoire du Moresnet-Neutre est né d'une erreur de rédaction de l'Acte final du traité de Vienne, par lequel, en 1815, les puissances européennes se partagent les dépouilles de l'Empire napoléonien. En effet, deux paragraphes distincts de ce même texte attribuent le même territoire à deux puissances différentes, les Pays-Bas et la Prusse. Des négociations, menées par une commission mixte prusso-néerlandaise, permettent de régler l'essentiel du problème. Mais une pierre d'achoppement demeure : le cœur de cette zone à la souveraineté mal définie renferme le plus grand gisement de zinc calaminaire d'Europe. Aucune puissance n'acceptant de céder sur ces colossales réserves de zinc, le traité d'Aix-la-Chapelle, en 1816, neutralise un mince triangle qui, sous le nom de « Moresnet-Neutre », demeurera indivis. Le roi des Belges, à partir de 1831, et le roi de Prusse puis l'empereur d'Allemagne à partir de 1871, nomment chacun un commissaire, lesquels, à leur tour, nomment un bourgmestre, ainsi que, sur la proposition de ce dernier, la dizaine de membres du conseil municipal. L'exploitation du zinc est confiée à une société privée, la Société des mines et fonderies de zinc de la Vieille-Montagne, qui entraîne à elle seule la prospérité du minuscule territoire. Enfin, une part de la population de l'unique bourgade, Altenberg (3 500 habitants en 1907), est officiellement reconnue comme « neutre » et, à ce titre, dispensée de service militaire.

Au cours des années 1880, les autorités du Moresnet-Neutre, au premier rang desquelles figure le docteur Wilhelm Molly, médecin d'origine prussienne, tentent d'ériger ce territoire exigu, né d'une étourderie diplomatique et confirmé par un consensus boiteux, en une nation dotée des attributs de la souveraineté : des timbres, un drapeau, une armée[92]. Or, sur cette terre où coexistent l'allemand et le français, mais aussi le néerlandais, le francique et le wallon, une question est particulièrement épineuse : celle de l'identité linguistique. C'est alors que Wilhelm Molly entre en contact avec un espérantiste français, Gustave Roy, professeur au collège de Saint-Girons. Ce dernier voit, dans le territoire du Moresnet-Neutre, la possibilité d'implanter son projet d'un « État espérantiste », dont il fait la publicité dans *L'Espérantiste* de décembre 1907, avant que *Le Petit Parisien* et le *Journal des débats* ne le relaient. En 1908, il signe un *Projet réalisable en six mois d'un État espérantiste indépendant*. L'ouvrage est édité par la récente Librairie de l'Espéranto, domiciliée à Paris, d'abord rue Sainte-Anne, puis rue Montmartre. Elle a été fondée deux ans plus tôt par deux jeunes espérantistes parisiens, Gabriel Chavet, par ailleurs secrétaire de l'Office central, et Georges Warnier, alors respectivement âgés de 26 et 22 ans. Tous deux ont fait des études de droit ou de commerce, et occuperont des postes de directeurs commerciaux ; Warnier, membre actif du Rotary-Club où il entreprend de le diffuser, apparaît comme un précieux relais de l'espéranto dans les milieux du commerce et de l'industrie.

Or c'est à ces milieux, précisément, que s'adresse avant tout le projet de Gustave Roy. En effet, selon lui, la langue de Zamenhof est avant tout destinée à « la grande armée des voyageurs de commerce internationaux ». C'est à eux, continue-t-il, que doit s'adresser en priorité la propagande espérantiste. En implantant l'espéranto au Moresnet-Neutre, Roy entend, au moins dans un premier temps, en faire autre chose que la langue officielle et véhiculaire d'une micro-nation en cours de construction. À ses yeux, la situation idéale du Moresnet-Neutre, au croisement des principales routes commerciales et voies ferroviaires, permettrait d'en faire le « siège international » d'une « nouvelle hanse, à la faveur de laquelle pourrait se développer davantage la civilisation »[93]. Il s'agit d'y installer la « chambre syndicale des voyageurs de commerce internationaux », à qui l'espéranto s'imposera alors, naturellement, comme l'instrument d'échange idéal.

C'est depuis cette structure internationale, au service des « courtiers de la grande industrie et du grand commerce », que l'usage de l'espéranto se diffusera ensuite, nécessairement, auprès des commerçants et des employés du petit territoire, puis dans son administration qui se trouvera plus ou moins contrainte de faire progressivement de la langue internationale la langue de l'État : par un processus naturel, « l'élément indigène le cédera à l'élément étranger ». Cette institutionnalisation de la langue ira de pair, explique Gustave Roy, avec son enracinement : par la force des choses, les habitants du Moresnet-Neutre apprendront l'espéranto, qui deviendra leur langue maternelle. Ainsi, « après la terre espérantiste, après l'État espérantiste, nous aurons un commencement de nation espérantiste », laquelle prendra le nom d'*Amikejo* (« lieu de l'amitié »). Signe de l'achèvement du processus, « le Moresnet-Neutre fera flotter le drapeau vert à blanche étoile au-dessus du siège de son gouvernement ».

Ce processus accéléré et exemplaire de construction nationale, sur le modèle contractualiste d'une nation procédant de l'État, pousse à l'extrême le paradigme antinaturaliste de l'origine de la nation. Si, à l'exception de la composition d'un hymne en espéranto, le projet de Roy n'eut pas de suite car l'invasion allemande, le 8 août 1914, met fin, de toute manière, à l'existence de ce territoire indivis et dénué de souveraineté[94], sa singularité, au-delà du pittoresque de l'anecdote, mérite d'être soulignée. Tout élective soit-elle, cette nation espérantiste ne dérive pas tant d'un compromis, d'un pacte fondateur, d'un « plébiscite » d'inspiration renanienne : Roy en situe le principe dans les vertus pacificatrices du libre-échange.

9

Qu'est-ce qu'une littérature internationale?

Bon nombre d'espérantistes français ont rêvé, pour la langue universelle, un destin de langue littéraire. Porté par une part non négligeable de l'intelligentsia française, soutenue par l'éditeur Hachette, l'espéranto a pu être envisagé comme une potentielle langue de culture. Langue utile au touriste, profitable au commerçant, précieuse au scientifique, l'espéranto serait également pleinement qualifié à exercer ce rôle littéraire, comme le soutient Beaufront dans *L'Espérantiste* : « [L]a langue internationale s'adressant à des civilisés doit offrir toutes les ressources de nos langues. Elle n'est bonne à rien, si elle n'est bonne à tout. Or, la langue d'un peuple vraiment civilisé étant forcément littéraire, il faut que la langue internationale puisse l'être. » Beaufront va plus loin : ses qualités de souplesse, de richesse et de précision feraient même de l'espéranto l'une « [d]es langues les mieux douées » pour l'expression littéraire, qu'il s'agisse d'importation ou de création. L'un des laboratoires les plus actifs de cette ambition – et sans doute le plus passionnant à étudier – est probablement *La Revuo*, la revue littéraire espérantiste éditée par Hachette, entre 1907 et 1914.

***La* Revuo *et le rêve d'une* Weltliteratur**

S'approprier le modèle de la revue littéraire de la Belle Époque

On doit le lancement de *La Revuo* au décidément infatigable Carlo Bourlet, déjà principal agent propagateur de la langue internationale chez Hachette. À sa disparition, en 1913, le nouveau directeur de la publication, Félicien de Ménil, définit ainsi *La Revuo* comme le « fruit de [l']esprit inlassable » de Bourlet, « presque sa propre œuvre »[1]. En choisissant un format in-octavo et une couverture rouge, *La Revuo* reprend les codes matériels de la revue : les principales revues, en France, sont alors facilement identifiables grâce à la couleur de leur couverture : le moutarde de la *Revue de Paris*, le bleu ciel de la *Revue bleue*, le saumon de la *Revue des Deux Mondes*, le rose de *La Revue scientifique*.

À en croire les registres de délibérations, l'avenir de la revue, qui accuse un sévère déficit de 2 500 francs annuels, est régulièrement évoqué lors des réunions des associés de la maison Hachette[2]. Pourtant, le soutien de cette dernière ne faiblit pas, se conformant ainsi, ici encore, au « modèle implicite » qui est celui de la revue au tournant du siècle, et qui fait primer, sur la rentabilité financière, le poids du capital social ou culturel, qui permet en outre de valoriser le catalogue de l'éditeur[3]. De fait, par sa rubrique bibliographique, *La Revuo* est aussi une vitrine des parutions Hachette, dont elle assure la visibilité à l'international. À l'instar d'autres prestigieuses revues littéraires, de *La Revue blanche* au *Mercure de France* en passant naturellement par la *NRF*, *La Revuo* dispose en outre de sa propre collection. Lancée au printemps 1907, la *Kolekto de La Revuo* accueillera, jusqu'à sa disparition sept ans plus tard, vingt-quatre titres, dont l'essentiel relève de l'édition littéraire : onze titres traduits, parmi lesquels on relève les noms de Tristan Bernard, de Mérimée, de Shakespeare, de Theodor Storm, etc., et neuf originaux. Le prestige de la collection est renforcé par le soin accordé à l'édition et à l'iconographie : tous les ouvrages paraissent dans un même format presque carré, sont revêtus d'une couverture rouge, indiquant la filiation avec la revue; plusieurs titres paraissent avec des illustrations, à l'image de la traduction du *Roi des montagnes* d'Edmond About, illustrée de gravures de Gustave Doré.

La Revuo entend jouer sur deux tableaux : être à la fois une revue de création littéraire, publiant des œuvres originales et traduites, et une revue critique. Le dépouillement des huit années de parution, entre septembre 1906 et 1914, permet de mesurer les parts respectives des traductions (156 occurrences) et des œuvres originales (187), qui prédominent donc légèrement[4]. Les œuvres de prose traduites représentent un tiers de l'ensemble. Parmi les œuvres originales, la situation est plus équilibrée entre la prose et la poésie – on peut en effet imaginer qu'il est plus aisé de produire un sonnet qu'une nouvelle en espéranto : la poésie originale est d'ailleurs plus abondante que la poésie traduite –, chacune de ces catégories représentant respectivement 22 % et près de 20 % du total des œuvres de création publiées. Au théâtre revient la portion congrue, malgré la représentation rituelle qui clôt chaque congrès universel depuis Boulogne-sur-Mer : environ 8 % de l'ensemble, répartis équitablement entre traductions et œuvres originales.

La section *Chronique*, quant à elle, ambitionne d'offrir à ses lecteurs un panorama de la vie intellectuelle et artistique de l'Europe. On trouve ainsi, au gré des premiers numéros, la recension du dernier roman de Pierre Loti, celle de la première espagnole des *Romanesques* de Rostand, un article consacré à Giosuè Carducci, récemment couronné par l'académie Nobel, etc. Toutefois, après avoir publié une cinquantaine de brèves, cette rubrique disparaît dès 1909. *La Revuo* est en fait très dépendant de ses correspondants, et, en 1911, Carlo Bourlet est obligé de rappeler les ambitions du titre – « Il serait à souhaiter qu'on y trouve [dans *La Revuo*] de nombreuses nouvelles sur la vie internationale, sur les mouvements artistiques et littéraires des différents pays » –, soulignant en creux les difficultés du comité de rédaction à faire vivre ce rêve d'un « cosmopolitisme éclairé ». Malgré le lancement d'une rubrique « *Internacia Vivo* », qui dresse un panorama des mouvements internationalistes, c'est à la mort de Carlo Bourlet, en août 1913, que cette ambition est reprise avec une ardeur nouvelle, et réorientée vers la vie artistique et littéraire. Le nouveau comité de rédaction, sous la direction de Félicien de Ménil, envisage ainsi de faire « à l'échelle internationale », « ce que font, sur le plan national, *La Revue des Deux Mondes*, la *Review of Reviews*, etc. : recenser et critiquer les œuvres littéraires, artistiques, musicales, théâtrales, qui paraissent chaque mois : informer au sujet des manifestations de la pensée et du sentiment humains pendant le mois écoulé ». Pour atteindre cet objectif ambitieux, « que précisément seuls [les] Espérantistes peuvent accomplir », la rédaction peut compter sur le « grand développement de la langue internationale » et le « dévouement » de ses correspondants :

> Mettre à profit cette merveilleuse situation, c'est ce que nous voulons faire, tout d'abord en donnant un avant-goût, en préfigurant la réalisation des revues littéraires des siècles à venir, de l'époque où l'humanité, ayant compris l'intuition miraculeuse de Zamenhof, utilisera quotidiennement l'Esperanto pour toutes les affaires supranationales; – et, également, en propageant dès maintenant, le plus efficacement, l'espéranto : la meilleure manière de convaincre les sceptiques que l'espéranto est utilisable est *de l'utiliser, de s'en servir*[5].

C'est ainsi qu'en 1913 est lancée une nouvelle rubrique, baptisée *Kroniko internacia de la Monato* (*Chronique internationale du mois*). Sous la direction du jeune Ferdinand Duviard, beau-frère de Carlo Bourlet, elle propose des « résumés sur l'état actuel de la littérature et des arts dans les principaux pays du monde ». La première livraison offre un panorama, appuyé sur un bref rappel historique, de la vie littéraire et artistique en Lituanie; les suivantes se penchent sur l'Écosse, les États-Unis, la Hongrie, l'Allemagne – évoquant les enquêtes panoramiques lancées quelques années plus tôt par Auguste Capé-Montrosier dans *Tra la Mondo*. Une fois dressée, peu à peu, cette toile de fond, Duviard entend « commencer à ne publier que des articles sur les événements des derniers mois », telles les recensions d'un *Parsifal* monté à Dresde et d'une pièce de John Galsworthy à Manchester – hélas, la revue n'aura guère le temps de mener à bien son rêve cosmopolite, auquel le déclenchement de la Première Guerre mondiale met brusquement fin. Le numéro de juillet 1914 est ainsi le dernier à paraître.

Poids des langues de culture classique et de l'espace « mitteleuropéen »

Des 187 œuvres traduites et parues dans *La Revuo*, nous avons pu retrouver les langues d'origine de 182. Quatre domaines linguistiques se distinguent assez nettement : l'allemand et le français qui font course en tête avec respectivement 33 et 31 œuvres traduites, puis l'anglais (25) et le russe (19). Ce quarté de tête offre une image assez représentative du panorama littéraire qui se déploie à la lecture de *La Revuo*. Il met en évidence deux caractéristiques principales : d'une part, la perpétuation du modèle de l'universalisme du XIXe siècle sur lequel s'appuyait la *Weltliteratur* de Goethe – ce sont les mêmes littératures qui dominent, à l'exception du domaine italien, quasiment absent des colonnes de *La Revuo* –; d'autre part, l'importance accordée au domaine slave et à la littérature « mitteleuropéenne ». Assez loin derrière le carré de tête, viennent en effet, avec huit occurrences, le polonais et, sept occurrences chacune, les littératures bulgare et hongroise – ainsi que l'hébreu, dont la présence ne s'explique cependant que par les traductions des livres de la Genèse par Zamenhof –, tandis que le croate ou le tchèque sont davantage représentés que l'italien ou le portugais. Ce tropisme magyaro-slave s'explique par la composition de l'équipe de collaborateurs de *La Revuo*, qui sont pour beaucoup des espérantistes de la première heure. Alors que le catalogue de la *Kolekto Aprobita* consacrait les auteurs français, qui sont même les seuls présents au catalogue jusqu'à la parution, en 1904, d'un ouvrage de Grabowski et d'une traduction de Kazimierz Bein, *La Revuo* marque donc le retour des pionniers, issus de la première vague d'expansion de l'espéranto dans l'espace « mitteleuropéen ».

Considérons à présent la répartition chronologique des 168 traductions dont nous avons pu identifier la date de création. On peut tracer une première ligne de démarcation qui distinguerait les œuvres que nous nommerons « patrimoniales », c'est-à-dire antérieures à la création de l'espéranto (1887) et les œuvres « contemporaines » produites entre 1887 et leur année de parution dans *La Revuo*. Or le poids de ces deux groupes est équivalent : les œuvres contemporaines représentent 51 % du total; les « patrimoniales » 49 %. À vrai dire, beaucoup de ces auteurs contemporains sont plus ou moins tombés dans l'oubli : un regard du début du XXIe siècle ne serait guère indulgent sur les choix des traducteurs de *La Revuo* : seuls les noms de Tchekhov, Gorki, France, Machado de Assis, Schwob, Wells, Lagerlöf ou Rosny Aîné nous parlent encore. Littérature plutôt conformiste et mondaine (Stephen Liegeard), voire académique (France, Lavedan), attachée au réalisme (Gorki, Frapié, Orzeszkowa) – du reste, l'absence de l'avant-garde n'a guère de quoi surprendre, si l'on se souvient du profil sociologique des espérantistes de la mouvance TCF-Hachette. Mais la particularité de *La Revuo* est d'accorder une place très importante à la traduction d'œuvres « patrimoniales ». Si l'on peut noter la place non négligeable occupée par la littérature antique, qui représente 7,5 % de l'ensemble des traductions parues pendant les huit ans d'existence de *La Revuo*[6], c'est bien, avec un tiers des œuvres que nous avons pu dater, le XIXe siècle qui se taille la part du lion. Pour cette période, les littératures française, allemande et russe dominent – notamment grâce à la vigueur de la veine romantique ; quant au XVIIIe siècle, huit des onze items recensés sont des traductions de Goethe et de Schiller ; l'unique représentant du XVIIe siècle est Molière, traduit par Boirac ; le XVIe est présent grâce à Camoens et Ronsard.

Ce survol statistique nous autorise à ébaucher quelques parallèles, qui permettent à la fois de mieux mettre en lumière la singularité de *La Revuo* et de replacer sa politique de traduction dans une plus large perspective. L'espéranto semble ainsi suivre assez fidèlement le modèle des langues récemment codifiées des « petites nations » européennes qui, au cours du XIXe siècle, ont pratiqué une activité volontariste de traduction, important dans leur langue les chefs-d'œuvre de la littérature universelle[7]. En revanche, eu égard à l'histoire de la langue universelle, le projet éditorial de *La Revuo* est sous-tendu par une ambition tout à fait nouvelle, qu'il importe de mettre en lumière. Jürgen Trabant définit la situation sociolinguistique européenne par la tension entre deux politiques linguistiques opposées : la première tend à l'uniformisation que Trabant, renvoyant ainsi au rêve de langue adamique, place sous le signe du Paradis, la seconde est une politique de la traduction et du plurilinguisme, qu'il rattache au message de la Pentecôte[8]. Le travail entrepris dans les colonnes de *La Revuo* repose donc, *a priori*, sur un paradoxe audacieux : il s'agit de réactiver le rêve « paradisiaque » d'une langue internationale, qui conjurerait la confusion babélienne, par la célébration du patrimoine littéraire européen, qui a fleuri sous le signe « pentecôtiste » de la diversification linguistique. Ce faisant, il ancre le rêve de langue universelle, qui par essence est un défi permanent à l'Histoire, dans un ample mouvement historique que l'on peut faire remonter à Pétrarque, Boccace et Dante, premiers jalons d'une histoire des littératures en langue vernaculaire. Il est tout à fait frappant de constater comment le programme de *La Revuo* permet à l'espéranto de reprendre à son compte le processus de formation des langues nationales comme langues de culture, au début de l'époque moderne :

> Après la disparition du latin comme langue de culture commune, les nations européennes traduisirent les textes européens fondateurs dans leurs langues : la Bible, la philosophie grecque, le droit romain, Virgile, Ovide et Cicéron, plus tard les grands écrivains des différentes nations européennes, Pétrarque, Boccace et Dante, Corneille, Racine et le roman français, Shakespeare, Cervantès, Goethe et Kafka, Tolstoï et Dostoïevski, etc.[9].

La Revuo suit ce programme presque à la lettre : on retrouve en effet dans ses colonnes, entre 1906 et 1914, des traductions de la Genèse, de Virgile, d'Ovide, de Goethe ou de Tolstoï – tandis que Racine et Shakespeare figurent au catalogue de la *Kolekto aprobita*.

Construire une langue, constituer un lectorat, ébaucher une culture

De manière tout à fait contemporaine de l'activité des espérantistes réunis autour de Carlo Bourlet dans *La Revuo*, un autre mouvement mène une action similaire, d'autant plus comparable que son activité de traduction contribue, là aussi, à la formation d'une langue quasiment artificielle – en tout cas, entièrement *reconstruite* : il s'agit du mouvement sioniste[10]. Vers 1909, un groupe d'écrivains juifs immigrés en Palestine décide de fonder une maison d'édition littéraire hébraïque. C'est à Jaffa, en 1910, qu'ouvre l'éditeur Yefet, dont l'activité s'oriente vers la traduction en hébreu moderne, langue alors encore en cours d'élaboration, d'un choix de textes classiques de la littérature universelle. Elle fait paraître trois recueils comprenant des traductions d'Emerson, Lermontov, Tolstoï, Goethe – décidément incontournable dès que l'on touche à la question d'une « littérature mondiale » ! –, Tourgueniev, Bjørnson, Hauptmann et Dostoïevski. Un peu plus tard, pendant la Première Guerre mondiale, ces projets d'édition sont financièrement soutenus par le bureau de l'Organisation sioniste en Palestine. Celle-ci constitue une commission spéciale qui choisit

« de ne traduire en hébreu que de la littérature classique pour que le public cultivé pût lire en hébreu les chefs-d'œuvre de la littérature mondiale » : Defoe, Stevenson, Lagerlöf, Daudet, Hugo, Gogol, London, Chamisso, Lesage, Sand, Schiller, Chateaubriand, etc. Dans cet ambitieux programme, plusieurs noms figurent également au sommaire de *La Revuo* ; les domaines linguistiques et les périodes privilégiés sont en tout cas les mêmes : littératures allemande, française, russe et anglaise, parues essentiellement au XIXe siècle.

Plus encore, c'est dans leur finalité même que les projets espérantiste et sioniste sont cousins. L'artificialité des deux langues les confronte au même défi : celui de créer un lectorat en élaborant une littérature, en hébreu ou en espéranto, et « non de produire une littérature nationale pour un public de lecteurs déjà constitué ». Ainsi, cette conclusion de Zohar Shavit au sujet de l'action de l'éditeur Yefet ou des sionistes de Palestine s'applique à merveille aux inlassables traducteurs qui collaborent à *La Revuo* :

> La littérature traduite était destinée à un public qui maîtrisait plusieurs langues et dont l'hébreu n'était pas la langue maternelle. Elle essayait donc de gagner un public qui, spontanément, préférait lire des œuvres de littérature occidentale dans sa langue maternelle ou dans une des langues qu'il maîtrisait plutôt que dans une langue hébraïque qu'il venait tout juste d'acquérir.

Ce processus de constitution d'un lectorat se double d'un autre mécanisme : celui de la construction de la langue. Le cabinet de travail du traducteur devient ainsi l'atelier où se forge la langue, comme en témoignent les pionniers de l'édition littéraire en hébreu moderne :

> Quiconque traduisait en hébreu prenait part à la construction de la langue hébraïque. Nous nous penchions, jour et nuit, sur un mot et nous devisions ensemble sur son sens, butant sur des concepts qui sont si simples et faciles dans une autre langue, et cependant si durs et incompréhensibles en hébreu[11].

Mais le travail éditorial accompli par les espérantistes français relève d'un pari encore plus audacieux que la constitution d'une bibliothèque de l'honnête homme internationaliste. Pari plus ambitieux même que la construction d'une langue ou que la formation d'un lectorat : il ne s'agit rien de moins que de jeter les bases d'une littérature espérantiste. Ce faisant, ils s'inscrivent dans la droite ligne d'un mouvement amorcé à l'époque romantique, qui fait émerger le concept de « littérature », lequel supplante alors celui de « belles-lettres », en le liant étroitement avec l'idée de nation. Tout comme le XIXe siècle avait défini les corpus des « littératures nationales », en en faisant les expressions des « identités nationales » qu'il inventait en parallèle[12], les espérantistes de la décennie 1900 se hâtent d'édifier une « littérature espérantiste » porteuse d'une conception du monde renouvelée, dont le génie propre résiderait justement dans son caractère international.

Car en constituant ainsi, de manière conjointe, un lectorat et une langue, c'est bien, *in fine*, une culture spécifique qu'il s'agit de construire. La similitude des points de vue est encore ici frappante : tandis qu'Asher Barash, directeur de la plus importante revue littéraire hébraïque de l'époque, *Hedim*, considère que la littérature traduite peut constituer une étape préparatoire pour le développement de la littérature originale[13], Théophile Cart, dans l'avant-propos qu'il donne à l'anthologie de littérature polonaise compilée et traduite par Kazimierz Bein en 1909, et parue dans la *Kolekto aprobita*, affirme :

> De cette manière, tout comme les mots choisis parmi des langues diverses se fondent ensemble, pour ainsi dire, en une langue neuve, internationale, douée de sa propre vie : ainsi notre Esperanto, grâce à de telles traductions, fera naître, à partir des littératures nationales, dans un avenir plus ou moins proche, une littérature neuve, vraiment internationale, la – pour reprendre le mot du grand poète allemand Goethe – *Weltliteratur*, la littérature mondiale[14].

Naturellement l'ambition des traducteurs espérantistes s'applique à une échelle tout à fait différente, comme en témoigne encore cet avant-propos de Cart à une traduction de la *Chanson de Roland* :

> Dans le même temps, ou seulement après, sous l'influence de ces œuvres, nationales selon leur origine, internationale d'après leur forme commune, naîtra une littérature purement espérantiste. Des auteurs de génie viendront, qui, pensant et écrivant directement internationalement, exprimeront dans leurs œuvres les nouveaux sentiments internationaux, une nouvelle vie intellectuelle commune, une nouvelle conscience humaine[15].

Dans les deux cas, la traduction des chefs-d'œuvre universels est donc envisagée comme l'étape préalable à un double processus de constitution d'un lectorat et de construction d'une langue ; puis, dans un second temps, de formation d'une culture propre. Certes, si c'est sur les contours de cette dernière que les deux projets divergent – culture d'une nation juive ou culture internationaliste –, il demeure frappant de constater l'analogie des deux processus.

Et, à la vérité, cette « nouvelle conscience humaine » que Cart appelle de ses vœux semble aussi introuvable que les « identités nationales » dont les littératures nationales seraient l'expression paradigmatique. À quoi peuvent bien renvoyer ces « nouveaux sentiments internationaux » ? Nous savons que, dans l'esprit de Zamenhof, l'espéranto est indissociable d'une doctrine philosophico-religieuse, de l'idéal d'une religion universelle, l'homaranisme. Mais nous savons aussi que Cart, à l'image de la quasi-totalité des responsables espérantistes français, fait preuve, pour le moins, de réserve à l'égard du projet spiritualiste de Zamenhof. Au fond, Cart pose à nouveaux frais la question des rapports entre langage et pensée : en quoi la possession d'une langue internationale donne-t-elle la capacité de penser « internationalement » ? On peut lire, dans les comptes rendus enthousiastes du congrès de Boulogne que Louis Couturat livre à *L'Humanité* en août 1905, une proposition de réponse : la pratique de l'espéranto permettrait de prendre « en même temps conscience de l'unité fondamentale de l'esprit et du cœur humains, en voyant que toutes les idées et tous les sentiments, en apparence si divers d'un peuple à l'autre, s'expriment dans un seul et même idiome et tandis que quiconque parle une langue étrangère nous paraît toujours un peu « barbare », on éprouve une sympathie instinctive et irrésistible pour quelqu'un qui parle la même langue que vous et avec qui l'on peut échanger librement et directement ses pensées ». Assurément, l'espéranto apparaît ici comme bien autre chose qu'un facilitateur d'échanges, utile aux touristes et aux commerçants. Il n'est toutefois pas davantage, à l'autre pôle du spectre, la résurrection de la langue adamique, ou une langue parfaite qui serait parvenue à exprimer la vérité intime des choses. Il apparaît plutôt comme le plus sûr moyen de faire éprouver aux hommes la réalité de principes universels, par-delà la multitude des expériences individuelles vécues dans son for intérieur, et restituées dans les langues héritées de Babel. L'emploi d'une langue universelle permettrait-il ainsi de mettre à nu, de rendre immédiatement sensible, non pas tant, donc, grâce au génie de la langue universelle en question, que grâce au simple fait de recourir à une langue neutre, qui fait office de bien commun, le noyau irréductible de l'expérience humaine, commun à chaque individu ?

Langues marginales et petites littératures

Dans le même article de *L'Humanité*, Louis Couturat reconnaît également à l'espéranto, langue « neutre » en ceci qu'elle place les interlocuteurs sur un pied d'égalité, le mérite d'abolir la distinction entre grandes langues de culture et langues mineures : les espérantophones « se rencontrent sur un pied de parfaite égalité, ils se sentent sur un terrain commun à tous les hommes, où il n'y a plus de grandes ni de petites nations, de langues privilégiées et de langues sacrifiées ». Pourtant, quel que soit l'espoir suscité par l'irruption de la langue universelle, les pratiques des auteurs, traducteurs et éditeurs espérantistes s'inscrivent dans un paysage littéraire donné, que nous nous proposons ici, avec Pascale Casanova, d'analyser précisément en termes de langues « centrales » et de langues « périphériques », dont l'inégalité est fonction du « crédit littéraire » qui leur est attaché. Le processus de traduction est alors envisagé comme « une des formes spécifiques de la lutte dans l'espace littéraire international », une arme « dont l'usage diffère selon la position de la langue “source” et de la langue “cible” »[16]. Pour une langue cible dotée d'un faible capital littéraire, la traduction « est une façon de rassembler des ressources littéraires, d'importer en quelque sorte de grands textes universels dans une langue dominée, de détourner un fonds littéraire ». On l'a vu ci-dessus : les traducteurs espérantistes, comme les dirigeants politiques et culturels du Yichouv, ont largement pratiqué cette importation, ce détournement du fonds littéraire universel.

Le champ littéraire y apparaît ainsi comme une sorte de marché, de la même manière que la *Weltliteratur* de Goethe avait pu être pensée, en termes marxistes, comme une extension du *Weltmarkt*, le « marché mondial par lequel la bourgeoisie transforme radicalement la production et l'échange de produits, y compris pour la culture[17] ». Goethe recourt d'ailleurs lui-même à la métaphore économique, aspirant au « commerce des idées entre les peuples » et à l'instauration d'un « marché d'échange mondial universel »[18]. Si, dans une lettre à Carlyle[19] datée de 1827 et particulièrement éclairante pour aborder la notion de *Weltliteratur*, il évoque à nouveau ce « marché où toutes les nations offrent leurs productions intellectuelles », c'est pour souligner aussitôt l'importance du rôle qu'est conduit, en toute logique, à y jouer le traducteur : celui « d'intermédiaire de ce commerce spirituel mondial », dans lequel il s'attache à « favoriser l'échange ». Sous cet angle, la dichotomie entre un espéranto « littéraire » et un espéranto « commercial » s'estompe : la langue universelle devient, pour une bourgeoisie aisée et cosmopolite, un moyen de se mouvoir aisément dans un espace marchand mondialisé, qu'il s'agisse d'y échanger des produits manufacturés ou des œuvres littéraires.

Toutefois, l'entreprise de traduction vers l'espéranto a la particularité de représenter, assez souvent, un transfert d'une périphérie vers une autre périphérie ; en d'autres termes, d'une littérature émergente, au crédit littéraire encore faible, vers une autre aussi peu considérée. Ainsi la surreprésentation des langues « centrales » (français, allemand, anglais et russe) dans les colonnes de *La Revuo* ne doit pas dissimuler la diversité des idiomes qui y sont présents. Au total, les 182 œuvres dont nous avons pu identifier la langue d'origine ont été rédigées dans vingt-cinq langues différentes. Certes, la moitié d'entre elles ne dépasse pas les trois occurrences, mais il est significatif de constater la présence de « petites langues » et de « petites littératures » : le serbe, le croate, le danois, l'arménien, le yiddish, l'islandais ou le catalan sont traduits en espéranto. Cette situation en dit d'ailleurs autant sur l'internationalité, réelle, des collaborateurs de *La Revuo*, que sur le multilinguisme de certains d'entre eux : on reste pantois devant l'étendue des langues maîtrisées par un Anton Grabowski qui traduit, vers l'espéranto, des textes polonais, français, espagnols, portugais, latins et grecs…

Surtout, une telle diversité linguistique est d'autant plus remarquable que certaines de ces « petites littératures » n'existent alors pas encore sur le marché français. Elles parviennent donc en France par le biais de l'espéranto, et les lecteurs espérantophones ont l'opportunité de les découvrir avant les lecteurs francophones. Ainsi, l'important dramaturge hongrois Molnár Férenc (1878-1952), qui n'est pas traduit en français avant 1923, est en fait édité en France dès les années 1910 – mais en espéranto : on le retrouve au sommaire de *La Revuo* en 1912 et 1914. Il est à noter que beaucoup de ses œuvres demeurent inédites en français. Il en va de même pour la figure incontournable de la littérature bulgare, Ivan Vazov (1850-1921), auteur du premier roman bulgare et militant révolutionnaire pour l'indépendance de la Bulgarie. Dominant largement la littérature de son pays, sur laquelle son ombre plane encore jusque dans l'entre-deux-guerres, il ne connaît pourtant qu'une seule traduction en français, en 1897. Ce sera, jusque dans les années 1950, la seule, alors qu'il est présent à trois reprises dans *La Revuo*, grâce à l'activité de traducteur de l'espérantiste bulgare Georgi Atanasov. Citons encore Jonas Hallgrímsson (1807-1845), qui « personnifie le romantisme islandais patriotique[20] » au point que la date anniversaire de sa naissance, le 16 novembre est, depuis 1997, la Fête de la langue islandaise[21] : aujourd'hui encore parfaitement inédit en français, il est traduit en espéranto par les contributeurs de *La Revuo* dès 1914.

Mais la plus visible de ces littératures marginales est assurément la littérature polonaise, représentée par deux grands courants que l'on dénommera, avec Czesław Milosz, « romantisme » et « positivisme ». De la mythique triade du romantisme polonais, formée par Adam Mickiewicz, Julius Słowacki et Zygmunt Krasiński, Hachette édite en espéranto des traductions des deux derniers : la pièce historique de Słowacki, *Mazeppa*, qui paraît dans la *Kolekto de la Revuo* en 1912, et des extraits du poème *Przedświt* (*L'Aurore*) de Krasiński, qui paraissent dans *La Revuo* dès 1907. On y relève aussi la présence de Kornel Ujejski, poète mineur mais qui, plus encore que ces deux illustres héros de la conscience nationale polonaise, « se rapproch[e] de l'idée romantique du barde » et illustre parfaitement l'idée du « romantisme national » : l'un de ses poèmes faillit devenir l'hymne de la nation polonaise[22]. L'autre versant de la littérature polonaise « espérantisée » relève du courant « positiviste », qui, sous l'influence d'Auguste Comte, des utilitaristes anglais et de l'évolutionnisme darwinien, postule une analogie entre le fonctionnement des sociétés humaines et les lois qui régissent les organismes biologiques. La littérature qui en résulte apparaît volontiers didactique et moralisante. Trois de ces plus éminents « défenseurs des opprimés, moralistes progressistes[23] » sont traduits dans *La Revuo* : Maria Konopnicka, Eliza Orzeszkowa et, surtout, Boleslaw Prus, le plus important auteur polonais de la fin du XIXe siècle. Les deux premières s'illustrèrent dans une veine davantage « populiste », à travers poèmes, romans et nouvelles « émouvants sur la vie des paysans, des ouvriers et des juifs[24] ». La présence d'Orzeszkowa ne nous semble pas anodine : particulièrement attentive au sort des juifs, militant pour l'amélioration de leur condition et l'égalité des droits, elle aime dépeindre des personnages « sentimentalement engagés dans la recherche du bien-être d'une communauté, [qui] transcendent les frontières de leur existence individuelle pour se pénétrer du sort d'autrui[25] ». La défense de l'assimilation juive, soutenue par Orzeszkowa et Prus dans les années 1870, tout comme l'exaltation de l'homme bon et dévoué au bien-être de ses prochains, concourent vers le même point de fuite : la figure du *Majstro*, Zamenhof lui-même.

L'exemple du traitement de la littérature polonaise dans *La Revuo* est aisément généralisable aux autres littératures. Elle apparaît même comme le paradigme de la littérature mise en avant par Hachette, aussi bien dans sa revue littéraire que dans son catalogue espérantiste. Le « romantisme national » et le « roman social » y représentent les deux principales options, parfois confondues dans la même œuvre : c'est le cas de la Turque Halide Edib Adıvar (1884-1964), qui « a tenté de décrire la difficile mutation d'une société tournée vers les conceptions occidentales » et dont les « romans à thématique anatolienne sont surtout de caractère patriotique »[26]. Enfin, l'importance de la valorisation des patrimoines nationaux dans *La Revuo* passe par un ressort qui fut également déterminant dans le processus de construction des nations au XIXᵉ siècle : la mise en lumière – sinon la recréation – du folklore. Le changement de rédaction à la disparition de Carlo Bourlet marque une inflexion en ce sens. La « Chronique internationale du mois » propose ainsi une mise au point sur l'histoire littéraire et artistique des différents pays du globe. Durant l'année 1913-1914, paraissent une traduction de chants populaires croates, un article sur « les légendes poétiques de Laponie », traduit d'un article allemand d'Edvard Welle-Strand paru dans le journal *Nordland* ou encore l'article du père Adolf Stabl, installé en Styrie, qui propose de mettre à profit l'espéranto pour établir un catalogue scientifique et international des contes, attirant l'attention du folkloriste finlandais Kaarle Krohne.

La Revuo serait ainsi le produit parfait du principe qui a pris naissance dans l'Europe du XIXe siècle et qui « accorde portée universelle à une œuvre si et seulement si elle est authentiquement nationale[27] ». C'est cet « universalisme des littératures nationales » que Goethe, dès 1827, théorise sous le nom de *Weltliteratur*. La constitution d'une *Weltliteratur* passe par trois voies : la circulation des textes littéraires par le biais de la traduction, la circulation d'informations, d'études et de critiques par les revues culturelles, et le contact personnel entre écrivains. « Mondiale », la *Weltliteratur* de Goethe l'est ainsi au sens de l'universalisme du XIXe siècle : elle « tient surtout compte des littératures allemandes, françaises, anglaises et italiennes, et de quelques poésies populaires (par exemple serbes, néogrecques ou lituaniennes)[28] ». Canon des principales langues de civilisation et génies nationaux se retrouvent en effet au sommaire de *La Revuo*, qui, par ce balancier entre génie national et forme universelle, viendrait, d'une certaine manière, parachever le mouvement esquissé par le vieux Goethe dans la lettre, déjà citée, adressée à Carlyle trois quarts de siècle plus tôt :

> Depuis longtemps déjà, il est manifeste que les plus grands poètes et écrivains de toutes les nations se préoccupent surtout de questions d'un intérêt humain dans l'ordre général. Dans toute œuvre, qu'elle appartienne à l'histoire, à la mythologie, à la légende, qu'il s'agisse d'un ouvrage d'imagination ou non, c'est cet intérêt général qu'on verra pénétrer de plus en plus et illuminer d'un vif éclat les tendances héréditaires, comme le caractère personnel de l'auteur. [...] La vraie tolérance sera le plus sûrement atteinte par le respect du caractère propre à chaque individu et à chaque peuple, joint toutefois à la conviction que le mérite véritablement suprême se distingue par le fait qu'il est commun à l'humanité entière.

L'édition littéraire de l'entre-deux-guerres : survivre sans Hachette

La Librairie centrale espérantiste : reprendre l'héritage Hachette

Hachette avait joué un rôle sans équivalent pour la visibilité de la cause espérantiste, l'action de propagande, la stabilisation de la langue et la constitution d'un fonds culturel partagé. En renonçant à l'édition en espéranto, juste avant le déclenchement de la Première Guerre mondiale, elle prive les espérantistes d'un soutien considérable. Ceux-ci s'organisent donc dans le but explicite de « faire durer et se diffuser[29] » l'activité éditoriale de la maison du boulevard Saint-Germain. Le 10 juin 1919, sur l'initiative du général Sebert et « grâce à la bonne harmonie entre tous les *samideanoj* parisiens », est ainsi fondée une société anonyme par actions, spécialisée dans l'édition en espéranto, sous le nom d'*Esperantista Centra Librejo* (Librairie centrale espérantiste, ou LCE). Elle s'installe au 51, rue de Clichy, soit dans les mêmes locaux que l'Office central dirigé par Sebert, c'est-à-dire dans ce terreau parisien où ont pris racine les premières tentatives d'organisation supranationale du mouvement.

La LCE se présente comme une société coopérative, dont les premiers actionnaires, qui souscrivent à son capital durant le printemps et l'été 1920, sont des figures bien connues : Cart, Rollet de l'Isle, Muffang, Archdeacon, Sebert, Aymonier, Chavet, Grosjean-Maupin, Cense, etc. On notera aussi la présence, à titre symbolique, de Klara Zamenhof, la veuve du *Majstro*. Cette entreprise n'est pas isolée, s'inscrivant au contraire dans un contexte favorable à la coopération intellectuelle internationale. Bien qu'il ne soit pas une idée neuve, le coopératisme atteint le monde de l'édition au lendemain de la Première Guerre mondiale. Le milieu intellectuel et universitaire, dont on a vu que de nombreux espérantistes français de l'avant-guerre étaient issus, est particulièrement séduit par ce modèle coopératif sur lequel sont fondées, successivement, la société d'édition des Belles Lettres (en 1919), puis les Presses universitaires de France (en 1921)[30].

En novembre 1919, la LCE récupère l'intégralité du stock espérantiste de Hachette, soit très exactement 120287 exemplaires, dont la valeur totale atteint plus de 110000 francs[31]. Bon nombre de ces ouvrages sont en fait livrés en feuilles : un important travail de brochure ou de reliure doit donc être entrepris, tandis que d'autres livres importants, notamment ceux de Zamenhof, sont épuisés. Aussi, dans les premières années de son existence, et grâce à l'accroissement régulier de son capital, lequel, à la fin de l'année 1938, atteint 92350 francs[32], la LCE procède à une lente, mais constante, activité de réédition du stock Hachette, en privilégiant les livres d'apprentissage et les œuvres de Zamenhof.

Les raisons, on peut le supposer, sont avant tout commerciales : ainsi, dès 1920, la Librairie centrale inscrit à son plan d'édition l'impression de 10000 exemplaires de la « brochure rouge » de Carlo Bourlet, autant pour le *Petit interprète espérantiste* et le tract *Tout l'Esperanto sur une feuille*, ainsi que *L'Espéranto en dix leçons* de Théophile Cart. Les rééditions de Zamenhof s'échelonnent à intervalles réguliers : *Ifigenio en Taŭrido*, traduit de Goethe, en 1921, le *Fundamenta Krestomatio* en 1922, *Georgo Dandin* et *Marta* en 1924, le *Proverbaro* et le *Fundamento* en 1925. Le travail est de longue haleine, les moyens croissant lentement, mais, en 1928, tout le corpus zamenhofien a été réédité.

Faire la part de la prudence n'ôte pas la dimension patrimoniale d'une telle politique éditoriale. Il s'agit bien, de la part des gérants de la Librairie centrale, de valoriser et de pérenniser un canon, qui se présente à la fois comme un idéal stylistique et comme un socle linguistique commun :

> Les Fondateurs ont également considéré que les Espérantistes ont le devoir spécifique de se soucier de la diffusion diligente des œuvres de notre Maître, des fruits précieux du travail de toute sa vie, dédiée au bonheur de l'Humanité[33].

D'où la réédition revue et augmentée dès 1921 du *Dictionnaire espéranto-français* de Grosjean-Maupin, qui s'est imposé, en dépit des controverses auxquelles sa première parution, en 1910, avait donné lieu, comme un ouvrage de référence. D'où, également, les rééditions du fonds littéraire Hachette au cours des années 1920 : tout particulièrement les traductions de Kabe, à qui le statut de « premier styliste de l'espéranto » confère une prééminence particulière – et sans doute un meilleur débouché commercial. Notons enfin que cette approche patrimoniale n'est pas dénuée d'assises morales, bien au contraire; en rééditant les œuvres de Zamenhof, la Librairie centrale « pa[ie] sa dette à la mémoire [du] Créateur » de la langue, tout en apportant un certain bénéfice financier à ses ayants droit :

> Ces ouvrages constituent déjà une belle collection, dont les profits, encore modestes, doivent aller de droit à ses héritiers : son épouse dévouée et leurs enfants, qui l'ont tant aidé durant son travail en faveur de l'espéranto[34].

Ces préoccupations ne sont pas éloignées de celles par lesquelles Beaufront avait motivé la création de la *Kolekto aprobita* en 1901, arguant que le système de l'exclusivité contribuait à assurer le bien-être matériel de Zamenhof – ce que lui-même avait d'ailleurs démenti.

Quelques tentatives éphémères de collections littéraires

Cette activité de réédition se ralentit après 1928, se concentrant désormais sur les dictionnaires et les ouvrages d'apprentissage. Le comptoir de librairie qui lui est associé écoule surtout des productions d'auteurs étrangers éditées à l'étranger, actant le recul de l'édition espérantiste française. Quatre collections se répartissent l'essentiel de cette production : celle de l'*Esperanto Publishing Company*, installée à Londres ; l'*Esperanta Biblioteko Internacia*, riche de trente-trois titres édités par l'Allemand Möller und Borel – qui fut, on s'en souvient, l'un des partenaires de Hachette – ; la *Biblioteko Tutmonda* d'un autre éditeur berlinois, Mosse ; et enfin la collection *Literatura Mondo*, lancée par la revue budapestoise éponyme. C'est autour de cette dernière que la littérature espérantiste prend, dans l'après-guerre, un nouvel élan, grâce à l'œuvre de deux auteurs éminents, Kálmán Kaloscay et Gyula Baghy, représentants de cette *Budapeŝta Skolo*, « école budapestoise » qui entreprend un profond travail de codification de la technique poétique[35].

Bien que dépourvu de structure éditoriale puissante et bien implantée, le milieu espérantiste français compte toujours des personnalités éminentes, bien décidées à continuer à faire de l'espéranto une langue littéraire. C'est le cas de Gaston Waringhien, agrégé de grammaire, linguiste et lexicographe, alors professeur à Tourcoing et au lycée Faidherbe de Lille et collaborateur de *Literatura Mondo*[36]. Désireux de lancer une collection littéraire espérantiste, ce dernier se tourne, en 1935, vers un autre éditeur parisien : la maison Félix Alcan, qui est alors l'un des principaux éditeurs universitaires français, spécialisé en philosophie et en sciences humaines. Deux ans plus tôt, Waringhien et Alcan avaient déjà collaboré pour le lancement d'une revue espérantiste trimestrielle d'économie et de sciences politiques. Le premier et unique numéro de *Politika Sociala Revuo*, qui entend diffuser des traductions d'articles parus dans des revues académiques du monde entier – ce numéro unique compte ainsi des traductions en espéranto de Charles Gide et d'André Siegfried –, paraît en mars 1933. Revendiquant son indépendance, la revue à la couverture verte, qui se veut un « lien international », affiche une ligne optimiste et progressiste, « plus favorable à tout ce qui rapproche et unit les nations qu'à ce qui les sépare[37] ». Notons que Waringhien est alors adhérent à la SFIO et, en 1935, sera élu conseiller municipal de Lille sur la liste conduite par Roger Salengro. L'avant-propos est ainsi une déclaration enthousiaste, quoique lucide, en faveur d'un « optimisme courageux, assidu et diligent », qui rappelle les vertus irénistes du recours à une langue auxiliaire :

> Voici pourquoi, au milieu de cette crise économique, nous ne craignons pas de faire paraître cette Revue. [...] Précisément au moment où s'aiguisent les nationalismes, même linguistiques, et où l'effort international se disperse dans ce foisonnement de dialectes, chaotique et confus, nous croyons légitime d'essayer d'introduire, dans le domaine des sciences politiques et économiques, l'usage d'une langue auxiliaire neutre, qui rendrait possible la simplification inconcevable et la multiplication des relations internationales.

Nullement découragé par l'échec de cette revue, Waringhien lance donc, deux ans plus tard, une collection littéraire, baptisée *Beletra Kolekto*, et qui se présente comme un corpus de traductions d'œuvres classiques, dont l'objectif est ambitieux :

> Choisir, pour en doter la littérature espérantiste, de hautes œuvres classiques, françaises, grecques ou latines ; en établir correctement des traductions fidèles, et les publier avec les originaux en regard ; aider ainsi à la diffusion mondiale de ces textes ; et servir les traditions de sévère probité qui donnent sa valeur à l'espéranto langue écrite[38].

En 1935, Waringhien fait paraître sa traduction des *Maximes* de La Rochefoucauld, accompagnée d'un petit appareil critique, de notes philologiques et historiques, ainsi que d'une table thématique et d'un lexique des mots et tournures du français du XVIIe siècle, que le dictionnaire de Grosjean-Maupin n'a pas retenus. « Cette table, note Waringhien, pourra servir de supplément provisoire à ce dictionnaire, pour le français classique », dont la différence avec la langue contemporaine, qui « échappe souvent » à « la simple lecture », ne se « remarque bien [...] que dans une traduction ». Le filtre de la traduction agirait ici comme un révélateur, en restituant la singularité, le génie propre à la langue du Grand Siècle, dont il rend sensible l'écart avec l'usage contemporain. C'est ainsi que le travail du traducteur doit permettre à l'espéranto d'acquérir une certaine épaisseur historique. De l'instrument logique et rationnel, Waringhien entend faire une matière vivante et sensible, en « charge[ant] [les mots] de sentiments, de sensations », en les rendant « riches de toute l'expérience d'une vie », en les émancipant de « la sphère purement intellectuelle, où le gardaient jalousement De Beaufront et autres logiciens ».

L'année suivante, en 1936, le Cercle espérantiste universitaire de Lyon lance à son tour une collection qui entend, elle aussi, traduire et diffuser dans le monde espérantiste les « chefs-d'œuvre de la littérature française[39] ». Son initiateur en est le Lyonnais Richard Levin, dont on a déjà évoqué, plus haut, la double qualité d'actif propagateur de l'espéranto et de secrétaire général de la Foire internationale de Lyon. Il signe ainsi une traduction illustrée du *Bourgeois gentilhomme*, un an après avoir fait éditer par le Cercle une petite brochure sur Victor Hugo. Toutefois, la Collection du Cercle espérantiste universitaire de Lyon tourne court, tout comme la *Kolekto Beletra* d'Alcan : ni les *Oraisons funèbres* de Bossuet, ni les *Bucoliques* de Virgile, ni *Œdipe Roi* de Sophocle, annoncés dans un catalogue prévisionnel paru en 1935, ne paraîtront dans la langue universelle. Il est permis d'y voir un effet de la crise financière qui touche alors durement, à la suite d'une mauvaise gestion, la maison Alcan, par ailleurs en plein processus de fusion avec Leroux, Rieder et les Presses universitaires de France, donnant naissance à la coopérative des PUF[40]. En naissant donc dans un contexte de profond bouleversement de l'organisation de l'édition universitaire en France, sur fond de crise bancaire, l'entreprise de Waringhien a assurément pâti d'un contexte défavorable.

Un « usage joyeux » de la langue

Par ailleurs, et plus encore, peut-être, que durant les années fastes de la Belle Époque de l'espérantisme bourgeois, plusieurs initiatives consacrent le rôle de l'espéranto comme langue de création littéraire. Le nouvel organe officiel de la SFPE, *Franca*

Esperantisto (« L'Espérantiste français »), relancé en 1933, devient ainsi progressivement un terrain fertile pour l'expression originale en espéranto. Bien loin du ton, des méthodes et des objectifs de *L'Espérantiste* de Beaufront, la nouvelle revue fait une place grandissante aux rubriques littéraires et linguistiques. Gaston Waringhien livre régulièrement des articles de fond sur la littérature espérantiste, la traduction ou des études comparatives avec d'autres langues, y tient une rubrique de conseil linguistique et s'occupe enfin des recensions d'ouvrages; l'auteur Raymond Schwartz, « satiriste et humoriste exceptionnel[41] » d'envergure internationale, rejoint l'équipe du journal pour y tenir une chronique humoristique mensuelle; parallèlement, la maquette se fait plus plaisante, notamment grâce à la collaboration de l'illustrateur espérantiste Joël Thézard. L'éditorial du numéro de janvier 1938 résume ainsi l'orientation du journal :

> De notre côté, car c'est là la condition de la vie et du succès, nous avons rénové nos méthodes et multiplié les articles plaisants. [...] Désormais nous laisserons de côté les autorités et leurs articles sévères. De temps en temps, nous indiquerons cependant les résultats de leurs travaux, mais nous consacrerons la plus grande part de nos colonnes à l'usage joyeux de notre langue. [...] Présentons un sourire aimable à nos lecteurs : ils nous en seront certainement reconnaissants[42] !

La promotion d'un « usage joyeux » de la langue rompt radicalement avec les déclarations d'austérité de *L'Espérantiste* de Beaufront. Or, si la revue est déficitaire en 1935, elle dégage un bénéfice dès 1936 – année durant laquelle elle tire à 1 500 exemplaires –, autorisant Jean Couteaux à déclarer que « *Franca Esperantisto* se porte à merveille ». Le dernier numéro, celui d'avril 1940 – où les « caviardages » révèlent par ailleurs l'intervention de la censure –, annonce ainsi un « bénéfice assez important », qui s'élève à 1 765 francs. De plus, cette nouvelle formule, presque exclusivement en espéranto, « a reçu un bon accueil d[u] lectorat ». Cette évolution et l'accueil qui lui est réservé révèlent le nouveau rôle dévolu à la revue de propagande qui, moins que vitrine de la langue internationale, arme aux mains des prosélytes ou lieu de débats théoriques sur les fondements de la langue, se présente comme le lieu convivial de sa mise en pratique vivante et joyeuse.

C'est également en 1933 que, dans le même esprit, Raymond Schwartz lance une revue humoristique, *La Pirato*. En se plaçant sous le patronage de Juvénal et de Rabelais, l'éditorial du premier numéro moque la vanité d'une telle entreprise dans un contexte de foisonnement éditorial :

> Ceci, nous en avons fait l'expérience non pas cent fois, mais mille fois, comme le montre le chiffre élevé qu'a déjà atteint l'aiguille du gazettomètre espérantiste officiel... Et malgré cela, de nouvelles revues paraissent encore.

Plaisanteries, annonces publicitaires parodiques, caricatures et dessins de Ludoviko-Rodo font perdurer cet esprit joyeux, sans évacuer pour autant la réflexion linguistique : devinettes et vers de mirliton sont l'occasion de jouer avec la langue et de forger des néologismes cocasses. La rubrique *Pirate tra la gazetaro*, que l'on pourrait traduire par : « À l'abordage de la presse », détourne le modèle de la revue de presse, incontournable dans les périodiques espérantistes. La principale revue littéraire du moment, la hongroise *Literatura Mondo*, est fréquemment tournée en dérision, tandis que la rubrique *Inter Kaktoj kaj Narcisoj* (« Parmi les cactus et les narcisses ») recense les perles de la littérature espérantiste. Schwartz et ses collaborateurs se moquent ainsi gentiment des congrès internationaux, de l'orthodoxie linguistique et des propagandistes zélés : « Le sport préféré de tout espérantiste est l'enrôlement. Nombreux parmi nous ne vivent que pour la propagande[43]. »

Cet usage joyeux de l'espéranto investit également la scène, grâce au cabaret espérantiste que Schwartz anime, non loin des Grands Boulevards, entre 1920 et 1926. Tous les mercredis soir, une centaine d'espérantistes se retrouvent au 7, rue Notre-Dame-de-Bonne-Nouvelle, sous l'enseigne du *Verda Kato* (le « Chat Vert »). Ils peuvent y écouter le programme de chansons, lectures et sketchs proposés par Raymond Schwartz et sa petite troupe. L'article élogieux que la revue *Esperanto* consacre, en mars 1923, à ce « cabaret espérantiste », en souligne le rôle fédérateur : « S'y rencontrent des Académiciens, des membres du Comité linguistique, des Présidents, secrétaires, Délégués de l'UEA, des écrivains, des auteurs de dictionnaires, d'anciens *samideanoj* que l'on ne voyait plus depuis presque des décennies. [...] Des bourgeois s'assoient auprès de vrais *ruĝuloj*. Membres de l'UEA, de la SFPE, du CO [Comité d'organisation], de la SAT se mêlent[44]. » Comme dans *La Pirato*, les plaisanteries prennent notamment pour cible le mouvement espérantiste lui-même, ses habitudes, ses ridicules, ses figures éminentes, dont les « caricatures peintes » décorent le caveau du *Verda Kato*. Cette étonnante expérience, que Schwartz tentera de reconduire à la fin des années 1940, met en lumière, grâce à la dimension réflexive que certains espérantistes entretiennent sur leur propre engagement en faveur de la langue universelle, le rôle de l'ironie dans l'élaboration d'un imaginaire propre.

Vers une littérature internationaliste

L'espéranto, langue de « l'Internationale de l'Esprit » ? (1918-1922)

Ouvrant de nouvelles perspectives aux projets internationalistes, l'après-guerre est propice à la réflexion sur l'émergence d'une culture internationale. Couronnée par le prix Nobel en 1915, l'œuvre d'un Romain Rolland, illustre romancier, chantre du pacifisme lors du premier conflit mondial, est emblématique de ces préoccupations nouvelles, qu'il formalise dès mars 1918 dans un article paru dans la *Revue politique internationale* de Lausanne, sous le titre « Pour une culture universelle[45] ». Or, dans cet appel à la « communion intellectuelle », à la collaboration entre les savants, les artistes, les intellectuels de tous pays, Rolland fait place, l'espace d'un paragraphe, à la question de la langue universelle. En faisant « sentir, mieux que tous les enseignements, les éléments communs des langues européennes et l'unité de leur pensée », celle-ci deviendrait le lieu d'expérience intime d'une unité de civilisation si chère au chantre de « l'Internationale de l'Esprit ». S'il ne le mentionne pas explicitement, Rolland connaît en réalité déjà l'espéranto, par l'entremise de son ami genevois Edmond Privat, l'un des fondateurs de l'UEA, qui lui fait rencontrer Hector Hodler en 1915.

Dans ce contexte, et alors que le mouvement espérantiste et la Troisième Internationale, on l'a vu, entretiennent des relations ambivalentes, il n'est guère étonnant qu'Eugène Lanti, soucieux d'attirer l'attention sur le mouvement anationaliste qu'il est en train de lancer depuis Paris, se tourne vers Romain Rolland. C'est ainsi que, jusqu'en 1922, le Prix Nobel et l'ouvrier anarchiste entretiennent une correspondance suivie. Dans sa première lettre à Lanti, publiée en une du premier numéro du *Travailleur espérantiste*, en août 1919, Rolland exprime vigoureusement son soutien à l'action de l'espérantiste révolutionnaire :

> Il faut obtenir que, dans toutes les écoles primaires d'Europe, l'espéranto soit officiellement enseigné et rendu obligatoire. Il ne peut être, sans cela, de rapprochement international sérieux et durable. Pour que les peuples s'entendent, il faut d'abord qu'ils entendent. Que l'espéranto rende l'ouïe à ces sourds, dont chacun, depuis des siècles, est muré dans son langage !

Cette manifestation de sympathie de la part de Rolland est vivement appréciée par Lanti, qui fait des deux dernières phrases de la lettre la devise du *Travailleur espérantiste*. Une seconde lettre de cette correspondance, datée du 14 avril 1920, est également publiée, cette fois-ci dans *La Vie ouvrière*, l'organe de la CGT. Rolland y critique le scepticisme que l'Internationale entretient au sujet de la langue universelle, qui, selon lui, figure « au tout premier rang » des « grandes questions internationales d'un intérêt général » : « Tant qu'elle ne sera pas nettement discutée et tranchée, l'Internationale elle-même [...] ne reste qu'un mot : car les peuples ne peuvent avoir connaissance les uns des autres que par l'intermédiaire de quelques correspondants de journaux. »

Quelques mois plus tard, la définition des contours exacts de l'internationalisme suscitera une célèbre controverse entre Rolland et une autre figure intellectuelle majeure de l'entre-deux-guerres, Henri Barbusse. On peut, de manière assez schématique, résumer l'enjeu du différend en confrontant, à « l'Internationale de l'esprit » défendue par le premier, le projet, mené par le second dans sa revue *Clarté*, d'une « Internationale de l'action » d'essence révolutionnaire, ouvertement communiste et ne reculant pas devant l'usage de la violence. Cela n'empêche pas Barbusse, durant ces mêmes années 1919-1920, de s'intéresser de près, lui aussi, à la question d'une langue internationale. Il se documente sur les projets existants, et ouvre, entre octobre 1919 et juin 1920, les colonnes de *Clarté* aux partisans des deux principaux projets concurrents : l'ido et l'espéranto. La revue ne prend pas position tout de suite : laissant se prolonger le débat – qui est très vif –, Barbusse attend le mois de juin 1920 pour trancher en faveur de l'espéranto, en s'appuyant sur un argument d'efficacité[46]. En 1921, l'auteur du *Feu* accepte de préfacer un *Cours rationnel et complet d'espéranto* édité par une association proche du Parti communiste : la Fédération espérantiste révolutionnaire (FER). Soulignant la dimension émancipatrice de l'espéranto, langue « purement internationaliste et humaine », Barbusse achève sa préface par cet appel implacable : « Tout socialiste doit être un espérantiste, et tout espérantiste est ou doit être un socialiste[47]. »

Pourtant, l'engagement espérantiste de Barbusse semble s'être arrêté là ; Rolland, au contraire, se trouve associé plus étroitement aux destinées de la SAT, fondée à l'été 1921. Il est ainsi sollicité par Lanti, en 1922, pour présider le deuxième congrès de l'association, qui se tient à Francfort. Rolland invoque sa santé fragile pour décliner l'invitation, mais il accepte de bon cœur une sorte de présidence honoraire. Il livre un article enthousiaste à *Sennacieca Revuo*, que Lanti communique à *L'Humanité*, qui l'inclut dans son édition du 12 août 1922. Aux yeux de Lanti, outre l'importance de la lutte idéologique, le soutien public de Rolland est aussi une affaire de visibilité pour son propre mouvement, encore naissant, et dont il mesure chaque jour l'écart grandissant avec l'orthodoxie soviétique. Pourtant, ce compagnonnage ne résiste pas à l'adoption, par le congrès de Francfort, du principe d'exclusivité de l'adhésion à la SAT. Cette décision, qui empêche, rappelons-le, d'adhérer à la fois à la SAT et à une organisation espérantiste « bourgeoise », navre Romain Rolland qui, par une lettre ouverte parue dans *Le Journal du peuple* et reprise par *Sennacieca Revuo*, se désolidarise de cette décision. Tout en regrettant « que les espérantistes révolutionnaires [n'aient] pas du tout conscience de la grandeur de l'espéranto », il réaffirme son attachement à l'idée d'une langue internationale, laquelle apparaît, à ses yeux, comme une « révolution beaucoup plus efficace que tous les congrès soi-disant révolutionnaires, car [elle] crée, en même temps qu'[elle] l'exprime, une manière de penser internationale, anationale, mondiale ».

Les coopératives d'édition de la SAT : forger une culture anationale (1923-1939)

Donner corps à cette « manière de penser anationale » : voici précisément l'objectif poursuivi par la SAT lorsqu'elle fonde, l'année suivante, sa propre coopérative d'édition. Ce faisant, elle entend mener à bien la mission d'éducation du prolétariat à laquelle l'assignent ses statuts : ceux-ci ne prévoient-ils pas de « procurer et par tous les moyens possibles de contribuer à la création d'une littérature (traduite et originale) reflétant l'idéal de [l']Association[48] » ? Or, comme on l'a vu, cet idéal reposant sur la cohabitation d'options idéologiques variées, la définition d'une ligne éditoriale ne peut manquer d'être une question éminemment sensible. Ainsi, sur les vingt-trois titres édités entre 1923 et 1926, dix affichent clairement une orientation idéologique : cinq sont d'inspiration communiste (dont *La Lueur dans l'abîme* de Barbusse, ou, bien évidemment, le *Manifeste du parti communiste*), deux de sensibilité anarchiste (*Trois œuvres de Tolstoï* et l'*Éthique* de Kropotkine), deux autres proprement *anationaux* (*ABC de Sennaciismo* et l'ouvrage fondateur de Lanti, *For la neŭtralismo !*) et un recueil de textes défendant l'athéisme. Les deux grandes orientations – communiste internationaliste d'une part, libertaire « anationale » de l'autre – sont donc représentées de manière globalement équivalente, même si Lanti doit rappeler, en juillet 1926, la nécessité de maintenir l'équilibre :

> Serait-il équitable de reprocher que la pensée anarchiste est bridée à la SAT, quand on sait que dans notre bibliothèque se trouvent *Trois œuvres de Tolstoï* et l'*Éthique* de Kropotkine ? Ces ouvrages ont leur place dans notre bibliothèque car il ne convient pas qu'un communiste ou un socialiste cultivé ignore les théories anarchistes. De même, convient-il que les anarchistes ignorent les œuvres de Marx, Kautsky, Lénine et d'autres penseurs ? La SAT doit être un lieu de culture, d'éducation (et non d'agitation politique). Il est par conséquent nécessaire que les membres aient entre les mains les outils d'éveil et d'instruction nécessaires[49].

La coopérative d'édition de la SAT se heurte toutefois rapidement à des difficultés financières : le rythme des parutions est irrégulier et les stocks s'écoulent très lentement. La traduction des bréviaires de l'action révolutionnaire passe désormais au second plan, derrière la valorisation de la littérature de fiction, notamment originale :

> La traduction d'œuvres importantes de la littérature mondiale nous permet de nous familiariser avec les idées des grands penseurs tels que Marx, Kropotkine, etc., et avec les intuitions de poètes et d'auteurs littéraires. Mais la littérature originale est pour nous plus importante. La littérature qui prend naissance dans les cerveaux de nos camarades, de ceux qui collaborent chaque jour à la SAT, qui ont absorbé les idées de la SAT et dont le cerveau en est plein. Ces productions de l'esprit sont les fruits de nos semailles, arrivés à maturité[50].

La SAT justifie ce double mouvement d'ouverture à la littérature romanesque et à la production originale – laquelle représente en effet plus de 48 % du total des ouvrages qu'elle édite jusqu'en 1939, soit 31 parutions – en soulignant à la fois la valeur pédagogique de la lecture en espéranto – « Nul outil n'est plus adapté au perfectionnement qu'un bon livre ! » –, et la nécessité de lutter contre la surreprésentation de l'édition bourgeoise dans le domaine littéraire. Outre de contraindre les travailleurs espérantistes à « achet[er], pour lire des romans, les éditions des industriels bourgeois », cette situation ne permet pas de diffuser en espéranto des ouvrages « qui, sous la forme de récits captivants, traiteraient des problèmes de la classe des travailleurs et l'aideraient à acquérir *une juste conception de son destin, de son devoir et de sa position dans la société* » :

> Si nous acceptons la thèse suivant laquelle le cœur d'une langue vivante est sa littérature, qui la régularise et la fait évoluer, alors il faut impérativement que fleurisse et s'épanouisse une littérature en espéranto. Et, bien entendu, nous, travailleurs espérantistes, nous avons besoin d'une littérature qui appuie nos idées, nos aspirations et nos buts[51].

Plus encore, une telle initiative prouvera, par l'exemple, l'existence d'un sentiment partagé par l'ensemble des travailleurs du monde entier, une « parenté [qui] dépasse la marque nationale [du] lieu de naissance » des œuvres proposées à la souscription – version prolétarienne de « l'Internationale de l'Esprit » rollandienne.

Afin de porter cette double ambition, la SAT se dote, à la fin de l'année 1933, d'une filiale spécialisée, baptisée ADLEL (*Asocio por divastigo de laborist-tendenca esperanto-literaturo*, soit « Association pour la diffusion de la littérature espérantiste de tendance prolétarienne »). Celle-ci met en place, toujours sur le mode coopératif, un plan d'édition rigoureux : en janvier 1934 doit paraître la traduction du *Brave soldat Švejk* de Jaroslav Hašek ; en avril, c'est au tour du roman *Jimmy Higgins* d'Upton Sinclair ; en juillet est prévue la sortie d'une compilation d'écrits d'adhérents de la SAT ; en octobre une anthologie inédite d'auteurs prolétariens espérantistes. Hélas, le plan tourne court dès l'été 1934. L'association se retrouve prise à la gorge : ses calculs ont été trop optimistes, et les sommes déjà envoyées par les 470 cotisants ne suffisent pas à couvrir les frais d'édition et de distribution des livres prévus dans le plan d'édition. En novembre 1934, l'argent n'étant toujours pas réuni pour lancer l'édition du quatrième ouvrage du plan (le recueil de textes originaux), prévu pour juillet, la société procède, au printemps 1935, à la liquidation de sa filiale d'édition coopérative.

Un second plan d'édition littéraire, lancé cinq ans plus tard, rencontrera davantage de succès. La *Nova Romanserio* (« Nouvelle série romanesque ») résulte en fait de la collaboration entre les services d'édition et de librairie de deux organisations de travailleurs espérantistes : la SAT et la *Federacio de Laboristaj Esperantistoj* (« Fédération des travailleurs espérantistes », FLE). Implantée aux Pays-Bas, la FLE est une organisation puissante et bien structurée, d'inspiration socialiste, qui peut revendiquer, en 1936, 4 700 membres. Son périodique, *Laborista Esperantisto*, est tiré à 6 000 exemplaires – soit environ 2 000 de plus que *Sennaciulo*. Fortes de leurs « rapports amicaux[52] », la SAT et la FLE lancent, dès 1933-1934, quelques éditions conjointes, avant de publier entre décembre 1938 et décembre 1939 une série de six romans. Paraissant dans des éditions soignées, souvent illustrées, ces ouvrages constituent une collection de qualité, conçue selon une unité de vue que traduit l'homogénéité des maquettes – illustration exemplaire d'une collaboration éditoriale transnationale réussie. S'ouvrant par la « magistrale traduction » d'un « classique de valeur »[53] (*Pères et fils* de Tourgueniev), elle est suivie de traductions de romans plus nettement engagés dans les combats du moment : le roman antifasciste d'Ignazio Silone, *Fontamara* (1930), le recueil de nouvelles *Hommes en guerre* (1917) du pacifiste autrichien Andreas Latzko, dont la première édition française avait bénéficié d'une préface de Rolland et d'une postface de Barbusse, le récit de la guerre d'Espagne (*La Tragédie espagnole*, 1937) par l'écrivain néerlandais Jef Last (qui vient précisément de renoncer à son engagement communiste), le roman anticolonial d'une autre plume néerlandaise : *Coolie* de Madelon Szekely-Lulofs (1932), et le roman social *Les Muets* de Vladimir Korolenko (1895).

L'enjeu de la littérature d'apprentissage

Dès le début des années 1920, la mouvance espérantiste de gauche accorde une place centrale à la question de l'enseignement de la langue internationale. On rappellera l'initiative de la Fédération espérantiste révolutionnaire (FER), qui édite dès 1921 un *Cours rationnel et complet d'espéranto*, préfacé par Henri Barbusse. Véritable phénomène éditorial, l'ouvrage s'écoule à plus de quatre-vingt-dix mille exemplaires, soit un succès exactement comparable à celui rencontré, entre 1901 et 1910, par *L'Espéranto en dix leçons*, cette édition des cours donnés au Touring-Club de France par Théophile Cart. Au manuel « neutre » et « bourgeois » – qui est alors, à la même période, réédité par la Librairie centrale espérantiste – succède ainsi un cours composé dans une optique explicitement révolutionnaire. Conçu pour servir dans les « cours ouvriers », mais aussi à destination de « tout camarade isolé », il vise, par le choix des textes, des illustrations, des exemples, du contenu des leçons, autant à inculquer les fondements de la langue internationale qu'à « initie[r] aux avantages du syndicalisme et de la coopération de la cité socialiste[54] », comme le note le secrétaire du groupe espérantiste ouvrier de Grenoble. Ainsi, les textes de la leçon sur les temps composés décrivent deux images représentant un menuisier et un forgeron travaillant dans une coopérative, tandis qu'à la fin du manuel des modèles types de lettres mettent en scène une correspondance fictive entre deux lecteurs de *Sennaciulo*.

Prenant à son tour conscience de la nécessité de proposer à ses membres des ouvrages d'apprentissage spécialement adaptés, la SAT publie, en juillet 1925, dans le cadre de son plan d'édition coopérative, un « livre de cours pour travailleurs », *Petro*. Cette méthode d'apprentissage progressive s'appuie sur le récit de la vie de Petro, de la petite enfance à la mort. Le récit édifiant met en scène l'émancipation exemplaire d'un enfant pauvre, aidé par son instituteur, devenu ouvrier, licencié pour cause d'engagement syndical, et qui met son chômage à profit en suivant des cours d'espéranto gratuits à la section ouvrière locale. La maîtrise de la langue internationale lui permet d'entrer en contact avec des prolétaires de tous pays, de voyager et… de découvrir la SAT. L'extrait suivant offre un parfait résumé de l'anationalisme :

> Cette association [la SAT], Petro la connaissait déjà par la lecture de *Sennaciulo*, l'organe officiel de cette organisation culturelle et d'entraide entre les prolétaires espérantistes. […] Cela ouvrit à Petro le vaste monde, en faisant tomber les frontières ; il était en train de commencer à comprendre que l'espéranto ne pouvait jouer pleinement son rôle à l'intérieur des frontières nationales. Il acquit la ferme conviction que sans l'espéranto la pleine libération du prolétariat n'était pas possible, que l'espéranto était un outil nécessaire dans la bataille libératrice des travailleurs, et que cette bataille échouerait si elle était accomplie dans un cadre national : elle conserverait inévitablement dans ce cadre une idéologie nationale[55].

Arrivé à Barcelone, il mobilise ses camarades exploités, devient meneur de grève, est arrêté par la police et doit fuir vers la France. Là, il réalise son rêve le plus cher : participer au congrès de la SAT, où, au passage, il rencontre son épouse. Devenu père de famille, élevant son fils exclusivement en espéranto, il retrouve du travail à l'usine, mais, victime du capitalisme, meurt après que son bras a été happé par une machine. *Petro* remplit ainsi un double objectif pédagogique : il initie tout autant à l'espéranto qu'à la nécessité de la lutte, de l'union du prolétariat et à l'urgence du renversement de l'ordre capitaliste. Par une sorte de mise en abîme qui identifie l'apprenant à la figure tragique de Petro, l'instruction est présentée comme une condition préalable à l'émancipation des travailleurs. L'écrit y joue un rôle prépondérant : si « les nombres ne l'intéressent pas », le jeune Petro consacre son temps libre à la lecture, puis, durant ses années de clandestinité passées tantôt « à la belle étoile, parmi la bonne odeur du foin », tantôt « dans une cabane primitive », il s'informe de l'actualité du mouvement espérantiste et ouvrier grâce à la lecture régulière de *Sennaciulo*.

Si la diffusion de méthodes d'apprentissage de la langue est donc un enjeu de premier plan pour les organisations espérantistes ouvrières, celui de la fixation du lexique n'est pas, on l'imagine, moins important. Ainsi, dans un contexte de croissance continue de l'audience des périodiques de la SAT et de vigoureuse activité de sa centrale d'édition coopérative, la direction de l'association anationale lance officiellement, en avril 1928, le projet d'un tout niveau dictionnaire : le *Plena Vortaro* (« Dictionnaire complet »). Il s'agit de doter les espérantophones de l'ouvrage de référence qui leur fait défaut : un dictionnaire espéranto-espéranto, « trois fois plus important » que les 175 pages du *Vortaro* de Kazimierz Bein, édité par Hachette en 1910 et récemment réédité, en 1925, par la Librairie centrale espérantiste. Ambitieuse, l'entreprise entend répondre à l'impuissance du Comité linguistique, qui s'explique tant par l'éparpillement géographique de ses membres que par son manque de ressources financières. Le *Plena Vortaro*, quant à lui, peut s'appuyer sur le soutien financier de la SAT, dont les membres sont mis à contribution, et par une petite équipe de quatre collaborateurs : les Français Gaston Waringhien, Albert Esselin et Émile Grosjean-Maupin, chargés de la « langue usuelle », ainsi que le Polonais Salomon Grenkamp-Cornfeld pour le lexique technique. Il ne s'agit pas, pour ses rédacteurs, de fixer un état définitif de la langue, ni de viser l'exhaustivité : la limite, imposée par les éditeurs, de cinq cents pages, oblige Grenkamp-Cornfeld à renoncer à inclure de nombreux mots techniques déjà forgés, fruits de l'effort lexicographique soutenu de la « période française » des années 1905-1914. De son aveu même, l'accent a été mis par les éditeurs du dictionnaire sur les mots et expressions courants : l'ouvrage « vise avant tout la plus grande utilité pratique possible ».

Si les auteurs du *Vortaro* ne prétendent donc pas travailler au « dictionnaire officiel », mais seulement poser des jalons en vue de son élaboration, le patronage de la SAT, organisation qui a fait son credo de la lutte contre la « neutralité », rend la question de l'officialité particulièrement épineuse. D'autant plus que l'article de *Sennaciulo* qui, en avril 1928, présente le projet à ses lecteurs, annonce que ce dictionnaire sera « contrôlé idéologiquement par la Direction de la SAT » et que « toutes les garanties sont [...] réunies pour que le dictionnaire soit techniquement aussi parfait que possible et idéologiquement irréprochable du point de vue de la SAT ». Cette difficile articulation entre la prétention de « prend[re] sur soi l'édition du Dictionnaire complet d'espéranto » et la volonté de proposer un ouvrage « idéologiquement irréprochable » ne va pas sans susciter quelques interrogations. C'est le cas notamment du catholique Georges Ramboux, à qui Lanti répond par une lettre du 11 juin 1928[56]. Lanti s'y défend d'une quelconque partialité, rappelant d'ailleurs qu'aucun des quatre collaborateurs n'est membre de la SAT. Il propose en outre à des théologiens de collaborer au *Plena Vortaro* afin de définir le plus exactement possible les termes qui relèvent de leur champ d'étude : « En un mot nous sommes prêts à soumettre à chaque spécialiste le contrôle des définitions relatives à sa spécialité ». Prenant acte de la main tendue, Ramboux propose sa collaboration : il fait ainsi parvenir à la SAT cent cinquante définitions. Pourtant, lorsque, dans une belle édition cartonnée, le dictionnaire paraît, à l'été 1930, seules quarante-quatre sont reprises dans le dictionnaire, la moitié ayant subi au passage quelques modifications. Or, le dictionnaire comporte soixante-dix-huit autres « mots religieux », pour lesquels Ramboux avait parfois donné sa propre version, ignorée au profit de définitions qu'il juge erronées. Analysant minutieusement les cinq cents pages du *Vortaro*, Ramboux pointe ainsi erreurs, confusions et approximations. Sa conclusion est sans appel : il invite les catholiques espérantistes à établir leur propre « dictionnaire catholique[57] ».

Ainsi, non seulement le processus de construction et de fixation de la langue n'échappe pas à la polarisation croissante du champ espérantiste, mais c'est à travers lui que celle-ci se révèle le mieux. La lenteur avec laquelle le Comité linguistique s'attelle à la tâche de « simplification et d'unification » de la langue, jugée d'ailleurs nécessaire par les auteurs du *Plena Vortaro* qui en appellent, une fois encore, à l'établissement d'un « Dictionnaire complet officiel », explique sans doute en partie la controverse à laquelle donne lieu son élaboration; reste que, trente ans après l'implantation de l'espéranto en France, la possibilité même d'une langue partagée se trouve singulièrement remise en doute.

Conclusion

Dans le remarquable ouvrage qu'elle a consacré à la *lingua franca*, cette langue commune, « métisse », qui relia, à l'époque moderne, les deux rives de la Méditerranée, Jocelyne Dakhlia rappelle avec à-propos que « parler *une* même langue n'est en aucun cas parler *d'une même langue*, et encore moins d'une même voix[1] ».

Nous ne saurions mieux conclure ce panorama d'un demi-siècle de pratique française de l'espéranto. Celle-ci, en effet, a progressivement configuré un « champ espérantiste » qui apparaît comme un réseau dense et parcouru de tensions, avec ses acteurs dominants et ses acteurs marginaux, ses normes et ses clivages, ses lieux de circulation et de mise en pratique (les revues et les cours, les clubs et les congrès, les collections éditoriales et les imprimeries coopératives) – sous la garde tutélaire du *Majstro* dont la disparition, en 1917, fracture notre empan chronologique. Quoique modeste et toujours marginal, ce champ espérantiste français, tel que nous avons entrepris de l'esquisser par le prisme de ses productions culturelles, s'est révélé d'une étonnante diversité. Diversité de pratiques, de postures, d'appartenances et d'ambitions qui font du projet de langue universelle de Zamenhof un objet labile, malléable, qui s'épanouit en une floraison d'espérantismes simultanés.

Peut-être est-il bon de distinguer ces réappropriations contrastées de l'espéranto sur le critère de leur rapport au temps, ce qui nous permettra au passage de réinterroger le concept d'utopie, dont le premier trait distinctif est précisément la rupture avec le temps présent[2]. Avant tout, contrairement à ce que pourrait laisser croire le recours hâtif à cette notion commode, les espérantistes, loin d'être détachés de leur temps, n'ont cessé de tenter d'arrimer l'espéranto aux pratiques sociales et culturelles de leur époque : organisation de congrès, animation de revues, cyclotourisme et philatélie, radiodiffusion et caf' conc'. Plus spécifiquement, le succès de l'espéranto est contemporain de l'invention, ou du moins de l'essor, de plusieurs produits éditoriaux, qu'il a cherché à investir : la revue littéraire, celle de vulgarisation scientifique, le guide touristique moderne, le catalogue de grand magasin, le code télégraphique, la « collection nationale », l'imagerie populaire, le tableau mural d'enseignement des langues, le répertoire bibliographique normalisé, etc.

Souvenons-nous un instant de la première médiation de l'espéranto à destination du public français : la brochure de Léopold Einstein, traduite par Demonget en 1889. Celle-ci, on l'a vu, inscrit la langue universelle dans une généalogie linéaire et positiviste de la civilisation humaine, entendue comme histoire des progrès de la communication, dont elle constituerait le dernier chaînon : à la fois le plus récent, et aussi l'ultime, puisqu'il donne sens au formidable essor des télécommunications et des moyens de locomotion permis par la révolution industrielle. Ce discours évolutionniste qui, en en faisant la conséquence nécessaire du progrès technique, dissocie l'idée de langue universelle de la notion d'utopie, est porté par les premiers parrains de l'espéranto en France. Ces pionniers, qui relèvent largement de ce que Francis Démier propose de dénommer les « nouvelles bourgeoisies du savoir[3] » – médecins, avocats, journalistes, professeurs… – émergeant durant la Belle Époque, cherchent précisément à affilier l'espéranto à des champs voisins : scientifique, littéraire, économique. Il devient une forme quintessenciée des langues vivantes, qui suscitent alors un regain d'intérêt de la part des élites économiques, après que la défaite de 1870 semble avoir acté un repli de la France sur la scène économique mondiale. Dans son *Manuel* puis dans *L'Espérantiste*, Louis de Beaufront introduit ainsi la langue de Zamenhof comme un outil neutre et commode, destiné à « l'homme civilisé d'instruction moyenne » qui, par curiosité personnelle autant que par nécessité professionnelle, est en quête d'un moyen d'intercompréhension pratique et aisé à employer. Profil qui est celui du sociétaire du Touring-Club de France comme du président de syndicat d'initiative; du directeur de grand magasin comme du commerçant moyen, adhérent à sa chambre de commerce départementale ; de l'employé de bureau, du philatéliste ou du radio-amateur – premiers destinataires, consommateurs et même producteurs d'imprimés en espéranto.

Que ce soit en se tournant, dès 1901, vers le premier éditeur mondial, la maison Hachette, ou en lançant un organe périodique à base supranationale, par l'intermédiaire d'un Office central installé à Paris, ces espérantistes français tentent en outre d'instituer un système d'édition officielle. Celle-ci est manière de canaliser l'évolution de la langue, volontiers conçue comme un parfait objet grammatical dont il convient de conserver l'intangibilité. Dès lors, l'abondante activité éditoriale des espérantistes français devient le lieu d'expression d'une autorité verticale, qui passe par un effort lexicographique soutenu, par la canonisation des œuvres du *Majstro*, par un système d'approbation qui consacre l'autorité de Zamenhof, par un travail de légitimation qui entend hisser la langue artificielle au rang de langue de culture.

Or, comme l'a montré Paul Ricœur[4], en proposant des « variations imaginaires » autour d'institutions sociales telles que la famille, le gouvernement, la religion, l'école – et, bien sûr, le langage –, l'utopie interroge avant tout l'usage du pouvoir dans chacune de ces institutions. L'une des principales fonctions de l'utopie serait précisément de permettre un déplacement, un pas de côté qui, en exposant crûment la nature des systèmes d'autorité, révèle au fond le « problème de crédibilité » qui est au cœur de tout système de légitimation de l'autorité. La variation imaginaire autour de l'institution sociale qu'est le langage, telle que le propose l'utopie espérantiste, ne peut donc manquer de s'affronter, à un moment ou à un autre, au problème de l'autorité. Envisager l'articulation entre utopie et idéologie sous l'angle du rapport à l'autorité s'avère particulièrement éclairant pour explorer les vicissitudes de l'espérantisme dès la fin de la décennie 1900. À cette première médiation de l'espéranto – conception instrumentale, logique capitalistique, intérêt stratégique de la maîtrise des langues étrangères, irénisme du « doux commerce » entre nations – s'oppose ainsi une conception de la langue universelle comme moyen d'expression d'un discours alternatif. Voici que l'horizon d'attente internationaliste réintroduit à plein la dimension utopique de l'espéranto : la « machine à communiquer » se découvre outil d'émancipation à même d'accompagner, sinon de permettre, l'avènement de projets internationalistes qui entendent, à une échéance plus ou moins lointaine, reconfigurer les rapports sociaux. De cette ambition, l'anationalisme de Lanti fournit sans doute la meilleure illustration ; au moins a-t-il tenté de faire entendre une voix originale, qui a pu séduire un Romain Rolland, dans un contexte de polarisation grandissante du débat public.

Plus encore, et contrairement à la rupture spatiale qui est un autre trait distinctif de l'utopie, le projet espérantiste épouse et exprime à merveille le nouveau rapport à l'espace qu'ont introduit les progrès continus des télécommunications, l'essor du chemin de fer et la presse à grand tirage. On a vu combien le débat autour de la possibilité d'une langue auxiliaire internationale s'ancrait dans un ample mouvement de mise en réseau du monde, inséparable des mutations techniques et culturelles qui l'accompagnent. Comme le remarquent Jérôme et Thomas David, « les synthèses historiques récentes sur le XIXe siècle dépeignent une période de tension croissante entre l'*interconnexion* accrue et accélérée de toutes les parties du monde et leur *démarcation* toujours plus accentuée à l'échelle nationale ou régionale[5] ». Or l'espéranto, dans le spectre de ses manifestations imprimées et de ses pratiques culturelles, condense de manière exemplaire ce processus d'« internationalisation des liens nationaux » qu'a décrit Christopher Bayly. De la profession de foi anationale d'un Lanti, dont on peut suivre la mise en pratique progressive – et les limites auxquelles elle se trouve de plus en plus nettement confrontée – à travers l'histoire des périodiques qu'il anime dans les années 1920 et 1930, jusqu'à l'édition de propagande antiallemande en espéranto durant le premier conflit mondial, en passant par la tentative de revue panceltique espérantiste, se déploient toutes les nuances de cette dialectique entre interconnexion et démarcation nationale.

Dès lors qu'il est envisagé comme langue véhiculaire, *lingua franca* utile au commerçant à l'affût d'un nouveau marché, au touriste en quête de couleur locale, ou à l'honnête homme curieux de « littérature mondiale », l'espéranto n'apparaît pas tant comme l'allié d'une globalisation uniformisatrice que comme une accentuation de la différence entre les identités nationales. En qualité de langue d'entre-deux, il délimite un espace tampon, il esquisse un seuil neutre qui, au contraire, souligne les démarcations entre langues, cultures et identités nationales, auxquelles il introduit de manière commode, à la façon d'un sas d'accès. Ainsi, à bien des égards, les stratégies et pratiques éditoriales espérantistes reconduisent cette

« internationalisation de l'État-nation[6] » plus qu'elles ne rompent avec elle. Promues par des élites issues de la bourgeoisie urbaine, elles ne sauraient se poser en alternative à cette lame de fond dont les expositions internationales, le développement du tourisme ou le pacifisme juridique sont autant de manifestations visibles. L'internationalisme promu par les adeptes de l'espérantisme « neutre et bourgeois » est en réalité tout à fait compatible avec la défense des États-nations – sinon avec le patriotisme le plus fervent.

A contrario, encouragée par la réussite contemporaine d'une autre utopie, qui trouve soudain une terre d'élection[7], l'idée d'un « peuple espérantiste » qui ferait fi des barrières nationales prend corps, en se réclamant du legs moral et spirituel de Zamenhof. Elle se manifeste de manière éclatante dans les congrès universels, réinvestit à sa manière la panoplie d'emblèmes et de rites qui ont participé à la construction des nations. Elle n'échappe pas non plus, on l'a vu, aux grandes idéologies du siècle : jamais dépourvu d'accents prophétiques, ce rêve de communion instantanée et de fusion des peuples se décline ainsi dans une version « neutre » par l'UEA, dans une optique révolutionnaire par la SAT, sans compter les reprises, plus diffuses, promues par certains mouvements non conformistes des années 1930.

Au total, il nous semble que c'est bien à travers la tension, que nous avons tenté de restituer, entre forces centripètes, qui permettent à la langue de se fixer, de se structurer, de se diffuser en gagnant en légitimité et à ses locuteurs de s'unir autour d'un patrimoine partagé et de signes d'appartenance communs, et forces centrifuges qui concourent à la vitalité de la langue par l'expression d'options idéologiques variées, que s'esquisse la singularité de l'espéranto entre les années 1880 et les années 1930. Et, assurément, ce fut là sa chance. Comme le note Roberto Garvìa, penser que l'espéranto est la seule langue artificielle à avoir survécu « parce qu'il était meilleur que ses rivaux n'est pas convaincant » :

> C'est précisément l'argument contraire qui est le plus plausible : l'espéranto a été capable de maintenir à travers le temps une communauté de locuteurs relativement large car il a pu se développer et, à la longue, passer le *languagehood test* [que l'on pourrait traduire par « test de viabilité linguistique »]. Le Russe Lev Zhirkov faisait le même constat en 1931. Selon lui, l'espéranto n'a pas triomphé à cause de ses qualités supérieures sur le papier [...] mais parce qu'il

> était déjà une langue *vivante*, parce qu'il avait une communauté de locuteurs qui, qu'ils soient pacifistes, amateurs de langues ou collectionneurs de timbres, employaient la langue pour communiquer avec des esprits apparentés[8].

En lieu et place du soupçon d'uniformisation du rapport au monde, nous faisons ici l'hypothèse que la diversité des modes d'appropriation de l'espéranto traduit la quête d'une « effabilité[9] » toujours plus riche. Qu'on la désigne par les notions de *languagehood* ou d'*effabilité*, cette capacité renouvelée à exprimer de nouveaux concepts, à embrasser une portion toujours plus vaste du réel, n'a pu s'accomplir qu'en concevant l'espéranto comme un objet souple, malléable, qui se prête aussi bien à la description de curiosités touristiques qu'à l'expression d'un lyrisme personnel, aux problèmes de mots croisés qu'au compte rendu d'expériences chimiques, au roman d'aventures qu'à la réflexion politique, aux calembours qu'à la traduction de l'Évangile.

Poussés par des motivations fort diverses, voire contradictoires, mais réunis par un même investissement concret dans l'apprentissage et la pratique d'une langue partagée, les protagonistes de cette étude ont su donner vie à la fiction du pharmacien de Varsovie. Le statut marginal de la langue fait de cet engagement rien de moins qu'un pari, c'est-à-dire, en définitive, le ressort par lequel l'utopie commence à devenir une ambition concrète. Rien, sans doute, n'en témoigne mieux que les traces les plus ténues de la langue internationale, celles qui, traquées à une échelle microsociale, voire interpersonnelle, sont aussi les plus tangibles, et souvent les plus émouvantes : le guide touristique d'une modeste sous-préfecture, le voyage initiatique d'un ouvrier du Lot-et-Garonne, une correspondance scolaire, la soirée d'un cabaret des Grands Boulevards. Ainsi, si « l'utopie n'est pas tant le suspens d'un rêve immobile que la tension de ce qui est vers un plus libre déploiement[10] », ce demi-siècle de pratique de la langue universelle, par-delà la diversité de ses modes d'appropriation – et, en définitive, grâce à elle –, apparaît précisément comme le moment qui aura permis à l'utopie portée par l'espéranto de s'animer, de se déployer – au risque de la déchirure –, et par là d'échapper à sa destinée de rêve suspendu.

Notes

Introduction

1. Umberto Eco, *La Recherche de la langue parfaite dans la culture européenne*, Paris, Seuil, « Points », 1994.

2. Sylvain Auroux, *La Philosophie du langage*, Paris, Presses universitaires de France, 2008 [éd. 2013], p. 40.

3. Louis Couturat et Léopold Leau, *Histoire de la langue universelle*, Paris, Hachette, 1903, p. 13.

4. *Ibid.*, p. 23.

5. *Ibid.*, p. 13-14.

6. George Steiner, *Après Babel. Une poétique du dire et de la traduction*, Paris, Albin Michel, 1998, p. 286.

7. Jorge Luis Borges, *Le Congrès*, dans *Le Livre de sable*, Paris, Gallimard, 1978 [« Folio », 2014], p. 27-57. On notera au passage que le narrateur du récit de Borges, chargé de produire un rapport sur la langue de travail du « congrès mondial », se consacre brièvement à l'étude de l'espéranto !

8. Marcel Monnerot-Dumaine, *Précis d'interlinguistique générale et spéciale*, Paris, Maloine, 1960, p. 10.

9. Marina Yaguello, *Les Fous du langage*, Paris, Seuil, 1984, p. 36.

10. S. Auroux, *op. cit.*, p. 38.

11. Anne Rasmussen, *L'Internationale scientifique : 1890-1914*, thèse de doctorat en histoire, sous la direction de Jacques Julliard, École des hautes études en sciences sociales, 1995, p. 456.

12. L. Couturat et L. Leau, *op. cit.*, p. VII.

13. *Ibid.*

14. Ignace Chappe, *Histoire de la télégraphie*, Le Mans, Richelet, 1840, p. 135-136, cité par Patrice Flichy, *Une histoire de la communication moderne. Espace public et vie privée*, Paris, La Découverte, 1997, p. 28-29.

15. L. Couturat et L. Leau, *op. cit.*, p. IX.

16. Armand Mattelart, *Histoire de l'utopie planétaire*, Paris, La Découverte, 2000, p. 163.

17. A. Rasmussen, « Tournant, inflexions, ruptures : le moment internationaliste », *Mil neuf cent. Revue d'histoire intellectuelle*, 2001, n° 19, p. 30.

18. *Ibid.*, p. 32.

19. Daniel Laqua, « Internationalisme ou affirmation de la nation ? La coopération intellectuelle transnationale dans l'entre-deux-guerres », *Critique internationale*, vol. 52, n° 3, 2011, p. 51.

20. Pascale Casanova, *La République mondiale des Lettres*, Paris, Seuil, 1999, p. 155. Nous reviendrons plus loin sur la précieuse notion de « champ littéraire mondial » conceptualisée par Pascale Casanova.

21. Christophe Charle, « Pour une histoire comparée des intellectuels en Europe », *Liber. Revue internationale des livres*, n° 26, mars 1996, p. 11.

22. A. Rasmussen, « Tournant, inflexions, ruptures… », art. cité, p. 41.

23. L. Couturat et L. Leau, *op. cit.*, p. IX.

24. A. Rasmussen, « À la recherche d'une langue internationale de la science, 1880-1914 », dans Roger Chartier et Pietro Corsi (dir.), *Sciences et langues en Europe*, Paris, EHESS, 1996, p. 152-153. Nous y reviendrons en détail dans notre chapitre 4.

25. A. Rasmussen, *L'Internationale scientifique…*, p. 14.

26. Ludwik-Lejzer Zamenhof, *Langue internationale*, Varsovie, Gebethner et Wolff, 1887, p. 7.

27. A. Mattelart, *op. cit.*, p. 163.

28. L. Couturat et L. Leau, *op. cit.*, p. XXVI.

29. L. Couturat et L. Leau, *op. cit.*, p. 569.

30. *Ibid.*, p. 306.

31. René Centassi et Henri Masson, *L'homme qui a défié Babel*, Paris, Ramsay, 1995.

32. Robert Musil, *L'Homme sans qualités*, t. I, trad. P. Jaccottet, Paris, Seuil, 2004, p. 41.

33. Pascal Ory, *L'Histoire culturelle*, Paris, PUF, 2015 [4e éd.], p. 8.

34. *Ibid.*, p. 15.

35. P. Ory, *Qu'est-ce qu'une nation ?*, Paris, Gallimard, 2020, p. 106.

PREMIÈRE PARTIE

La langue des touristes, des savants et des commerçants

1. Les chemins de la diffusion de l'espéranto : de la Lituanie polonaise au boulevard Saint-Germain

1. L.-L. Zamenhof, *Lettre à Borovko*, 1895, citée dans Pierre Janton, *L'Espéranto*, Paris, Presses universitaires de France, 1994 [4e éd.], p. 28.

2. L.-L. Zamenhof, *Lettre à Alfred Michaux*, 21 février 1905, cité dans *ibid.*

3. Jean-Claude Lescure, « La création d'un réseau culturel transnational : les débuts de l'espéranto », *Relations internationales*, n° 116, 2003/4, p. 516-519.

4. L. Couturat et L. Leau, *op. cit.*, p. 304-363.

5. P. Janton, *op. cit.*, p. 56.

6. L. Couturat et L. Leau, *op. cit.*, p. 306.

7. *Ibid.*

8. P. Janton, *op. cit.*, p. 19.

9. *Ibid.*, p. 20; François Lo Jacomo, *Liberté ou autorité dans l'évolution de l'espéranto*, thèse pour le doctorat de linguistique, sous la direction d'André Martinet, Paris, Université Paris-Descartes, 1981, p. 26.

10. Ainsi, *volapük*, qui signifie « langue mondiale », est formé de *vol*, issu de *world*, et de *pük*, issu de *speak*.

11. U. Eco, *op. cit.*, p. 363-364.

12. P. Janton, *op. cit.*, p. 19-20.

13. J.-C. Lescure, *Un imaginaire transnational ? Volapük et Espéranto vers 1880-1939*, habilitation à diriger des recherches, sous la direction de Pierre Milza, Institut d'études politiques de Paris, 1999, p. 67 et 85.

14. Voir à ce sujet : Marcus Sikosek, « Dokumente zum "Weltspracheverein Nürnberg" », *Esperantologio/Esperanto Studies*, n° 3, 2005, p. 45-54.

15. Ernest Archdeacon, *Pourquoi je suis devenu espérantiste*, Paris, Fayard, 1910, p. 21.

16. E. Archdeacon, « Pourquoi l'espéranto ne peut nuire au français », *Le Petit Journal*, 8 juillet 1909, p. 2.

17. Paul Ginisty, « Chronique », *Le* XIX*e siècle*, 28 octobre 1889, p. 1.

18. *Le Sud-Ouest*, 21 novembre 1893.

19. *L'Espérantiste*, mars 1907, p. 58.

20. *L'Espérantiste*, avril 1898, p. 37.

21. L.-L. Zamenhof, *Langue internationale*, Varsovie, Gebethner et Wolff, 1887, p. 3.

22. *Ibid.*, p. 26. Nous soulignons.

23. Ivo Lapenna [dir.], *Esperanto en Perspektivo*, Rotterdam, Universala Esperanto Asocio, 1974, p. 293.

24. J.-C. Lescure, « La création d'un réseau culturel transnational... », p. 520-521.

25. André Albault, « Generala Enkonduka Notico », *Fundamento de Esperanto*, Marmande, Esperantaj francaj eldonoj, 1963, p. 11-12.

26. P. Janton, *op. cit.*, p. 47-48.

27. Samuel Meyer, *Une langue internationale. Pourquoi ? Comment ?*, La Rochelle, Imprimerie Masson & Cie, 1904, p. 11.

28. Émile Boirac, *Le Problème de la langue internationale*, Paris, Esperantista Centra Oficejo, 1914, p. 13-14.

29. L. C. Deslauriers, *L'Esperanto méthodique*, Paris, Presa Esperatista Societo, 1913, p. VIII.

30. René Lemaire, « La Langue internationale Espéranto. Comment s'est propagé l'Espéranto », *Le Vigneron champenois*, 12 octobre 1898.

31. *L'Espérantiste*, décembre 1903, p. 165-166.

32. É. Boirac, *Plena Vortaro Esperanto-Esperanta kaj Esperanto-Franca*, Paris, Hachette, 1909, p. XIX.

33. Lettre d'Auguste Capé à Alfred Michaux, 2 janvier 1905 (BAPSO 34218, n° 9).

34. Lettre à Alfred Michaux, 16 décembre 1905 (BAPSO 34242, n° 23).

35. À ce sujet, voir la documentation rassemblée dans : BAPSO 34242.

36. Lettre de Henri Hellin à Alfred Michaux, 18 octobre 1906 (BAPSO 34242, n° 7).

37. André Védrine, *L'Esperanto et le mouvement espérantiste à Lyon des origines à 1950*, Lyon, Centre espéranto de la région de Lyon, 1983, p. 11.
38. *L'Espérantiste*, mai 1907, p. 110.
39. Lettre de Charles Dorion à Alfred Michaux, 29 octobre 1906 (BAPSO 34 242, n° 13).
40. Coupure du *Journal d'Armentières*, 14 novembre 1906, (BAPSO 34 242, n° 120).
41. Lettre de Georges Mahieu à Alfred Michaux, 14 février 1905 (BAPSO 34 242, n° 38).
42. Lettre de A. Faure-Muret à Alfred Michaux, 21 novembre 1906 (BAPSO 34 242, n° 116).
43. BAPSO 34 242, n° 147.
44. Lettre de Georges Mahieu à Alfred Michaux, 14 février 1905 (BAPSO 34 242, n° 38).
45. *Esperantista Societaro*, juin 1907, p. 7.
46. *Oficiala Gazeto esperantista*, 25 juin 1908, p. 19.
47. *Ibid.*, 25 août 1908, p. 131.
48. *Ibid.*, 25 avril 1909, p. 287.
49. *Lingvo internacia*, décembre 1907, p. 556.
50. *L'Espérantiste*, février 1907, p. 42.
51. *L'Égalité Roubaix-Tourcoing*, 27 novembre 1906, p. 4.
52. *Cours d'Espéranto pour l'année 1911-1912*, Le Creusot, Fédération des groupes espérantistes de Bourgogne et du Jura, 1911 (ÖNB, V75. Pla-5-891 ESP MAG).
53. Olivier Hoibian, *Les Alpinistes en France 1870-1950. Une histoire culturelle*, Paris, L'Harmattan, 2001.
54. Catherine Bertho Lavenir, *La Roue et le stylo*, Paris, Odile Jacob, 1999, p. 107-108.
55. Alex Poyer, *Cyclistes en sociétés. Naissance et développement du cyclisme associatif en France*, thèse de doctorat en histoire, sous la direction de Pierre Arnaud, Lyon, Université Lumière Lyon 2, 2000, t. II, chap. 3.
56. C. Bertho Lavenir, *op. cit.*, p. 119.
57. Séhel, « L'Espéranto », *Revue mensuelle du Touring-Club de France*, octobre 1900, p. 461.
58. *Revue mensuelle*, 15 janvier 1901, p. 31.
59. Nous avons comparé l'édition de 1904 de l'*Annuaire général* du Touring-Club de France avec l'édition de 1908 du *Tutmonda Jarlibro Esperanta.*
60. *Bulletin du Photo-Club toulousain*, décembre 1907, p. 74-75.
61. *Revue mensuelle*, 15 juin 1901, p. 248.
62. *L'Espérantiste*, décembre 1900, p. 1.
63. *L'Espérantiste*, septembre 1901, p. 245.
64. *Revue mensuelle*, 15 juin 1901, p. 248.
65. I. Lapenna (dir.), *op. cit.*, p. 360.
66. Jean-René Masson, « Guide », dans Pascal Fouché, Daniel Péchoin, Philippe Schuwer, *Dictionnaire encyclopédique du livre*, t. II, Paris, Éditions du Cercle de la Librairie, 2005, p. 438.
67. J.-Y. Mollier, « Guide », *ibid.*
68. *Radio-Esperanto*, 1er trimestre 1934, p. 5.
69. *Norda Gazeto*, mars 1912, p. 4.

70. *Bulletin officiel de l'Union des fédérations des syndicats d'initiative de France, colonies et protectorats*, juin-juillet 1920, 2e année, n° 6-7, p. 98.

71. *Les Alpes pittoresques*, 1er juin 1914, p. 14.

72. Julie MANFREDINI, « Faire d'une passion une profession : la place des syndicats d'initiative dans le tourisme français », *Mondes du tourisme*, n° 16, 2019.

73. A. BAUDET, art. cité, p. 681.

74. *L'Espérantiste*, mai 1907, p. 107.

75. *L'Espérantiste*, avril 1907, p. 78.

76. J. MANFREDINI, art. cité.

77. *Tra la Mondo*, août-septembre 1907, p. 31.

78. *Sarta Stelo*, mars 1912, p. 4.

79. *Bulletin officiel de l'Union des fédérations des syndicats d'initiative de France, colonies et protectorats*, mars 1921, p. 62.

80. *Ibid.*, octobre-décembre 1921, p. 338.

81. *Le Journal de la Foire*, dimanche 2 octobre 1921, p. 3.

82. *L'Espérantiste*, avril 1907. Les localités concernées sont : Paris, Boulogne-sur-Mer (2 hôtels), Saint-Amand-les-Eaux, Tours (2), Aix-les-Bains (4), Houlgate, Carentan, Beaune, Bellegarde, Bourg-en-Bresse, Vesoul, Troyes, Ervy, Aix-en-Provence, Hénin-Liétard, Compiègne.

83. *Universala Asocio Esperanta*, ou UEA, dont nous parlerons plus en détail au chapitre 8.

2. L'espéranto, invention personnelle ou bien commun ?

1. G. DUCHET-SUCHAUX, « L'entreprise Hachette », *Histoire de l'édition française*, t. III, p. 150.

2. Michael GORDIN, *Scientific Babel : How Science Was Done Before and After global English*, Chicago, University of Chicago Press, 2015, p. 119.

3. Frédéric BARBIER, « Le commerce international de la librairie française au XIXe siècle (1815-1913) », *Revue d'histoire moderne et contemporaine*, t. 28, n° 1, janvier-mars 1981.

4. *Normanda Stelo*, 4e année, n° 8, août 1911, non paginé.

5. M. CAVATZ, « Famille Hachette », dans Jean-Claude DAUMAS, *Dictionnaire historique des patrons français*, Paris, Flammarion, 2010, p. 350-351.

6. Jean MISTLER, *La Librairie Hachette de 1826 à nos jours*, Paris, Hachette, 1964, p. 273.

7. Roland BRASSEUR, « Quelques scientifiques ayant enseigné en classe préparatoire aux grandes écoles », *Bulletin de l'Union des professeurs de Spéciale*, Paris, n° 229, janvier 2010, p. 18-19.

8. IMEC, Fonds Hachette, Dossier Carlo Bourlet, HAC 6.6.

9. C. BOURLET, *Cours d'arithmétique suivi de notions d'algèbre rédigé conformément aux programmes officiels de l'enseignement secondaire des jeunes filles*, Paris, Hachette, 1921.

10. René LEMAIRE, « Collection approuvée par le Docteur Zamenhof », *L'Espérantiste*, septembre 1901, p. 95.

11. *Ibid.*

12. *L'Espérantiste*, septembre 1901, p. 96.

13. R. LEMAIRE, « Collection approuvée par le Docteur Zamenhof », *ibid.*, p. 97.

14. *Lingvo internacia*, avril-mai 1902, p. 66-67.
15. E. Archdeacon, *Pourquoi je suis devenu Espérantiste*, Paris, Fayard, 1910, p. 180.
16. *L'Égalité Roubaix-Tourcoing*, 27 novembre 1906, p. 4.
17. *L'Espérantiste*, juillet 1902, p. 87.
18. A. Grabowski, *Kondukanto de l'interparolado kaj korespondado*, Paris, Hachette, 1904, 183 p.
19. G. Sutton, *Concise Encyclopedia of the Original Literature of Esperanto*, New York, Mondial, 2008, p. 46.
20. *Revue mensuelle du Touring-Club de France*, 15 février 1902, p. 60.
21. Lettre de Möller und Borel à Hachette, du 17 mai 1905 (IMEC, Fonds Hachette, Dossier Möller & Borel et Zamenhof, 44/HAC/39/8).
22. IMEC, Dossier Stead et Zamenhof, 44/HAC/65/34.
23. IMEC, Dossier Arct et Zamenhof, 44/HAC/18/12.
24. IMEC, Dossier Espasa et Zamenhof, 44/HAC/4/9.
25. IMEC, Dossier Möller & Borel et Zamenhof, 44/HAC/39/8.
26. IMEC, Dossier Club espérantiste de Stockholm, 44/HAC/11/21.
27. Lettre de A.-J. Witteryck-Delplace du 5 juin 1903, (IMEC, fonds Hachette, dossier Witteryck-Delplace, HAC 58.23). Il s'agit d'une anthologie de courts textes illustrés, écrits par Witteryck lui-même.
28. IMEC, Dossier Vallienne, Contrat du 12 février 1907, 44HAC/48/10.
29. R. Lemaire, « Kastelo de Prelongo », *Lingvo internacia*, octobre 1907, p. 473.
30. I. Lapenna, *op. cit.*, p. 139.
31. Cf. notamment Isabelle Olivero, *L'Invention de la collection*, Paris, Éditions de l'IMEC, 1999.
32. Benedict Anderson, *Imagined Communities*, Londres, Verso, 1983 [*L'Imaginaire national. Réflexions sur l'origine et l'essor du nationalisme*, trad. Pierre-Emmanuel Dauzat, Paris, La Découverte, 2002].
33. Citons par exemple Anne-Marie Thiesse, *La Fabrique de l'écrivain national : entre littérature et politique*, Paris, Gallimard, 2019, et *La Construction des identités nationales : Europe, XVIIIe-XXe siècles*, Paris, Seuil, 1999 ; Itamar Even-Zohar, « The Role of Literature in the Making of the Nations of Europe : A Socio-Semiotic Study », *Applied Semiotics/Sémiotique appliquée*, n° 1, 1996, p. 39-59.
34. Álvaro Ceballos Viro, « Les collections éditoriales et la construction nationale », dans Christine Rivalan Guego et Miriam Nicoli, *La Collection. Essor et affirmation d'un objet éditorial (Europe/Amériques XVIIIe-XXIe siècles)*, Rennes, Presses universitaires de Rennes, 2014, p. 177.
35. I. Olivero, *Les Trois Révolutions du livre de poche. Une aventure européenne*, Paris, Sorbonne Université Presses, 2022, p. 189-216.
36. *L'Espérantiste*, septembre 1901, p. 97.
37. Á. Ceballos Viro, art. cité, p. 175.
38. P. Ory, *Qu'est-ce qu'une nation ?*, p. 130.
39. M. Gordin, *op. cit.*, p. 123.
40. L.-L. Zamenhof, *Fundamenta Krestomatio*, Paris, Hachette, 1903, p. V.
41. *Ibid.*, p. VI.
42. L.-L. Zamenhof, *Fundamento de Esperanto*, Paris, Hachette, 1907, p. V.
43. Lettre de Carlo Bourlet à Alfred Michaux, 18 mai 1905 (BAPSO, 34205, n° 129).
44. *Deklaracio pri la Esenco de la Esperantismo* (« Déclaration de Boulogne »),

article 4, 9 août 1905 (*Esperantista Dokumentaro*, premier cahier, août 1906, p. 31-32).

45. M. Gordin, *op. cit.*, p. 123.

46. Sur le contexte d'apparition de l'ido, cf. *infra*, chapitre 4. 1 : « Une question lancinante : de D'Alembert à la Délégation pour l'adoption d'une langue auxiliaire universelle ».

47. *L'Espérantiste*, juillet 1908, p. 164.

48. Lettre du commandant Lemaire à Alfred Michaux, 5 mars 1908 (BAPSO, 34218, n° 1).

49. *Ibid.*

50. *Ibid.*

51. T. Cart, « Avant-propos », dans E. Deligny, *Cours élémentaire d'Esperanto : la langue internationale*, Dijon, Jobard, 1904, non paginé.

52. Lettre de Théophile Cart à Alfred Michaux, 16 juin 1905, (BAPSO, 34205, liasse « Cart », n° 56).

53. Lettre de Théophile Cart à Alfred Michaux, 5 mai 1905 (BAPSO, 34205, liasse « Cart », n° 31).

54. J.-Y. Mollier, *Une autre histoire de l'édition française*, Paris, La Fabrique, 2015, p. 293.

55. Id., *Hachette, le géant aux ailes brisées*, p. 29-30.

56. C.-A. de Janzé, *op. cit.*

57. *Journal officiel de la République française. Débats parlementaires. Chambre des députés : compte rendu in-extenso*, séance du 28 mai 1883, p. 97.

58. Lettre de Théophile Cart à Alfred Michaux, 5 mai 1905 (BAPSO, 34205, liasse « Cart », n° 31).

59. L.-L. Zamenhof, « Projekto de Regularo de Tutmonda Ligo Esperantista », *Lingvo internacia*, 1er juillet 1905, p. 295-301.

60. P. Fruictier, « Vivre ou mourir? Grave danger pour l'Esperanto », *Lingvo internacia*, 15 juillet 1905, p. 323.

61. G. Moch, « *Kolekto aprobita* et monopole », *Lingvo internacia*, 2 août 1905, p. 341-348.

62. *Deklaracio pri la Esenco de la Esperantismo* (« Déclaration de Boulogne »), article 3, 9 août 1905.

63. J.-L. Fabiani, *Les Philosophes de la République*, Paris, Les Éditions de Minuit, 1988, p. 71.

64. A. Rasmussen, *L'Internationale scientifique…*, p. 561.

65. Lettre de Théophile Cart à Alfred Michaux, 15 juillet 1905 (BAPSO, 34205, liasse « Cart », n° 63).

66. Lettre de Marcelle Fauvart-Bastoul du 24 janvier 1912 (IMEC, fonds Hachette, dossier Fauvart-Bastoul, 44/HAC/24/8).

67. Contrat du 25 juillet 1904 entre Hachette et le Dr Vallienne (IMEC, fonds Hachette, dossier Vallienne, 44/HAC/48.10).

68. Lettre de Hachette à Marcelle Fauvart-Bastoul, 4 janvier 1912 (IMEC, fonds Hachette, dossier Fauvart-Bastoul, 44/HAC/24/8).

69. Contrats du 13 février 1911 entre Hachette et Marcelle Fauvart-Bastoul (IMEC, fonds Hachette, dossier Fauvart-Bastoul, 44/HAC/24/8).

70. Lettre de Hachette à Marcelle Fauvart-Bastoul, 4 janvier 1912 (IMEC, fonds Hachette, dossier Fauvart-Bastoul, 44/HAC/24/8).

71. *Ibid.*

72. Lettre de Jacques Camescasse à Charles-Ange Laisant, 16 mai 1913 (ÖNB, V40/B.Cam.1 ESP MAG).

73. IMEC, fonds Hachette, dossier Paul Durand, 44/HAC/24/13.

74. *Enciclopedio de Esperanto*, p. 583.

75. P. de Lengyel, « El miaj rememoroj (II) », *Literatura Mondo*, novembre 1922, p. 34-35. Il s'agit là de la source principale pour les paragraphes qui suivent.

76. *Lingvo internacia*, 15 avril 1905, p. 189.

77. P. de Lengyel, « El miaj rememoroj (III) », p. 60-61.

78. *Paris-Esperanto*, n° 52, novembre 1911.

79. P. Fruictier et P. de Lengyel, « Nia deka jaro », *Lingvo internacia*, janvier 1905, p. 4.

80. P. Fruictier, « Vivre ou mourir ? Grave danger pour l'Esperanto », p. 325.

81. T. Cart, « Vivo kaj Morto », *Lingvo internacia*, juillet 1909, p. 289.

82. É. Boirac, *Plena Vortaro Esperanto-Esperanta kaj Esperanto-franca*, Dijon, Darantière, 1909, p. VII-VIII.

83. « Granda Vortaro Franco-Esperantista », *Lingvo internacia*, 15 juin 1905, p. 279.

84. À son sujet, nous renvoyons à notre chapitre 9.

85. *La Revuo*, juin 1907, p. 477.

86. Émile Grosjean-Maupin, *Dictionnaire complet Espéranto-Français*, Paris, Hachette, 1910, p. VIII-IX.

87. *Lingvo internacia*, novembre 1909, p. 527.

88. *Oficiala Gazeto*, 4e année, n° 5, 25 novembre 1911, p. 159.

89. Bernhard Pabst, *Berlina komentita bibliografio de vortaroj terminaroj en Esperanto : 1887-2014*, Berlin, Esperanto-Akademio, 2015, p. 129.

90. *Franca Esperantisto*, mai 1921, encart publicitaire, n. p.

91. É. Grosjean-Maupin, *Dictionnaire complet Esperanto-Français*, Paris, Librairie centrale espérantiste, 1938, 9e édition.

92. « Statistiko pri la jaro 1905-a », *Lingvo internacia*, janvier 1906, p. 5.

93. *L'Espérantiste*, février 1907, p. 1.

94. *Lingvo internacia*, mai 1908, p. 194.

95. *L'Espérantiste*, novembre 1907, p. 227.

96. *Lingvo internacia*, mai 1908, p. 195.

97. « Post la batalo », *Lingvo internacia*, mars 1908, p. 97.

98. T. Cart, « Japana Fabelo », *Lingvo internacia*, janvier 1909, p. 1.

99. T. Cart, « Lastaj Vortoj », *Lingvo internacia*, août 1914-décembre 1920, p. 281.

100. *Radio-Esperanto*, 1er trimestre 1938, p. 12.

3. Une nouvelle *lingua franca* commerciale ?

1. Jérémie Dubois, « L'enseignement des langues étrangères sous la Troisième République : des disciplines en prise avec les relations internationales », *Revue française de pédagogie*, n° 199, avril-mai-juin 2017, p. 23-37.

2. *Journal de Roubaix*, 20 septembre 1897, p. 2.

3. *Journal de Roubaix*, 18 mars 1898, p. 2.

4. Marie-Pierre Pouly, « La promotion d'un savoir utile dans l'ordre scolaire

français de la Troisième République. Le cas des langues étrangères », *Cahiers de la recherche sur l'éducation et les savoirs*, 6, 2007, p. 119-134.

5. C. Puren, *Histoire des méthodologies de l'enseignement des langues*, Paris, Nathan, 1988, p. 59.

6. *Ibid.*, p. 51.

7. C. Germain, *op. cit.*, p. 128.

8. *Ibid.*, p. 63.

9. Charles Schweitzer, *Enseignement direct de la langue allemande. Livre du maître*, Armand Colin, 1904, Avant-propos, p. VI, cité par C. Puren, *op. cit.*, p. 87.

10. E. Gasse, *Kurso tutmonda de la Lingvo internacia Esperanto, laŭ la metodo natura*, Paris, Hachette, 1906, p. 5-6.

11. C. Puren, *op. cit.*, p. 92-93.

12. Jean de La Ville de Mirmont, *Les Dimanches de Jean Dézert, suivi de L'Horizon chimérique & Contes*, Paris, La Table ronde, 2013, p. 26.

13. Charles Lambert, *Cours pratique d'espéranto*, Saint-Étienne, Imprimerie spéciale de la manufacture française d'armes et cycles, v. 1905.

14. Jean-Yves Mollier, « Le parfum de la Belle Époque », dans Jean-Pierre Rioux et Jean-François Sirinelli, *La Culture de masse en France de la Belle Époque à nos jours*, Fayard, 2002, p. 88.

15. *Annuaire du commerce Didot-Bottin*, Paris, Firmin-Didot, 1926, [p. 13]. À partir de cette édition, l'annuaire signale également les utilisateurs de l'espéranto par l'adjonction d'une petite étoile devant le nom du correspondant.

16. Pierre Flageul, « Parolado pri Stenografio », *Unua Libro de Stenografa Instituto Tutmonda*, Issy-les-Moulineaux, Stenografa Instituto Tutmonda, 1936, [p. 24].

17. Il est ainsi archiviste de l'Institut sténographique de France, professeur de sténographie dans plusieurs établissements et écoles de secrétariat.

18. P. Flageul, *op. cit.*, [p. 30].

19. *L'Espérantiste*, novembre 1907, p. 227.

20. *L'Espérantiste*, février 1898, p. 16.

21. *L'Espérantiste*, janvier 1899, p. 160.

22. *L'Égalité Roubaix-Tourcoing*, 27 novembre 1906, p. 4.

23. *L'Espérantiste*, janvier 1907, p. 8.

24. *Nordfranca Esperantisto*, 2e série, 14e année, n° 6, avril 1937, p. 1.

25. *L'Espérantiste*, février 1907, p. 41.

26. Francis Démier, *La France du* XIXe *siècle*, p. 423 [Points, 2000].

27. *Esperanto-Nouvelles*, n° 1, avril 1909, p. 1.

28. É. Houbart, « Les bénéfices de l'Esperanto », *La Movado*, 3e année, n° 16, mai 1911, p. 1.

29. André Baudet, *L'Espéranto dans le commerce*, Paris, 1931.

30. *L'Employé*, 35e année, n° 334, août 1935, p. 88.

31. *L'Espéranto et l'enseignement commercial. Rapport de M. Soulier*, Lyon, Chambre de commerce de Lyon, séance du 23 juin 1921.

32. *La Movado*, 9e année, n° 85, avril 1926, p. 57.

33. *Bulletin de la Chambre de commerce de Paris*, 32e année, n° 15-17, 25 avril 1925, p. 597-598.

34. R. Levin, art. cité, p. 44-45.

35. A. Védrine, *Espéranto et espérantistes. Histoire de la langue internationale Esperanto dans la région Rhône-Alpes : des origines à nos jours*, Lyon, Centre espéranto de la région de Lyon, 1988, p. 175.

36. *Ibid.*, p. 254.
37. *Ibid.*, p. 321. Il fait également éditer, comme on le verra plus loin, livres et brochures.
38. R. Levin, « Internaciaj specimen-foiroj », Collectif, *Internacia Konferenco. Esperanto en moderna-vivo*, Paris, Société française pour la propagation de l'espéranto, 1937, p. 44.
39. « L'espéranto à la foire », *Le Journal de la Foire*, 1re année, n° 8, dimanche 25 mars 1917, p. 1.
40. *Radio-Esperanto*, 6e année, n° 24, 4e trimestre 1935, p. 60, et : 10e année, n° 37, 1er trimestre 1939, p. 5.
41. *Le Journal de la Foire*, 5e année, n° 5, 4 mars 1921, p. 2.
42. R. Levin, art. cité, p. 50.
43. *Ibid.*, p. 53.
44. *La Fraternité*, 1er avril 1936, n° 509, p. 2.
45. *Ibid.*
46. *Radio-Esperanto*, 1er trimestre 1934, p. 4.
47. *Radio-Esperanto*, 1er trimestre 1933, p. 11.
48. Lettre de Charles Dorion à Alfred Michaux, 5 juillet 1906 (BAPSO 34 242, n° 12).
49. A. Védrine, *Espéranto et espérantistes...*, p. 158.
50. É. Houbart, « En la eksposcizioj », *La Movado*, 11e année, n° 109, juin 1928, p. 97.
51. *Bulletin de la Chambre de commerce de Paris*, 12 mai 1923, p. 685.
52. *Lingvo internacia*, janvier 1909, p. 46-47.
53. *France-Esperanto*, mars-avril 1918, p. 191.
54. Michael Barry Miller, *Au Bon Marché (1869-1920). Le consommateur apprivoisé*, Paris, Armand Colin, 1987, p. 162.
55. *Ibid.*, p. 171.
56. M. Gordin, *op. cit.*, p. 115.
57. *Paris-Esperanto*, décembre 1908, p. 80.
58. M. B. Miller, *op. cit.*, p. 168-169.
59. I. Lapenna, *op. cit.*, p. 356.
60. Outre l'édition d'un catalogue, la maison Gaumont « distribue des feuilles de propagande aux acheteurs de produits ou d'appareils » de la société. Notons d'ailleurs que la cérémonie d'ouverture du congrès universel de 1914 se déroule au Gaumont Palace, place de Clichy.
61. I. Chave [dir], *D'Épinal au-delà des mers : le rayonnement international de l'imagerie Pellerin, 1860-1960*, catalogue de l'exposition (9 juillet-20 septembre 2009), Épinal, Conseil général des Vosges, 2009, p. 97.
62. *L'Espérantiste*, mars 1907, p. 58.

4. Un espéranto scientifique : le rêve d'une langue précise et univoque

1. Jean Le Rond d'Alembert, « Discours préliminaire », Jean Le Rond d'Alembert et Denis Diderot (dir.), *Encyclopédie, ou Dictionnaire raisonné des sciences, des arts et des métiers*, Paris, Briasson, David, Le Breton et Durand, 1751, t. I, p. XXX.

2. À ce sujet, voir Françoise WAQUET, *Le Latin ou l'empire d'un signe,* XVIe-XXe *siècle*, Paris, Albin Michel, 1998, p. 311 et *sq*.

3. On notera que la promotion du latin comme langue de communication internationale par l'Italie fasciste ne fut toutefois pas exempte d'arrière-pensée nationaliste (*ibid.*, p. 313).

4. L. COUTURAT, « Rapport sur les progrès de l'idée de langue internationale », *Rapports et comptes rendus du congrès international de philosophie. IIe session tenue à Genève du 4 au 8 septembre 1904*, Genève, Kündig, 1905, p. 355-366, repris dans L. COUTURAT et Michel FICHANT (dir.), *Logique, mathématiques, langue universelle. Anthologie 1893-1917*, Lyon, ENS Éditions, 2018, p. 426.

5. « Délégation pour l'adoption d'une langue auxiliaire internationale », *Bulletin de la Société d'anthropologie de Lyon*, année 1903, nº 22, p. 10-13.

6. *L'Espérantiste*, 1er août 1900, p. 103.

7. « Délégation pour l'adoption d'une langue auxiliaire internationale », *Bulletin de la Société d'anthropologie de Lyon*, année 1903, nº 22, p. 10-13.

8. À ce sujet, voir V. DUCLERT et A. RASMUSSEN, « Les revues scientifiques et la dynamique de la recherche », dans Michel LEYMARIE, Jean-Yves MOLLIER et Jacqueline PLUET-DESPATIN (dir.), *La Belle Époque des revues. 1880-1914*, Paris, Éditions de l'IMEC, 2002, p. 237-254.

9. Jérôme AUVINET, *Charles-Ange Laisant : itinéraires et engagements d'un mathématicien de la Troisième République*, Paris, Hermann, 2013, p. 202.

10. Charles MÉRAY, « Correspondances internationales en Esperanto », *L'Enseignement mathématique*, 3e année, nº 1, 15 janvier 1901, et C. BERDELLE, « L'espéranto et les mathématiciens », *L'Enseignement mathématique*, 3e année, nº 6, 15 novembre 1901.

11. J. AUVINET, *op. cit.*, p. 159.

12. Laurent ROLLET et Philippe NABONNAND, « Un journal pour les mathématiques spéciales : les *Nouvelles Annales de mathématiques* (1842-1927) », *Bulletin de l'Union des professeurs de Spéciales*, 2013, nº 86, p. 5-18.

13. Il est alors composé de Raoul Bricard, Charles-Ange Laisant et Carlo Bourlet.

14. Raoul BRICARD, « Pruvo simpla de la Fermat'a teoremo. Démonstration simple du théorème de Fermat », *Nouvelles Annales de mathématiques*, 4e série, t. 3 (1903), p. 340-342.

15. F. LO JACOMO, *op. cit.*, p. 28-29.

16. A. RASMUSSEN, « À la recherche… », p. 153.

17. Le chiffre est difficile à estimer, l'*Enciklopedio de Esperanto* évoque un taux de 3 à 4 %.

18. A. RASMUSSEN, « À la recherche… », p. 153.

19. C. BOURLET, *Une langue auxiliaire scientifique*, Lille, Internacia Scienca Asocio Esperantista, 1910, p. 21.

20. H. POINCARÉ (trad. C. Bourlet), « La Scienco kaj la Hipotezo », *Internacia Scienca Revuo*, 1re année, nº 1, p. 2-3.

21. A. RASMUSSEN, *L'Internationale scientifique…*, p. 570.

22. La seule exception est le Suisse Weiss, professeur à l'École polytechnique de Zurich.

23. « Nia celo », *Internacia Scienca Revuo*, 1re année, nº 1, janvier 1904, p. 1.

24. F. COLIN, « Les revues de vulgarisation scientifique », B. BÉGUET (dir), *La Science pour tous. Sur la vulgarisation scientifique en France de 1850 à 1914*, Paris, Bibliothèque du Centre national des arts et métiers, 1990, p. 77.

25. *Ibid.*, p. 79.
26. L'expression est employée par la *Revue scientifique* pour désigner sa propre ligne éditoriale (V. Duclert et A. Rasmussen, art. cité, p. 242).
27. *Ibid.*, p. 239.
28. F. Colin, art. cité, p. 83.
29. V. Duclert et A. Rasmussen, art. cité, p. 251-252.
30. A. Rasmussen, *L'Internationale scientifique*..., p. 570-571.
31. D. Mendeleïev (G. Kamensky trad.), « An Attempt towards a Chemical Conception of the Ether », London, New York, Bombay, Longmans, Green, and Co., 1904, 51 p.
32. « Kroniko », *Internacia Scienca Revuo*, mai 1904, p. 148.
33. *Internacia Scienca Revuo*, juin 1904, p. 187.
34. « Kroniko », *Internacia Scienca Revuo*, avril 1904, p. 114.
35. F. Colin, art. cité, p. 85.
36. *Ibid.*, p. 74.
37. Charles Richet, « La spontanea generado », *Internacia Scienca Revuo*, 1re année, n° 9, septembre 1904, p. 274.
38. « Bulletin bibliographique », *Revue scientifique*, 5e série, t. II, n° 2, 9 juillet 1904, p. 63.
39. « Nia celo », *Internacia Scienca Revuo*, janvier 1901, p. 1.
40. *Internacia Scienca Revuo*, mars 1904, p. 94-95.
41. *Ibid.*
42. C. Bourlet, *Une langue auxiliaire*..., p. 21.
43. « Nia celo », *Internacia Scienca Revuo*, janvier 1901, p. 1.
44. *Internacia Scienca Revuo*, mai 1904, p. 143.
45. *Internacia Scienca Revuo*, décembre 1904, p. 353.
46. *Internacia Scienca Revuo*, juin 1904, p. 192-193.
47. A. Rasmussen, *L'Internationale scientifique*..., p. 568.
48. R. Bricard, *Matematika Terminaro*, Paris, Hachette, 1905.
49. F. de Ménil, *Muzika Terminaro*, Paris, Hachette, 1908.
50. M. Rollet de l'Isle, *Provo de marista terminaro*, Paris, Hachette, 1908.
51. C. Rousseau (dir.), *Poliglota Vade-mecum de Internacia Farmacio*, Paris, Hachette, 1911, p. 8.
52. « Al niaj legantoj », *Scienca Gazeto*, 1re année, n° 1, janvier 1912, p. 12.
53. « Nia Programo », *Internacia Revuo Medicina*, 1re année, n° 1, janvier 1906, p. 1.

5. Une conception française de la langue universelle ?

1. À ce sujet, voir François Chaubet, *La Politique culturelle française et la diplomatie de la langue. L'Alliance française (1883-1940)*, Paris, L'Harmattan, 2006.
2. J.-C. Lescure, « L'universalisme de la langue française en Europe à la fin du XIXe siècle », dans Laura Fournier Finocchiaro et Tanja-Isabel Habicht (dir.), *Gallomanie et gallophobie. Le mythe français en Europe au XIXe siècle*, Presses universitaires de Rennes, 2012, p. 271.
3. E. Archdeacon, « Pourquoi l'Esperanto ne peut nuire au français », *Le Petit Journal*, 8 juillet 1909, p. 1.
4. *Revue scientifique*, 19 août 1905 p. 254-255.

5. *Esperanto*, septembre-octobre 1916, p. 107.

6. J. Guadet, *La Valeur pédagogique…*, p. 21.

7. É. Boirac, *Plena vortaro Esperanto-Esperanta kaj Esperanto-franca*, Dijon, Darantière, 1909, p. XI.

8. Guillaume Frantzwa, *L'Image de la puissance. La diplomatie culturelle de la France au XXe siècle*, Paris, Perrin/Ministère de l'Europe et des Affaires étrangères, 2023, p. 29.

9. P. Simon, trad. M. Laignier, *La Vitraĵoj de la katedralo de Reims*, Caen, Henri Delesques, 1913, p. 3.

10. Selon la théorie glossématique de Hjelmslev, les langues naturelles sont *biplanes*, c'est-à-dire composées d'un *plan de l'expression* (composé d'un lexique, d'une phonologie et d'une syntaxe, il renvoie à la notion saussurienne de *signifiant*, « image acoustique » par laquelle le signe se rend sensible) et d'un *plan du contenu* (composé de l'ensemble des concepts que l'on peut exprimer, il renvoie à la notion de *signifié*, c'est-à-dire aux concepts et idées exprimés par le signe) ; autrement dit, elles sont un ensemble de signes, entités possédant à la fois un aspect phonique et un aspect sémantique (U. Eco, *op. cit.*, p. 35 ; O. Ducrot et J.-M. Schaeffer [dir.], *Nouveau dictionnaire encyclopédique des sciences du langage*, Paris, Seuil, 1995, p. 42-45).

11. L. Couturat, « Pour l'Espéranto », *L'Humanité*, 22 août 1905, p. 2.

12. Maurice Rollet de L'Isle, *Des Ailes pour la pensée… par l'Esperanto*, Paris, Société française pour la propagation de l'espéranto, 1921.

13. *Ibid.*, p. 13.

14. Dont on rappellera les liens avec Hachette et Carlo Bourlet.

15. Lettre « Pour la France, par l'Esperanto », 3 avril 1915, [p. 1], BHVP, 4-DEP-001-170.

16. Émile Wetterlé, *La Germana Turisto, conférence à l'Assemblée générale du Touring-Club de France*, Paris, Librairie de l'espéranto et des alliés, 1917, p. 11.

17. H. F. César, « Le Vrai Rôle », *Le Monde Espérantiste*, 8e année, n° 8, mai 1915, p. 62.

18. E. Lanti, *For…*, p. 16.

19. Leonid Heller et Michel Niqueux, *Histoire de l'utopie en Russie*, Paris, PUF, p. 6.

20. L.-L. Zamenhof, *Lettre à Alfred Michaux*, 21 février 1905, citée dans P. Janton, *op. cit.*, p. 36.

21. P. Janton, *op. cit.*, p. 36-37.

22. Lettre de Zamenhof à Émile Javal du 24-9-1905, citée et traduite par Christian Lavarenne, « Lazar Zamenhof (1859-1917). Du sionisme au hillélisme et de l'hébreu à l'espéranto », *Tsafon*, n° 76, 2018, p. 137 et 140.

23. Florian Michel, « 1893 : le Parlement mondial des religions », dans Pierre Singaravélou et Sylvain Venayre (dir.), *Histoire du monde au XIXe siècle*, Paris, Fayard, 2017, p. 353.

24. L.-L. Zamenhof, *Gentoj kaj Lingvo internacia*, Leipzig, Esperanto-Propaganda Instituto, 1912, p. 11-13.

25. Christophe Charle, *Discordance des temps. Une brève histoire de la modernité*, Paris, Dunod, 2022, p. 448-467.

26. F. Démier, *op. cit.*, p. 424.

27. *Ibid.* et Michel Winock, *La Belle Époque : la France de 1900 à 1914*, Paris, Perrin, p. 114-116.

28. *L'Espérantiste*, mai 1906, p. 98.
29. *Ibid.*
30. *L'Espérantiste*, janvier 1898, p. 4.
31. *L'Espérantiste*, octobre 1902, p. 114.
32. F. Lo Jacomo, *op. cit.*, p. 33.
33. *L'Espérantiste*, octobre 1906, p. 196.
34. *L'Espérantiste*, octobre 1902, p. 114-115.
35. *L'Espérantiste*, janvier 1899, p. 2.
36. *Ibid.*
37. Jacques Bouveresse, « Le langage, la logique et la philosophie », dans Antoine Compagnon (dir.), *Autour de 1914-1918 : nouvelles figures de la pensée. Sciences, arts et lettres*, Paris, Odile Jacob, 2015, p. 169.
38. Ulrich Lins, *L'Espéranto, langue dangereuse. Une histoire des persécutions sous Hitler et sous Staline*, trad. de Pierre Dieumegard, Paris, L'Harmattan, 2022, p. 37.
39. U. Lins, *op. cit.*, p. 35-38.
40. [L.-L. Zamenhof], *Essence et avenir de l'idée d'une Langue Internationale*.
41. Inclus dans le *Fundamenta Krestomatio* de 1903, il est alors signé « Unuel ».
42. L.-L. Zamenhof, « Discours de Genève », 1906, dans L.-L. Zamenhof, *Paroladoj kaj Poemoj*, Rio de Janeiro, 1963, cité dans P. Janton, *op. cit.*, p. 41.
43. Quoique celle-ci, comme le souligne à raison S. Auroux, « est largement utopique : construite sur la base des langues indo-européennes, [la langue de Zamenhof] ne tient pas compte du fait incontournable que pour un Chinois, c'est le chinois, et non le latin, la langue la plus "facile"! » (S. Auroux, *op. cit.*, p. 39). Cette objection sera régulièrement combattue, avec plus ou moins de mauvaise foi, par les espérantistes français.
44. *L'Espérantiste*, juin 1903, p. 243-244.
45. Henri Dor, « L'importance actuelle de l'espéranto dans le monde », *Bulletin de la Société d'anthropologie de Lyon*, t. 30, 1911, p. 145.
46. *L'Espérantiste*, juin 1907, p. 33.
47. C'est ainsi que, dès le second numéro de *L'Espérantiste*, Beaufront consacre son article de fond à la question suivante : « La langue internationale doit-elle être faite pour les érudits ? »
48. *L'Espérantiste*, mai 1898, p. 54.
49. *L'Espérantiste*, juin 1898, p. 65.
50. L.-L. Zamenhof, *Langue internationale…*, p. 4.
51. *Ibid.*, p. 26.
52. *Ibid.*, p. 31.
53. *Ibid.*, p. 29-30.
54. Dont, notons-le, le titre aristocratique est usurpé… (Roland Jossinet, « La franca savinto de Esperanto : Louis de Beaufront », *Franca Esperantisto*, n° 498, juin 1998, p. 42-48).
55. « Novaj gazetoj esperantistaj », *Lingvo internacia*, 1er septembre 1905, p. 402.
56. *L'Espérantiste*, août-septembre 1905, p. 186.
57. *La Revuo*, janvier 1906, p. 46.
58. *Ibid.*
59. *Tra la Mondo*, 1re année, n° 1, juillet 1905, p. 2.
60. S. Venayre, « Identités nationales, altérités culturelles », dans D. Kalifa, P. Régnier, M.-E. Thérenty et A. Vaillant, *La Civilisation du journal*, p. 1397-1398.
61. *Tra la Mondo*, n° 2 (non paginé).

62. Annonce pour *Tra la Mondo*, dans *La departemento Ain*..., [n. p.].
63. *L'Espérantiste*, janvier 1906, p. 2.
64. C. MÉADEL, *Histoire de la radio des années trente*, p. 191.
65. *Internacia radio-revuo*, octobre-décembre 1926, p. 138. Le risque se vérifiera assez vite...
66. G. MALGORN et P. CORRET, *Radio-Lexic*, Paris, Étienne Chiron, 1926, p. 33.
67. *Radio-Esperanto*, 4e année, n° 14, 2e trimestre 1933, p. 36.
68. *Radio-Esperanto*, 2e-3e trimestre 1936, p. 41.
69. Robert PROT, « Théâtre radiophonique », *Dictionnaire de la radio*, Grenoble, Presses universitaires de Grenoble, Bry-sur-Marne, Institut national de l'audiovisuel, 1997, p. 577.
70. Ces éléments sont issus du dépouillement des années 1938 et 1939 de l'hebdomadaire de radio et de cinéma *Choisir*.
71. *Foto-Revuo*, octobre 1906, p. 2-3.
72. *Bulletin du Photo-Club toulousain*, décembre 1907, p. 74-75.
73. A. BAUDET, art. cité, p. 679.
74. Le terme est employé en une de l'un des premiers numéros de *L'Espérantiste* (mars 1898, p. 25-27).
75. I. LAPENNA, *op. cit.*, p. 126-127.
76. Lettre de Théophile Cart à Alfred Michaux, 15 juillet 1905 (BAPSO, 34205, n° 63).
77. Ernest GAUBERT, *La Sottise espérantiste*, Grasset, 1907, p. 30-31.
78. Friedrich SCHNEEBERGER, *Detala raporto pri la oficialaj paroladoj, diskutadoj & decidoj de la Unua Universala Kongreso de Esperanto en Bulonjo-sur-Maro*, Laufon, Oficejo de Esperanto & Stenografio, 1905, p. 52.
79. Gilles DELEUZE et Félix GUATTARI, « Postulats pour la linguistique », *Capitalisme et schizophrénie. Mille Plateaux*, Paris, Éditions de Minuit, 1980, p. 80.
80. Dans son survol des premiers temps de la littérature espérantiste, Ivo Lapenna constate ainsi que la caractéristique principale de « l'école française, dont le centre est à Paris [...], est le goût pour les essais et les articles (bien écrits et souvent profonds), mais pas le lyrisme, ni la création artistique en prose, ni les produits d'une imagination inventive » (I. LAPENNA, *op. cit.*, p. 131).
81. C. AYMONIER, *Une langue vivante artificielle*, Paris, Esperantista Centra Oficejo, 1917, p. 46.
82. *Ibid.*, p. 2-3 et 6-7.
83. Henri MESCHONNIC, *Des mots et des mondes. Dictionnaires, encyclopédies, grammaires, nomenclatures*, Paris, Hatier, 1991, p. 48.
84. *Ibid.*, p. 160.
85. *Les Humanités modernes : les avantages d'un enseignement classique ; donné aux élèves d'une école élémentaire*, Paris, Esperantista Centra Oficejo, 1917, p. 3.
86. Julien GUADET, *La Valeur pédagogique, tant intellectuelle que morale, de l'espéranto*, [s. l.] : [s. n.], 1929, p. 19.

DEUXIÈME PARTIE

Un peu plus qu'une langue ? Un espéranto contestataire et émancipateur

1. Jean-Michel GOUVARD, « Le problème du langage dans *Le Livre nouveau des saint-simoniens* », dans Philippe RÉGNIER (dir.), *Études saint-simoniennes*, Lyon, Presses universitaires de Lyon, 2002, p. 61-91.
2. Philippe RÉGNIER (éd.), *Le Livre nouveau des saint-simoniens*, Tusson, Éditions du Lérot, 1991, p. 86.
3. Étienne CABET, *Voyage et aventures de lord William Carisdall en Icarie*, t. 1, Paris, H. Souverain, 1840, p. 2-3.

6. Des espérantos catholique, pacifiste, libertaire

1. Valery LARBAUD, *A. O. Barnabooth. Ses œuvres complètes, c'est-à-dire un conte, ses poésies et son journal intime*, dans *Œuvres*, Paris, Gallimard, « Bibliothèque de la Pléiade », 1958, p. 224.
2. Approbation de Mgr René François, publiée dans « Historia raporto pri Espero Katolika », *Espero Katolika*, n° 20, août 1905, p. 77.
3. *Espero Katolika*, n° 1, octobre 1903, p. 2.
4. R. JOSSINET, art. cité.
5. *Espero Katolika*, n° 31, octobre 1906, p. 3. Ici encore, le rôle de Beaufront doit être souligné : au printemps 1906, celui-ci envoie à Luigi Giambene, éminent espérantiste italien, la collection complète d'*Espero Katolika*, assortie d'un exemplaire de son *Preĝareto*. Giambene les présente alors au pape Pie X, qui, peu de temps après, prononce la bénédiction apostolique.
6. *Espero Katolika*, n° 46, mars 1908, p. 177.
7. *Ibid.*
8. *Espero Katolika*, n° 37, avril 1907, p. 195.
9. Émile Peltier, « Publika letero al ĉiuj pastroj kristanaj », *Espero Katolika*, n° 24, janvier 1906, p. 26.
10. *Espero Katolika*, nouvelle collection, n° 56, avril 1929, p. 217.
11. *Ibid.*
12. *Espero Katolika*, nouvelle collection, n° 17, février 1926, p. 216.
13. *Espero Katolika*, octobre 1930, p. 4.
14. *Espero Katolika*, décembre 1930, n. p.
15. *« Pacifisto », Internacia Societo Esperantista por la Paco, Protokolo*, Paris, Pacifisto, [p. 11].
16. A. RASMUSSEN, *L'Internationale scientifique...*, p. 332-334.
17. Yves SANTAMARIA, *Le Pacifisme : une passion française*, Paris, Armand Colin, 2005, p. 62.
18. J.-C. LESCURE, « La création d'un réseau culturel transnational... », p. 523.
19. Lettre de G. Moch à F. Passy, 26 septembre 1910 (AD de la Sarthe, 12J-471), citée par Verdiana GROSSI, *Le Pacifisme européen, 1889-1914*, Bruxelles, Bruylant, 1994, p. 35.
20. A. RASMUSSEN, *L'Internationale scientifique...*, p. 332-334.
21. À ce sujet, voir : Jacqueline CARPINE-LANCRE, Armand HUREL et Thomas

Fouilleron, *L'Œuvre de paix du prince Albert Ier de Monaco*, Paris, Comité des travaux historiques et scientifiques, 2013.

22. Jean-Rémy Bézias, « Albert Ier de Monaco et Bertha von Suttner : une relation au service de la paix (1900-1914) », dans Thierry Bonzon, Rémi Fabre, Jean-Michel Guieu *et al.* (dir.), *Les Défenseurs de la paix : 1899-1917*, Rennes, Presses universitaires de Rennes, 2018, p. 84.

23. Christophe Réveillard, « Albert Ier et l'Institut international de la paix : une tentative pacifiste et d'arbitrage au cœur de la marche vers la guerre (1903-1914) », dans J. Carpine-Lancre, A. Hurel et T. Fouilleron, *op. cit.*, p. 24-27.

24. *« Pacifisto », Internacia Societo Esperantista por la Paco, Protokolo*, Paris, Pacifisto, [p. 1].

25. *Ibid.*, [p. 9].

26. *Espero pacifista*, décembre 1905, p. 269.

27. *Espero pacifista*, janvier-février 1906, p. 20 et *sq*.

28. *Espero pacifista*, décembre 1905, p. 267.

29. *Espero pacifista*, décembre 1908, p. 141.

30. *Ibid.*, p. 143.

31. Anne Steiner, *Les En-dehors. Anarchistes individualistes et illégalistes à la « Belle Époque »*, Paris, L'Échappée, 2019, p. 22.

32. À ce sujet, voir Lucien Mercier, *Les Universités populaires : 1899-1914. Éducation populaire et mouvement ouvrier au début du siècle*, Paris, Les Éditions ouvrières, 1986.

33. *Les Temps nouveaux*, 14 octobre 1905, p. 7.

34. « Internacia Asocio *Paco-Libereco*. Statutoj », dans C.-A. Laisant, *La Parlamentisma Iluzio*, Pairs, Paco-Libereco, 1910, [n. p.]

35. *Les Temps nouveaux*, 10 décembre 1904, p. 2.

36. *Les Temps nouveaux*, 27 mai 1905, p. 8.

37. Jean Maitron, Maurice Moissonnier, René Mouriaux *et al.*, *Le Congrès de la charte d'Amiens*, Paris, Institut CGT d'histoire sociale, 1983, p. 243.

38. *L'Espérantiste*, novembre 1907, p. 227.

39. Jean-Jacques Meusy (dir.), *La Bellevilloise (1877-1939). Une page de l'histoire de la coopération et du mouvement ouvrier français*, Paris, Créaphis, 2001, p. 145.

40. *Les Temps nouveaux*, 6 janvier 1906, p. 8.

41. *L'Espérantiste*, novembre 1907, p. 219.

42. *L'Espérantiste*, janvier 1907, p. 9-10.

43. Auguste André, *Tout l'espéranto en 12 dialogues : manuel populaire*, Paris, A.-L. Guyot, 1910, p. 5.

44. H. P., « Les Commerçants et l'Esperanto », *La Movado*, 2e année, no 11, décembre 1910, p. 51.

45. *Ibid.*, p. 30.

46. *L'Espérantiste*, octobre 1905, p. 198.

47. *Le Monde espérantiste*, 2e année, no 5, avril 1910, p. 66.

48. *Vekiĝo !*, novembre 1910, p. 161.

49. À son sujet : Marie-Cécile Bouju, notice « Solsona José », *Dictionnaire Maitron* [en ligne], version mise en ligne le 6 novembre 2016, dernière modification le 8 avril 2017.

50. T. Cart, « Pas d'enlisement ! Allons au peuple ! », *Le Monde espérantiste*, 1re année, no 12, novembre 1909, p. 185.

51. *Ibid.*, p. 186.

52. *Le Monde espérantiste*, 2e année, no 8, juillet 1910, p. 120.
53. *Ibid.*
54. Celle-ci s'exerce juste après la publication, par le ministère des Postes et des Télégraphes, d'une note interdisant la correspondance en espéranto.
55. *Le Monde espérantiste*, 12e année, no 4, juin-juillet 1919, p. 25.
56. *Le Monde espérantiste*, juin-juillet 1919, p. 28.
57. *Le Monde espérantiste*, novembre-décembre 1921, p. 44.
58. *Le Monde espérantiste*, 4e année, no 4, avril 1911, p. 49.
59. F. Lo Jacomo, *op. cit.*, p. 119.
60. *L'Espérantiste*, juin 1898, no 6, p. 65.
61. Émile Chapelier, *Les Libertaires et la langue internationale Esperanto*, Bruxelles, chez l'auteur, 1903, p. 12.
62. Javier Alcalde, « Vers une fraternité universelle. Vingt ans de débats autour de l'espéranto dans les milieux anarchistes (1887-1907) », *Mil neuf cent. Revue d'histoire intellectuelle*, 2021/1, no 39, p. 55.
63. *Internacia Socia Revuo*, 1re année, no 7, juillet 1907, p. 10.
64. Noémie Koechlin, *Jules Grandjouan, dessinateur de presse et illustrateur*, [Paris], chez l'auteur, 2003, p. 5.
65. *Le Travailleur espérantiste*, février 1914, no 22.
66. Gisèle Sapiro, « Un internationalisme en actes. La revue *Europe* dans le champ littéraire de l'entre-deux-guerres », *Europe*, hors-série « Une politique de la littérature », automne 2023, p. 212.
67. R. Fabre, J.-M. Guieu, E. Marcobelli, art. cité, p. 44.
68. G. Sapiro, art. cité, p. 212.
69. Y. Santamaria, *op. cit.*, p. 43.
70. Cf. notamment V. Grossi, *op. cit.*, p. 13.
71. H. Dunant, F. Passy, É. Ducommun, B. von Suttner, P.-H. d'Estournelles de Constant, A. Fried – auxquels on peut ajouter Ch. Richet, récompensé par le prix Nobel de physique en 1913.
72. J. Maitron et C. Pennetier, notice « Delaisi Francis [Delaisi François, Almire, dit] », *Dictionnaire Maitron* [en ligne] version mise en ligne le 25 octobre 2008, dernière modification le 25 juillet 2018.
73. É. Chapelier et G. Marin, *Les Anarchistes et la Langue internationale « Esperanto »*, Paris, Paco-Libereco, 1907, p. 10.
74. *Les Temps nouveaux*, 5 octobre 1907, p. 3.
75. *Espero Katolika*, no 41, octobre 1906, p. 21.
76. *Espero Katolika*, no 51, janvier 1909, p. 4.
77. « *Pacifisto* », *Internacia Societo Esperantista por la Paco, Protokolo*, Paris, Pacifisto, [p. 10].
78. Marielle Giraud, « Pacifisme et antimilitarisme dans le mouvement espérantiste avant la Première Guerre mondiale », dans Francis McCollum Feeley (dir.), *Les Mouvements pacifistes américains et français, hier et aujourd'hui. Actes du colloque des 5, 6 et 7 avril 2006*, Chambéry, Université de Savoie, 2007, p. 207-223.
79. *« Pacifisto »*, *op. cit.*, [p. 10].
80. É. Chapelier et G. Marin, *op. cit.*, p. 3.
81. Sébastien Faure (dir.), *Encyclopédie anarchiste*, Librairie internationale, 1925-1934, t. 2, p. 710.
82. Gustave Gautherot, *Kial ni estas esperantistoj ?*, p. 6.
83. *Espero pacifista*, no 1, juillet 1905, p. 5.

84. Voir notre distinction au chapitre 4. *Un coup d'arrêt : le choix de la Délégation.*
85. É. Chapelier et G. Marin, *op. cit.*, p. 7.
86. *Ibid.*, p. 3.
87. A. Steiner, « Vivre l'anarchie ici et maintenant : milieux libres et colonies libertaires à la Belle Époque », *Cahiers d'histoire. Revue d'histoire critique*, n° 133, 2016, p. 43-58.
88. *L'Espérantiste sisteronnais*, n° 14, p. 4.
89. *L'Espérantiste sisteronnais*, n° 17-18, p. 1.
90. *L'Espérantiste sisteronnais*, n° 72, p. 35.
91. *Le Phare de l'Espéranto*, juillet 1935, p. 87.
92. *Le Phare de l'Espéranto*, mars-avril 1938, p. 23.
93. *Le Phare de l'Espéranto*, février 1936, p. 31.
94. *Le Phare de l'Espéranto*, juillet 1935, p. 91-92.
95. A. Steiner, art. cité.
96. Arnaud Baubérot, *Histoire du naturisme. Le mythe du retour à la nature*, Rennes, Presses universitaires de Rennes, 2004.
97. « Groupe des naturistes espérantistes et Rameau espéranto du Trait-d'Union », LC, F Delta Rés 244/10.
98. *Le Néo-naturien*, 1er décembre 1922, p. 30.
99. Valérie Chansigaud, *Histoire du végétarisme*, Paris, Buchet-Chastel, 2023, p. 161.
100. *Naturisme*, n° 360, 1er novembre 1935, p. 13.
101. *La Revue anarchiste*, octobre 1934, p. 31.
102. J. Maitron et R. Dupuy, notice « Butaud Georges », *Dictionnaire des anarchistes* [en ligne], version mise en ligne le 31 mars 2014, dernière modification le 18 novembre 2021.
103. « Statistiko pri la jaro 1905-a », *Lingvo internacia*, janvier 1906, p. 5.
104. P. Fruictier et P. de Lengyel, « Nia deka jaro », p. 3.
105. P. de Lengyel, « El miaj rememoroj (IV) », *Literatura Mondo*, janvier 1923, p. 14-15.
106. Livre d'or de la *Presa Esperantista Societo*, annotation datée du 30 août 1909, BHS, non coté.
107. P. Fruictier et P. de Lengyel, « Nia deka jaro », p. 3.
108. *Esperanto*, août-septembre 1933, p. 155.
109. *Le Monde espérantiste*, janvier 1913.
110. M.-C. Bouju, notice « Solsona José… ».
111. *L'Éducateur prolétarien*, octobre 1932, p. 19.
112. Jacques Girault, notice « Bourguignon Henri, Marius, Fernand », *Dictionnaire Maitron* [en ligne], version mise en ligne le 20 octobre 2008, dernière modification le 20 août 2021.
113. *Infanoj sur tutmondo*, décembre 1934.
114. *Jarlibro de Universala Esperanto-Asocio*, 1939, p. 145.

7. De la langue internationale à la langue mondiale

1. *L'Espérantiste sisteronnais*, juillet 1935, p. 91-92.
2. J.-C. Lescure, *Un imaginaire transnational…*, p. 207.
3. *L'Espérantiste*, mai 1907, p. 118.

4. *L'Espérantiste*, janvier 1907, p. 14.
5. *Ibid.*, p. 556-559.
6. *L'Espérantiste*, juin 1907, p. 132-133.
7. Léon Bérard, « Circulaire ministérielle du 3 juin 1922 », texte publié dans *Le Monde espérantiste*, mai-juin 1922, p. 18-19.
8. *Le Socialiste espérantiste*, n° 112, mai-juin 1936.
9. *Ibid.*, n° 114, mars 1937.
10. P. Ory, *La Belle Illusion. Culture et politique sous le signe du Front populaire (1935-1938)*, Paris, CNRS Éditions, 2016, p. 646.
11. *Le Socialiste espérantiste*, décembre 1933-janvier 1934.
12. Christian Delporte, « Les jeunesses socialistes dans l'entre-deux-guerres », *Le Mouvement social*, octobre 1991, p. 47.
13. *Le Socialiste espérantiste*, avril-mai 1935.
14. P. Ory, *La Belle Illusion...*, p. 646.
15. LC, F Delta Res 798 (74), f. I-II.
16. P. Ory, *La Belle Illusion...*, p. 647.
17. *Jeunesse Esperanto*, n° 2-3, avril-mai 1939, [p. 1].
18. AD 93, Archives du Parti communiste français, Archives Marcel et Marguerite Cohen, 336 J 5 – Université ouvrière. Je dois ces renseignements à la bienveillance de Siranouch Karibian, doctorante à l'université de Franche-Comté. Qu'elle en soit ici vivement remerciée.
19. Emmanuel Jousse, « Les traducteurs de l'Internationale », *Cahiers Jaurès*, 2014/2-3 (n° 212-213), p. 181-194.
20. J.-C. Lescure, *Un imaginaire transnational...*, p. 621-625.
21. Karl Kautsky, « Die moderne Nationalität », *Die Neue Zeit*, mai 1887, p. 448, cité par Ulrich Lins, *op. cit.*, p. 239.
22. Jean Jaurès, *Les Origines du socialisme allemand* [1892], Paris, Les Écrivains réunis, 1927, p. 93.
23. Eugène Lanti, *La Langue internationale. Ce que tout militant ouvrier doit connaître de la question*, Paris, Fédération espérantiste ouvrière, 1925, p. 5.
24. René L'Hermitte, « Utopie et langage en URSS », *Revue des études slaves*, vol. 56-1, 1984, p. 127-140.
25. Sébastien Moret, « Marr, Staline et les espérantistes », *Cahiers de l'ILSL*, n° 20, 2005, p. 199-214.
26. Rappelons la manière dont Marx ironisait déjà, dans sa *Critique du programme de Gotha*, sur la « fraternisation internationale des peuples », perspective empruntée à « la Ligue bourgeoise de la liberté et de la paix, que l'on voudrait faire passer pour un équivalent de la fraternité internationale des classes ouvrières dans leur lutte commune contre les classes dominantes et leurs gouvernements » (Karl Marx, *Critique du programme du parti ouvrier allemand* [1875], dans *Œuvres*, t. 1, Paris, Gallimard, « Bibliothèque de la Pléiade », 1963, p. 1423).
27. J. Alcalde, art. cité, p. 56.
28. Cité par Romain Descendre et Jean-Claude Zancarini, « De la traduction à la traductibilité : un outil d'émancipation théorique », *Laboratoire italien*, n° 18, 2016.
29. Antonio Gramsci, *Cahiers de prison. Cahiers 6, 7, 8 et 9*, Paris, Gallimard, 1983, p. 173.
30. L'expression est empruntée à J. Bouveresse, qui se penche plus en détail sur ses débats, dans J. Bouveresse, art. cité.

31. « Liberiga Stelo al la Verdruĝuloj », *Esperantista Laboristo*, novembre 1920, p. 2.
32. E. Lanti, *For la neŭtralismon !*, 1922 [éd. 1925], p. 17.
33. *Sennacieca Revuo*, avril 1923, p. 12.
34. *Sennacieca Revuo*, octobre 1923, p. 4.
35. *Sennacieca Revuo*, octobre 1922, p. 2.
36. *Sennacieca Revuo*, octobre 1923, p. 6.
37. *Sennacieca Revuo*, octobre 1922, p. 3.
38. *La Revue anarchiste*, juillet 1931, p. 108.
39. E. Lanti, *For...*, 1922 [éd. 1925], p. 24.
40. *Ibid.*, p. 25.
41. E. Lanti, « Raporto de la gvidanto de *Sennaciulo* », *Sennaciulo*, n° 200, 2 août 1928, p. 361.
42. *Sennacieca Revuo*, octobre 1921, p. 7.
43. Nous renvoyons, au sujet de Lucien Péraire, au projet de recherche *Sauver le patrimoine espérantiste : le voyage de Lucien Péraire*, porté conjointement, depuis 2022, par la Maison des sciences de l'homme de l'université Sorbonne-Paris-Nord, le Centre Alexandre-Koyré, l'INRIA et l'association Espéranto-France. Ce projet entend numériser et mettre à disposition le riche fonds légué par Péraire à Espéranto-France, comportant photographies et cahiers de voyage, drapeaux et fanions, passeports et laissez-passer.
44. E. Lanti, *Manifesto...*, p. 28.
45. *Sennaciulo*, n° 269, 28 novembre 1929, p. 106.
46. Lucien Péraire, *Tra la mondo per biciklo kaj esperanto*, Beauville, SAT-Brošurservo, 2007, p. 49.
47. *Ibid.*, p. 93.
48. *Ibid.*, p. 9.
49. E. Lanti, « Tri semajnoj en Rusio », dans E. Lanti, *El verkoj de E. Lanti*, Paris, Sennacieca Asocio Tutmonda, 1991, vol. 3, p. 63.
50. E. Lanti, *For...*, p. 18.
51. *Sennaciulo*, n° 191, 31 mai 1928.
52. A.-S. Markov, *op. cit.*, p. 36-37.
53. E. Lanti, « Pri frontunueco », *Sennaciulo*, n° 42, 15 juillet 1926, p. 5.
54. *Sataneca* en espéranto, ce qui reprend un jeu de mot – auquel Lanti a fréquemment recours – reposant sur l'homophonie entre *satano* (« membre de la SAT ») et *Satano* (« Satan »).
55. « Sur vojo al kvara milo », *Sennaciulo*, n° 217, 29 novembre 1928, p. 1.
56. *Ibid.*
57. *Sennaciulo*, 2 août 1928, p. 360.
58. E. Lanti, « Pri frontunueco », *Sennaciulo*, 22 juillet 1926, p. 4.
59. E. Lanti, « Raporto de la gvidanto de *Sennaciulo* », *Sennaciulo*, 2 août 1928, p. 361.
60. *Sennaciulo*, n° 153, 8 septembre 1927, p. 2.
61. A.-S. Markov, *op. cit.*, p. 47.
62. E. Lanti, « Al Sro R. K., Up., Svedio », dans *Leteroj de E. Lanti*, éd. Gaston Waringhien, Paris, Sennacieca Asocio Tutmonda, 1940, p. 85.
63. *Ibid.*
64. E. Lanti, *Manifesto de la Sennaciistoj*, SAT, éd. 1970, p. 37.
65. *Ibid.*, p. 39.

66. *Ibid.*, p. 52.
67. F. Seidl, « Inter- aŭ Sennaciismo ? », *Sennaciulo*, 2 octobre 1930, p. 3.
68. Jean Sagnes, notice « Salan Georges, Jules, Sylvain », *Dictionnaire Maitron* [en ligne], version mise en ligne le 30 novembre 2010, dernière modification le 20 mars 2019.
69. J.-C. Lescure, *Un imaginaire transnational…*, p. 663.
70. *Le Travailleur espérantiste*, 2e série, n° 31, mars-avril 1936.
71. *Le Travailleur espérantiste*, 2e série, n° 7, avril 1937, p. 1.
72. *Le Socialiste espérantiste*, n° 117, novembre 1938.

8. L'espérantisme, modalité de « l'indifférence nationale » ?

1. Tara Zahra, « Imaginated Non-Communities. National Indifference as a Category of Analysis », *Slavic Review*, 2010, n° 69 (1), p. 98.
2. Pour une excellente introduction à cette notion, qui a nourri pour l'essentiel ce paragraphe, nous renvoyons à : Maarten van Ginderachter et Jon Fox (dir.), *National indifference and the history of nationalism in modern Europe*, Londres, Routledge, p. 1-14.
3. Nous renvoyons, à titre d'exemple, à un ouvrage récemment traduit en français et qui propose, dans la ligne de ces travaux, une approche renouvelée de l'histoire de l'Empire austro-hongrois : Pieter M. Judson, *L'Empire des Habsbourg. Une histoire inédite*, Paris, Perrin, 2021.
4. M. Gordin, *op. cit.*, p. 122.
5. *L'Espérantiste*, mai 1905, p. 97-102.
6. Sylvie Fayet-Scribe, *Histoire de la documentation en France. Culture, science et technologies de l'information : 1895-1937*, Paris, Centre national de la recherche scientifique, p. 56-75.
7. A. Rasmussen, *L'Internationale scientifique…*, p. 227.
8. *Manuel du répertoire bibliographique universel. Extraits limités aux parties plus spécialement applicables à la bibliographie de la langue auxiliaire internationale Esperanto*, Bruxelles, Institut international de bibliographie, 1908, p. 47.
9. S. Fayet-Scribe, *op. cit.*, p. 61.
10. A. Rasmussen, *L'Internationale scientifique…*, p. 75-76.
11. Lettre de Théophile Cart à Alfred Michaux, du 5 mai 1905 (BAPSO, 34205, liasse « Cart », n° 31).
12. Komunikaĵo de Doktoro Zamenhof, *Esperanta Organiza Komitato. Cirkulero 5-a*.
13. *Raporto pri la fondo kaj organizo de la Esperantista Centra Oficejo*, p. 1-6.
14. La Biblioteko Hipolito Sebert, qui se trouve actuellement au siège de l'association Espéranto-France, en est l'héritière.
15. *Oficiala Gazeto*, 4e année, n° 37, 25 octobre 1911, p. 142-144.
16. *Oficiala Gazeto*, 4e année, n° 38, 25 novembre 1911, p. 196.
17. H. Sebert, *Modela klasifiko de Esperantaj bibliotekoj laŭ la sistemo de la decimala klasifiko uzata por la universala bibliografia repertorio*, Paris, Esperantista Centra Oficejo, 1910, p. 1.
18. S. Fayet-Scribe, *op. cit.*, p. 77.
19. H. Sebert, *Modela klasifiko…*, p. 7.

20. « Nia programo », *Oficiala Gazeto Esperantista*, 1re année, n° 1, 25 juin 1908, p. 1.

21. *Ibid.*, p. 2

22. *Kvara Universala Kongreso de Esperanto*, Paris, Esperantista Centra Oficejo, 1909, p. 94.

23. *Oficiala Gazeto*, 25 novembre 1911, p. 201-205.

24. *Oficiala Gazeto*, 25 mars 1912, p. 345.

25. Le *Tutmonda Jarlibro* de 1912 recense ainsi cent quarante-sept membres, répartis dans vingt-six pays (p. 13-17).

26. Lettre de Gabriel Chavet à Alfred Michaux, 7 décembre 1909 (BAPSO 34220, n° 101).

27. Lettre d'Émile Boirac à Alfred Michaux, 17 mars 1910 (BAPSO 34220, n° 91).

28. A. Rasmussen, « Tournant, inflexions, ruptures… » p. 34.

29. Armand Mattelart, *Histoire de l'utopie planétaire*, Paris, La Découverte, 2009, p. 164.

30. A. Rasmussen, *L'Internationale scientifique…*, p. 560.

31. Cité par I. Lapenna, *op. cit.*, p. 424.

32. *Jarlibro de Universala Esperanta Asocio*, 1915, p. 31-32.

33. *Ibid.*, 1914, p. 41.

34. I. Lapenna, *op. cit.*, p. 425.

35. M. Génermont, « L'Espéranto et le tourisme », *Le Littoral*, 1914, p. 1.

36. *Le Courrier de Saône-et-Loire*, 20 août 1909, [p. 2].

37. *La Croix de Roubaix-Tourcoing*, 13 mai 1912, p. 5.

38. Diana Cooper-Richet, « Aux marges de l'histoire de la presse nationale : les périodiques en langue étrangère publiés en France (xixe-xxe siècles) », *Le Temps des médias*, vol. 16, n° 1, 2011, p. 175-187.

39. P. Stojan, *op. cit.*, p. 305.

40. J.-Y. Mollier, « Conclusion », M. Leymarie, J. Pluet-Despatin et J.-Y. Mollier (dir.), *op. cit.*, p. 400.

41. Cette liste, qui du reste ne prétend pas à l'exhaustivité, se limite aux journaux édités en France.

42. *Nordfranca Esperantisto*, juillet-août 1938, p. 114.

43. *Pikarda Stelo*, 30 juin 1914, p. 5.

44. *Normanda Stelo*, novembre 1909, p. 143.

45. *Le Volapük*, 1er juin 1886, p. 1.

46. *L'Espérantiste*, 31 janvier 1903, p. 3.

47. *Oficiala Gazeto*, 25 février 1912, p. 312.

48. *Normanda Stelo*, janvier 1914, non paginé.

49. A. Védrine, *Catalogue des livres ayant appartenu au premier groupe espérantiste de Lyon*, Lyon, Société espérantiste de Lyon, 1980, p. I.

50. Peter Coulmas, *Les Citoyens du monde. Histoire du cosmopolitisme*, Paris, Albin Michel, 1995, p. 12.

51. Didier Rey, « Au-delà du timbre-poste, la presse philatélique et son temps (1862-1918) », *20 & 21. Revue d'histoire*, Presses de Sciences Po, n° 149, 2021/1, p. 61.

52. R. Lemaire, *Vocabulaire des mots spéciaux à la philatélie*, p. 5.

53. D. Rey, art. cité, p. 73.

54. J. Fize, « Al nia legantaro », *Tra la Filatelio*, 1re année, n° 1, juin 1908, p. 1.

55. « Aux Espérantistes français », *France-Esperanto,* janvier 1915, p. 1.

56. *France-Esperanto,* juillet-août 1917, p. 118.

57. *France-Esperanto,* mars-avril 1917, p. 46-48.

58. *France-Esperanto,* novembre-décembre 1917, p. 142.

59. *L'Émancipateur. Hebdomadaire communiste du Centre,* 23 octobre 1927, p. 1.

60. « La vie des usines en Russie. Une lettre de la fabrique "La couture de Moscou" », *Le Prolétaire normand,* 3 janvier 1930, [p. 3].

61. J.-C. Lescure, « L'espéranto ou comment se protéger de l'exil (1900-1930) », *Matériaux pour l'histoire de notre temps,* n° 67, 2002, p. 19.

62. *Juneco,* n° 1, novembre 1909, p. 37.

63. *L'École émancipée,* 8 janvier 1921, p. 58.

64. Nous renvoyons à notre chapitre 6.

65. *L'Éducateur prolétarien,* juin 1933, p. 487-491.

66. « Vorzüge der Esperantosprache », *Gebweiler neueuste Nachrichten,* 26 septembre 1933.

67. Ulrike Brummert, *L'Universel et le particulier dans la pensée de Jean Jaurès,* Tübingen, G. Narr, 1990, p. 211.

68. Émile Masson, *Utopie des Îles bienheureuses. Dans le Pacifique en l'an 1980,* Paris, F. Rieder et Cie, 1921 (4e éd.), p. 31-32.

69. Philippe Tourault, *Histoire de la Bretagne,* Paris, Perrin, 2019, p. 370.

70. Roparz Hemon, « Letero al la Transmaraj Fratroj », *Nord-Okcidento,* printemps 1928, p. 4.

71. *Ibid.,* p. 3.

72. *Ibid.,* p. 3-4.

73. Le titre original en est : *Enklask diwar-benn stad ar brezoneg e 1928 / Esploro pri la situacio de la bretona lingvo en 1928* (Brest, Moulerez Gwalarn, 1930, 49 p.).

74. En classant ces marqueurs identitaires dans les catégories « emblèmes » et « rites », nous reprenons à dessein les termes de P. Ory, dans *Qu'est-ce qu'une nation ?.*

75. *Espero Pacifista,* septembre-octobre 1906, p. 274.

76. C. Lavarenne, *Espéranto : l'idée interne dans ses origines et quelques-unes de ses expressions et manifestations (aide ou obstacle à la diffusion de la langue ?),* thèse de doctorat en histoire, sous la direction de J.-C. Lescure, Université Paris XIII, 2012, p. 42.

77. *La Marto,* 10 août 1912, p. 90, cité par C. Lavarenne, *Espéranto : l'idée interne...,* p. 481.

78. « Discours de L.-L. Zamenhof à l'ouverture du troisième congrès universel d'espéranto », dans *L'Espérantiste,* août 1907, p. 191.

79. C. Lavarenne, *Espéranto : l'idée interne...,* p. 347-348 et p. 627.

80. Paul Bacot, Valérie Bonnet et François Genton, « L'hymne ou l'identité partagée », *Mots. Les langages du politique,* n° 124, 2020, p. 9-23.

81. Edmond Privat, *Vivo de Zamenhof,* Londres, Brita-Esperanta Asocio, 1920, p. 100 (cité par C. Lavarenne, *Espéranto : l'idée interne...,* p. 371).

82. J.-C. Lescure, *Un imaginaire transnational...,* p. 360.

83. L.-L. Zamenhof, « Discours d'ouverture du cinquième congrès de Barcelone », dans L.-L. Zamenhof et Johannes Dietterle (éd.), *Originala Verkaro,* Leipzig, Ferdinand Hirt & Sohn, 1929, p. 392.

84. L.-L. Zamenhof, « Pri la neceso paroli esperanton », *ibid.*

85. L.-L. Zamenhof, *Gentoj kaj Lingvo internacia*, Leipzig, Esperanto-Propaganda Instituto, 1912, p. 14.

86. Lettre d'Émile Berr à Ernest Archdeacon, du 4 octobre 1910, publiée dans Ernest Archdeacon, *À propos de : Pourquoi je suis devenu espérantiste. Lettres adressées à l'auteur*, p. 11.

87. É. Berr, « Le docteur Zamenhof », *Le Figaro*, 11 août 1905, p. 3.

88. Lettre de Carlo Bourlet à Alfred Michaux, 31 août 1905 (BAPSO, 34205, liasse « Bourlet », nº 141).

89. Il s'agit de la traduction du *Pharaon*, du romancier polonais Bolesław Prus, par Kazimierz Bein, dit Kabe, éditée par Hachette en 1907 (*Lingvo internacia*, septembre 1907, p. 419).

90. Christophe Prochasson, « Les congrès : lieux de l'échange intellectuel », dans *Mil neuf cent*, nº 7, 1989. *Les Congrès lieux de l'échange intellectuel. 1850-1914*, p. 6.

91. Fred Isly, *Pêle-mêle*, 10 juillet 1898 (cité par J.-C. Lescure, *Un imaginaire transnational...*, p. 415).

92. Cyril Robelin, « Un étranger inventeur de nation : le cas du docteur Wilhelm Molly à Moresnet-Neutre », *Sociétés plurielles*, nº 4, 2020, p. 3-33.

93. Gustave Roy, *Projet réalisable en six mois d'un État espérantiste indépendant*, Paris, Librairie de l'Esperanto, 1908, p. 11.

94. Firmin Pauquet, « Le territoire contesté de Moresnet, dit Moresnet neutre : notes historiques sur son statut, sa législation et son administration », *Bulletin de la Société verviétoise d'archéologie et d'histoire*, vol. 47, 1960, p. 53-153.

9. Qu'est-ce qu'une littérature internationale ?

1. *La Revuo*, 8e année, nº 3, novembre 1913, p. 127.

2. J. Mistler, *op. cit.*, p. 287.

3. J.-Y. Mollier, « La revue dans le système éditorial », dans M. Leymarie, J.-Y. Mollier et J. Pluet-Despatin, *op. cit.*, p. 43.

4. Nous désignons par « œuvre » une unité présentée comme telle dans la revue, qu'il s'agisse d'un poème, d'une courte nouvelle ou d'une pièce de théâtre dont la parution se poursuit sur plusieurs numéros.

5. *La Revuo*, janvier 1914, p. 272.

6. Cette prépondérance de la littérature antique – tout comme celle du domaine linguistique hébraïque – s'explique en grande partie par les traductions de l'Ancien Testament de Zamenhof. Celles-ci ne doivent cependant pas éclipser les traductions d'Ovide, Catulle, Virgile, Horace, Sénèque et Eschyle, principalement accomplies par les deux éminents espérantistes que sont Henri Vallienne et Anton Grabowski.

7. A.-M. Thiesse, *La Fabrique...*, p. 245-246.

8. Jürgen Trabant, « Babel ou le Paradis. Les langues de l'Europe », dans E. François et T. Serrier (dir.), *Europa. Notre histoire*, Paris, Les Arènes, 2017, p. 889-890.

9. *Ibid.*, p. 888.

10. Zohar Shavit, « Fabriquer une culture nationale. Le rôle des traductions dans la constitution de la littérature hébraïque », *Actes de la recherche en sciences sociales*, vol. 144, septembre 2002, p. 21-32.

11. S. J. Agnon, « En souvenir de Rabbi Benyamin », *Haaretz*, 9 octobre 1959, cité par : *ibid.*, p. 27.

12. Florence Dupont détaille un phénomène semblable, qu'il nous semble intéressant de mettre en regard de l'histoire espérantiste, avec le cas de l'invention de la « littérature latine », de la Renaissance humaniste à nos jours (Florence Dupont, *Histoire littéraire de Rome : de Romulus à Ovide : une culture de la traduction*, Paris, Armand Colin, 2022. Nous renvoyons notamment à sa passionnante introduction).

13. Z. Shavit, art. cité, p. 29.

14. T. Cart, [« Préface »], dans K. Bein, *Pola Antologio*, p. IV.

15. *Rolandkanto* (trad. Noël), Paris, Presa Esperantista Societo, 1906, n. p.

16. P. Casanova, *op. cit.*, p. 188-189.

17. A.-M. Thiesse, *La Fabrique...*, p. 128.

18. Fritz Strich, *Goethe und die Weltliteratur*, Berne, Francke Verlag, 1946, p. 17-18.

19. Lettre de Goethe à Carlyle, 20 juillet 1827, dans Johann Wolfgang von Goethe, Thomas Carlyle, *Correspondance*, édition de Charles Eliot Norton, traduction de Georges Khnopff, Paris, Éditions du Sandre, 2005, p. 25-27.

20. Valentino Bompiani et Robert Laffont, *Le Nouveau Dictionnaire des auteurs de tous les temps et de tous les pays*, Paris, Robert Laffont, 1994, t. 2, p. 1375.

21. A.-M. Thiesse, *La Fabrique...*, p. 184.

22. Czesław Milosz, *Histoire de la littérature polonaise*, Paris, Fayard, 1986, p. 366-367.

23. *Ibid.*, p. 390.

24. *Ibid.*, p. 434.

25. *Ibid.*, p. 415.

26. V. Bompiani et R. Laffont, *op. cit.*, t. 1, p. 18.

27. A.-M. Thiesse, *La Fabrique...*, p. 235.

28. *Ibid.*

29. *Franca Esperantisto*, 2e série, 1re année, nº 1, 1er avril 1920, p. 11.

30. Valérie Tesnière, *Le Quadrige. Un siècle d'édition universitaire : 1860-1968*, Paris, Presses universitaires de France, 2001, p. 245.

31. IMEC, Fonds Hachette, Dossier Paul Durand, 44/HAC/24/13.

32. *Catalogue des ouvrages en Esperanto [...] édités par la Librairie centrale espérantiste* (IMEC, Fonds Hachette, BDCE E10.12).

33. *Franca Esperantisto*, juillet 1920, encart publicitaire, non paginé.

34. *Ibid.*

35. I. Lapenna, *op. cit.*, p. 144.

36. Alain Dalançon et Gérard Réquigny, notice « Waringhien Gaston, Joseph », *Dictionnaire Maitron* [en ligne], version mise en ligne le 13 juin 2016, dernière modification le 10 décembre 2018. À son sujet, on se reportera également à : André Cherpillod, *Gaston Waringhien, 1901-1991 : héraut de la langue internationale*, Courgenard, chez l'auteur, 2000.

37. *Politika sociala revuo*, mars 1933, troisième de couverture, n. p.

38. François de La Rochefoucauld [trad. Gaston Waringhien], *Maksimoj*, Paris, Félix Alcan, 1935, p. 2.

39. *Le Phare de l'Espéranto*, novembre 1936, p. 142.

40. V. Tesnière, *op. cit.*, p. 302 et *sq.*

41. G. Sutton, *op. cit.*, p. 130.

42. « Pacon inter ni », *Franca Esperantisto*, janvier 1938, p. 1.

43. *La Pirato*, n° 3, p. 34.
44. *Esperanto*, mars 1923, p. 49.
45. Le texte a ensuite paru, sous le titre « Pour l'Internationale de l'Esprit », dans le recueil *Les Précurseurs* (1920).
46. J.-C. LESCURE, *Un imaginaire transnational…*, p. 638.
47. Henri BARBUSSE, « Préface », dans Jean HABERT et Marcel BOUBOU, *Cours rationnel et complet d'espéranto*, Paris, Fédération espérantiste révolutionnaire, 1921, p. 8.
48. *Sennaciulo*, 19 juillet 1928, p. 339.
49. *Sennaciulo*, 15 juillet 1926, p. 5.
50. *Sennaciulo*, 2 août 1928, p. 358.
51. *Sennaciulo*, février 1934, p. 26.
52. Gerrit DE BRUIN, *Gvidilo tra la Esperanto-movado*, Amsterdam, Sennacieca Asocio tutmonda, 1936, p. 38.
53. *Jarlibro*, Paris, SAT, 1938, n. p.
54. Lettre de Joseph Coll, secrétaire du Groupe espérantiste ouvrier de Grenoble au maire de Grenoble, février 1930 (AM Grenoble 2R2 D5, Groupe espérantiste de Grenoble 1911-1952), cité par J.-C. LESCURE, *Un imaginaire transnational…*, p. 658.
55. *Petro*, Paris, Sennacieca Asocio tutmonda, 1934, p. 68-69.
56. *Espero Katolika*, août 1928, p. 399.
57. G. RAMBOUX, « Pri Plena Vortaro de Esperanto », *Espero Katolika*, 1er novembre 1930, p. 33.

Conclusion

1. Jocelyne DAKHLIA, *Lingua franca. Histoire d'une langue métisse en Méditerranée*, Arles, Actes Sud, 2008, p. 13.
2. L. HELLER et M. NIQUEUX, *op. cit.*, p. 7.
3. F. DÉMIER, *op. cit.*, p. 425.
4. Paul RICŒUR, *L'Idéologie et l'utopie*, Paris, Seuil, 1997.
5. Jérôme et Thomas DAVID, « Vers une uniformisation culturelle ? », dans P. SINGARAVÉLOU et S. VENAYRE (dir.), *op. cit.*, p. 209.
6. Christopher BAYLY, *La Naissance du monde moderne (1780-1914)*, Paris, Les Éditions de l'Atelier/Le Monde diplomatique, 2006, p. 392.
7. Michel HELLER et Aleksandr NEKRICH, *L'Utopie au pouvoir. L'histoire de l'URSS de 1917 à nos jours*, Paris, Calmann-Lévy, 1982.
8. R. GARVÌA, *op. cit.*, p. 154-155.
9. Nous empruntons le concept à Umberto Eco.
10. Jean-Christophe BAILLY, *Le Propre du langage*, Paris, Seuil, 1997, p. 74.

Sources

I. Fonds d'archives, images et ephemera

Institut mémoires de l'édition contemporaine (IMEC) – Abbaye d'Ardenne (Saint-Germain-la Blanche-Herbe)

Fonds Hachette Livre – Contrats d'édition, de traduction et de cession de droits :

44HAC/18/12 : Dossier Arct et Zamenhof, Ludwik-Lejzer.
44/HAC/7/50 : Dossier Beaufront, Louis de.
44HAC/2/18 : Dossier Boirac, Émile.
44/HAC/6/6 : Dossier Bourlet, Carlo.
44HAC/29/25 : Dossier Brazila Ligo Esperantista.
44/HAC/11/21 : Dossier Club Espérantiste de Stockholm.
44/HAC/22/16 : Dossier Deshays, René.
44/HAC/24/13 : Dossier Durand, Paul.
44/HAC/4/9 : Dossier Espasa, José et Zamenhof, Ludwik-Lejzer.
44/HAC/24/8 : Dossier Fauvart-Bastoul, Marcelle.
44HAC/16/5 : Dossier Fried, Albert.
44/HAC/22/25 : Dossier Grosjean-Maupin, Émile et Becker, Michel.
44/HAC/30/12 : Dossier Huet, Horace.
44/HAC/35/30 : Dossier Kühnl, Eduard.
44/HAC/33/28 : Dossier Mendonça Lima, Bruno.
44/HAC/39/8 : Dossier Möller und Borel et Zamenhof.
44/HAC/39/27 : Dossier Motteau.
44/HAC/47/21 : Dossier Norman, Georges.
44/HAC/45/12 : Dossier Oreskof.

44/HAC/65/34 : Dossier Stead, William et Zamenhof, Ludwik-Lejzer.
44/HAC/48/10 : Dossier Vallienne, Henri.
44/HAC/58/23 : Dossier Witteryck-Delplace.

Catalogue de la Librairie centrale espérantiste :

BDCE E10/12.

Bibliothèque d'Agglomération du Pays de Saint-Omer (BAPSO) – Saint-Omer

34205 : correspondance d'Alfred Michaux avec Théophile Cart, Carlo Bourlet et Hippolyte Sebert.
34218 : archives et correspondances relatives à divers projets de réforme de l'espéranto.
34220 : archives et correspondances relatives au *Lingva Komitato* et au *Kongresa Komitato*.
34221 : correspondance d'Alfred Michaux avec Henri Sentis, Émile Javal, Eduard Kühnl, Félicien de Ménil, Lemaire et Palmer.
34227 : correspondances diverses et documentation relative aux congrès universels.
34232 : correspondance d'Alfred Michaux avec Ludwik-Lejzer Zamenhof.
50883-1 et 50883-2 : catalogue de la bibliothèque espérantiste de Saint-Omer.

Biblioteko Hippolyte Sebert (BHS) – Paris

S4521 : *Lyon'a internacia foiro* : brochure éditée par la Foire internationale de Lyon (1929).
[sans cote] : Livre d'or de la *Presa Esperantista Societo*, 1905-1916.

Bibliothèque nationale de France (BnF) – Paris

Scripts de fictions radiophoniques espérantistes : 4-YA RAD-1494; 4-YA RAD-1544; 4-YA RAD-1573; 4-YA RAD-1596; 4-YA RAD-1617; 4-YA RAD-1620; 4-YA RAD-1687; 4-YA RAD-1725; 4-YA RAD-1742; 4-YA RAD-1753; 4-YA RAD-1755; 4-YA RAD-1832; 4-YA RAD-1839; 4-YA RAD-1868; 4-YA RAD-1869; 4-YA RAD-1879; 4-YA RAD-1885; 4-YA RAD-1970; 4-YA RAD-2133; 4-YA RAD-2231; 4-YA RAD-2246; 4-YA RAD-2280; 4-YA RAD-2287 (1-2); 4-YA RAD-2310; 4-YA RAD-2327; 4-YA RAD-2329; 4-YA RAD-2332; 4-YA RAD-2333; 4-YA RAD-2335; 4-YA RAD-2360; 4-YA RAD-2379; 4-YA RAD-2385; 4-YA RAD-2387; 4-YA RAD-2405; 4-YA RAD-2408; 4-YA RAD-2412; 4-YA RAD-2423; 4-YA RAD-2467; 4-YA RAD-2468; 4-YA RAD-2482; 4-YA RAD-2484; 4-YA RAD-2491; 4-YA RAD-2509; 4-YA RAD-2510; 4-YA RAD-2511; 4-YA RAD-2512; 4-YA RAD-2513; 4-YA RAD-2514; 4-YA

RAD-2515; 4-YA RAD-2516; 4-YA RAD-2517; 4-YA RAD-2518; 4-YA RAD-2765; 4-YA RAD-3263; 4-YA RAD-4805; 4-YA RAD-5825; 4-YA RAD-5963; 4-YA RAD-6036; 4-YA RAD-7950; 4-YA RAD-8320.

Bibliothèque historique de la Ville de Paris (BHVP) – Paris

4-DEP-001-170 : Éphémères de la Première Guerre mondiale – publications du Comité *Pour la France, par l'Espéranto*.

4-DEP-005-296 : Plans, guides et programmes officiels de l'Exposition internationale des arts et techniques dans la vie moderne de 1937 – brochure en espéranto.

Österreichische Nationalbibliothek – Vienne

Pla-4-Lyon-ESP : affiches éditées par la Foire internationale de Lyon (1927-1938).

Pla-4-Paris-1934.1 ESP, Pla-4-Paris-1935 ESP, Pla-4-Paris-1935a ESP, Pla-4-1936 ESP, Pla-4-Paris-1936a.1 ESP, Pla-4-Paris-1937.1 : Affiches éditées par la Foire internationale de Paris (1934-1937).

Pla-4-Marseille-1 ESP : Affiche éditée par la Foire internationale de Marseille (1936).

V40/B.Cam.1 ESP MAG : Lettre de Jacques Camescasse à Charles-Ange Laisant, 16 mai 1913.

Musée de l'Image – Épinal

Production espérantophone de l'imagerie Pellerin : 2010.5.5042 B à 2010.5.5048 B; D 996.1.5621 B à D 996.1.5626 B; D 990.1.2200 B à D 990.1.2205 B, D 990.1.2207 B, D 990.1.2210 B, D 990.1.2214 B à D 990.1.2218 B.

La Contemporaine (LC) – Nanterre

F Delta 1487 : Catalogue des livres ayant appartenu au premier Groupe espérantiste de Lyon et déposé à la bibliothèque municipale de Lyon, par le docteur André Védrine.

F Delta Rés 244/10 : « Groupe des naturistes espérantistes et Rameau espéranto du Trait-d'Union ».

F Delta Res 798 (74) : Fonds Ligue des droits de l'homme – Relations avec des associations diverses.

II. Sources imprimées : ouvrages et périodiques

Titres de périodiques dépouillés

Bibliothèque nationale de France (BnF) – Paris

L'Étranger : seulement consultation des numéros de la « période espérantiste » : 1re année, n° 6 (mai 1895) – 1re *Revue mensuelle du Touring-Club de France* : consultation ponctuelle.

L'Espérantiste. Organe propagateur de la langue internationale « Espéranto » paraissant à la fin de chaque mois : n° 1 (1er janvier 1898) – n° 133 (30 juin 1909).

Internacia scienca revuo : 1re année, n° 1 (janvier 1904) – 8e année, n° 86 (février 1911).

Internacia revuo medicina : n° 1 (janvier 1906) – n° 4 (avril 1906).

Juna esperantisto : 4e année, nouvelle série, n° 1-2 (janvier-février 1906) – 4e année, nouvelle série, n° 6 (juin 1906) ; 6e année, n° 6 (juin 1908) – 7e année, n° 12 (décembre 1909) ; 11e année, n° 1 (janvier 1913) – 12e année, n° 3 (mars 1914).

Foto-Revuo : n° 1 (octobre 1906) – n° 9 (juin 1907).

Internacia socia revuo : 1re année, n° 1 (janvier 1907) – 2e année, n° 4 (avril 1908).

L'Étoile espérantiste : 1re année, n° 1 (janvier 1908).

Sarta Stelo : 1re année, n° 1 (mars 1908) – 1re année, n° 8 (décembre 1908) ; 5e année, n° 39 (janvier 1912) – 5e année, n° 50 (février 1913).

Tra la filatelio : 1re année, n° 1 (juillet 1908) – 1re année, n° 2 (août 1908).

Paris-Espéranto. Bulletin mensuel du groupe espérantiste de Paris : 3e année, n° 21 (octobre 1908) – 5e année, n° 43 (octobre 1910).

Normanda Stelo : 1re année, n° 1 (novembre 1908) – 7e année, n° 8 (août 1914).

Franca esperantisto :

- 1re série : 1re année, n° 1 (décembre 1908) – 4e année, n° 11 (décembre 1912).
- 2e série : 1re année, n° 1 (1er avril 1920) – 2e année, n° 9 (novembre-décembre 1921).

Le Monde espérantiste : 1re année, n° 1 (décembre 1908) – 19e année, n° 1 (janvier-février 1926) – 19e année, n° 140 (décembre 1926).

Lorena Stelo : 5e année, n° 1 (15 janvier 1909).

Esperanto-Nouvelles :

- 1re année, n° 1 (avril 1909) – 2e année, n° 5 (avril 1910).
- devient : *La Movado* : 2e année, n° 6 (juillet 1910) – 5e année, n° 54 (juillet 1914), puis : 6e année, n° 55 (octobre 1923) – 14e année, n° 150 (novembre 1931).

Bulletin officiel de la SFPE : n° 1 (avril 1910) – n° 33 (décembre 1912).

Scienca gazeto : 1re année, n° 1 (janvier 1912) – 3e année, n° 32/33 (septembre 1914).

La Vero : 1re année, n° 1 (novembre 1911) – 3e année, n° 5 (mai 1913).

Pikarda Stelo :

- 1re série : 1re année, n° 1 (février 1913) – 2e année, [n° 4] (30 juin 1914) ;
- 2e série : 8e année, n° 52 (septembre-octobre 1934) – 8e année, n° 53 (novembre 1934) ; 10e année, n° 65 (mars 1936) – 10e année, n° 68 (mars-juin 1936).

Le Travailleur espérantiste :

- 1re série : n° 22 (février 1914) – n° 23 (mars 1914) ;
- 2e série : n° 1 (août 1919) – n° 6 (janvier 1920) ;
- devient : *Esperantista laboristo* : n° 1 (février 1920) – n° 7-8 (septembre 1921).

Tra la Provenclando : 1re année, n° 1 (août 1914).

Verda Stelo. Bulletin mensuel d'information des amis de l'espéranto en Dordogne : n° 1 (avril 1919).

Sennaciulo : 1re année, n° 1 (octobre 1924) – 9e année, n° 483 (mai 1940).

Internacia radio-revuo : 1re année, n° 1-2 (janvier-février 1926) – 1re année, n° 10-12 (octobre-décembre 1926).

L'Espérantiste sisteronnais :

- 1re année, n° 1 (février 1931) – 4e année, n° 48 (décembre 1934) ;
- devient : *Le Phare de l'Espéranto* : 5e année, n° 49 (janvier 1935) – 9e année, n° 98 (juin 1939).

Radio-Esperanto : 4e année, n° 13 (1er trimestre 1933) – 10e année, n° 37 (1er trimestre 1939).

Politika sociala revuo : 1re année, n° 1 (mars 1933).

La regno de la homo : 2e année, n° 3 (printemps 1933).

La Pirato : 1re année, n° 1 (juin 1933) – 3e année, n° 5 (mai 1935).

Antaŭen : 2e année, n° 1 (janvier 1934) – 4e année, n° 7-8 (juillet-août 1938).

Proleta literaturo : n° 1 (juin 1934) – n° 2 (août-septembre 1934).

Infanoj sur tutmondo : 1re année, n° 1 (septembre 1934) – 5e année, n° 32 (juin-juillet 1939).

Nordfranca Esperantisto : 2e série, 13e année, n° 1 (novembre 1936) – 2e série, 16e année, n° 9-10 (juillet-août 1939) [manquent : 2e série, 14e année, n° 7 (mai 1937) et n° 8 (juin 1937) ; 2e série, 16e année, n° 8 (juin 1939)].

Loka informilo de Nantes-Esperanto : n° 1 (janvier 1937) – n° 18 (mai-juin-juillet 1939).

Österreichische Nationalbibliothek (ÖNB) – Vienne[1]

Espero katolika : seulement consultation des deux « périodes françaises » :
- 1re série : n° 1 (octobre 1903) – n° 78 (octobre 1911) ;
- 2e série : n° 1 (septembre 1924) – n° 95 (novembre 1931).

Lingvo internacia : seulement consultation de la « période française » : 9e année, n° 7 (juillet 1904) – 19e année, n° 8-12 (août 1914-décembre 1920).

Espero pacifista : 1re année, n° 1 (juillet 1905) – 4e année, n° 11-12 (décembre 1912).

Tra la mondo : 1re année, n° 1 (juillet 1905) – 4e année, n° 4 (décembre 1908).

La Revuo. Internacia monata literatura gazeto : 1re année, n° 1 (septembre 1906) – 8e année, n° 11 (juillet 1914).

Oficiala gazeto esperantista : 1re année, n° 1 (juin 1908) – 8e année, n° 5-6 (janvier 1922).

Sennacieca Revuo : 1re année, n° 1 (octobre 1921) – 5e année, n° 11-12 (août-septembre 1924).

France-Espéranto (2e série) : 1re année, n° 1 (janvier 1922) – 3e année, n° 12 (décembre 1924).

Franca esperantisto (3e série) : 1re année, n° 1 (décembre 1933) – 8e année, n° 64 (avril 1940).

Biblioteko Hippolyte Sebert (BHS) – Paris

Vekiĝo ! : 1re année, n° 1 (août 1912) – 1re année, n° 9 (juillet 1913).

Bibliothèque municipale de Lyon – Lyon

France-espéranto (1re série) : n° 1 (janvier 1915) – n° 23 (avril 1919) (le n° 9 est manquant).

Bibliothèque d'agglomération du pays de Saint-Omer (BAPSO) – Saint-Omer

Antaŭen ! : 1re année, n° 3 (25 décembre 1921).

Internacia radio-revuo : 1re année, n° 10-12 (octobre-décembre 1926).

Mondamikeco : n° 8 (octobre 1931).

Herezulo : n° 1 (janvier-mars 1935).

Ĝis mil :

Internacia stenografisto : 9e année, n° 34 (octobre 1930).

La Interligilo de l'PTT : 2e année, n° 6-7 (avril 1924).

La Langue internationale Esperanto : 2e année, n° 9-10 (septembre-octobre 1912) et 4e année, n° 3-4 (mars-avril 1914).

---

1. Ces titres de périodiques ayant fait l'objet d'une campagne de numérisation, ils sont disponibles en ligne [ANNO – AustriaN Newspapers Online | ANNO – AustriaN Newspapers Online (onb.ac.at)].

Radiesteza gazeto :
Norda gazeto :
- 1re série : 2e année, n° 3 (janvier 1909) – 6e année, n° 60 (juillet 1914) ;
- 2e série : 7e année, n° 1 (61) (février 1931) – 12e année, n° 4 (111) (mai 1936).

Bibliothèque historique de la Ville de Paris (BHVP) – Paris

Esperanto et Croix-Rouge : bulletin de la société : n° 1 (février 1910).

La Contemporaine (LC) – Nanterre

Artistocratie. Revue d'art et de littérature, rédigée en français, espagnol, roumain et espéranto : n° 1 (juillet 1939) – n° 2 (mars 1940).

Ouvrages et articles à caractère de sources

L'ensemble de la production éditoriale en espéranto, parue en France durant la période étudiée, a servi de sources pour la présente étude. Il est évidemment impossible de la présenter ici ; on se contentera de citer les ouvrages et articles qui intéressent directement l'histoire du mouvement espérantiste en France :

Archdeacon Ernest, *Pourquoi je suis devenu Espérantiste*, Paris, Fayard, 1910.
Baudet André, « La conférence internationale de Venise pour l'adoption d'une langue commerciale commune », *Bulletin de la Chambre de commerce de Paris*, 30e année, n° 18-19, 12 mai 1923.
Berdelle Charles, « L'espéranto et les mathématiciens », *L'Enseignement mathématique*, 3e année, n° 6, 15 novembre 1901.
Berr Émile, « Le docteur Zamenhof », *Le Figaro*, 11 août 1905.
Boirac Émile, *Plena Vortaro Esperanto-Esperanta kaj Esperanto-Franca* [t. I et II], Dijon, Darantière, 1909-1910.
—, *Le Problème de la langue internationale*, Paris, Esperantista Centra Oficejo, 1911.
Bourlet Carlo, *Une langue auxiliaire scientifique*, Lille, Internacia Scienca Asocio Esperantista, 1910.
Bricard Raoul, « Pruvo simpla de la Fermat'a teoremo. Démonstration simple du théorème de Fermat », *Nouvelles Annales de mathématiques*, 4e série, t. 3, 1903, p. 340-342.
Chavet Gabriel et Warnier Georges, *Dictionnaire français-esperanto, pratique et complet*, Paris, Librairie de l'Esperanto, 1911, p. VII.
De Bruin Gerrit, *Gvidilo tra la Esperanto-movado*, Amsterdam, Sennacieca Asocio Tutmonda, 1936.

De Lengyel Paul, « El miaj rememoroj », II, III et IV, *Literatura Mondo*, novembre et décembre 1922 et janvier 1923.

Deslauriers L. C., *L'Esperanto méthodique*, Paris, Presa Esperanta Societo, 1913, p. VIII.

Dor Henri, « L'importance actuelle de l'Espéranto dans le monde », *Bulletin de la Société d'anthropologie de Lyon*, t. 30, 1911, p. 144-152.

Flageul Pierre, *Unua Libro de Stenografa Instituto Tutmonda*, Issy-les-Moulineaux, Stenografa Instituto Tutmonda, 1936.

Gaubert Ernest, *La Sottise espérantiste*, Paris, Grasset, 1907.

Génermont Marcel, « L'Espéranto et le tourisme », *Le Littoral*, 1914.

Giambene Luigi, *Tra la Esperanta literaturo*, Roma, Editrice Romana, 1907.

Grosjean-Maupin Émile, *Dictionnaire complet espéranto-français*, Paris, Hachette, 1910.

Internacia Konferenco. Esperanto en moderna-vivo, Paris, Société française pour la propagation de l'espéranto, 1937.

Janzé Charles-Alfred, *Le Monopole Hachette*, Paris, Weil, 1887.

Kerckhoffs Auguste, *Dictionnaire volapük-français et français-volapük*, Paris, Le Soudier, 1887.

Lambert Charles, *Cours pratique d'espéranto*, Saint-Étienne, Imprimerie spéciale de la Manufacture française d'armes et cycles [v. 1905].

Lanti Eugène, *La Langue internationale. Ce que tout militant ouvrier doit connaître de la question*, Paris, Fédération Espérantiste Ouvrière, 1925.

—, [éd. Gaston Waringhien], *Leteroj de E. Lanti*, éd., Paris, Sennacieca Asocio Tutmonda, 1940.

Le Soudier Henri, *Bibliographie française. Recueil de catalogues des éditeurs français : accompagné d'une table alphabétique par noms d'auteurs et d'une table systématique…*, t. 6, Paris, Henri Le Soudier, 1900.

Manuel du répertoire bibliographique universel. Extraits limités aux parties plus spécialement applicables à la bibliographie de la langue auxiliaire internationale Esperanto, Bruxelles, Institut international de bibliographie, 1908.

Méras Léon, *L'Espéranto, langue auxiliaire, neutre, internationale, son rôle dans la pacification des peuples par leur intercompréhension*, Paris, Comité de patronage espérantiste franc-maçonnique, s. d.

Méray Charles, « Correspondances internationales en Esperanto », *L'Enseignement mathématique*, 3e année, no 1, 15 janvier 1901.

Meyer Samuel, *Une langue internationale. Pourquoi ? Comment ?*, La Rochelle, Imprimerie Masson & Cie, 1904, 31 p.

Muffang Henri, *Langue internationale : point de vue national*, Angers, chez l'auteur, 1916.

Offret Albert, *Les Progrès de l'espéranto dans le monde*, Paris, Association française pour l'avancement des sciences, 1904.

Péraire Lucien, *Tra la mondo per biciklo kaj esperanto*, Beauville, SAT-Brošurservo, 2007.

Poussié Émile, *Manuel de conversation en trente langues*, Paris, Le Soudier, 1890.

Privat Edmond, *Vivo de Zamenhof*, Londres, Brita-Esperanta Asocio, 1920.

Rhodes Joseph, *The English-Esperanto Dictionary*, Londres, Stead's Publishing House, 1908.

Rollet de l'Isle Maurice, *Des Ailes pour la pensée… par l'espéranto*, Paris, Société française pour la propagation de l'espéranto, 1921.

Roy Gustave, *Projet réalisable en six mois d'un État espérantiste indépendant*, Paris, Librairie de l'Esperanto, 1908.

Sacré Edgar, *L'Espéranto, langue internationale auxiliaire*, Bruxelles, Université nouvelle, 1905.

Schneeberger Friedrich, *Detala raporto pri la oficialaj paroladoj, diskutadoj & decidoj de la Unua Universala Kongreso de Esperanto en Bulonjo-sur-Maro*, Laufon, Oficejo de Esperanto & Stenografio, 1905.

Sebert Hippolyte, *Modela klasifiko de Esperantaj bibliotekoj laŭ la sistemo de la decimala klasifiko uzata por la universala bibliografia repertorio*, Paris, Esperantista Centra Oficejo, 1910.

Zamenhof Ludwik-Lejzer, *Langue internationale. Préface et manuel complet*, Varsovie, Gebethner et Wolff, 1887.

—, *Fundamenta Krestomatio*, Paris, Hachette, 1903.

—, *Fundamento de Esperanto*, Paris, Hachette, 1907.

—, *Originala Verkaro* [éd. Johannes Dietterle], Leipzig, Ferdinand Hirt & Sohn, 1929.

Bibliographie

ALCALDE Javier, « Vers une fraternité universelle. Vingt ans de débats autour de l'espéranto dans les milieux anarchistes (1887-1907) », *Mil neuf cent. Revue d'histoire intellectuelle*, 2021/1, n° 39, p. 41-58.

ASHBY Charlotte, BROCKINGTON Grace, LAQUA Daniel et TURNER Sarah Victoria, *Imagined Cosmopolis. Internationalism and Cultural Exchange, 1870s-1920s*, New York, Peter Lang.

AUROUX Sylvain, *La Philosophie du langage*, Paris, Presses universitaires de France, 2008 [éd. 2013].

AUVINET Jérôme, *Charles-Ange Laisant : itinéraires et engagements d'un mathématicien de la Troisième République*, Paris, Hermann, 2013.

BAGGIONI Daniel, *Langues et nations en Europe*, Paris, Payot & Rivages, 1997.

BAILLY Jean-Christophe, *Le Propre du langage*, Paris, Seuil, 1997.

BARBIER Frédéric, « Le commerce international de la librairie française au XIXe siècle (1815-1913) », *Revue d'histoire moderne et contemporaine*, t. 28, n° 1, janvier-mars 1981.

BAYLY Christopher, *La Naissance du monde moderne (1780-1914)*, Paris, Les Éditions de l'Atelier/Le Monde diplomatique, 2007.

BÉGUET Bruno (dir.), *La Science pour tous. Sur la vulgarisation scientifique en France de 1850 à 1914*, Paris, Bibliothèque du Centre national des arts et métiers, 1990.

BERTHO LAVENIR Catherine, *La Roue et le stylo*, Paris, Odile Jacob, 1999.

BONZON Thierry, FABRE Rémi et GUIEU Jean-Michel, *Les Défenseurs de la paix : 1899-1917*, Rennes, Presses universitaires de Rennes, 2018.

BOUJU Marie-Cécile, *Lire en communiste : les maisons d'édition du Parti communiste français. 1920-1968*, Rennes, Presses universitaires de Rennes, 2010.

—, « Le Parti communiste français, un éditeur cosmopolite? (1920-1939) », *Mil neuf cent. Revue d'histoire intellectuelle*, 2021/1, n° 39.

CARPINE-LANCRE Jacqueline, FOUILLERON Thomas et HUREL Arnaud, *L'Œuvre de paix du prince Albert Ier de Monaco. Actes du 136e Congrès national des sociétés historiques et scientifiques, « Faire la guerre, faire la paix », Perpignan, 2011*, Paris, Comité des travaux historiques et scientifiques, 2013.

CASANOVA Pascale, *La République mondiale des Lettres*, Paris, Seuil, 1999.

CEBALLOS VIRO Álvaro, « Les collections éditoriales et la construction nationale », dans RIVALAN GUEGO Christine et NICOLI Miriam, *La Collection. Essor et affirmation d'un objet éditorial (Europe/Amériques XVIIIe-XXIe)*, Rennes, Presses universitaires de Rennes, 2014, p. 165-177.

CENTASSI René et MASSON Henri, *L'homme qui a défié Babel : Ludwik Lejzer Zamenhof*, Paris, Ramsay, 1995.

CHARLE Christophe, « Pour une histoire comparée des intellectuels en Europe », *Liber. Revue internationale des livres*, n° 26, mars 1996.

—, *Le Siècle de la presse : 1830-1939*, Paris, Seuil, 2004.

—, *Discordance des temps. Une brève histoire de la modernité*, Paris, Dunod, 2022.

CHARTIER Roger et CORSI Pietro (dir.), *Sciences et langues en Europe*, Paris, EHESS, 1996.

CHARTIER Roger et MARTIN Henri-Jean (dir.), *Histoire de l'édition française*, t. III : *Le temps des éditeurs : du romantisme à la Belle Époque*, Paris, Fayard, 1990.

—, *Histoire de l'édition française*, t. IV : *Le livre concurrencé (1900-1950)*, Paris, Fayard, 1991.

CHAUBET François, *La Politique culturelle française et la diplomatie de la langue. L'Alliance française (1883-1940)*, Paris, L'Harmattan, 2006.

CHAVE Isabelle (dir.), *D'Épinal au-delà des mers : le rayonnement international de l'Imagerie Pellerin, 1860-1960*, catalogue de l'exposition tenue du 9 juillet au 20 septembre 2009, Épinal, Conseil général des Vosges, 2009.

CHERPILLOD André, *Gaston Waringhien, 1901-1991 : héraut de la langue internationale*, Courgenard, chez l'auteur, 2000.

COMPAGNON Antoine (dir.), *Autour de 1914-1918 : nouvelles figures de la pensée. Sciences, arts et lettres*, Paris, Odile Jacob, 2015.

COOPER-RICHET Diana, « Les imprimés en langue anglaise en France au XIXe siècle : rayonnement intellectuel, circulation et modes de pénétration », dans MICHON Jacques et MOLLIER Jean-Yves (dir.), *Les Mutations du livre et de l'édition dans le monde du XVIIIe siècle à l'an 2000*, Paris, L'Harmattan, 2001.

—, « Aux marges de l'histoire de la presse nationale : les périodiques en langue étrangère publiés en France (XIXe-XXe siècles) », *Le Temps des médias*, vol. 16, n° 1, 2011, p. 175-187.

CORBIN Alain, *L'Avènement des loisirs : 1850-1960*, Paris, Flammarion, 1995.

COULMAS Peter, *Les Citoyens du monde : histoire du cosmopolitisme*, Paris, Albin Michel, 1995.

COURTINAT Léon, *Historio de Esperanto : movado kaj literaturo (1887-1960)*, Agen, Imprimerie moderne, 1964.

COUTURAT Louis et FICHANT Michel (dir.), *Logique, mathématiques, langue universelle. Anthologie 1893-1917*, Lyon, ENS Éditions, 2018.

COUTURAT Louis et LEAU Léopold, *Histoire de la langue universelle*, Paris, Hachette, 1903.

DEBONNE Michel, « 1901 : des ouvriers typographes fondent l'imprimerie L'Émancipatrice », *Bulletin de la société historique et archéologique du 15e arrondissement de Paris. Vaugirard-Grenelle*, n° 10, automne 1997, p. 19-27.

DELPORTE Christian, « Les jeunesses socialistes dans l'entre-deux-guerres », *Le Mouvement social*, octobre 1991.

DELPORTE Christian, MOLLIER Jean-Yves et SIRINELLI Jean-François (dir.), *Dictionnaire d'histoire culturelle de la France contemporaine*, Paris, Presses universitaires de France, 2010.

DÉMIER Francis, *La France du XIXe siècle*, Paris, Seuil, 2000.

ECO Umberto, *La Recherche de la langue parfaite dans la culture européenne*, Paris, Seuil, « Points », 1994.

FABIANI Jean-Louis, *Les Philosophes de la république*, Paris, Éditions de Minuit, 1988.

FAYET-SCRIBE Sylvie, *Histoire de la documentation en France. Culture, science et technologies de l'information : 1895-1937*, Paris, Centre national de la recherche scientifique, 2000.

FLICHY Patrice, *Une histoire de la communication moderne. Espace public et vie privée*, Paris, La Découverte, 1997.

FORSTER Peter G., *The Esperanto Movement*, La Haye, Mouton, 1982.

FOUCHÉ Pascal, PÉCHOIN Daniel et SCHUWER Philippe (dir.), *Dictionnaire encyclopédique du livre*, t. II : *[E-N]*, Paris, Éditions du Cercle de la Librairie, 2005, 1074 p. et t. III : *[N-Z]*, Paris, Éditions du Cercle de la librairie, 2011.

FOURNIER FINOCCHIARO Laura et HABICHT Tanja-Isabel (dir.), *Gallomanie et gallophobie. Le mythe français en Europe au XIXe siècle*, Rennes, Presses universitaires de Rennes, 2012.

FRANTZWA Guillaume, *L'Image de la puissance. La diplomatie culturelle de la France au XXe siècle*, Paris, Perrin/Ministère de l'Europe et des Affaires étrangères, 2023.

GARVÌA Roberto, *Esperanto and its Rivals : The Struggle for an International Language*, Philadelphie, University of Pennsylvania Press, 2015.

GERMAIN Claude, *Évolution de l'enseignement des langues : 5000 ans d'histoire*, Paris, CLE International, 1993.

GIRAUD Marielle, « Pacifisme et antimilitarisme dans le mouvement espérantiste avant la Première Guerre mondiale », dans MCCOLLUM FEELEY Francis (dir.), *Les Mouvements pacifistes américains et français, hier et aujourd'hui. Actes du colloque des 5, 6 et 7 avril 2006*, Chambéry, Université de Savoie, 2007, p. 207-223.

GOBBO Federico, « Beyond the Nation-State? The Ideology of the Esperanto Movement Between Neutralism and Multilingualism », *Social Inclusion*, 2017, vol. 5, Issue 4, p. 38-47.

GORDIN Michael, *Scientific Babel: How Science was Done Before and After Global English*, Chicago, University of Chicago Press, 2015.

GOUVARD Jean-Michel, « Le problème du langage dans *Le Livre nouveau des saint-simoniens* », dans RÉGNIER Philippe (dir.), *Études saint-simoniennes*, Lyon, Presses universitaires de Lyon, 2002, p. 61-91.

GROSSI Verdiana, *Le Pacifisme européen, 1889-1914*, Bruxelles, Bruylant, 1994.

GUIEU Jean-Michel, *Le Rameau et le glaive : les militants français pour la Société des Nations*, Paris, Presses de Sciences Po, 2008.

HAMMOND Mary, *Reading, Publishing and the Formation of Literary Taste in England (1880-1914)*, Burlington, Ashgate, 2006.

JANTON Pierre, *L'Espéranto*, Paris, Presses universitaires de France, 1994 [4e édition].

JOSSINET Roland, « La franca savinto de Esperanto : Louis de Beaufront », *Franca Esperantisto*, n° 498, juin 1998, p. 42-48.

JULLIARD Jacques, « Le monde des revues au début du siècle », *Cahiers Georges Sorel*, n° 5, 1987, *Les revues dans la vie intellectuelle. 1885-1914*, p. 3-9.

JURT Joseph, « Du concept de Weltliteratur à la théorie d'un champ littéraire international », *COnTEXTES* [en ligne], n° 28, 2020, mis en ligne le 29 septembre 2020.

KOECHLIN Noémie, *Jules Grandjouan, dessinateur de presse et illustrateur*, Paris, N. Koechlin, 2003.

KÜNZLI Andreas (dir.), *Universalaj lingvoj en Svislando : svisa enciklopedio planlingva*, La Chaux-de-Fonds, Société suisse d'espéranto, 2006.

LAPENNA Ivo (dir.), *Esperanto en Perspektivo*, Rotterdam, Universala Esperanto Asocio, 1974.

LAQUA Daniel, « Internationalisme ou affirmation de la nation ? La coopération intellectuelle transnationale dans l'entre-deux-guerres », *Critique internationale*, vol. 52, n° 3, 2011, p. 51-67.

LAVARENNE Christian, *Espéranto : l'idée interne dans ses origines et quelques-unes de ses expressions et manifestations (aide ou obstacle à la diffusion de la langue ?)*, thèse de doctorat en histoire, sous la direction de J.-C. LESCURE, Université Paris XIII, 2012.

—, « Lazar Zamenhof (1859-1917). Du sionisme au hillélisme et de l'hébreu à l'espéranto », *Tsafon*, n° 76, 2018.

LESCURE Jean-Claude, *Un imaginaire transnational ? Volapük et Espéranto vers 1880-1939*, habilitation à diriger des recherches, sous la direction de Pierre MILZA, Institut d'études politiques de Paris, 1999, 5 vol.

—, « L'espéranto ou comment se protéger de l'exil (1900-1930) », *Matériaux pour l'histoire de notre temps*, n° 67, 2002, p. 17-22.

—, « La création d'un réseau culturel transnational : les débuts de l'espéranto », *Relations internationales*, t. 4, n° 116, 2003, p. 515-533.

—, « Les débuts de la francophonie : la classe politique française et l'espéranto avant la guerre de 1914 », dans COLLECTIF, *Un professeur en République : mélanges en l'honneur de Serge Berstein*, Paris, Fayard, 2006.

LEYMARIE Michel, PLUET-DESPATIN Jacqueline et MOLLIER Jean-Yves (dir.), *La Belle Époque des revues. 1880-1914*, Paris, Éditions de l'IMEC, 2002.

LINS Ulrich, *Dangerous Language. Esperanto Under Hitler and Stalin*, Londres, Palgrave Macmillan, 2016.

LO JACOMO François, *Liberté ou autorité dans l'évolution de l'espéranto*, thèse pour le doctorat de linguistique, sous la direction d'André MARTINET, Paris, Université Paris-Descartes, 1981.

MAITRON Jean et DROGUET Alain, « La Presse anarchiste française de ses origines à nos jours », *Le Mouvement social. L'Anarchisme ici et là, hier et aujourd'hui*, n° 83, avril-juin 1973, p. 9-22.

MANFREDINI Julie, « Faire d'une passion une profession : la place des syndicats d'initiative dans le tourisme français », *Mondes du tourisme*, n° 16, 2019.

MARKOV Anne-Sophie, *Le Mouvement international des travailleurs espérantistes*, mémoire de maîtrise d'histoire, sous la direction de Jean-Yves MOLLIER, Université de Versailles-Saint-Quentin-en-Yvelines, 1999.

MARNOT Bruno, *La Mondialisation au XIXe siècle*, Paris, Armand Colin, 2012.

MATTELART Armand, *Histoire de l'utopie planétaire*, Paris, La Découverte, 2009.

MÉADEL Cécile, *Histoire de la radio des années trente : du sans-filiste à l'auditeur*, Paris, Institut national de l'audiovisuel, 1994.

MESCHONNIC Henri, *Des mots et des mondes. Dictionnaires, encyclopédies, grammaires, nomenclatures*, Paris, Hatier, 1991.

MILLER Michael B., *Au Bon Marché (1869-1920). Le consommateur apprivoisé*, Paris, Armand Colin, 1987.

MIŁOSZ Czesław, *Histoire de la littérature polonaise*, Paris, Fayard, 1986.

MISTLER Jean, *La Librairie Hachette de 1826 à nos jours*, Paris, Hachette, 1964.

MOLLIER Jean-Yves, *Hachette, le géant aux ailes brisées*, Ivry-sur-Seine, Éditions de l'Atelier, 2015.

—, *Une autre histoire de l'édition française*, Paris, La Fabrique, 2015.

MORET Sébastien, « Marr, Staline et les espérantistes », *Cahiers de l'ILSL*, n° 20, 2005, p. 199-214.

NABONNAND Philippe et ROLLET Laurent, « Un journal pour les mathématiques spéciales : les *Nouvelles Annales de mathématiques* (1842-1927) », *Bulletin de l'Union des professeurs de Spéciales*, 2013, n° 86, p. 5-18.

Ory Pascal, *L'Histoire culturelle*, Paris, Presses universitaires de France, 2015 [4e édition].

—, *La Belle Illusion. Culture et politique sous le signe du Front populaire (1935-1938)*, Paris, CNRS Éditions, 2016.

—, *Qu'est-ce qu'une nation ?*, Paris, Gallimard, 2020.

Pabst Bernhard, *Berlina komentita bibliografio de vortaroj terminaroj en Esperanto : 1887-2014*, Berlin, Esperanto-Akademio, 2015.

Parinet Élisabeth, *Une histoire de l'édition à l'époque contemporaine. xixe-xxe siècle*, Paris, Seuil, 2004.

Pauquet Firmin, « Le territoire contesté de Moresnet, dit Moresnet neutre : notes historiques sur son statut, sa législation et son administration », *Bulletin de la Société verviétoise d'archéologie et d'histoire*, vol. 47, 1960, p. 53-153.

Poyer Alex, *Cyclistes en sociétés. Naissance et développement du cyclisme associatif en France*, thèse de doctorat en histoire, sous la direction de Pierre Arnaud, Lyon, Université Lumière Lyon 2, 2000.

Prochasson Christophe, « Les congrès : lieux de l'échange intellectuel », *Mil neuf cent*, n° 7, 1989, *Les Congrès lieux de l'échange intellectuel. 1850-1914*, p. 5-8.

Prot Robert, *Dictionnaire de la radio*, Grenoble, Presses universitaires de Grenoble ; Bry-sur-Marne, Institut national de l'audiovisuel, 1997.

Puren Christian, *Histoire des méthodologies de l'enseignement des langues*, Paris, Nathan, 1988.

Rasmussen Anne, *L'Internationale scientifique : 1890-1914*, thèse de doctorat en histoire, sous la direction de Jacques Julliard, Paris, École des hautes études en sciences sociales, 1995.

—, « Tournant, inflexions, ruptures : le moment internationaliste », *Mil neuf cent. Revue d'histoire intellectuelle*, 2001, n° 19.

Rey Didier, « Au-delà du timbre-poste, la presse philatélique et son temps (1862-1918) », *20 & 21. Revue d'histoire*, Presses de Sciences Po, n° 149, 2021/1.

Rioux Jean-Pierre et Sirinelli Jean-François, *La Culture de masse en France de la Belle Époque à nos jours*, Paris, Fayard, 2002.

Rousseau André, « Les avatars des projets de langue universelle au tournant du siècle (1880-1930) », *Germanica*, n° 33, 2003, p. 213-230.

Santamaria Yves, *Le Pacifisme : une passion française*, Paris, Armand Colin, 2005.

Sapiro Gisèle, « Un internationalisme en actes. La revue *Europe* dans le champ littéraire de l'entre-deux-guerres », *Europe*, hors-série « Une politique de la littérature », automne 2023.

Singaravélou Pierre et Venayre Sylvain [dir.], *Histoire du monde au xixe siècle*, Paris, Fayard, 2017.

Steiner George, *Après Babel. Une poétique du dire et de la traduction*, Paris, Albin Michel, 1998.

Stojan Petr E., *Bibliografio de internacia lingvo*, Genève, Bibliografia servo de Universala Esperanto-asocio, 1929, réimpr, Hildesheim, G. Olms, 1973.

Strich Fritz, *Goethe und die Weltliteratur*, Berne, A. Francke, 1946.

Sutton Geoffrey, *Concise Encyclopedia of the Original Literature of Esperanto. 1887-2007*, New York, Mondial, 2008.

Tesnière Valérie, *Le Quadrige. Un siècle d'édition universitaire : 1860-1968*, Paris, Presses universitaires de France, 2001.

Thiesse Anne-Marie, *La Construction des identités nationales : Europe, XVIIIe-XXe siècles*, Paris, Seuil, 1999.

—, *La Fabrique de l'écrivain national : entre littérature et politique*, Paris, Gallimard, 2019.

Trabant Jürgen, « Babel ou le Paradis. Les langues de l'Europe », dans François Étienne et Serrier Thomas (dir.), *Europa. Notre histoire*, Paris, Les Arènes, 2017.

Van Ginderachter Maarten et Fox Jon (dir.), *National Indifference and the History of Nationalism in Modern Europe*, Londres, Routledge, 2019.

Védrine André, *Catalogue des livres ayant appartenu au premier groupe espérantiste de Lyon*, Lyon, Société espérantiste de Lyon, 1980.

—, *L'Esperanto et le mouvement espérantiste à Lyon des origines à 1950*, Lyon, Centre espéranto de la région de Lyon, 1983.

—, *Espéranto et espérantistes. Histoire de la langue internationale Esperanto dans la région Rhône-Alpes : des origines à nos jours*, Lyon, Centre espéranto de la région de Lyon, 1988.

Waquet Françoise, *Le Latin ou l'empire d'un signe, XVIe-XXe siècle*, Paris, Albin Michel, 1998.

Winock Michel, *La Belle Époque : la France de 1900 à 1914*, Paris, Perrin, 2003.

Yaguello Marina, *Les Fous du langage*, Paris, Seuil, 1984.

Zahra Tara, « Imaginated Non-Communities. National Indifference as a Category of Analysis », *Slavic Review*, 2010, n° 69 (1).

Index

A

B

F

G

H

I

J

K

L

M

Remerciements

Tiré d'une thèse de l'École des chartes, soutenue en juin 2022, cet ouvrage n'aurait pas vu le jour sans la bourse Victor-Baubet. Je tiens naturellement à remercier les membres du jury qui ont choisi de distinguer ce travail, et tout particulièrement M. Laurent Theis, pour ses judicieux conseils et son accompagnement attentif dans l'exercice délicat qu'est la réécriture d'une thèse.

Je remercie tout particulièrement M. Christophe Gauthier, professeur d'histoire du livre et des médias contemporains à l'École nationale des chartes, pour avoir accepté, voilà désormais bientôt six ans, de diriger ce travail. Je remercie également Mmes Marie-Cécile Bouju (Paris-8) et Claire Basquin (Centre Jean-Mabillon) et MM. Pascal Dubourg-Glatigny et Denis Eckert (CNRS), pour le regard bienveillant et encourageant qu'ils et elles ont posé sur mes recherches.

Ce travail a en outre largement bénéficié de mes échanges avec les membres d'associations espérantistes, et tout particulièrement avec M. Régis Fournier, membre de l'association Espéranto-France, qui m'a chaleureusement accueilli au local de la rue de la Cerisaie. Enfin, mes remerciements vont plus largement aux personnels des différentes institutions fréquentées au cours de mes recherches, notamment à M. Rémy Cordonnier, responsable du fonds ancien de la Bibliothèque d'agglomération du pays de Saint-Omer, pour m'avoir aimablement reçu, à deux reprises, au milieu des superbes boiseries de la salle patrimoniale.

Que l'on veuille bien me permettre, enfin, d'adresser ici une pensée à ma famille, et à mes camarades de promotion de l'École nationale des chartes.

Table

DEUXIÈME PARTIE

Un peu plus qu'une langue ?
Un espéranto contestataire et émancipateur

Pour en savoir plus
sur les Éditions Perrin
vous pouvez consulter notre site Internet

www.editions-perrin.fr

lisez!

et nous suivre sur les réseaux sociaux

Editions Perrin

@EditionsPerrin

@editionsperrin

Achevé d'imprimer en septembre 2025
dans les ateliers de Normandie Roto Impression s.a.s.
N° d'impression : 2503355

Imprimé en France

#lisez! engagé
www.lisez.com

Pour plus d'information :

Imprimé sur du papier issu de forêts gérées durablement.